国家社科基金项目"美国联邦职业技术教育立法研究(1917~2006年)"(CAA090093)研究成果

Research on U.S. Federal Vocational and Technical
Education Legislation System Development

美国联邦职业技术教育立法制度发展历程研究

荣艳红◎著

科学出版社

北　京

内 容 简 介

150 多年来，美国联邦职业技术教育立法制度从无到有，不断发展变化，先后经历了 4 个重要的发展时期，其资助理念、资助对象、资助方式、管理理念和管理手段等不断推陈出新，整体体现了从分离到融合、从封闭到开放、从硬性到弹性的特征。美国联邦职业技术教育立法制度是特殊的美国国情的产物，通过研究其成功的经验及失败的教训，必将对推进包括职业技术教育在内的中国教育法治化进程产生重大的影响。

本书可供教育学相关专业学生和科研人员参阅，也可供教育法规制定者、执行者参阅。

图书在版编目(CIP)数据

美国联邦职业技术教育立法制度发展历程研究/荣艳红著 . —北京：科学出版社，2014.12

（教育研究新锐点丛书）

ISBN 978-7-03-042758-8

Ⅰ.①美…　Ⅱ.①荣…　Ⅲ.①职业教育-教育法-法制史-研究-美国　Ⅳ.①D971.221

中国版本图书馆 CIP 数据核字（2014）第 291874 号

责任编辑：付　艳　朱丽娜　张文静/责任校对：张怡君
责任印制：徐晓晨/封面设计：无极书装
编辑部电话：010-64033934
E-mail：fuyan@mail.sciencep.com

科 学 出 版 社 出版
北京东黄城根北街 16 号
邮政编码：100717
http://www.sciencep.com

北京京华虎彩印刷有限公司印刷
科学出版社发行　各地新华书店经销
*
2014 年 12 月第 一 版　开本：720×1000　1/16
2014 年 12 月第一次印刷　印张：20 1/4
字数：350 000
定价：86.00 元
（如有印装质量问题，我社负责调换）

序

　　做学问，除了要有与生俱来的天赋、稍许的小聪明、足够的悟性等条件之外，还要有"板凳甘坐十年冷"的精神。在一定程度上说，缺乏了这种精神，耐不住清贫、寂寞，一个人有再多的天赋、聪明和悟性也是难以有较大成就的。荣艳红 2005 年开始随我攻读博士学位，后来留校任教，迄今已近十年，我见证了她的成长，也看到了她一直以来的努力。可以说，摆在我面前的这本厚重的《美国联邦职业技术教育立法制度发展历程研究》就是她多年积淀而成的心血之作。作为她的导师、同事，我为她取得的成绩而高兴。

　　美国建国的时间虽然短暂，但却是当今世界公认的最为强大的国家之一，也是世界公认的民主法治国家的典范。民主法治的精神早已经渗透进了美国私人、地方与国家事务的方方面面，它与美国国家的强大有着内在的必然联系，可以说没有民主法治奠定的制度基础，美国国家的强大是不可想象的。美国联邦职业技术教育立法制度是美国法治文明重要的组成部分，其身上同样鲜明地体现出了美国法治文明的精神实质。在当前中国向民主法治国家迈进的过程中，开展美国联邦职业技术教育立法制度的研究，尤其是从历史的角度把握其发展变化的规律，探究其内在的精髓，不仅在理论上有助于人们深化对于美国民主法治社会的认识，同时还可以为推进中国社会的民主法治进程做出应有的贡献，也正是从这个意义上来说，我认为荣艳红博士的这本书有着重要的理论和实践价值。

　　由于任何国家的立法制度不仅是该国政治制度的集中体现，也与该国的经济与文化发展情况有着千丝万缕的联系，借用孟德斯鸠的话来说就是：只有从法律与其他事物的普遍联系中才能够体会到法律的精神实质。① 因此，要想探究美国联邦职业技术教育立法制度的精神实质，就需要将该制度置身于美国社会

---

① 孟德斯鸠. 1982. 论法的精神（上册）. 张雁深译. 北京：商务印书馆：1.

历史文化政治经济发展的宏观背景中，探寻该立法制度与其他事物之间的联系，只有这样的研究才可能是全面和深入的。从本书的呈现方式来看，我认为它无疑已经做到了这一点。本书将150多年来美国联邦职业技术教育立法制度发展变化的历程划分为4个阶段，通过对每一个阶段标志性法案产生的社会宏观背景的分析，向人们展示了一幅各不相同的内外因素相互作用的图景。这些内外因素看起来是纷繁复杂的，但是却有着相对一致的内在运行逻辑，即每一部典型的美国联邦职业技术教育立法都是在一定的经济发展背景中，基于国家之间全方位竞争的考虑，在整体教育环境尤其是其中的职业技术教育环境业已变化的情况下，美国国会试图以职业技术教育立法的创制强化或推动某一层面或某一领域技能型人才培养的结果。当然，由于美国三权分立的政治体制以及联邦与各州权力的不同划分方式，每一部联邦职业技术教育立法创制的过程又必须协调多种因素，经过院内、院外多种力量的相互博弈和斗争才能够实现。以上的呈现方式，可以说较为完整、全面地展现了美国联邦职业技术教育立法与其他事物普遍的联系，较好地展示了美国联邦职业技术教育立法的精神实质。

如果说以上描述使人们从现象层面较为全面地认识了各个阶段美国联邦职业技术教育立法制度产生及其发展变化的情况，那么，该书另一个较为突出的特点就是能够透过纷繁复杂的外在现象，从立法发展变迁的内在规律和机制上对以上现象进行全面的总结和提升，从而使人们对该立法制度的了解达到知其然之后知其所以然的程度。比如该书提出：150多年来，美国联邦职业技术教育立法目标尽管有诸多的变化，但是其毫无疑问地服务于美国国家目标的实现。此外，州与地方的职业技术教育立法目标、个人的职业技术教育立法目标与联邦职业技术教育立法目标又有着内在的一致性，它们辩证统一于美国的国家目标。美国联邦职业技术教育立法制度发展变迁的过程既是一个深受国内外竞争形势和其他国家或地区职业技术教育立法制度影响的过程，也是一个从根本上展现美国联邦立法制度内在精神的过程，其立法的主体、立法的程序、立法的实施、立法的监督和立法的实现都有着自身特殊的运行规律。

由于外国教育史学科能发挥重要的沟通与联结过去与现在、他国与中国教育的桥梁和纽带作用，外国教育史学科研究一方面需要在繁杂的史料中寻找历史发展的规律，另一方面还需要致力于与现实世界的联系，发挥"醒世"的功能，在这个过程中，研究者不仅要有穷究天下书的勇气，还需要有抓住现实问题独特的慧眼，我相信荣艳红博士在这方面已经有了一个良好的开始，也祝愿她在今后的学术道路上取得更大的成就。

贺国庆

2014 年 10 月 1 日

前　言

　　自 1862 年《莫雷尔法案》颁布以来，美国联邦职业技术教育立法制度已经走过了 150 多年的发展历程。可以说，150 多年来，正是始于联邦职业技术教育立法的引导、推动，美国的职业技术教育才逐步从将近一个世纪前落后于德国巴伐利亚州的局面发展到了如今层次分明、门类齐全、相互沟通、涵盖范围广泛、参与人群众多、效果发挥较好的终身化、全民化的职业技术教育体系。资料显示：目前美国约有 33 500 个公立和私立机构提供中学和中学后层次的职业技术教育和培训，同时美国国内还有大量的由雇主、劳工组织、军队、劳教机构等举办的职业培训项目[①]。数量众多且层次种类多样的职业技术教育机构及其培训项目，构建起了美国职业技术教育的庞大系统。此外，从职业技术课程选修的人数来看，"目前约有 98% 的美国学生会在中学阶段参与至少一门职业课程的学习，有将近一半的美国高中生和大约 1/3 接受中学后教育的人会将职业技术性质的课程作为主要的学习内容，有将近 4000 万，约占成年人总数 1/4 的人会参与各种短期的中学后职业技术教育培训……"[②] 同时，美国的中学和中学后职业教育相互连通，职业证书和学历教育层次分明，因此美国的职业技术教育还呈现出四通八达的立交桥式的结构，所有这些都为包括残疾人、少数民族人口、妇女、母语为非英语国家的移民等弱势群体以及所有希望获得职业技术教育的人群提供了触手可及的受教育机会，使职业技术教育成为人人都能够享受的福利待遇。[②]美国职业技术教育自身力量的壮大及其对美国全球经济霸主

---

　　① U. S. Department of Education Office of Vocational and Adult Education. 2006. Vocational-Technical Education: Major Reforms and Debates 1917-Present. http://eric. ed. gov/?id＝ED369959. [2007-2-8].

　　② Silverberg M, Warner E, Goodwin D, et al. 2004. National Assessment of Vocational Education Final Report to Congress. http://www. ed. gov/rschstat/ eval/sectech/n ave/reports. html: 18. [2007-03-05].

地位的推动，从某种角度为本书的研究奠定了现实的基础。

开展美国联邦职业技术教育立法制度发展历程研究，离不开对"立法"概念的界定。由于"立法"是一个既包括立法过程，又包括立法结果的动静结合的统一体，因此，为了展现150多年来联邦职业技术教育立法创制、产生、发展与变迁完整的动态与静态的全过程，本书在认真研究不同阶段联邦职业技术教育立法倾向的基础上，首先将150多年完整的立法变迁过程划分成了4个典型的阶段，即美国联邦高等职业技术教育立法制度的创建及其发展阶段（1862～1917年）、美国联邦中等职业技术教育立法制度的创建及其发展阶段（1917～1963年）、美国联邦职业技术教育立法制度向弱势群体平等教育需求的倾斜阶段（1963～1984年）、美国联邦职业技术教育立法制度对质量与效率的持续关注阶段（1984年以来）。同时，由于每一个阶段的联邦职业技术教育立法都是由一系列的法案和修正案所组成，为了深入理解每一阶段的美国联邦职业技术教育立法创制、发展的深层次原因，笔者分别选取了每一个阶段具有代表性的联邦职业技术教育立法进行重点研究，分别是1862年《莫雷尔法案》（Morrill Act）、1917年《史密斯-休斯法案》（Smith-Hughes Act）、1963年《职业教育法》（Vocational Education Act）、1984年《卡尔·D. 帕金斯职业教育法案》（Carl D. Perkins Vocational Education Act）。以上每部法案的拓展或修正案基本上是其主要精神的自然延续，因此对其拓展或修正案仅做简单介绍。笔者认为每一个阶段联邦职业技术教育立法制度的重大转型或细微变化都有着复杂的社会原因，都能够在美国社会中找到其生发的渊源和基础。尽管立法的原因在立法之外，而立法本身，仅仅是展现美国社会复杂矛盾的一个小小窗口，但是，从这个小小的窗口中，我们不仅可以看到每一阶段美国对内、对外政治经济形势的变化，而且还可以清晰地体会到每一阶段的美国联邦职业技术教育立法是如何把握时代脉搏，以自身的发展变化提升美国的国家竞争能力、有效解决美国国内的诸多问题的。因此，通过对不同阶段推动以上4部立法出现的美国国内外政治经济文化和教育背景、拥有相同立法倾向的相关法案颁布、院内外推动法案出台的各种力量的博弈斗争、法案主要内容与实施情况等进行详细的剖析，基本上就能从现象层面把握住150多年美国联邦职业技术教育立法制度发展、演变的整体倾向。而150多年来，美国联邦职业技术教育立法制度从无到有，其关注点不断发展变化，同时在资助理念、资助领域、资助方式、管理理念、管理手段等方面也不断推陈出新，整体体现了从分离到融合、从封闭到开放、从硬性到弹性等的特征，而这些特征正是美国联邦职业技术教育立法与其时代精神互动的真实写照。

当然，以上描述还仅仅是从现象层面勾画了各个阶段美国联邦职业技术教育立法过程的矛盾斗争和立法结果，对美国联邦职业技术教育立法过程中为什么会有如此众多的因素出现，以及为什么会出现如此这般的立法结果的内在原因还没有涉及，也就是说，这样的认识仅仅是达到了知其然的层次，远还没有达到知其所以然的程度。为了对美国联邦职业技术教育立法制度的本质有透彻的理解，在本书的最后一章，笔者立足于全球竞争的基点，运用政治学、经济学、制度学、立法学、教育学等多学科的知识，从立法的目标、立法的内部和外部影响因素三个方面，对 150 多年来推动联邦职业技术教育立法不断发展变化的动因及其所展示的规律进行了全面、纵深的挖掘和分析。笔者认为，从立法目标上来看，联邦职业技术教育立法 150 多年来围绕着的核心目标是美国的国家目标，而在致力于实现美国国家目标的过程中，联邦职业技术教育立法同样致力于协调其他多种目标，使它们与国家目标形成了辩证统一的关系；从外部因素来看，工业革命之后国家之间交往与竞争程度的加深，促使美国联邦职业技术教育立法成为一个由于国际竞争、为了国际竞争而出现的事物，而其他国家或地区（其中也包括美国殖民地时期以及美国建国后的各州）相似的立法实践也在一定程度上对美国联邦职业技术教育立法的出现起到了加速的作用；从内部因素来看，由生产力和生产关系矛盾运动构成的美国社会的经济基础，决定了各个时期联邦职业技术教育立法关注的焦点问题，也决定了其立法的主要内容，而美国联邦职业技术教育立法又给予美国的经济基础以强有力的影响。此外，美国联邦职业技术教育立法作为社会政治与思想上层建筑的有机组成部分，它与美国的社会政治与思想上层建筑还形成了互动的关系。正是立足于以上的现实，美国联邦职业技术教育立法的主体、立法的程序、立法的实施、立法的监督和立法的实现也体现出了鲜明的特征。比如，从参与和影响立法的角度来看，美国联邦职业技术教育立法主体分为院内主体与院外主体，多元的立法主体是美国社会民主与法治精神的重要体现；从立法程序的角度来看，包括美国联邦职业技术教育立法在内的所有联邦立法，其立法程序一般会包括完整的 5 个步骤，即外界推动、科学调查、递交提案、国会审议、总统签署，立法程序民主、博弈乃至拖延的特征，是让更多不同利益的个人或集团参与进来，使立法最终成为多种利益的均衡解的较为理想的做法；从立法的实施来看，美国联邦职业技术教育立法的诱致性制度变迁机制也具有典型的意义；伴随着联邦政府对各州职业技术教育管理理念和管理手段的变化，美国联邦职业技术教育立法监督管理机制展现了从简单到复杂、从硬性向弹性演变的特征；此外，从联邦职业技术教育立法的实现来看，尽管其仅在一定程度上实现了自身的立法目标，但是人们通过立法来解决国家的、社会的或个人的问题的决心和努力不会因之而停止，而正是这种前赴后继的努力，才使美国联邦职业技术教育成为美国高质量劳动力培养的支撑力量。

综观美国联邦职业技术教育立法，可以说，在美国特殊的政治、经济和文化环境中,每一部联邦职业技术教育立法的出台都经历了无数的冲突和斗争,虽然在很大程度上,立法者的付出未必都有结果,或者在一定意义上说,即便立法者的愿望变成了现实,但是法案实施过程中的各种掣肘也会使立法的实现并没有预期中的那样完美,但是通过对 150 多年联邦职业技术教育立法现象与深层次规律的分析与研究,美国联邦职业技术教育立法的全貌所展现给世人值得借鉴的东西依然是非常多的,特别是对着力建设法治国家、大力发展职业技术教育的中国来说尤其如此。那么,中国应该在哪些方面向美国同行学习呢?笔者认为,150 多年来的美国联邦职业技术教育立法制度,其在法治精神、立法理念、立法技术、立法机制 4 个方面远比中国要成熟和先进,包括中国职业技术教育立法在内的各类型各层次立法均应该在以上方面重点向美国同行学习。当然,考虑到不同的政治、经济、文化和法制环境,简单的东施效颦和邯郸学步往往只能起到事与愿违的结果,因此,究竟能从美国联邦职业技术教育立法的身上学到什么,还必须结合当代中国特殊的国情和每一个具体的问题才能有所回答。但有一点是肯定的,那就是 100 多年前,在工农业生产落后于欧洲的情况下,美国的先辈们取世界之长,补自己之短,以职业技术教育立法作为一种振兴国家经济、提升国家竞争能力的有效举措,并进而使职业技术教育成为实现个人能力持续发展、促进社会公平的有力保障。因此,对中国的职业技术教育发展来说,学习他国先进的立法经验、避免重蹈他国失败的覆辙,以法治,而不是以人治推动职业技术教育大发展正是我们需要走的道路!让我们祝愿这一天能够早日到来!

目　录

第一章

美国联邦高等职业技术教育立法制度的创建及其发展（1862～1917年）

1862年《莫雷尔法案》的颁布是美国联邦高等职业技术教育立法制度创建的标志。《莫雷尔法案》颁布后，美国的高等农工教育日益从零星的、分散的状态逐步走上了系统化、稳定发展的道路。《莫雷尔法案》之所以会在这一特定的时间点出现，主要与以下4个因素有关。首先，欧美学校形态职业技术教育的产生及各国政府的立法干预为其奠定了制度的基础并提供了现实的可能性；其次，南北战争之前美国社会对实用技能型人才的客观需求及高等教育自身的重大转变均为该制度的出现营造了有利的环境；再次，来自许多州有识之士的农工高等教育思想和实践赋予了该制度更为清晰的内容和形式；最后，国会内外多种力量的努力、博弈和斗争直接促成了该制度的产生。1862年《莫雷尔法案》出现后，在美国工农业生产对农工高等教育提出更多更高要求的情况下，1890年第二《莫雷尔法案》、1887年《哈奇法案》（*Hatch Act*）、1914年《史密斯-利弗法案》（*Smith-Lever Act*）等后续联邦高等职业技术教育立法的相继出现，共同建构起了美国高等职业技术教学、科研、推广工作的完整结构，同时在立法理念、立法技术、资助方式、管理方法等方面为未来的联邦职业技术教育立法奠定了基础，可以说一个半世纪以来美国联邦职业技术教育立法制度就是沿着这一路径前进的。

第一节　欧美学校形态职业技术教育的产生与各国政府立法干预的开始

文艺复兴及其稍后的宗教改革和启蒙运动，不仅是主体的人逐步取代上帝的卑微奴婢的过程，也是人的力量在物质生产领域得以充分发挥的时代。伴随着生产规模的扩大，商品经济、海外贸易、国际竞争的出现，曾经封闭的行会组织及其由行会管理的学徒制不可避免地走向了衰微。与此同时，由于人类对感觉经验在知识形成过程中作用的重新思考，曾经横亘在理性与感觉之间、灵魂与肉体之间不可逾越的鸿沟缩小了，学徒教育有了融进学校教育的可能。在教育理论家们不懈的努力下，学校逐步承担起了理智教育和职业训练的任务，学校形态的职业教育因之得以出现。当然，行会组织退出主要历史舞台的时候，也正是国家或各级世俗力量逐步上升的时期，在这一历史的节点，国家或各级世俗政权逐步接手行会曾经管理的学徒教育，并在学校形态职业教育出现后转而开始资助、管理学校形态的职业教育。以上所勾勒的这些变化正是美国联邦职业技术教育立法制度产生的宏观制度基础，它们为1862年《莫雷尔法案》的出现提供了现实的可能性。

一、学徒制的衰落与欧美学校形态职业技术教育的出现

（一）学徒制的衰落与欧洲学校形态职业技术教育的产生

学徒制是人类最古老的职业教育形式，与尊崇理性的学校教育似乎在相当长的时间内都是互不相干的事情。受柏拉图主义和亚里士多德主义的影响，历史以来，大多数人都认为人是由肉体（物质）和灵魂（心灵或精神）组成的，且灵魂高于肉体。在这种哲学观的影响下，只有发展理性、拯救灵魂的教育才是真正的教育，而任何涉及肉体的活动，如身体机能、手工制作和职业培训，都不是教育。[①] 以上不属于教育范畴的大多数活动单独构成了学徒教育的内容，同时学徒教育也在自身发展的过程中形成了独特的传承制度，即由最初的子承父业发展到师傅和徒弟私人之间契约式的学徒制再到行会管理下的学徒制。行会学徒制与先前学徒制最大的差别在于曾经的父子、师徒之间的私人关系转变成为全行业的公共事业。[②] 行会存在的目的就是为了限制行业内外的竞争、维护经营的稳定，因此行会不仅会严格控制产品的数量、质量和规格，也会对学徒的数量有所限定，且行规或行业内部的其他法令还会对师徒之间的各项责权利做出明确的规定。

改变以上既定秩序的力量始于伊比利亚半岛上葡萄牙和西班牙两个国家的航海活动。随航海活动而来的地理大发现和海外地区的拓殖，以及新的植物、新的动物、新的恒星甚至新的人们和新的社会的相继发现，所有这一切对传统社会的物质和精神生产都提出了严峻的挑战，而学徒制和学校教育也在这一过

---

① 杜普伊斯，高尔顿.2008.历史视野中的西方教育哲学.彭正梅，朱承译.北京：北京师范大学出版社：9.
② 贺国庆，朱文富.2014.外国职业教育通史（上）.北京：人民教育出版社：6.

程中不可避免地受到了冲击。当然，对传统学徒制造成猛烈冲击的直接力量主要来源于新的经济秩序的确立。自 16 世纪始，当局促一隅的区域贸易逐步被规模巨大的洲际贸易逐步取代的时候，世界几乎变成了同一个经济单位。"南北美洲和东欧（与西伯利亚一起）生产原料，非洲提供人力，亚洲提供各种奢侈品，而西欧则指挥这些全球性的活动，并越益倾全力于工业生产。"[①] 当扩大的生产规模、商品经济、海外贸易，以及存在于国家之间的竞争作为这一过程的必然结果而出现的时候，首当其冲受到冲击的就是封闭的行会组织及与其相关的学徒制。据相关资料显示，为了能够生产出更多用于交换的产品，初期在欧洲某些行业内部，尤其是在纺织业中，大批富商或者采用向纺纱工、织布工或漂洗工等提供流动资本，鼓励其进行计件生产；或者利用居住在行会管辖区之外的村民，通过为这些村民提供资金、原料和工具，鼓励其领取任务后回家生产（家庭包工制），并计件付酬。在海外贸易较为发达后，家庭包工制又开始向近代机器工业转变，所有这些以面向广大市场、方式多样、手段灵活的生产经营和管理活动，对封闭的行会组织不啻为巨大的冲击。在行会组织衰落之时，其对学徒制的监督功能相应弱化，逐渐地，师徒之间的契约形同虚设，传统的师徒关系被雇佣关系所取代。于是，一个明显的趋势出现了："在整个 17 世纪，年轻人参与行会管理下的学徒教育的比例下降，更多年轻人去了没有行会保护的雇主那里工作。"[②]

　　与学徒制一样受到冲击的是学校教育。而冲击学校教育的力量主要来源于人类对感觉经验在知识形成过程中作用的重新思考。而正是这种思考，重新提供了学校教育与学徒制融合的可能。比如，被马克思誉为英国唯物主义和整个现代实验科学真正鼻祖的弗兰西斯·培根就认为人的知识只能来源于感官对外部世界的感觉，"人们若非想着发狂，则一切自然的知识都应求之于感官……只要肯严肃地直接从感觉出发，通过循序渐进和很好地建立起来的实验进程"[③]。以笛卡儿为代表的大陆唯理论者虽然将人类的"理性"作为判断真伪的唯一尺度，提出只有理性才能提供逻辑确定性、普遍必然性和科学有效性的知识，但是大陆唯理论者并没有完全否认感觉经验在认识过程中的作用。比如，笛卡尔在论述观念的来源时就指出，观念除了来自"天赋的"以外，还有一些是"从外面来的"[④]，斯宾诺莎则认为"真观念"必定与外物相符，而莱布尼兹走得更

---

　　① 斯塔夫里阿诺斯 . 2009. 全球通史：从史前史到 21 世纪（下册）. 吴象婴，梁赤民译 . 北京：北京大学出版社：461.

　　② Abbott M. 1996. Life Cycles in England 1560-1720 Cradle to Grave. London and New York：Routledge：83.

　　③ 全增嘏 . 1983. 西方哲学史 . 上海：上海人民出版社：468.

　　④ 全增嘏 . 1983. 西方哲学史 . 上海：上海人民出版社：514.

远，他指出理性观念只有在感性经验的诱发下才能产生。文艺复兴以来，哲学家们对感觉经验在知识来源及形成问题上的新认识和新观点，使以感觉经验为基础、通过身体变化而获得知识的教育，逐步成为以思辨和背诵为基础的学校教育的补充，并进而发展成为学校教育的重要组成部分。当然，这种变化首先发生在教育思想领域。早在文艺复兴时期，人文主义学者们就以各种方式对中世纪以来的经院教育进行了毫不留情的抨击，明确表达了渴望将实践性知识技能融入学校教育的理想，如拉伯雷的《巨人传》在对国王格朗古杰祖孙三代所受教育的描写中，经院教育家所培养的卡冈都亚"把所有的时间都花了进去，但是没有得着益处。更糟的是，反而变得呆头呆脑，失魂落魄，目滞神昏，口嗫舌钝"①，而在人文主义教师的指引下，卡冈都亚在实际生活中彻悟了思辨性知识的真谛，在实践活动中获得了生活的技能和健康的体魄，其教育活动则真正变成了生活与实践教育的完美结合体。在托马斯·莫尔的《乌托邦》、康帕内拉的《太阳城》等著作中，人文主义学者们几乎一致表达了渴望在精神性求知活动与实践性知识技能习得之间建立起和谐统一关系的观点。文艺复兴之后，更多的学者在专门或相关的教育论著中，更明确地表达了实践性的知识技能应该是完整的人的教育的有机组成部分的思想。比如，宗教改革的领袖马丁·路德就明确提出，年轻人具备蹦蹦跳跳地做别的事情的自然爱好，学校应该提供此类形式的教育，并且"儿童应当每天花费一、二小时在学校学习，其余时间则在家里，学习手艺或做其他喜爱做的工作，使学习与工作结合起来"②。夸美纽斯在谴责学校是儿童恐怖的场所和才智的屠宰场，导致"大部分学生对学习与书本感到厌恶，都急急离开学校，跑到手艺工人的工场"③ 的同时，倡导学校教育应该遵循自然界万物发生发展的顺序，借助学生的直观感知觉，把包括科学、艺术、道德和虔诚在内的周全的教育教给一切人。洛克和卢梭尽管在培养绅士或自然人的教育中部分否定了学校教育的功效，认为家庭和社会应该是教育的主要场所，但是他们在各自的教育论著中同样认为实践性的知识技能应该是完整人的教育的必不可少的成分。更为可贵的是，在这期间，一些理论家和思想家还对具体的学校职业教育提出了大胆的设想。比如，17 世纪由英国塞缪尔·哈特利伯（Samuel Hartlib）最早提出了《兴办农业学院的倡议》（*Propositions for Erecting A College of Husbandry*）、1674 年由威廉·佩蒂（William Petty）起草的《威廉·佩蒂递交给塞缪尔·哈特利伯关于促进某些特殊学问的建议》（*The Advice of W. P. to Samuel Hartlib for the Advancement of some*

① 拉伯雷.1989.巨人传（第一部）// 吴元训.中世纪教育文选.北京：人民教育出版社：346.

② 马丁·路德.1989.给市长和市政官们的信// 吴元训.中世纪教育文选.北京：人民教育出版社，687.

③ 夸美纽斯.1984.大教学论.傅任敢译.北京：人民教育出版社：61.

Particular Parts of Learning）、1697 年由约翰·洛克提议为所有贫困孩子设计的"工读学校"（Working School）计划等。这些提议尽管往往停留在书面上，但却无疑为学校形态职业技术教育的实践奠定了思想的基础。

18 世纪前后，欧洲的许多教育工作者开始着手将手工艺教育或工业教育正式引入学校教育系统，当然这类学校创办的目的更多的是为了宗教、经济而非教育。比如，1694 年由德国哈勒大学的赫尔曼·弗兰克（Hermann Francke）最早创办的弗兰克学校，除了给予贫困儿童宗教的指导，还对他们进行了几门手工艺的培训；1747 年，弗兰克学校的一位最有名望的教师约翰·朱利叶·海克（Johann Julius Hecker）在柏林新建了帝国实科学校（Royal Realschule），其中车削、裱糊、玻璃切割、整修等也属于其教学范畴；1788 年，法国出现了由拉·娄秀弗可·良考特公爵（La Rochefoucault Liancourt）创建的国家工艺技术学校，其服务的对象主要是公爵管辖区内非佣金制官员的子女，旨在方便其掌握普通文化知识和特定的工艺技能。1799 年，第一共和国政府对良考特公爵的学校非常赞赏，并计划也创建一所由国家管理的工艺技术学校，1803 年，拿破仑在考姆派将这个计划付诸实施。考姆派学校最初拥有五个不同工种的工作间，招收 8～12 岁的孩子入学，首先学习文化基础知识，随后将所学的几何、绘图等知识应用于各种实际的工艺和机械制图中去。考姆派学校变成了一所真正由国家承办的工艺技术学院，为社会提供了许多技术和工程专家。当然，同期除考姆派学院之外，法国还创办了许多类似的工艺学院。18 世纪后期，在奥地利、瑞士、英国等国也出现了专为贫困儿童设计的，旨在使孩子们能在学校里从事生产，以弥补其经济不足的工艺学校。初期这类学校的生产与学习时间被截然分开，且生产与学习内容之间并没有必然的联系。学校一般教给女孩亚麻羊毛纺织、针织、缝纫等技能，而为男孩设计了木工、家具制作、木雕等技艺，农村地区还增加了园艺、果树栽培、养蚕、养蜂等。截至 1787 年，仅波希米亚就有 100 多所此类学校，其中布拉格一座城市就有 19 所。[①] 1774 年被誉为"手工训练之父"的裴斯泰洛齐在纽豪夫（Neuhof）开始了教育贫孤儿童的伟大实验。在裴斯泰洛奇的安排下，孩子们不仅要学习读、写、算，还要在田地里劳动和在纺纱机和织布机上工作，几个手工艺工人做他们的老师。到了晚上，作为消遣，男孩子们从事园艺，女孩子们学习烹调和缝纫。为了实现自给自足，孩子们还把自己生产出来的农业和手工产品拿到市场上去销售，而裴斯泰洛齐也协助孩子们到市场上销售产品。其后几十年，裴斯泰洛齐努力践行从实践到书本的认知路线，在手工艺劳动与传统学校教学之间真正建立起了有机的联系，

---

① 　Bennett C A. 1937. History of Manual and Industrial Education 1870 to 1917. Illinois：Chas. A. Bennett Co.，Inc. Publishers：87.

使手工艺劳动的教育价值远远超过了其所涵盖的经济价值。1799 年，菲力普·伊曼纽尔·菲伦伯格（Philip Emanuel von Fellenberg）在霍夫韦尔（Hofwyl）采用了裴斯泰洛奇的方法，开始了类似的实验。裴斯泰洛齐和菲伦伯格的手工艺教育理念、方法及其组织形式，吸引了欧美诸国教育官员和教育家的兴趣，甚至一些欧洲国王、王子及俄国沙皇都表达了同样的关切。

除了以上创办学校形态职业技术教育的理论和实践努力之外，真正在教学法方面对学校形态职业技术教育有所助益的是来自俄国和斯堪的那维亚国家的宝贵经验。1868 年，莫斯科工艺学校被重组为莫斯科帝国技术学校（Imperial Technical School）。为了使理论学习与实践技能有机地结合起来，学校附设了许多技术车间。针对实践技能学习中所采用的简单模仿与学徒方法，维克多·戴拉·沃斯（Victor Della Vos）校长从教学组织和教学方法等方面对学校进行改革。他首先提出只有在完成文化课学习之后，才能进入相应的实践程序，同时为了能够在最少的时间内最大限度地为更多的学生进行技能辅导，他将产品的生产过程划分为几个部分，并按照由易到难的顺序将其排列成一定的教学序列，在一个连续的时间段内教给学生系统的操作理论与实践知识。沃斯校长的改革无疑为职业技术教育教学方法的改革掀开了崭新的一页。1870 年，在圣彼得堡工业展览会上，莫斯科帝国技术学校的工艺教学方法引起了轰动，迅速扩展到了俄国全境，进而又通过 1783 年维也纳国际博览会、1876 年费城国际博览会、1878 年巴黎国际博览会、1893 年哥伦比亚国际博览会向欧美各国传播。与俄国工艺技术教育以班级传授为主，且专注于技术人员的培养不同，斯堪的那维亚国家的手工艺教育（Sloyd）主要服务于普通教育目标，且以个别指导为原则。欧洲工业革命爆发后，工业制品替代了手工业产品，家庭手工艺教育也逐渐销声匿迹。当游荡在街头的少年因为禁酒令的取消而在酒馆中消磨时，斯堪的那维亚国家通过建造专门传授家庭手工艺技能的手工艺学校，试图解决由于传统教育方式的丧失所造成的道德滑坡。据统计，"截至 1844 年，手工艺学校已经遍及瑞典和挪威各地。1846 年，瑞典还专门成立了旨在拓展学校手工艺教育内容的协会组织，甚至当时著名的作家海伦（M. Hedlund）也著文宣传手工艺教育的重要性"[1]。在这个过程中，手工艺学校在其所服务的经济目标之外，增加了教育目标。此外，在芬兰尤那·慈那斯（Uno Cygnaeus）和瑞典的奥托·萨罗门（Otto Salomon）等的不懈努力下，手工艺学校的教育也采用了与莫斯科帝国工艺学校类似的教学方法，将完整的手工艺活动过程分割成由易到难的教学系列，逐步变成了可以由学校教师教授的课程。此外，斯堪的那维亚国家的许多手工

---

① Bennett C A. 1937. History of Manual and Industrial Education 1870 to 1917. Illinois: Chas. A. Bennett Co., Inc. Publishers: 55.

艺学校还由最初的仅仅享受国家资助，逐步进入国家公立教育系统，成为义务教育的有机组成部分。

（二）殖民地和美国建国后学校形态职业技术教育的出现

确切地说，由于殖民地与宗主国千丝万缕的联系，在学校古典科目之外增加职业技术的内容，且服务于多重目标的观念很早就在殖民地人们的思想和实践中有所体现。从该时期发表的一些文章来看，1685 年新泽西州教友派机械师托马斯·巴德在其出版的《在美洲宾夕法尼亚和新泽西建立良好秩序》的小论文中就附设了一个与马丁·路德类似的教育计划，该计划提出为所有阶层的孩子及印第安人建立强迫的义务教育，其中务必将"孩子们最喜欢的手艺、工艺秘诀以及商业知识"[1] 之类的课程与读、写、英文、拉丁文等之类的课程有机结合起来。尽管没有巴德的计划被实施的纪录，但是巴德的思想无疑是十分可贵的。发表在《哥伦比亚杂志》（*Columbian Magzine*）1787 年 4 月份的一篇《关于在人口稀疏的新居住地建立学校的计划——主要是因为这些孩子对新居住地未来的发展至关重要》的文章，提出创建"村庄学园"的计划。在这种学园里，男孩子接受果树栽培、酿造、养牛和养蜂，以及木工制造等技能培训，女孩子则学习缝纫、编织、织补、烹饪等技巧，通过高效的劳动，孩子们不仅负担起了自己的生活，为最终成为合格的农民和农民的妻子奠定基础，而且孩子们还学习地理、历史、英国文学、簿记、几何、勘探和机械等文化知识，享受了一流的教育。1797 年南卡罗来纳州的约翰·德拉·豪（John de la Howe）在遗赠中明确提及希望建立一所与 1787 年 4 月份的《哥伦比亚杂志》所刊登的学校计划类似的学校，"为居住在阿布维尔（Abbeville）县不少于 6 年的处境可怜的男孩女孩（尤其是孤儿）各 12 名，提供住所、食物和统一的服装……教授男孩子读写算以及有助于实践能力提高的地理及几何学原理，教授女孩子读写和四则运算，同时还要让所有的孩子明白制造麦芽、酿酒、蒸馏、烘烤等的化学原理"[2] ……除此之外，此时期还出现了倡议创建实用性高等教育的呼声。比如，1749 年本杰明·富兰克林在《对宾夕法尼亚青年人教育的忠告》（*Proposals Relating to the Education of Youth in Pennsylvania*）一文中，明确提出通过创建学园对宾夕法尼亚青年人实施古典和实用知识教育的建议。在文章的开头，富兰克林郑重声明：所有年龄段的聪明人都认为对青年人施以良好的教育是个人和国家幸福的基石，几乎所有的政府也都将创建或对该类学习机构予以适当的

---

① Bennett C A. 1926. History of Manual and Industrial Education up to 1870. Illinois：Chas. A. Bennett Co.，Inc. Publishers：62.

② Bennett C A. 1926. History of Manual and Industrial Education up to 1870. Illinois：Chas. A. Bennett Co.，Inc. Publishers：94.

资助作为自己首要关注的问题，因此有钱的和那些具有公共精神的人们应该联合起来申请一个特许状，以便创建一个对青年人实施良好教育的阿卡德米（Academy）。在富兰克林心目中理想的阿卡德米是这样的：学园拥有一座离城镇并不太远的房屋，如果可以的话，它应该位于离河流不太远的高处和干燥的地方，此外还有一个花园、果园及一两处田地。如果学园位于乡村，还应该配备一个图书室（如果位于市镇，市镇图书室可以服务该学园），图书室中应该拥有世界上所有国家的地图、一些观察和计算仪器、一些专为自然哲学、机械学实验准备的装置，以及包括勘探、建筑和机器等内容的印刷品。考虑到"技艺无尽，而人生有涯"，因此建议学园的课程应该包括那些最有用的和最有装饰性的知识。这可能会涉及如下几种专业知识：学习如何画好线条或线段的知识，这种知识是继续学习绘图、印刷、掌握透视知识的基础。所有人还应该学习算术、会计、几何和天文学的一些首要原则，此外，还可以通过古典作家的作品来学习阅读、写作和演讲技能，同时以古代史、世界史和自然史的研究为载体来学习地理、习俗、宗教和文化知识，体悟其中优秀的道德品质等。① 富兰克林的忠告尽管依然是以古典知识为主体的且其关于创建学园的呼吁似乎没有任何现实的效果，但是却体现了殖民地较早觉醒的人们对于实用和世俗知识的肯定和呼唤。

当然，由于殖民地情况的特殊性，殖民地学校形态职业技术教育的实践最早可以追溯到早期传教团的教育活动。1630 年，在新墨西哥 90 个印第安人的村庄中，就有 25 个传教团建立了此类的学校。这些学校为 9 岁以上的孩子提供了手工艺性质的教育，其中包括缝纫、制鞋、木工、雕刻、铁匠或砖瓦匠等手艺，而同期在德克萨斯、加利福尼亚、佛罗里达等也都出现过类似的学校。1745 年，摩拉维亚兄弟会在距宾夕法尼亚北部约 50 英里的伯利恒创建了宗教避难所，据 1778 年的描述，这个避难所将 12 岁以上的男孩女孩分别托付给年长单身的人，在他们与孩子们共同参与手艺人工作的过程中，孩子们也从中掌握了日后谋生的技能。此时期，殖民地还出现了高等实用教育的实践。也就是在富兰克林《对宾夕法尼亚青年人教育的忠告》发表五年后，塞缪尔·约翰逊（Samuel Johnson）在其创建的纽约国王学院（King's College，即后来的哥伦比亚大学）中，开设了一些除体现出新精神的宗教和性格训练课程之外，还增加了数学、测量、生物、地理、地质和历史学等实用性的科目。②

美国建国后，其学校形态的职业技术教育大致有三种情况：其一，在为孤贫和犯罪儿童开办的学校中出现的该类教育活动。比如，1814 年，由私人慈善

---

① Franklin B. Proposals Relating to the Education of Youth in Pennsylvania. http://explorepahistory.com/odocument.php? docId=1-4-23F. [2014-1-27].

② Hofstadter R，Hardy C D. 1952. The Development and Scope of Higher Education in the United States. New York ：Columbia University Press ：6.

团体在波士顿创办的"农业和工艺学校"是美国较早的孤贫儿童教育机构，学校教授将近 12 种的手工艺和职业技能；1825 年，受宗教情感等复杂因素的召唤，原本在英国致力于贫、孤儿童教育的罗伯特·欧文抱着旨在建立一个新"道德世界"的理想在美国印地安纳州购置了 2 万英亩土地，开始了在其命名为"新和谐"实验基地上的教育实验。据 1826 年出版的《希里曼人杂志》（*Silliman Journal*）报道，特别是在新和谐实验基地为 5～12 岁孩子所创办的学校中，孩子们不仅通过实物来学习算术、几何、自然历史、解剖、地理等课程，而且还从平版、雕版印刷，以及各种机械工艺操作中至少选择一门进行实践。1834 年，美国哲学教师艾莫斯·布郎森·奥尔科特（Amos Bronson Alcott）在波士顿也创办了一所贯彻裴斯泰洛齐手工教育原则的"坦普尔学校"，此学校共存在了 5 年左右的时间。除了以上专为孤贫儿童创建的学校之外，此时期美国还出现了专为犯罪儿童建造的"工读学校"，如 1824 年纽约兰德尔岛创办的儿童收容所就是这样的机构，而 1827 年波士顿、1828 年费城也出现了类似的教育机构。这些机构希望借助于手工艺培训活动，在给予犯罪儿童谋生技能的同时，"激发他们的道德和宗教情感，最终使这些孩子们弃绝不良的影响"[1]。当然，此时期手工艺教育还进入了美国一些地区的公立学校。比如，早在 1835 年波士顿一些公立文法学校就要求普通教师每天要抽出一个小时教授两个年级的女孩缝纫和编织技艺。1848 年，绘图课还进入了波士顿公立学校的课表中。当然，从整体来看，公立学校手工教育的开展是零星存在的。

其二，在学园或学院附设的手工艺车间进行该类教学。较早出现这方面的例子是 1787 年马里兰州卫理公会教派创办的考克斯伯瑞学院（Cokesbury College）。该学院首次为学生提供了 6 英亩的花园和专门的木工房，并雇佣了在园艺和木工方面有特长的人担任指导教师，以方便学生在闲暇的时候尽情发展其在农业和建造业方面的爱好。对此，美国《独立宣言》的签署者之一本杰明·拉什曾对学院的工作给予了高度评价。1825～1834 年，主要在神学研习机构开展的手工劳动遍及国内许多学园，后来又延伸到一些学院。这些劳动主要在农场进行，也有部分在机械操作间开展。许多劳动带有自愿性质，但是在一些运作较好的机构中，这样的劳动往往是强迫性的。学员们的手工劳动主要是为了增益健康、培养道德、促进学业，其中有的机构还成功地实现了自给自足。比如，1826 年在麻萨诸塞州安多佛建立的神学研习机构，该机构建有容纳 75 个工人的专门工作间，主要由一家机械师协会来实施管理，每天用 1～1.5 小时的时间让其学员制作各种各样的盒子和小巧的柜子等；1825 年缅

① Bennett C A. 1926. History of Manual and Industrial Education up to 1870. Illinois: Chas. A. Bennett Co., Inc. Publishers: 246-247.

因州卫斯理公会教徒建立的学园，附设140英亩的土地，以及可以制作椅、柜、窗等器物的"机械车间"，为所有愿意参与农业和机械劳动并期望获得此类知识的学生提供劳动机会；1827年纽约奥奈达科学工艺学园拥有114英亩的土地和相应的农业工具和设施，并提供专门的农业知识指导，要求所有的学生每天都从事3~4小时的农业劳动；1830年，缅因州的沃特威尔学院建立了专门的木工和印刷工作间供学生实践，学院的工作间依照工厂系统来组织生产，每一个学生仅仅承担特定工序的操作训练。

其三，借助社会上出现的普及机械工艺和其他科学知识的讲习所和演讲活动来进行。受英国机械工讲习所运动的影响，1822年纽约"全体机械工和商人协会"建造了美国最早的"机械工讲习所"。由于当时美国公共教育系统还没有很好地建立起来，该机械工讲习所将服务对象首先定位在纽约贫困的"全体机械工和商人协会"成员的子女，为其提供免费的教育，随后不久，学校也开始接收家境较好的协会成员的孩子。由于适应了当时的需要，纽约"机械工讲习所"参加的人非常多，在其存在的36年时间里讲习所完全实现了自给自足；另一所著名的机械工讲习所是于1824年在费城开办的"富兰克林讲习所"。"富兰克林讲习所"扩展了中学教育的范围，在古典科目研究之外配备了最新式的现代实用性课程，深受社会喜爱，在当年的招生中，有304人报名参加，在其开办的八年时间里，共有1733人参加了讲习所的各种课程学习。[①] 同期的美国"机械工讲习所"还有如下一些：1825年巴尔的摩的马里兰讲习所、1827年波士顿讲习所、1828年辛辛那提市的俄亥俄讲习所、1854年旧金山机械工讲习所等，这些讲习所借助工业制品展览、演讲、夜校、互助学习等方式，在一定程度上促进了基础工艺和科学知识在一些工业城市的普及。美国机械工讲习所更多地局限于工业城市，并且也没有全国性的联盟或组织机构，整体上处于孤立状态，有别于此，同期的美国"科学工艺知识演讲运动"却遍及了美国的大小村镇，并形成了全国性的组织。"科学工艺知识演讲运动"产生于尤沙·霍尔布鲁克（Josiah Holbrook）在1826年出版的一份公众教育计划。1824年，霍尔布鲁克在自己的农场开办了一所农业和手工艺学校，并亲自教授"通俗化的自然科学"课程，他的目标是使自己的农业学校"通过化学、机械学、测地学等方面的教学把科学知识铭刻在学生头脑里"[②]。虽然学校开办了一年多就关闭了，但是通过亲身的教育实践和参加科学演讲活动，更增加了霍尔布鲁克向大众传播实用和实践性知识的信心。紧跟着1826年计划的发表，霍尔布鲁克在麻州沃

① Bennett C A. 1926. History of Manual and Industrial Education up to 1870. Illinois：Chas. A. Bennett Co．，Inc. Publishers：322.

② Bennett C A. 1926. History of Manual and Industrial Education up to 1870. Illinois：Chas. A. Bennett Co．，Inc. Publishers：327.

切斯特县的一个小镇开始了自然科学知识的演讲活动并取得了成功。之后不久，附近地区就出现了许多同类的演讲活动。截至 1832 年，美国已经有这样的演讲团体 1000 余家。美国"科学工艺知识演讲运动"不仅在更大范围内传播了自然科学知识，而且对英国等欧洲国家产生了一定的影响，1838 年英国就出现了此类的科学工艺知识普及讲座。

二、欧美各国政府职业技术教育立法的先例

中世纪以来，传统学徒制的管理机构是行会组织，其在长期发展的过程中形成了完备的法规和制度。16 世纪行会组织衰落后，国家逐步承担起管理学徒制及后来出现的学校形态职业教育的责任。

（一）欧洲各国职业技术教育立法的实践

1562 年，伊丽莎白女王根据英国农业劳动力剩余的情况颁布了《学徒法》，要求每一个具备一定财产的自耕农，24 岁以上的工商业从业者必须招收一名年龄在 10～18 岁的学徒，使其最少服务到 21 岁[①]。1601 年，伊丽莎白女王颁布了《济贫法》，通过建立一个贫民监督理事会，接受某些儿童当学徒，并强迫富裕教区援助贫穷教区。当工业革命摧毁了传统学徒制的基础之后，1814 年英国政府又宣布废除《工匠法》，并于 1834 年修订《济贫法》。面对徒工的教育与生活，尽管英国政府在 1802 年颁布《工厂法》，法律除了要求工厂给予徒工适当的衣服和饮食，限制徒工的工作时间，保证一定的工作条件，还要求对徒工的学校教育承担责任，但是徒工的教育问题却一直没有得到解决。1833 年和 1844年《工厂法》修订案的颁布将劳动与教育放置在同等重要的位置，确保了徒工获得最低教育的权利，如 1833 年《工厂法》要求，工厂主雇佣的童工必须要有厂医的年龄证明书和教师的入学证明书，违者就要受到处罚。工厂主从每个童工的周薪中扣除 1 便士给教师付酬。因此，一些工厂主不得已设立了工厂学校，采用半工半读的方式进行教学。[②]

德国也是这样。面对着行会组织的衰退，1731 年，德国政府颁布了在全国范围内限制行会弊端的法令，虽然这个法令没有落实到实践上，但是它从一个角度说明了德国政府已经开始插手职业技术教育的管理。1733 年，普鲁士政府对学徒制实施的条件做出了严格的限定，要求："只有具备一定素养（掌握基本

---

① The Elizabethan Statute of Artificers Legalizes and Regulates Apprenticeship, 1562 ［S］. http：//www. h-net. org/～child/Bremner/Volume_Ⅰ/18_P1_Ⅴ_A_Apprenticeship_（SL）. htm. ［2007-4-17］.

② George Macaulay Trevelyan. 1942. A Shortened History of England. New York：Longmans Green and Co. LTD：477.

的读、写、教义问答等知识）的人才有资格当徒弟。一个师傅只能雇佣 2 名工匠和 1 名徒弟……"① 1794 年，普鲁士政府又在一般国家法令中重申了学徒制的实施标准等。经过政策法律的不断反复，1869 年，北德意志联邦《营业条例》颁布，全面确立了 1810 年普鲁士政府在《营业税法》中规定的"缴纳一定税款的任何人都可以自由地经营某种行业"②，并废除了学徒制度的所有限定。当自由经营的政策使学徒制度受到商业利益严重干扰的时候，1881 年，全国范围都修订了各种的营业条例，从而使学徒制的条件、形式、年限、师傅与徒工之间相互的责任义务等得到了法律的保护。此外，这期间普鲁士、奥地利和萨克森等地还规定了较为严厉的童工法案，这些法案对进一步规范学徒制无疑起到了较好的作用。除了对学徒制的规范之外，德国政府还非常重视开办职业学校，如 1831 年仅普鲁士一邦就有 26 所新的职业学校创办。此外，由于 1806 年德意志联邦宪法规定：工厂主必须让其工人进入本地补习学校学习，在该法律的约束下，德国业余技术夜校、星期日学校也相当普遍，在厂方和学徒订立的合同中，就有要求学徒接受业余教育的规定，双方必须遵守。③

在法国，面对行会组织日渐保守的趋势，1791 年的《宪法汇编》明确规定取消行会，并提出只要能够获得营业执照，并遵守相关的规定，任何人都可以从事自己希望从事的行业。1803 年，法国成立了"工业与制造业理事会"，理事会一项重要的任务就是对雇主在学徒协议签署中的行为进行监督。同时，基于法国的传统，当学校成为职业技术教育的主要机构的时候，由中央政府控制的公共工艺技术学校也出现了，而先前由理事会对学徒制的管理，则更多地转交给中央政府，由其直接对学校实施管理。

（二）殖民地政府的职业技术教育立法和联邦政府教育立法的开始

教育是宗主国和殖民者很早就考虑的事情，如在弗吉尼亚公司的殖民地开发计划中，就有拟在查尔斯城建立一所"公立免费学校"的规划，而其他宗主国类似的计划也不少，但是这些计划往往都没有能够实现。殖民地建立之后，为了确保公共福利的实现，教育自然而然地就成为殖民地"公共关注的事务"④之一。但是限于殖民地特殊的情况，在宗主国普遍由教会、私人或慈善机构负担的教育在殖民地却往往无法生存，因此公司、议会、县村法院、城镇和州政府很早就参与到了教育的创办和管理过程中，如 1642 年《麻萨诸塞州教育法

---

① 细谷俊夫.1984.技术教育概论.肇永和等译.北京：清华大学出版社：29-30.
② 细谷俊夫.1984.技术教育概论.肇永和等译.北京：清华大学出版社：33.
③ 杨云，刘书林等.1993.近代世界重大问题理论探讨.济南：山东大学出版社：171.
④ 劳伦斯·A.克雷明.2003.美国教育史——殖民地时期的历程（1607～1783）.周玉军等译.北京：北京师范大学出版社：149.

令》就是殖民地州政府最早干预教育的法令，它与 1606 年英国弗吉尼亚公司第一次向北美洲移民仅仅相隔了 36 年的时间。整体来看，1642 年及其之后各州的教育立法，主要关注两大问题：首先是殖民地各州对促进各个层次的公立学校教育的关注。1647 年，麻州教育法案是最早的强迫教育的法案。法案明确要求"（每个城镇）达到 50 个家庭之后，应任命镇中一人教给跟从他的所有孩子阅读和写作，他的工资应由这些孩子的父母或主人支付，或作为拨款由所有居民负担……任何家庭数量增长到 100 的城镇都应建立一所文法学校，它的教师应有能力教育学生使他们符合上大学的要求……"① 1776 年，宾夕法尼亚宪法的教育条款也有类似的规定。由于殖民地各州情况的多样性和复杂性，"截至美国建国，殖民地最初的 13 个州共有 4 个州颁布了类似的法律，而当 1803 年俄亥俄作为第 17 个州加入联邦时，仅有 9 个州的法律创建了强迫教育的规定"②。

除了公共教育以外，殖民地政府最为关注的还是立法保障贫孤儿童的学徒教育问题，这一点在殖民地的 13 个州的立法中均有体现。比如 1642 年《麻萨诸塞州教育法令》，除了要求每个城镇承担起监督管理儿童普通教育的责任，同时还涉及对部分儿童实施强制性的学徒教育。法令要求"每个城镇挑选并委派一些人员去管理这样一件意义深远的事业（即在学习、劳动和履行有益于社会的义务等方面培养孩子）……他们或他们中的大多数人将有权时时关注所有家长、师傅和他们的孩子，倾听他们的呼声和孩子们的心声，特别要关注孩子们阅读和理解宗教原则和本国死刑法的能力，如果这些要求被家长和师傅所拒绝，他们将被处以罚款。并且在法庭和地方长官的同意下，工作人员有权把那些没有能力和不适于培养的孩子送去当学徒"③；弗吉尼亚州作为最早的殖民地之一，分别在 1643 年、1646 年、1672 年、1705 年和 1769 年等多次颁布教育法令，其中涉及不同身份的儿童学徒问题。比如，1646 年学徒法令规定："为了使孩子们获得诚实的品性，避免受懒惰与散漫的侵蚀，并获得赖以生存的手工艺技能，同时也为了减轻贫困家庭的负担，按照英格兰先例，各县委员根据自己的判断力，在每个县选择两个年龄 7～8 岁以上的孩子，男女均可，务必于 6 月之前送往詹姆斯公共亚麻厂去做工，在被指定的师傅手下干梳棉、纺纱、编织等活计……"④ 1672 年，法令提出"各县治安法官一定要严格执行英国反对流浪汉、懒汉和放荡者的法律，兹授权和批准各县议会，将那些父母不能把他们培养成

①　劳伦斯·A. 克雷明 . 2003. 美国教育史——殖民地时期的历程（1607～1783）. 周玉军等译 . 北京：北京师范大学出版社：138.

②　Hillesheim J W, Merrill G D. 1980. Theory and Practice in the History of American Education: A Book of Readings, Washington DC: University Press of America: 290.

③　E. P. 克伯雷 . 1990. 外国教育史料 . 华中师范大学等译 . 武汉：华中师范大学出版社：331.

④　Hillesheim J W, Merrill G D. 1980. Theory and Practice in the History of American Education: A Book of Readings, Washington DC: University Press of America: 274-275.

人的孩子，送去给手艺人当学徒，男孩直到 21 岁为止。女孩送去从事其他必要的职业，直到 18 岁为止"①。1705 年法令涉及孤儿的学徒问题，1769 年法令则涉及了私生子的学徒问题，其法规内容也大同小异。除了以上两个州，1650 年康涅狄格州法令、1683 年宾夕法尼亚州法令、1715 年北卡罗来纳州和马里兰州法令、1762 年田纳西州法令等都涉及了不同儿童接受学徒教育的问题。

为了能够支撑起殖民地教育事业的发展，除了以上立法中出现的要求父母、地方民众、师傅、工场主等直接支付或补偿教育成本的做法之外，在拥有广阔疆域的背景下，美国最早加入联邦的 13 个州还普遍采用了为教育预留土地或以地产收入支持教育的做法②，当地产收入不足以支持学校的时候，捐助、税收等补偿方式也在同时使用。1639 年，"麻萨诸塞的达彻斯特（Dorchester）镇最早把'汤姆逊岛'的土地租金（每年 20 磅），用于资助城镇学校。两年后，该城镇又把汤姆逊岛作为对学校的永久性捐赠"③。由于新英格兰各地均由初级法院掌管着村镇土地的授予权，1642 年麻州艾珀斯维奇（Ipswich）、1643 年戴德海姆（Dedham）的居民也一致同意初级法院授权为市镇、教堂和免费学校等公用机构预留特定的土地。1724 年，弗吉尼亚也出现了 6 所接受土地捐赠的免费学校。④ 除了以上采用赠地兴学的做法以外，靠私人自愿捐助、不动产税或其他税收支持的学校在新英格兰各地也有不少。特别值得指出的是，在新阿姆斯特丹（今纽约）等地，在其整个荷兰统治时期，由教会、公司或市政机构共同参与、资助教育的做法已经非常普遍。以上殖民地政府对于教育的立法干预及其所采用的赠地兴学（包括其他资助方式）的做法是美国建国后联邦政府关注并资助教育的制度基础。

美国独立后，尽管初期联邦政府根本无暇关注职业技术教育，但是初期几部重要的土地法案无疑为联邦政府干预教育及其后干预职业技术教育奠定了制度的基础。按照 1783 年签订的《巴黎和约》，美国拥有以密西西比河、大湖区和俄亥俄河为界的大片老西北地区的土地，为了能够使土地收入足以弥补战争中的债务，并支持一个规模适度的政府，避免原有各州对西北土地产生新的要求，最终在新的土地上"组成明确的共和州，并将成为联邦的成员州，享有同其他州同样的主权、自由和独立等权利"⑤，联邦政府分别颁布《1784 年法案》（*The Ordinance*）、《土地法案》（*Land Ordinance*）和《西北法案》（*Northwest*

---

① E. P. 克伯雷 . 1990. 外国教育史料 . 华中师范大学等译 . 武汉：华中师范大学出版社：343-345.

② Johnsen J E. 1941. Federal Aid for Education. New York：The H. W. Wilson Company：9.

③ 李素敏 . 2004. 美国赠地学院发展研究 . 保定：河北大学出版社：33.

④ Monroe P. 1940. Founding of the American Public School System—A History of Education in the United States. New York：The Macmillan Company：63，107.

⑤ 杨生茂，陆镜生 . 1990. 美国史新编 . 北京：中国人民大学出版社：105-106.

Ordinance）。《1784 年法案》虽然肯定了联邦政府对西北土地所拥有的绝对权利，并提出将俄亥俄到密西西比河之间的土地分作十六州，在居民人数达到一定的数目时始可建立同东部各州完全平等的新州，但是该法案并没有提及如何分配这些土地。紧随其后的 1785 年《土地法案》则借鉴新英格兰等地划分村镇和为教育预留土地的经验，首次根据杰弗逊总统的倡议，改变了原有土地勘察中根据岩石、溪流或树木来划定边界，其边界易于变动的做法，同时也为了避免精明的购买者仅购买上等好地，使大片普通土地荒废的弊端，创建了一种成矩形或直线的土地勘察系统。[①]《土地法案》规定在西北土地上，首先划分出一个 6 平方英里的市镇，每个市镇又分成 36 个地段，每一地段 640 英亩，其中的第 15、21、23 地段的收益保留给政府使用，第 16 地段是为公立学校预留土地。每 1 英亩售价 1 美元，每个购买者必须一次购买至少一个地段 640 英亩的土地（图 1-1）。

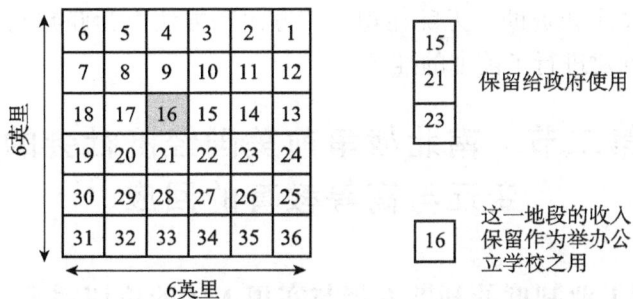

图 1-1　1785 年《土地法案》为政府和教育预留的土地

资料来源：杨生茂，陆镜生 .1990. 美国史新编 . 北京：中国人民大学出版社：105-106

1787 年《西北法案》是在俄亥俄以北的土地上建立准州的组织法案。法案的第三条特意提及了教育对国家未来发展的重要性："宗教、道德和知识是良好政府和人类幸福所必需的，学校和其他一切有益的教育手段都应该受到鼓励。"[②]这一思想无疑是美国开国元勋教育思想的鲜明体现，同时也表达了联邦政府对教育功能的坚定信仰。紧随着《西北法案》的颁布，俄亥俄作为西北地区第一个加入联邦的州，在土地问题上完全贯彻了《土地法案》的精神，将每一个市镇第 16 地段的土地的收益用于教育的目的。俄亥俄的例子很快地被应用到了各个新州的建设上。

《土地法案》和《西北法案》颁布后，"1802～1848 年，14 个加入联邦的新

---

① 　Acts，Bills，Laws. Ordinance of 1785. http：//www. u-s-history. com/pages/h1150. html. ［2007-6-2］.

② 　Gordon H R D. 2003. The History and Growth of Vocational Education in America. Illinois：Waveland Press，Inc.：78.

州，除缅因、德克萨斯州外，都为学校保留了第 16 地段"[①]。1848 年，当加利福尼亚州被批准加入联邦的时候，为教育预留的保留地扩大到 2 个地段，即第 16 和第 36 地段。[②] 此外，除了 1959 年加入联邦的夏威夷和阿拉斯加州以外，1912 年之前加入联邦的犹他州、新墨西哥州和亚利桑那州，在预计贫瘠土地的收益无法更好地支持公立教育的时候，这些州为教育保留了第 2、16、32、36 共四个地段的土地。[③] 整体来看，《土地法案》和《西北法案》实施期间，除了阿拉斯加州为公立学校预留的土地为 21 000 000 英亩外，遵照联邦法案，各州为公立学校预留土地的数量约达 77 500 000 英亩。[③]

《土地法案》和《西北法案》的颁布，是美国联邦政府借助土地分配问题，插手各州教育问题的开始。它一方面表明了教育与国家利益和个人幸福的息息相关性，另一方面也标志着联邦政府逐步突破了宪法对教育权的限制，以土地捐赠作为手段来交换各州对于教育的创建管辖和引导权初见成效，而联邦政府对教育问题的关注和资助，无疑在理念、方向和方法上为联邦高等职业技术教育资助制度的创建进行了前期的准备。

第二节　南北战争前美国经济社会的变迁与高等教育的回应

一、美国工业制度的初期发展与实用人才的迫切需求

工农业生产是国家财富的主要来源，是维持有效军事力量和保持国家竞争优势的重要手段。南北战争前，尽管经过几十年的发展，美国工厂制度逐渐兴起，美国工业革命的基础已经奠定，但是与欧洲发达国家相比，美国工农业发展的整体水平还不高，国际竞争的优势还不明显。与此同时，尽管美国建国后耕地面积拓展迅速，同时由于新机械的不断采用，农业在一定程度上获得了改进，但是农业生产中的问题还很多，整体效率还很低。如何提升美国工农业整体的生产效率，客观上美国社会向高层次实用型技能人才的培养提出了迫切的需求。

美国建国后推动工业快速发展的原因是非常复杂的，但大致可以从以下几个角度来分析。首先，美国惊人的领土扩张为其带来了蕴藏丰富资源的土地。1803 年 5 月，美国以每平方公里 5.77 美元的价格，从法国购得路易斯安那州，

---

①　李素敏.2004.美国赠地学院发展研究.保定：河北大学出版社：37.

②　Johnsen J E. 1941. Federal Aid for Education. New York：The H. W. Wilson Company：9-10.

③　Johnsen J E. 1941. Federal Aid for Education. New York：The H. W. Wilson Company：10.

1810～1819年从西班牙手中夺得佛罗里达州，1846～1853年，又强行从墨西哥手中购得近250万平方千米的国土。截至1853年，美国的西部边疆已经到达太平洋沿岸，国土面积达到775万平方千米，比宣布独立时的版图增加了七倍多。① 其次，由于丰腴的土地足够养活更多的人口，且工商业的扩张也创造了新的财富和就业机会，美国人口每十年的平均增长率约为34%，每二十年几乎增加一倍。加之此时期蜂拥而来的移民，迅速增长的人口为广袤资源的开发提供了亟需的劳动力并为吞纳其产品提供了日益广阔的市场。资料显示：1825年以前的移民每年不到一万人……1820年至1860年移入的人数在500万以上。1790年，全国人口的总数不到400万，1860年人口普查时的数字则是3144万……② 再次，自18世纪90年代起，美国掀起了改善水陆运输、通讯设施的高潮，1806年国会批准了坎伯兰国家公路的建设，1825年竣工并成功运行了伊利运河，而此时期铁路的发展也极其迅猛。"1830年美国只有约100英里（铁路线），10年后，总长度达3328英里，为全欧洲铁路总长度的一倍。19世纪40年代，运河建设基本停止，铁路长度又增加5500英里，到19世纪50年代，铁路长度增加4倍。"③ 与公路、运河和铁路一起发展的还有美国初具雏形的全国电报通信网。自1837年塞缪尔·莫尔斯发明了电报后，1843年，国会拨款三万美元修筑了一条从巴尔的摩到华盛顿的电报线，此后，电报、海底电缆等现代通信工具日益迅速地被应用到美国经济和社会生活的方方面面，加快了美国全国性的原料供应、销售和人员流动市场的形式。除了资源、人口、交通通讯的因素外，还有一个不可忽视的因素就是科学技术的储备。英国工业革命爆发后，英国的法律并没有成功地阻止工业机械、技术和人才通过各种渠道流入美国。比如，1765年英国人哈格里夫斯发明了珍妮纺纱机，1787年美国的一些州就出现了一些使用珍妮纺织机的工厂。与英国的机器、技术传入相平行的是，美国人对新发明也抱有持久的热忱。据美国商标局报告："从1790年到1811年，平均每年有77项发明，而1830年的发明是544项。从1841年到1850年的10年中，商标局发出了6460件专利证，以后的10年发出了25 250件。"④ 不仅如此，美国人还在工业制度方面进行了诸多的创新，如1798年，惠尼特应用零件标准化的原理，使枪炮制造方面的机械能够相互调换。1814年，美国商人洛厄尔在他人的帮助下，在世界上首次把纺纱和织布的所有程序集中在一个工厂中进行……

　　在以上多种因素的相互作用下，如果说在美国建国之初的四五十年内，农

① 荣艳红.2008.从社会心理层面看美国西进运动对传统学徒制的颠覆.合肥师范学院学报，26（1）：35.
② 福克讷.1964.美国经济史（上卷）.王锟译.北京：商务印书馆：373-374.
③ 杨生茂，陆镜生.1990.美国史新编.北京：中国人民大学出版社：146-147.
④ 福克讷.1989.美国经济史（上卷）.王锟译.北京：商务印书馆：324.

业一直是美国经济的主要支撑，依靠农业为生的人比依靠商业、工业或其他行业多得多的话，这之后，此种情况就逐步开始转变了。首先，这一时期工厂的规模、数量和产值均有了显著的增长。1850 年以前，除了棉纺织业、毛纺织业和冶铁业等少数行业以外，绝大多数的工业生产仍然是在小型工业作坊中进行，在此之后，初具现代工厂雏形的机器工厂及其制造的产品逐步遍布除西部偏僻地区以外的全国各地。另据统计，1860 年新英格兰和南部地区各有工厂 2 万余家，而中部和西部地区则各有工厂 5 万和 3 万多家。1850～1860 年，美国工厂的总数已经从 12.3 万上升到 14 万，工厂的资本额从 5.32 亿美元攀升到 10.03 亿美元，工人人数从 95.5 万上升到 130.6 万，产值从 10.16 亿美元攀升到18.77 亿美元[①]；其次，由于新式犁、收割机等农具的使用，农业的生产效率也大大提高了。仅据《草原农民》1852 年文章报道："在西部，上个季节用的新式收割机（麦考密克收割机）不下 3500 台——等于 17 500 个劳动力。"[②] 相关数据还显示：1800 年种植和收获一英亩小麦要花费 56 个劳动小时，到 1840 年则减到 35 个小时。在同一时期内，生产 100 蒲式耳（1 蒲式耳＝36.268 升）小麦所需要的劳动时间从 373 小时减少到 233 小时，种植和收获 100 百蒲式耳玉米也由 344 个小时减到 276 个小时。[③] 从农业中解放出来的成千上万的劳动者，转到制造业、商业和其他经济部门就业，转而又促进了这些部门更快的发展；最后，从工业对这一时期国民生产总值的贡献率来看，1850 年美国农业的产值是 13.27 亿美元，尽管制造业从业人口占全国人口的不足 20％，但是制造业、矿业和机械工艺等产业的产值已经达到 10.13 亿美元，这几项之和超过了当年国民生产总值的 80％。[④] 到了 1860 年，据某些权威人士估计，美国已在世界工业国家中居第二位。[⑤]

　　尽管成绩是骄人的，但是此时期的美国人并不敢掉以轻心。其原因首先是工业革命加剧了各国经济、文化和科学领域的比拼、竞争甚至敌对情绪，而 1851 年伦敦第一届世博会及其之后多届世博会的召开更是强化了这种氛围。此时，美国不仅与当时世界经济霸主英国存在不小的差距，同时法国、德国作为新兴工业体更是一支不可小觑的力量。比如，英国在 19 世纪 40 年代就完成了工业革命，其不仅在工业原料和工业制成品方面傲居群雄，而且在农业方面也毫不逊色。1850 年，英国生产了全世界金属制品、棉织品和铁产量的一半、煤产量的 2/3，其他如造船业、铁路修筑等也都居世界首位，与此同时，英国对外贸

　　① 菲特，里斯.1981.美国经济史.司徒淳，方秉铸译.沈阳：辽宁人民出版社：253.

　　② 菲特，里斯.1981.美国经济史.司徒淳，方秉铸译.沈阳：辽宁人民出版社：229.

　　③ 菲特，里斯.1981.美国经济史.司徒淳，方秉铸译.沈阳：辽宁人民出版社：230.

　　④ Michael L. Whalen. A Land-Grant University［R］. http：//web. archive. org/web/20080228163104/ht-tp：//www. cornell. edu/landgrant/resources/Land _ Grant _ Univ _ Whalen. pdf：2.［2014-1-22］.

　　⑤ 菲特，里斯.1981.美国经济史.司徒淳，方秉铸译.沈阳：辽宁人民出版社：166-167.

易占到世界贸易总量的 20％，1860 年，其对外贸易占世界贸易总量的 40％。[①]此外，一些旅行者也注意到：在英格兰的某些地方，在最近的 25 年内，通过科学技术的运用，农产品的产量甚至增长了 4 倍。[②] 与英国毗邻的法国、德国工农业发展的势头也非常好。1840～1865 年，法国整个工业货物（包括农民家庭工业）生产增长 50％，工业产品本身增加 110.9％。此外，由于道路交通和施肥技术得到改善，1840～1860 年，巴黎盆地高原上的农业因种植甜菜而获得新的力量，卢瓦尔-歇尔的小麦生产也有了强劲的增长，牲畜的质量有了进步，葡萄产量也大为提高。[③] 德国虽然是工业革命的后发国家，但是工业发展速度更为迅猛。1850～1860 年，德国生铁的产量虽不及法国和美国，但是其原煤的产量却远超法国，美国也被甩在了后面。与此同时，德国工业生产占世界工业生产的份额也在不断增长。1840 年，德国工业在世界工业生产中所占的份额为 12％，当时的英国为 45％，美国为 11％，1860 年德国将这一数字提高到 16％，英国下降为 36％，而美国则提升到 17％。[④]

尽管与周遭国家相比，美国经济发展的速度并不慢，但是美国人深知由于粗放式的经营，美国工农业生产中的问题还很多，不解决这些问题，其工农业的持续发展将障碍重重。比如，尽管南北战争以前，美国北方和南方农业的共同特征是可耕地面积的扩大。截至 1860 年，各州和准州耕种的农田达 1.6 亿英亩以上，此外，还有 2 亿多英亩未开垦的土地[⑤]，但是由于人们对土地资源的滥用，无论从全国来看还是从地区或州来看，普遍存在着因土壤使用不当所导致的土壤退化、生产能力下降等现象。1844 年，全美每亩谷物的平均产量是 24.75 蒲式耳，1854 年仅仅是 21.06 蒲式耳。而新英格兰地区的报告也显示：1840 年整个地区的小麦产量是 201 万蒲式耳，1850 年下降到 109 万蒲式耳，同一时期，土豆的产量也有明显的下降。此外，由于缺乏农业和兽医知识，纽约州由于家畜疾病或其他动物伤亡，每年的损失占总数的 2％，估计约 207 万多美元。而纽约州由于小麦吸浆虫害，在一些年份的损失甚至已累积到 1500 万美元，其他害虫每年所带来的损失也不少于吸浆虫害……[⑥]

当工农业生产客观上要求有更多懂得生产奥秘的技能型人才出现的时候，

---

① 阎照祥.2003.英国史.北京：人民出版社：296.

② Brown A. 1863. The People's College of the State of New York. New York：Press of Wynkoop, Hallenbeck& Thomas：6.

③ 弗朗索瓦·卡龙.1991.现代法国经济史.吴良健，方廷钰译.北京：商务印书馆：112,120.

④ 维纳·洛赫.1959.德国史（上册）.北京大学历史系世界近代现代史教研室译.北京：生活·读书·新知三联书店：367.

⑤ 菲特，里斯.1981.美国经济史.司徒淳，方秉铸译.沈阳：辽宁人民出版社：193.

⑥ Brown A. 1863. The People's College of the State of New York. New York：Press of Wynkoop, Hallenbeck & Thomas：4-5.

这对现有的高等教育机构不啻为一种机遇同时也是一种挑战。当此之时，许多的民众、媒体、教育人士、政府机构、社会团体等在敏锐地把握住时代脉搏后纷纷采用各种手段，借助各种渠道呼吁高等院校满足社会的这种需求。比如，甚至早在 1819 年，纽约州的测量总监西蒙·迪维特（Simeon DeWitt）就专门印刷了《请考虑创建农业学院的必要性，以便使更多受过教育的富裕市民的孩子能够推动农业专业化》（Considerations on the Necessity of Establishing an Agricultural College, and Having More of the Children of Wealthy Citizens Educated for the Profession of Farming）的小册子；1826 年，纽约州的副总督詹姆斯·塔尔梅奇（James Tallmadge）提议创建农业机械和实用工艺学院（School of Agricultural Mechanics and Useful Arts）；1839 年，纽约州还出现了一个席卷全州的请愿活动，请愿活动的组织者声称："全州 5/6 的人口务农，但是令人奇怪的是，州内却没有教授农业科学的学校、习明纳，而目前州内所有学校都没有设置专门服务于农业科学教育的分支机构。"[①] 此次请愿活动共募集签名 6000 多人次，在一定程度上促进了人们对农业教育的关注。同期也有不少媒体对这一现象表示关切。例如，1857 年，佐治亚州的一家报纸就告诫人们："我们现在生活在一个不同的时代，一个崇尚实用的时代。现在的时代需要会实际工作的人来负责建设公路、铁路、矿场并协助创建科学化的农业……"[②] 而此时期，纽约州一些较有影响的专业杂志，如《耕种者》（Cultivator）、《杰纳西河农民》（The Genesee Farmer）、《美国农学家》（American Agriculturist）、《乡村绅士》（The Country Gentleman）、《纽约农民和技师》（New York Farmer and Mechanic）等也纷纷呼吁人们关注农工类人才的培养。

除了普通民众、媒体的呼吁之外，教育界人士及一些农工类专业团体也不甘落后。例如，加利福尼亚州公共教育督学面对加利福尼亚州高等教育的落后状况质问人们："我们大多数学院的毕业生到底适合哪一种有用的职业？"而麻州政府的一个委员会的做法更为激进，在 1850 年，该委员会直接呼吁哈佛大学进行课程改革，以便培养出"更好的农民、机械工和商人"。在纽约，不仅州教育委员会责成市政当局兴办一所学院，所授课程不要仅限于满足传统行业的需要，而且纽约机械师互助保护协会（Mechanics' Mutual Protection）、纽约州农业协会（New York Agricultural Society）等民间团体也纷纷呼吁人们关注农工类人才的培养。

当然，此时期高等教育机构本身也明显感受到了这种需求，从哈佛大学 19

---

① Rogers W P. 1945. People's College Movement in New York State. New York History, 26（4）: 416.

② 弗雷德·赫钦格，格雷斯·赫钦格. 1984. 美国教育的演进. 汤新楣译. 美国驻华大使馆文化处: 121.

世纪50年代末期向州议会申请经费资助时的一席话中便可窥见一斑。按照以往的先例，哈佛大学在申请州经费资助的时候往往都会强调其求知的使命，但是此时期的哈佛大学却一反常态，转而强调其对麻州商业、经济及未来繁荣可能作出的贡献。尽管哈佛的申请遭到了州议会的拒绝，但是从其做法中仍然可以明显感受到哈佛所感受到的社会压力。[①] 以哈佛大学为代表，面对美国工农业生产对实用性人才的迫切需求，几乎与美国工业制度的创建、农业机械的逐步使用的步伐相一致，一场在教育领域致力于改变传统高等教育、创建更为民主和新型的实用高等教育的努力和斗争业已拉开了序幕。

二、两条高等教育路线的斗争与美国实用型高等教育的初步发展

客观地说，美国高等教育最初不仅仅是为宗教而生的。为了使文雅的生活方式和高深的学识在新的土地上得以保存并繁衍生息，殖民地时期创办的9所古老的学院同时也致力于捍卫古典、自由和精英教育的传统。美国建国后，在多种因素的相互作用下，美国高等教育出现了学校类型层次不断丰富、数量急速扩张的变化。在这种情况下，高等教育是继续捍卫自由和精英教育的传统还是走更为民主、实用的道路，这两条高等教育路线的斗争几乎贯穿了19世纪乃至20世纪美国高等教育全部发展的历史。正是在这种相互矛盾又相互妥协的斗争过程中，美国高等教育不仅实现了完美的功能分化，即一部分走上了确保自由、精英教育的道路，另一部分则沿着实用、大众的道路向前迈进，而且，又由于双方的相互借鉴，古典精英型高等教育也注意到自身不合时宜的部分，逐步部分地承担起了为美国工农业生产服务的重任。

美国高等教育实用精神出现的首要标志是州立大学的创建。当然，按照美国多位开国元勋的想法，他们最初希望创办的是国立大学，但该想法以失败告终。此后，在曾任美国总统的杰弗逊将近半个世纪不懈的努力下，州立大学成为取代国立大学出现的新事物。受启蒙思想的影响，杰弗逊将教育看作美国民主政治的基石和重要保障，他曾经说过：如果移民不打算把美国变成"异质的、松散的和缺乏凝聚力的乌合之众"，那么他们就必须接受适当的教育，甚至需要比本土的人更严格的教育"[②]。杰弗逊认为教育，尤其是高等教育在为国家各个部门培养具有担当精神、有能力的行政人员方面有着不可替代的责任。因此，在1778年《关于进一步普及知识的法案》一文中，他曾为弗吉尼亚州勾画了一副公立教育的蓝图，其核心就是普及小学教育、择优提供中学教育、拔尖给予

---

① 弗雷德·赫钦格，格雷斯·赫钦格.1984.美国教育的演进.汤新楣译.美国驻华大使馆文化处：122.

② 劳伦斯A.克雷明.2002.美国教育史——建国初期的历程（1783～1876）.洪成文等译.北京：北京师范大学出版社：8-9.

大学教育。为了实现心目中理想大学的愿景，他几乎为之奋斗了半个世纪之久。1819 年，由杰弗逊亲自选定校址、设计校舍、聘请教授的弗吉尼亚大学获得了该州政府的办学许可证，于 1825 年正式开学。弗吉尼亚大学的经费由州政府提供，校董事会成员由州长任命，学校的任何事务在任何时候均受到州立法机关的控制。此外，它还是完全世俗的，学校不仅不设神学讲座，而且其开设的八门课程还涵盖了更多实用的内容，学生也有一定选修课程的自由。它的出现是美国高等教育民主化和实用化的重要标志。

　　除了州立大学的产生之外，此时期一场重要的诉讼——达特茅斯学院案不仅改变了美国高等教育的格局，而且还促使曾经稀少的高等教育象牙塔变成了与教堂一样的寻常事物，成为美国生活的一部分。① 由于新罕布什尔州立法机关篡改了达特茅斯学院的特许状，新任院长向该州立法机关申诉，控告达特茅斯学院董事会，后该案件被上诉到美国最高法院。1819 年，最高法院著名的达特茅斯案裁决，明确了私立高校特许状的契约性质，提出保护个人契约体现了美国宪法的精神实质，任何一个州的立法机关均不能通过"损害契约义务和职责的"法案。达特茅斯裁决标志着公立、私立学校的分野。当然，该裁决仅仅为后来众多私立院校的出现在法律上提供了可能和保障，促使私立院校大批出现的原因是美国建国后疆域的迅速扩大。为了能够使新西部吸引更多的人来居住，每一个西部居留地的人都希望"在自己的土地上出现一家报馆、一个旅馆、一所学院，只有这样才标志着真正城镇的产生"②。于是，此时期美国出现了高等教育自由发展的局面，大批不具备办学条件的学院纷纷创立。据相关资料统计，从 1770 年到 1861 年，美国全国先后共建立了 800 所学院（其中大部分是私立学院），维持到 1900 年的只有 180 余所。② 可以说，正是由于这些院校的出现，与欧洲国家相比，美国才可能更早一些为普通民众提供高等教育入学的机会。

　　此外，这时期美国还出现了一批专门的、更为实用的高等教育类型，如 1802 年 3 月国会正式授权并资助创建的美国军事学院（United States Military Academy，即西点军校）。西点军校是美国国内唯一的一所工程学院，为美国初期的铁路、桥梁、港口和公路建设培养了大批的工程师，对美国南北战争前几乎每一所工程学院的出现都产生了深远的影响。1824 年，一所旨在通过科学演讲活动促进农业技术进步的伦塞勒学校（Rensselaer School），即后来的伦塞勒

　　① 弗雷德·赫钦格，格雷斯·赫钦格 . 1984. 美国教育的演进 . 汤新楣译 . 美国驻华大使馆文化处：119.

　　② Brubacher J S，Rudy W. 1975. Higher Education in Transition，A History of American Colleges and Universities，1636-1976（Third Edition）. New York，Hagerstown，San Francisco，London：Harper & Row，Publishers：19.

多科技术学院（Rensselaer Polytechnic Institute）在纽约州特洛伊市成立，最初创建该学院的目的并不是进行技术教育，而仅仅是为讲习所、普通学校培训农工类教师。在阿莫斯·伊顿（Amos Eaton）院长的领导下，不出十年，该院逐步由教师培训转向普通多科技术教育，最终成为美国最著名的民用工程教育基地。它的课程目标是：“在智力和身体自由发展的更宽广的基础上来培养建筑师和市政工程、矿冶以及地形测量方面的工程师。”[①] 美国教育史专家库伯利（Elluood Cubberly）称“正如同有了哈佛才有了美国高等教育的发达，有了伦塞勒学院，才有了美国的技术教育”“如果没有伦塞勒学院培养的人才，出来办理大学中新的科系，指导铁道与工厂的建造和工作，美国产业革命必将拖后二十五年”[②]。因此，可以确切地认为，伦塞勒学院的创办，在一定程度上奠定了此后古老大学和新建赠地学院工程教学的基础。

　　面对美国高等教育日趋与社会需求接轨，日益民主化和实用化的趋势，忠于古典、自由、精英高等教育传统的另一部分人则忧心忡忡。这其中尤以耶鲁学院的院长杰里迈亚·戴（Jeremiah Day）为代表。1828 年，他与本院的一名拉丁文与希腊文教授共同起草了《耶鲁报告》（*Yale Report*）。这份后来被誉为 19 世纪美国人文科学教育“宪章”的报告从高等教育的目的、内容和教学三方面为耶鲁大学应该恪守自由主义教育传统、继续实施古典教育而辩护。尽管报告首先肯定了大学的课程、教学、入学标准、学位获得条件等应该随着社会的变化而变化，但是，报告随即笔锋一转，明确抛出了最为核心的观点，即大学的变化决不能以牺牲大学已经拥有的东西为代价。报告提出：之所以有很多人提出大学应该紧跟时代精神满足时代需求，其主要是对大学教育目标的认识不清而导致。报告着重强调大学教育的目标是：不是为了完成某种教育，而是为更为卓越的教育奠定基础。这一基础必须是广博的、深入的和坚固的，而不是局部的或浅薄的。这样的基础不仅包括学生心智方面的训练，而且还包括学生拥有充实的心灵。对学生的注意、分析、综合、判断、辨别、记忆、想象等多方面的心智能力进行训练是大学教育最重要的内容。报告认为：纯数学有助于推理、物理科学有助于认清事实、古典文学提高鉴赏及审美能力、逻辑和心理学有助于思维判断、修辞和演讲有助于讲话、写作有助于表达的丰富和精确、即兴辩论有助于思维的敏捷流畅和活力……只有文理平衡的自由教育课程才有助于学生各方面的官能得到较好的训练，并最终帮助学生形成和谐、对称和平衡的性格。由于实用技艺在真实的环境中进行学习才更为有效，报告明确指出

---

　　① 陈学飞 . 1989. 美国高等教育史发展史 . 成都：四川大学出版社：34.

　　② Brubacher J S, Rudy W. 1975. Higher Education in Transition, A History of American Colleges and Universities, 1636-1976（Third Edition）. New York, Hagerstown, San Francisco, London：Harper & Row, Publishers：26.

这些学科没有必要在高校中开设。对如何掌握文理平衡的广博的知识，报告认为学生必须依靠自己的努力，否则，图书馆、设备、标本、讲座及教师这一整套机构都不足以把他们培养成优秀的学者。此外，报告批评指出：在其他学校已经推行的选修制是不可取的，其一方面是由于美国的学生没有德国学生那样的学术基础，他们还不具备为自己的未来进行设计的能力；另一方面仅选修某些课程也是与完整教育的理念背道而驰的。报告指出，由于演讲和背诵各有利弊，只有演讲和背诵相互补充和协调的方法才是最好的教学方法，当然，调查和讨论也是必不可少的。

作为古典自由教育的宣言书，一直到美国内战爆发，《耶鲁报告》不仅对耶鲁本身也对美国高等教育产生了深远的影响。正因为这份报告，耶鲁学院成为古典、自由、精英教育的堡垒。直到 19 世纪 70 年代，此时的哈佛已经取消了三、四年级的全部必修课，但耶鲁的学生仍然必须学习拉丁语。1884 年，当哈佛取消了学生入学时的希腊语测试，耶鲁却仍然对此有一定的要求。① 此外，《耶鲁报告》还通过其毕业生的渠道，对美国南部和西部的许多大学产生了广泛的影响。据斯坦利·霍尔（Stanley Hall）估计，迟至1879 年，美国仍然有三百余所学院控制在信奉心智训练的人们手中。② 当然，尽管《耶鲁报告》是美国高等教育民主化、实用化改革的障碍，但是报告所强调的注重学生心智训练，为学生进一步的学习奠定广博学术基础的方向并不是完全不可取的。特别是在报告出台的第二年，布朗大学生物和地质学教授帕卡德（A. S. Packard）在《北美评论》（*North American Review*）上发文支持该报告，并用通识教育（General Education）一词描述了在大学进行广博知识训练的必要性。通识教育一词遂在美国高校正式出现并进而影响了全世界的高等教育。

尽管《耶鲁报告》的影响是深远的，但是面对美国经济、社会对民主、实用型高等教育的呼唤，反对《耶鲁报告》的声音也是强大的。1826 年任布朗大学（Brown University）校长的弗朗西斯·韦兰（Francis Wayland）就是其中的主将。由于他将布朗大学的困境主要归因于学校对公众更加多样化教育需求的漠视，所以，他提出布朗大学应该为学生提供与 19 世纪社会发展相关的新专业，其中包括科学和工程等，反对大学固守标准化的古典、数学和哲学课程。与此同时，他还允许学生自由选修适合自己需要的课程等。除了韦兰之外，同时期在高等教育民主化和实用化改革方面最为成功的当属纽约州联合学院（Union College）。联合学院成功的秘密在于诺特（Eliphalet Nott）校长能够充

---

① Levine A. 1978. Handbook on Undergraduate Curriculum. San Francisco：Jossey-Bass Publishers：548.

② 陈学飞 . 1989. 美国高等教育发展史 . 成都：四川大学出版社：42.

分理解他的时代。为了减少改革的阻力，他在没有完全抛弃旧课程的基础上，为学校开设了包括现代语言、科学和数学等在内的一系列的实用课程。就在耶鲁报告发表的同一年，该学院还实行了选课制。联合学院成功地吸引了众多的学生来就读。据 1839 年数据显示：该校学生人数仅次于耶鲁而比其他任何学院都多。① 在诺特校长漫长的任期（1804~1866）内，该校共培养了 4000 多名毕业生，其中 1/3 学习科学课程，许多学生毕业后在工程、铁道、医学、法律、采矿等行业谋职。当然，为了生存下去，此时期出现的大多私立院校在课程开设方面都努力与农工高等教育挂钩，但是由于缺乏公众支持，早期此类学院存在的时间一般都很短暂。

面对时代的呼唤，以耶鲁学院为代表的一批美国保守主义院校也不得不在入学考试科目、学院授课内容、教学方法，以及人才培养方向等方面进行了一系列的改革。比如，有学者在考察了此时期美国学院入学考试科目和课程设置之后说："如果说 19 世纪初，拉丁、希腊文和数学是入学考试的三个基本科目的话，那么从 1800~1870 年，美国高等院校的入学考试一般都会涵盖以下八门科目：地理学、英语语法、代数、几何、古代史、自然地理、英语作文、美国史。"② 此外，包括耶鲁学院在内的一批古老大学还创设了科学学院，开始了实用学科的教学。比如 1847 年，耶鲁谢菲尔德科学学院（Sheffield Scientific School）和哈佛劳伦斯科学学院（Lawrence Scientific School）成立，1852 年，达特茅斯钱德勒科学学院（Chandler Scientific School）成立。其中，耶鲁谢菲尔德科学学院是最早将科学和人文学科合并的高校之一。在其主要的建筑法纳姆楼（Farnam Hall）中，就有化学和物理学实验室，学生除了学习微积分、物理、化学、数学、土木工程之外，也学习修辞、英国文学、法语或德语及绘画等。

纵观此时期美国高等教育业已发生的变化，尽管可以用两种高等教育路径或方向并存，且实用高等教育对古典自由精英型高等教育的影响在表面上更为广泛一些来形容，但是，如果从实质上来看，由于美国高等教育向实用、民主方向迈进的步伐才刚刚开始，这种变化的程度还远远不够，其整体情况并不容乐观。比如，按照专门研究南北战争前美国国内高等教育机构创建的学者唐纳德·G. 图克斯伯里（Donald G. Tewksbury）的分析："除了很少的州立大学之外，事实上在独立战争和南北战争之间，美国所有已经建成的学院，绝大部分都是由宗教利益集团组织、资助以及控制的。"③ 加之此时期高等教育还被人们

---

① Eliphalet Nott. http：//en. wikipedia. org/wiki/Eliphalet_ Nott. ［2010-06-18］.

② Hofstadter R，Hardy C D. 1952. The Development and Scope of Higher Education in the United States. New York：Columbia University Press ：10-11.

③ Tewksbury D G. 1932. The Founding of American Colleges and Universities before the Civil War. New York：Columbia University Press：55.

普遍地认为是一种奢华，而不是需要①，因此，绝大多数的高等教育机构的规模都非常小。与此同时，尽管已经有许多新类型的高等教育出现，且一些古老的大学也开设了新的院系讲授新的学科，但是，由于新型高等教育还没有成为社会上的一种普遍要求，不仅这些新的高等教育机构处于非常边缘的地位，即便是一些古老学院的新系科，也在传统的学院中几乎被孤立而很难被传统系部所接受，而这些机构所讲授的自然科学或其他实用学科课程更不被认为同传统古典学科课程具有同等价值。此外，主修新学科的学生往往被修习传统学科的学生所蔑视，而新学科授予的学位更被蔑称为"廉价学位"。与此同时，尽管美国高等院校入学考试的科目已经发生了重大的变化，且其神学类毕业生也在逐步减少、专业类型的毕业生数量在逐步增加，但是美国高等教育中主导性的课程依然是拉丁文、希腊文、数学、道德哲学和基督箴言等。也就是说，在美国工农业生产对高等教育提出更多新要求的背景下，高等教育的改革早已经开始，但是在各种因素的影响下，这样的改革还很不充分和彻底。为了美国实用型农工高等教育的进一步系统发展和制度化，还需要有更多的人从内部或外部对其进行强有力的推动，而这一历史的责任不可推卸地落在另一批人的身上。当然，这些人作为个体的力量也许是微薄的，但是他们的合力将注定为美国高等教育注入新的因素。

三、来自某些州农工高等教育的思想和尝试

1862 年《莫雷尔法案》是美国国会第一次以赠地方式资助国内实用型农工高等教育的开始，自此，美国的农工高等教育逐步走上了稳定发展的道路，而《莫雷尔法案》也因之成为农工高等教育制度化的标志。在更为有力地推动《莫雷尔法案》出台的人物中，主要有佛蒙特州诺维奇大学（Norwich University）奥尔登·帕特里奇校长（Alden Partridge，1785～1854 年）、伊利诺伊州伊利诺伊学院（Illinois College）乔纳森·鲍德温·特纳（Jonathan Baldwin Turner，1805～1899 年）教授、纽约州人民学院（People's College）院长阿莫斯·布朗（Amos Brown）等。他们所提出的农工高等教育新设计及为之出现所付出的艰辛努力不仅是国会议员贾斯廷·史密斯·莫雷尔（Justin Smith Morrill，1810～1898）赠地资助农工教育思想形成、具体化和进一步细化的基础，而且他们本人直接或间接推动联邦层次立法的努力，更是《莫雷尔法案》出台的重要院外力量。当然，由于行文逻辑的需要，本节将主要介绍他们的农工高等教育思想和实践，其推动立法的努力将在下一节介绍。

至少在莫雷尔第一次向国会递交赠地资助农工学院提案往前推 30 多年，一

---

① 陈学飞.1989. 美国高等教育发展史. 成都：四川大学出版社：42.

个和莫雷尔同样生活在佛蒙特州且两人居住地相距很近，即使与莫雷尔本人并不熟悉但却拥有许多共同熟悉朋友的人——奥尔登·帕特里奇就已经在佛蒙特州诺维奇（Norwich）创建了一所集军事、自由、实用教育为一体的美国文学、科学和军事学院（American Literary，Scientific and Military Academy），简称诺维奇学院。这是世界上第一所为培训民兵而创办的纯技术性质的私立军事机构，后来发展成为诺维奇大学（Norwich University）。在随后的几十年里，诺维奇大学模式在美国多个州生根发芽，直接促成了一个所谓的"美国教育系统"（American System of Education）的产生。与此同时，帕特里奇在 1835 年即有了成形的倡议国会赠地资助此类高等教育系统的想法，他对莫雷尔赠地思想的形成也有着一定的影响作用。

帕特里奇早年任职于西点军校。作为一个并不安分守己的人，结合自身的教育经历，他很快就察觉到西点军校在课程设置方面过于狭窄的问题。1815 年，他通过战争秘书向国会递交了一个很详细的规划，以便扩大西点军校的课程领域，使其主要聚焦在数学、工程、法语和自然哲学方面。同时，他还为西点军校创建了一项意义深远的规划，即西点军校再增设两个学院，一个建在首都的周围，另一个建在西部非指定的区域。这三个学院连成网络，以便为国家培养各类合格的军人。尽管该规划在国会因难以获得足够支持而夭折，但是关于国家军事教育系统的这一设计却是帕特里奇日后所创设的此类国家高等教育系统的基础。

离开自己钟爱的军队后，诺维奇学院成为帕特里奇活动的舞台。他认为常备军可能是民主政府的一种潜在的威胁，而一个经过良好训练的民兵则可能是共和国最好的保护者，因此诺维奇学院首先将西点军校常备军官培养体制改为培养民兵的体制。另外，帕特里奇认为军校的学生首先应该是一个有用的和有责任感的公民，在必要的时候，也能尽一名军官的义务，因此，他在该学院军事课程之外尽量开设了农业、商业和制造业等课程。1834 年是诺维奇学院命运发生重大转折的一年。在一群普救派（Universalists）基督徒的帮助下，佛蒙特州立法机构将"诺维奇大学"特许状赠予诺维奇学院。特许状表明创建该大学的目标，即该大学既不能强加于学生一些宗派的规则，也不允许任何学生由于其宗教或政治信仰而被质疑或控制。同时，特许状要求该大学提供"军事教学的理论和实践课程、一般的土木工程和实用科学课程"。[①] 佛蒙特州立法机构特许状的颁发，不仅表明帕特里奇所创建的此类高等教育机构已经得到了该州民众的认可，而且佛蒙特州的做法还带动了其他州类似特许状的颁发。诺维奇学

---

① Lord G T. 1998. Alden Partridge's Proposal for a National System of Education：A Model for the Morrill Land-Grant Act// Geiger R L. History of Higher Education Annual（Eighteen）. The Pennsylvania State University：14.

院变为诺维奇大学之后，帕特里奇在西点军校时期就已经形成的在国内创建该类学院系统的愿望变得非常强烈。他积极支持其他州在普通学院中开设军事教育课程或者积极推动其他州此类专门军事技术学院的创建活动，并一直期望将此类学院看做是诺维奇学院的直属学院（Feeder Schools），使它们共同组成一个国家军事技术教育系统。[①]

1835 年，帕特里奇在弗吉尼亚夏洛茨维尔的演讲中第一次向人们展示了他所勾画的该类教育系统的蓝图。在当时的一位听众——弗吉尼亚大学的一个低年级学生爱丽斯（Charles Ellis）的日记中就可以一窥究竟："国会应该组建一个众议院委员会去起草一份国家教育系统的蓝图（假设这一系统应该包括军事科学和实用科学的知识分支）……国会应该向各州宣布：如果各州能够根据自己的情况创建一所或多所这样的学院，且如果各州同意按照国会的规划建造这样的学院，它们将能够收到国会赠予的公共土地，这些赠地足够维持这些学院的生存……国会不需对于该类机构的运行做什么，仅仅为其下拨适当的土地即可……[②]帕特里奇的演讲涉及了创建该类学院的目标、数量、运作方法、联邦赠地原则等，这些内容构成了人们最早知道的较为综合的赠地学院框架。在实践层面，帕特里奇的努力很快就有了回报。在他的积极参与和推动下，1839 年弗吉尼亚州立法机构批准在莱克星顿（Lexington）创建由州资金支持的弗吉尼亚军事学院（Virginia Military Insititution），1842 年南卡罗莱纳州授权在该州的查尔斯顿（Charleston）创建城堡学院（The Citadel），当时城堡学院监事会所发表的教育规划与帕特里奇的如出一辙。此外，由帕特里奇直接努力和推动创办的此类学院还有 7 所。除了以上帕特里奇直接推动创建的学院之外，由其先前的学生直接创建的此类学院也不下 10 所，它们遍布在美国各地，尽管以上学院存在的时间都不长，但是它们却直接构成了帕特里奇所谓的"美国教育系统"的雏形。

与此同时，帕特里奇也表现出了在国家层面推动此类教育系统发展的浓厚兴趣。1841 年 1 月，帕特里奇又把这个完善后的赠地学院框架以备忘录的形式递交给了国会两院。经完善后的备忘录的序言是以对美国高等教育功能的质疑开始的："它（代之国家高等教育系统）使年轻人成为高效的和积极的土地生产者了吗？它使年轻人在机械车间或者在会计室或者在生命中的其他岗位更好地

---

① Lord G T. 1998. Alden Partridge's Proposal for a National System of Education：A Model for the Morrill Land-Grant Act// Geiger R L. History of Higher Education Annual（1998 Eighteen）. The Pennsylvania State University：13.

② Lord G T. 1998. Alden Partridge's Proposal for a National System of Education：A Model for the Morrill Land-Grant Act// Geiger R L. History of Higher Education Annual（1998 Eighteen）. The Pennsylvania State University：15.

完成自己的任务了吗？它使年轻人在危险的时刻能够成为国家荣誉的合格守护者吗？它使年轻人在国家军队面前或者在行伍中能够为弥补国家的一些失误而战斗吗？它拓展了年轻人的思维了吗？它在年轻人的胸中培植起了爱国主义的原则了吗？"① 在否定了当前高等教育机构难以实现上述功能的同时，他进一步指出：目前国内大多数的学院是由宗教机构赞助成立的，其在本质上与英国传统的"贵族机构"牛津和剑桥是没有区别的，加之宗派之间会因为不同观点而产生斗争，这些机构本身与民主共和国的理念是格格不入的。在这种情况下，国会有必要立法资助创建一种新型的高等教育机构。紧接着，帕特里奇还为这一新型的高等教育机构设计了详细的课程，其中包含土木工程、建筑、数学、体育、军事科学、农业、商业，此外还有历史、政府、语言（包括古代和现代语言）、哲学、自然史和物理科学等课程。按照帕特里奇的规划，州立法机构应该首先承担创建该类机构的责任，与此同时，只有遵照所开列且经国会批准的课程名录，开设此类课程的学院才能够获得国会由售卖公共土地所获资金的资助。帕特里奇设想国内至少应该创建 80 所这样的高等教育机构，最小的州应该确保能够拥有一所这样的机构，而最大的州所创建的该类机构不能超过 5 所。每一所合格的学院应该被赠予 50 万美元的售地资金，而国会至少应该为这些机构下拨总计 4 千万美元的售地资金，这些资金将按照各州在国会两院参众议员人数的比例来下拨。帕特里奇还具体为每一所接受国会资助的学院设想了其资金使用的方向。比如，他认为其中 20 万美元应该用于学院建设、书本和设备购置，剩余的被用来创建一个永久基金（Perpetual Endowment）以便维持此类机构的长久运行……帕特里奇递交国会的备忘录可以说是一份较为系统的倡议联邦赠地促进实用性军事和农工高等教育发展的文本，至少在课程设置、赠地资金获取及其分配、赠地资金具体使用等多个方面与十多年后的《莫雷尔赠地法案》均有着大致相同的原则。关于帕特里奇备忘录在国会的命运及其对莫雷尔赠地思想形成的影响将在下一节描述。

　　特纳于 1805 年出生于麻萨诸塞州坦普尔顿。1833 年，他从耶鲁大学古典文学专业毕业后来到伊利诺伊学院教授修辞和文学课程。作为一位具有强烈好奇心且精力充沛的年轻人，他的注意力并没有仅局限在自己的专业领域，他对促进农业发展的兴趣与其对农民缺乏教育机会的关注几乎是同时出现的。1851 年 11 月 18 日，在伊利诺伊州格兰维尔（Granville）帕特南县举办的农业会议（Putnam County Farm's Convention）上，在吸收本州众多的关于拓展产业阶层教育机会建议的基础上，他认真准备，向大会递交了《伊利诺伊州产业大学规

---

① Lord G T. 1998. Alden Partridge's Proposal for a National System of Education: A Model for the Morrill Land-Grant Act// Geiger R L. History of Higher Education Annual（1998 Eighteen）. The Pennsylvania State University: 16.

划》（*A Plan for an Industrial University for the State of Illinois*）的报告。该报告不仅集中体现了特纳及其周围倡议产业教育同仁的观点，同时也是《莫雷尔法案》立法倾向和立法内容的一个基础。① 他的很多主张遭到了传统宗教的和非宗教性质的高等教育机构的强烈反对。比如，当时许多报纸就认为这种思想像乌托邦一样愚蠢，将其付诸实践完全是浪费金钱。伊利诺伊州的大多数农民也不相信这一机构能使学生的双手真正从事艰苦的实践劳作，而特纳本人也遭到了一些敌对势力的报复。但是，特纳依然对其心目中理想的高等教育模式表现出强烈的热情，并积极推动本州和联邦在该方面的立法活动。

《伊利诺伊州产业大学规划》首先从社会阶层划分的角度论证了纯粹钻研高深学问的高等教育机构自身存在的偏颇。特纳认为，所有文明的社会都存在两大阶层。专业人员阶层的人数很少，其从事宗教、法律、医学科学、文学、艺术原理等的研究工作，产业阶层的人数庞大，其从事农业、商业和工艺等生产劳动。社会为专业人员的培养提供了各类学校，如习明纳、学院、大学等，同时准备了学习用具、教授人员和各种各样的辅助设施，而且对于他们的教育和训练往往会持续几个月甚至几年，但是社会却忽略了另一个阶层发展的需要。为此，特纳甚至有些气愤地质问社会："哪里有专为产业阶层准备的大学？设备？教授人员和文献？不过只有些空旷的回声而已！换句话说，很久以前社会就知道培养教师需要教育，但是他们还不知道工人也需要同样的教育！"②

紧接着，特纳提出了两大亟需解决的问题，首先，产业阶层真正需要什么？其次，他们的愿望如何才能被满足？对第一个问题，特纳承认，产业阶层与专业阶层一样都被赋予了平等追求学问的权利，产业阶层需要或应该需要理解其所从事工作的科学和工艺原理，并能够将所掌握的知识原理应用于现实生产或扩大生产。对第二个问题，特纳认为，目前存在的高等教育机构整体的精神气质和目标根本无法完成这样一种全新的实践性的和工艺性质的任务，因此，创建与当前古典高等教育机构类似的，且专门从事实践性知识教学的机构就是非常必要的。特纳同时还指出，根据历史传统，创建这样的机构必须首先从高等教育开始，因为只有高等教育才能够源源不断地为较低层次的实践性教学提供师资、知识等有用的东西。为此，特纳提议，为了将现存的知识直接和有效地提供给所有追求实践知识及追求专业知识的人，扩展当前知识的边界，使其涵盖更多的实践性内容，首先应该着手做的事情是创建国家科学学会（National Institute of Science），使其作为国家知识中心发挥辐射功能；其次，为了使产业

---

① Crane T R. 1963. The Colleges and the Public，1781-1862. New York：Bureau of Publicationas，Teachers College，Columbia University：172-189.

② Turner J B. A Plan for an Industrial University for the State of Illinois. https：//archive. org/stream/planforindustria00turn：9 ［2013-12-12］.

阶层意识到知识的实践价值，与国家科学学会配套，为每个州的产业阶层创办大学，并在每个县和市镇创办学园（lyceum）、高中等机构。特纳进一步明确了该类机构存在的目标是："直接和高效地将现存的知识运用于生活和产业实践中，在所有可能的实践领域拓展现有知识的边域。"①

根据以上思路，特纳认为这所大学应该拥有完备的哲学的、化学的、解剖学的、工业的设备，所有的柜子里都摆放着从本州或邻近各州所能搜集到的与各门工艺教育相关的物品，如鸟类、爬行类、昆虫类等动物标本，乔木、灌木等植物标本。在这所大学里，所设置的课程应该与生活一样广阔，如囊括动物、植物、所有的工艺门类、与劳动者生活相关的管理、法律、图书保存和会计等。同时在这份规划中，特纳又以在 20 英亩或更多的土地上耕种谷物的实验为例，说明了该校应该将所有来源于第一手的实验数据作为主要的知识来源。特纳说，每年将种子播下去之后，让每一亩土地的土质和肥力、种子的品种和质地、耕种的时间和模式、栽培和收割的过程、成本和劳动力等影响因素都有所区别，通过相互比较就可以知道在哪种情况下能够收获较为满意的结果。特纳建议，所有的与生活息息相关的领域都应该尽量采用以上的教学和研究方法……总之，特纳关于创建伊利诺伊州工业大学的规划代表了南北战争之前人们对高等教育性质、功能、目标等的全新思考，使传统的以宗教为目标、以纯粹思辨性课程为主的古典大学的内涵和外延都得到了极大的拓展。密歇根大学校长亨利·塔潘（Henry Philip Tappan，1805～1881 年）就是特纳思想的支持者。尽管他非常赞赏德国大学的办学模式，但是他同样赞同特纳关于高等教育也要满足产业阶层需要的观点。在他 1852 年密歇根大学就职典礼的演讲中，他呼吁："作为最高层次的学习中心……我们不仅应该创造重要的和不可或缺的贸易领域的有价值的东西，而且也要为所有工商业和所有文明和人类的进步提供真正的源泉。"②

为了能够使伊利诺伊州产业大学的规划在州内进而在国内变成现实，特纳与其同仁首先在州内开展了许多的活动。1852 年 6 月，应伊利诺伊州工会的请求，特纳向伊利诺伊州议会递交了一份提案。1853 年 2 月 8 日，伊利诺伊州议会最终批准了特纳关于创建州立产业大学（即后来的伊利诺伊州立大学）的规划，并将本州公共土地的收入作为创建大学的基金。尽管由于多种原因，伊利诺伊产业大学直到莫雷尔法案颁布后的第五年，即 1867 年才建立，但是，来自伊利诺伊州的思想和实践无疑对其他州，特别是东部一些州起到了一定的示范

---

①　Turner J B. A Plan for an Industrial University for the State of Illinois. https：//archive. org/stream/planforindustria00turn：11.［2013-12-12］.

②　Sommer J W. 1995. The Academy in Crisis：The Political Economy of Higher Education. New Brunswick，New Jersey：Rutgers University：49.

作用。与此同时，特纳等人推动国会资助各州产业大学的行动也在国会层次开展，所有这些似乎都预示着美国高等教育领域的一种新兴事物即将出现。

位于美国东海岸的纽约州，其工农业生产在国内多处于领先地位，因此纽约州的有识之士很早就关注并开始为扭转技术人才缺乏的局面采取行动，1853年获得纽约州特许状的"人民学院"就是他们努力的成果之一。1858年9月2日，15 000人聚集在位于纽约州中部的哈瓦那村，庆祝新学院奠基。在奠基仪式上，曾经的州农业学院（New York State Agricultural College）① 院长，目前是人民学院院长的阿莫斯·布朗（Amos Brown）向大家解释了学院名称的由来："我们之所以称其为人民学院，表明了我们的建院目标……我们将致力于对国内占统治地位的学院系统进行一些完善，以便更好地满足人民的期盼。"② 人民学院思想最初的提出者——著名的报人、编辑霍勒斯·格里利（Horace Greeley）则在奠基仪式上强调了人民学院服务于工农业生产的宗旨。他说："一个古典的教育可能非常适合未来的律师或牧师，但是未必完全适合未来的农民、工匠或工程师的需求……我们希望创建这样一所学习和研究的机构，以便为产业阶层提供适当的和完全的教育，恰如耶鲁或者哈佛为那些致力于成为专业人士所提供的一样。"③

学院奠基仪式过后，在布朗的直接领导下，人民学院的各项设计日趋完善。从1860年出版的《纽约州人民学院通报》（Circular of the People's College of the State of the New York）来看，关于人民学院的建院动机、教授职位、院系、课程与学制设置、招生方法、教学方法、德育、体育等已经有了较为详细的安排。比如，《通报》阐述的建院动机是：在过去的半个世纪，美国的国家财富有了巨大的增长，科学的领域扩展了，知识总量也增长了，理论知识正被运用到实践中去，智力训练的学科和科学研究之间正在建立起有机的联系，而先前被认为很少有用的东西对个人尘世义务和事业的成功已经变得至关重要。考虑到哈佛、耶鲁、达特茅斯、布朗、普林斯顿和鲍登学院等古老学院难以提供实用性和实践性的教育，因此，只有创建人民学院，年轻人才能够在这里获得在其他学院中难以获得的知识，同时，通过为所有14岁以上的青年人提供继续接受商贸或农业教育的机会，美国的教育系统将得到完善。从人民学院课程的设置

---

① 纽约州农业学院于1853年4月15日获得许可证。在布朗院长的努力下，曾获得纽约州4万美元长达21年的免息贷款。1860年12月该学院开始招生，初期仅有30名学生，远低于学院领导层希望的80名学生的预期。成立不久，由于布朗校长应萨姆特堡地方官员的邀请到阿尔巴尼（Albany）去协助组织纽约的志愿者，大部分学生跟随校长前往，在这种情况下，该学院的生存就成了问题，不久即被关闭。

② Lang D W. 1978. The People's College, The Mechanics' Mutual Protection and the Agricultural College Act. History of Education Quarterly, 18 (3): 295-321.

③ Rogers W P. 1945. People's College Movement in New York State. New York History, 26 (4): 439.

来看，学院计划设置三种研究课程，它们将被严格地命名为古典的、科学的、临时的或选择性的；与这些课程相配套，人民学院拟设置 23 种教授职位，其中不仅有古典学科的教授职位，在实用科学方面也设置了众多的教授职位，如解剖、生理、卫生和兽医教授职位，自然史（其中包括动物学、鱼类和昆虫学）教授职位，化学、植物学和矿物学教授职位，农业化学、应用于工艺的化学和地质学教授职位，实用农业教授职位，园艺学教授职位等①；从入学要求来看，申请进入古典课程、科学课程和临时可选择性课程学习的学生必须是 14 岁以上，具有良好的道德品质证明，同时还需要经过相应的入学考试。选择古典课程学习的学生，其入学考试与州内其他学院的入学考试要求基本上是一样的。选择科学课程学习的学生，其入学考试内容包括英语语法、地理、算术、代数，以及简单方程。选择临时或选择性课程学习的考生，虽然没有其他考试要求，但是学生应该拥有一定的能力和文化基础，以便从其选择的实用性的机械或农业知识分支中获益；从学制来看，古典和科学系学制四年，学生毕业后可以获得工艺学士、科学学士学位。进入选择性系科的学生，在学业结束时，将参加自己选择领域的一场考试，如果成绩合格，将颁发由校长签发的该领域证书或文凭；为了能够使普通人进入学院学习，学院每年的学费和住宿费用为 120 美元，费用可以一年分两次缴纳或提前缴纳，同时允许学生通过劳动补偿部分在校花费；从教学的角度来看，考虑到学院将建在一个 200 英亩的农场上，毗邻哈瓦那村，附近设有教堂、邮局、商店、旅馆，以及适宜的工作车间，学生可以在具有科学经验的农民指导下，每周 5 天，每天抽出 2～4 小时，通过在农场劳动的过程中学习农业知识，或者在具有实践经验的技师指导下，学习工商业的实践操作技能，然后将每天剩余的时间用于与其未来从事的行业息息相关的理论研究，或者用于研究普通的或高深的文学课程。通过这样的方法，学生不仅能够像徒工一样，在同样的时间内掌握较好的劳动技能，同时也能够获得有助于其未来成功的非常必需的教育；当然，学院也面对成人招生，因此，如果一些成年人不希望在学院常规课程系列中学习，仅希望参与一些拓展性的或缩减性的课程，还可以从农业化学、地质学、机械学等科学的常规演讲中获得这一知识，或者如果他们愿意选择的话，还可以通过在农场或车间动手做来获得该领域的最新知识……

　　尽管有规模不菲的奠基仪式和日渐详细的计划，在人民学院炫耀式的建筑被完成之后，由于其主要的赞助者、在铁路和运河建设中获得巨额财富的富商查尔斯·库克（Charles Cook）对创建学院一事失去了兴趣，且不再为学院提供

----

① 　Falls M. 1860. Circular of the People's College of the State of New York. New York: Wynkoop, Hallenbeck & Thomas, Printers: 4.

经济资助，仅仅是利用自己时任州参议员的机会，在 1862 年 4 月 24 日为人民学院争取到一个为期两年每年 1 万美元的州资助。但是，即便是这笔不大的资助，由于人民学院无法满足州议会所制定的接受资助的最低标准，最终还是没能收到。在十分困顿的局面中，布朗院长等人只好将目光完全转向国会，寄希望于自己的执照和奠基石能够为学院争取到国会的赠地资助，因此在国会积极活动以推动赠地学院立法的通过。

第三节　国会层次的立法努力与 1862 年 《莫雷尔法案》的颁布

　　南北战争前，美国工农业发展的形势不仅直接推动了国内农工学院思想的进一步完善及实践层面农工学院的更多出现，而且在 1857 年众议员莫雷尔第一次向国会递交赠地提案的前 20 年内，倡议联邦资助、联邦创建、或者联邦补助州所创建的此类教育机构开展农工高等教育的提议，几乎连续不断地递交到了国会。由于时机的不成熟，许多提议在国会均没有多少反响，但是在几十年来连续不断、不懈的努力及美国工农业发展形势新的要求下，人们对未来农工高等教育重要性的认识在一定程度上得以提高，其立法兴趣也在不断增长，加之在国会内部，人们围绕着究竟是赠地还是售地问题也进行了复杂的博弈和斗争，在改变售地规则为赠地规则的《宅地法案》所营造的良好氛围中，1862 年《莫雷尔法案》最终得以通过。

一、来自院外个人和团体的立法努力

　　综观 1862 年《莫雷尔法案》出台前各种推动或阻碍法案出台的力量，可以从院内和院外两大角度对这些力量及其相互作用的方式进行总结。本节主要先从院外的角度进行考察。

　　让我们用一句话来概括帕特里奇备忘录在国会的命运和影响，即尽管该备忘录在国会避免不了失败的命运，但是却潜移默化地影响了莫雷尔赠地思想的形成。根据后来的学者对帕特里奇备忘录失败原因的分析可以看出，首先，帕特里奇在递交赠地兴学备忘录的同时还向国会递交了一份提议关闭专门的美国军事学院的第二份备忘录，这样有可能分散了国会议员的注意力；其次，无论是在哪一份备忘录里，帕特里奇犀利甚至略带尖刻的语言都有可能冒犯某些支持传统教育的国会议员。比如，除了他对国内大多数宗教机构所创办学院持否定态度之外，他还对西点军校的教育进行了尖锐的抨击，由此导致两院没有一个议员支持帕特里奇的任何一个建议。尽管帕特里奇直接推动国会立法的努力全部惨败，但是他对莫雷尔的影响却是有许多踪迹可寻的。首先，莫雷尔居住

的斯特拉福德小镇与诺维奇大学仅相距 12 英里，而且在该镇上，居住着诺维奇大学多名的理事会成员。比如，镇上的居民杰迪戴亚·哈里斯（Jedediah Harris）在诺维奇大学成立后的 20 年内都是该校理事会的主要成员之一，而哈里斯又是莫雷尔的导师和后来的商业合作伙伴，因此莫雷尔很有可能通过哈里斯听说过帕特里奇的事迹。除了哈里斯外，该镇上还居住着其他 3 位诺维奇大学的理事会成员（1848 年，诺维奇大学也曾邀请莫雷尔做该校的理事，但是他以学院荣誉学位发放的标准过低而婉拒了），他们的身份地位、思想和实践也可能会对莫雷尔有某些间接的影响。此外，莫雷尔在递交该提案之前，曾经与佛蒙特州先前的议员威廉姆·赫巴德（William Hebard）谈论过此事，尽管赫巴德并不看好他的这一行动，但是从赫巴德本人的经历来看，1856～1872 年，他曾经是诺维奇大学的理事会成员，且他的儿子还在 1864 年进入诺维奇大学学习，因此他也极有可能是向莫雷尔传递某些帕特里奇思想的中介人物。关于这一点，莫雷尔曾经在自己对《莫雷尔法案》立法史的一份阐述中，描述了自己在递交提案之前已经知道类似机构的存在："赠地学院思想确切的形成应该在 1856 年以前……至于我是在哪里获得赠地学院的线索，我完全说不清楚……"[1] 尽管他已经记不清楚究竟哪些机构对他的思想造成了影响，但是无论从逻辑上分析还是从现实上推论，帕特里奇赠地学院思想绝对会对莫雷尔思想的形成有某些的影响的。

除了帕特里奇之外，为了使创办产业大学的理想能够早日实现，特纳与其友人不仅在州内积极活动，他们还抓住一切可用的机会，促进该思想在国家层面的实现。他们起初选择了由本州的国会议员向国会递交提案。1856 年 1 月 28 日，伊利诺伊州国会议员莱曼·特朗布尔（Lyman Trumball）向国会提交了来自伊利诺伊州教育大会委员会的备忘录，请求"为了在联邦的每个州建立一所产业大学而向联邦的每个州拨赠公共土地"[2]，1856 年 3 月 19 日，伊利诺伊州的另一位议员也向国会递交了类似的提案，由于一时还不能形成较大的气候，最终这些提案并没有引起国会议员足够的重视。考虑到美国建国后联邦几个重要的土地法案所关注的仅仅是新建各州的教育，而老殖民地各州的教育却从来没有从联邦政府赠地中获益的现象，来自老州的国会议员大多希望推动这方面的工作。经过权衡，特纳决定采纳本州议员的建议，选择较有声望的且来自老殖民地州的议员向国会递交这一提案。在这一背景下，莫雷尔就进入了特纳的视

① Lord G T. 1996. Alden Partridge's Proposal for a National System of Education: A Model for the Morrill Land-Grant Act// Geiger R L. History of Higher Education Annual（1998 Eighteen）. The Pennsylvania State University: 18.

② 崔高鹏. 2009. 从产业大学计划到赠地学院法案，特纳对莫雷尔影响之研究. 大学教育科学，(4): 88.

野。为了能够劝说莫雷尔接受这一请求，特纳携带了自己关于创办产业大学的所有文章、演讲词、信件和小册子前往华盛顿，亲自向莫雷尔阐明自己的主张，并请求他作为提案递交人。尽管起初莫雷尔有些不情愿，但在特纳的劝说下，莫雷尔最终答应了特纳的请求。① 于是，1857 年，以众议员莫雷尔为领导的、争取联邦政府赠地资助各州创办农工学院的斗争由此拉开了序幕。特纳除了在物色递交提案的国会人选方面做出努力之外，另据特纳的女儿玛丽·特纳（Mary Turner Carriel）记载，林肯（Abraham Lincoln）在先前做雇工的时候就结识了特纳在伊利诺伊学院的学生格林（William G. Green）兄弟两人。由于他是通过格林兄弟学会了特纳老师曾经教给他们的英国语言方面的知识，林肯对特纳一直心存感激。多年以后，在林肯与特纳熟识后，林肯告诉了特纳自己的这一经历。此外，林肯本人对推动教育发展的兴趣也很高。早在 1832 年，针对高等学院主要教授医学、法律等专业知识且过于狭窄的问题，林肯就希望高等教育能够及时改变并为促进公众的道德、节制、进取心和勤勉精神起到一定的作用。在 1860 年总统竞选之前，特纳在伊利诺伊州迪凯特（Decatur）遇到林肯。特纳告诉林肯："您将被共和党人提名为总统候选人，我认为您将赢得这场选举。"林肯回答说："如果事实是这样的话，我将签署您所递交的州立大学的提案。"特纳与林肯的私人关系及林肯本人对教育问题的看法无疑也是林肯就任总统后顺利签署该提案的一个前提基础；除了与林肯的私人关系之外，特纳还与本州参议员斯蒂芬·A. 道格拉斯（Stephen A. Douglas）也建立了相互信任的关系。在一次前往皮奥里亚市（Peoria）的火车上，特纳巧遇道格拉斯。道格拉斯当时是国会民主党总统候选人，与林肯是竞争对手。特纳深知两党的支持对自己梦想实现的重要性，即无论哪一党当选都有利于自己规划的通过，因此尽管已经有了林肯的承诺，特纳还是积极谋求道格拉斯的支持。作为从伊利诺伊州出来的国会议员，道格拉斯本人对特纳的主张不仅非常熟悉同时也非常赞同，他认为特纳的规划是迄今为止曾经出现的最为民主的教育规划。面对特纳的征询，道格拉斯直截了当地说："如果我当选了，我将签署您的提案。"② 尽管道格拉斯在 1860 年的竞选中失利了，但是他对自己的承诺一直没有忘记。1861 年 6 月，道格拉斯亲自写信给特纳，请求特纳将产业大学的规划邮寄给自己，他想亲自向国会递交体现特纳思想的农工学院提案。但此事却由于道格拉斯的突然离世而中止。在得知道格拉斯突然离世的消息后，特纳一时间为农工学院失去这一有力的支持而备感悲伤和失望。但是不久后，在得知莫雷尔已经再次向国会递

---

① Campbell J R. Reclaiming a Lost Heritage: A Historical Perspective of the Land Grant University System. http://www.adec.edu/clemson/papers/campbell-chapter1.html. ［2014-05-18］.

② Lewis P B. Jonathan Baldwin Turner——Evangelist of the Land' Grant University Movement. http://archive.org/stream/yoa1986/yoa1986 _ djvu.txt: 12. ［2014-01-02］.

交了该提案，他才又开始感觉到一丝欣慰。

　　布朗也对《莫雷尔法案》的出台做出了卓越的贡献。据相关学者布鲁尔（W. H. Brewer）和齐克林（J. W. Chickering）研究显示：1857 年 12 月的一天，布朗在早餐时间阅读《纽约论坛》（New York Tribune），注意到一则关于莫雷尔已经向国会递交创办农工学院提案的消息，大叫道：“我必须马上赶往华盛顿，以便看看我能为提案的通过做些什么。”于是，他迅速请求人民学院理事会批准如下决议，即“准许他访问华盛顿并推动提案的通过……拿出一部分公共领域款项用于推动如下的事业，即在其他多个州创建与纽约州人民学院规划所类似的教育机构”[①]。考虑到莫雷尔的提案如果顺利通过的话，不仅能为学院带来联邦资助，同时也有利于人民学院理念在其他州的传播，于是学院理事会很快批准了布朗的请求，授权为布朗提供旅行花费。1858 年 1 月 4 日，布朗到达华盛顿。在他到达之前，他的一封信已经向莫雷尔阐述了此行的目的。当然，在那个时候，莫雷尔本人还对纽约州“人民学院”知之甚少，但是，不久后他就与布朗一起并肩工作了。按照莫雷尔对布朗本人的描述，他认为布朗不仅是一位甘愿奉献的人，对那些不能扭转其观点的情绪激动的反对者来说，他又是一个非常谨慎的人。到达华盛顿后，布朗随即开始热心地为提案的通过奔走呼号。布朗习惯将人民学院与莫雷尔提案联系起来，他往往在谈及提案的时候也向人们描述人民学院，并进一步指出：“在赠地基础上创建的人民学院是莫雷尔提案未来将要创建的学院的模板。”对于这种说法，莫雷尔本人不仅听到了，同时他本人并没有提出反对意见。通过布朗的游说，他不仅扩大了人民学院的名声，同时也促进了法案的最终出台。与此同时，纽约的一些报纸也开始将莫雷尔法案等同于《人民学院法案》（People's College Bill）。

　　但是，在莫雷尔第一次递交提案后，由于提案的反对者采取了故意拖延的策略，最终的投票直到 1859 年 2 月 7 日才进行——这与莫雷尔递交提案给国会的时间几乎相差了 14 个月。在这 14 个月的时间内，布朗大多数的时间都在华盛顿开展工作，仅仅在国会休会期间短暂回过哈瓦那。当莫雷尔法案被两院通过的时候，人民学院的理事们个个都喜气洋洋。由于布朗的游说，他们希望人民学院将成为该法案主要的受益者。与此同时，将人民学院模式推广到其他各个州的规划也已经完成。但是，还没有高兴多久，在该法案被两院通过两周时间后，布坎南（James Buchanan）总统却因为其违反了宪法所保障的州权否决了它。法案被否决后，人民学院的前景就变得更不乐观了。

　　当国会在 1861 年 12 月再次开会的时候，起初莫雷尔对再次递交提案并不热

---

①　Lang D W. 1998. Amos Brown and the American Land Grant College Movement. Association for the Study of Higher Education：20.

心，他认为自己应该将注意力集中到应付南北战争可能带来的悲惨事件上。但是，由于多方劝说，莫雷尔最终决定再次递交提案。从 1861 年年底直至 1862 年 1 月月底，布朗一直留在华盛顿为莫雷尔的提案进行游说。这一次，为了推动提案（以及与提案目标相一致的人民学院规划）的通过，他几乎亲自拜访了每一位有影响的众议员。这期间，布朗不仅鼓励有些气馁的莫雷尔树立信心，而且还建议莫雷尔去请从俄亥俄州来的参议员本杰明·韦德（Benjamin Wade）向参议院递交提案，以便尽量减少参议院反对的力量。该策略发挥了较好的作用。经过几场辩论和很少的几处修补后，提案最终被通过。布朗促进法案颁布的努力在华盛顿是有目共睹的，因此在法案颁布后，人民学院在与纽约州农业学院竞争本州赠地资金的过程中，为了增加人民学院获胜的筹码，多名国会议员都主动为布朗在华盛顿的不朽贡献作证，这其中就包括众所周知不愿意与任何人分享《莫雷尔法案》成果的莫雷尔本人。莫雷尔对布朗的历史功勋的评价是这样的："该法案的通过应该归功于他（布朗）和他所代表的机构，立法机构应该承认他在推动赠地学院出现方面所做的贡献。"① 参议员本杰明·韦德和参议员费森登（Fessenden）更是称布朗为农业学院法案（代指莫雷尔法案）的"父亲"。

当然，除了上述几位推动《莫雷尔法案》出台的功勋卓著的人物之外，他们背后的一些团体、组织，如来自伊利诺伊州中北部五个县进步农民组成的比尔协会（Buel Institute）和由特纳倡议游说组建的伊利诺伊产业联盟等机构，也都以自己独特的方式推动着国会层次立法的产生。在当时主要依靠信件进行思想交流的时代，这两个机构较为看重与州内有影响的人和其他州关键人物的积极沟通，为农工类大学的创建赢得了更多精神和物质的支持。其中，产业联盟的成员约翰·A. 肯尼科特博士（John A. Kennicott）、拉尔夫·韦尔（Ralph Ware）、布朗森·默里（Bronson Murray）就是其中不知疲倦的联络者和活动者。作为一个富有的农民和几个农场的拥有者，默里不仅是产业联盟的一个关键成员，而且由于他生在纽约，从小接受了良好的教育，曾提出过一些新奇的和吸引人的思想，对特纳产业大学思想的形成有所助益。1845～1858 年，他虽然居住在加拿大的渥太华，但是他支持特纳的游说活动，积极为一些项目提供财政支持。除了上述努力之外，伊利诺伊工业联盟还印刷了"人民的工业大学"（Industrial Universities of the People）等宣传单，宣传单上摘取了特纳在格兰维尔演讲的主要观点、立法请愿书，以及各种报纸摘要。由于宣传单被广泛地分发和阅读，这些小册子在宣传产业大学理念、阐明产业大学立法迫切性等方

---

① Lang D W. 1998. Amos Brown and the American Land Grant College Movement. Association for the Study of Higher Education：22.

面起到了很好的作用。与此同时，这些机构还组建了州范围的演讲系统，以便借助演讲活动推动地方民众和各类机构关注产业大学的创建问题。这其中比较典型的例子是雷本·C. 卢瑟福（Reuben C. Rutherford）。他在遍访伊利诺伊州各地的演讲中，抛弃了最初比较狭隘的关于人类生理学（Human Physiology）的主题，开始围绕创建产业大学的主题开展演讲。当然，除了演讲活动，这些机构组织还通过采取为地方和州报纸撰写评论、在农民集会或政治团体集会上活动、游说伊利诺伊州立法者等方式表达对创建该类高等教育机构的支持，而为了直接影响国会，它们还在宪法允许的范围内组织了许多次的国会请愿活动。

在莫雷尔法案出台之前，由于美国工农业发展的整体水平还显不足，全国规模的农工、劳工组织的数量还非常稀少，不仅如此，在劳工运动早期，劳工组织整体上对教育事业发展的兴趣还不高。直到19世纪30年代，这些组织才开始对教育改革给予强有力的支持，但是它们仍然很少关注高等教育。因此，按照菲利普·丘罗（Philip Curoe）的研究结果，在南北战争前的20年内，教育发展和有组织的劳工组织之间的联系并不多，这些行业组织或机构对职业教育的兴趣远远低于其对提升劳工社会地位、生存状态的兴趣。此外，由于提出赠地兴办农工学院的观念来自社会中上阶层的农业和教育改革者，而不是来自底层的农民和工人，此时期并没有出现较大规模的底层劳工呼吁农工高等教育的现象，他们对这一行动普遍采取了冷漠甚至敌视的态度，同时，大众传媒也很少频繁地讨论产业阶层的教育。

二、院内关于售地与赠地的争执与1862年《莫雷尔法案》的出台

除了以上所描述的院外各种推动莫雷尔法案出台的力量之外，从院内来看，以莫雷尔为代表的参众两院国会议员，也从各自所代表的本州利益出发，更多地围绕着与创建农工类高等教育机构关系最为密切的联邦土地问题，特别是联邦土地的售卖与赠送问题，而不是好转农工高等教育本身展开了一幕又一幕的斗争。这种斗争，使莫雷尔法案在事实上成为"一个重要的经济法案，而不是一个主要的教育法案。经济问题是创建美国赠地学院背后的主要动机"[1]。

从莫雷尔本人来看，他向国会递交联邦赠地资助各州创办农工类高等院校提案的最初考虑也不是教育问题，而更多的是土地问题或者说经济问题。莫雷尔生于佛蒙特州的一个手艺人家庭，依靠自学，他在经济、财政、农业、建筑和文学等方面均取得了较高的造诣。1854年，他被推举进入国会，在国会参众两院不间断地服务了40多年，不仅他的立法生涯是卓越的，而且他在公共财政

---

① Key S. 1996. Economics or Education：The Establishment of American Land-Grant Universities. The Journal of Higher Education，15（67）：196-220.

方面的知识也获得了国会成员广泛的认可。莫雷尔之所以在 1857 向国会递交赠地学院提案，主要源于 1855 年年底，他注意到这样的一个事实，那就是美国东部和北部土地的生产能力在迅速下降，而与之对比的英国，在更为科学的耕种方法的指导下，其耕地却保持着较高的生产能力。于是，他推论到：只有创建与英国类似的传授农业和工艺知识的机构，美国才能从其广袤的土地中获益更多。而当时，由于美国高等教育机构中的大多数仅仅致力于培养医生、律师和牧师等专门人员，于是莫雷尔认为只有创建专门传授实用性课程的学院，才能使大多数人获得最大的好处。正是在这种情况下，他从土地收益问题出发一步步推出的教育结论才逐渐与教育界人士或社会活动家们所提出的创建更为实用的高等教育的目标不吻而合，同时在众人的影响下逐步细化和具体化。

1856 年 2 月 28 日，莫雷尔第一次向外界展示了他对产业阶层实用教育的兴趣。他提交给国会一份决议，请求农业委员会创建农业局（Board of Agriculture），并在海军和军事学院的基础上创建一所或多所国家农业学院，以便使每一个国会议员选举区均有一名学生，以及每个州均有不超过两名学生在该类学院接受由公共财政资助的科学和实用知识的教育。然而，由于来自南卡罗来纳州的国会议员劳伦斯·基特（Lawrence Keitt）等人的反对，农业委员会拒绝接受该决议。这次失败的经历没有吓倒莫雷尔，反而激励了他创建农业学院的斗志。他与一个先前隶属于第二选区（Second District）的国会议员威廉姆·赫巴德讨论用联邦赠地资助该类高等教育机构的可能性问题。赫巴德虽然赞同该提议，但是却不相信国会能批准它。当莫雷尔又向其他国会议员征询意见的时候，他们的回馈几乎和赫巴德如出一辙。尽管如此，莫雷尔从众人的态度中还是看到了希望。1857 年 12 月 17 日，莫雷尔向国会递交了赠地资助农业学院提案（Bill Granting Lands for Agricultural Colleges）（即后来的《莫雷尔法案》）。当然，由于莫雷尔本人是国会农业委员会的成员，他最初希望该提案能够被转交给国会农业委员会审议。但是，由于弗吉尼亚州议员约翰·莱彻（John Leccher）等人的坚持，该提案最终被转交给公共土地委员会审议。莫雷尔深知来自阿拉巴马州的公共土地委员会主席威廉姆森 R. W. 考伯（Williamson R. W. Cobb）及大多数南部、西部议员都反对该提案，因此该提案能否通过小组委员会而顺利进入下一程序是难以预料的。

1858 年 4 月，在国会演讲中，莫雷尔不仅将该提案提升到"公共正义"（Public Justice）的高度来分析，而且从该提案并不违宪及国内农业生产的形势对农业类高等教育的呼唤两个角度阐释了通过该提案的必要性和迫切性。他指出联邦政府已经在灯塔设置、海岸调查、港口好转，以及支持海军和海军学院等方面投资了数百万美元。与此同时，联邦政府在修筑铁路、促进普通教育发展方面也已经进行了大量的赠地活动，所有这些都较好地推动了国内贸易和国家实力的发展，因此与此类似的联邦政府赠地资助农业学院的做法也不可能违宪。由于土壤不当使用所导致的土壤退化、生产能力下降，近些年来美国农业产量急剧下降。面对这种现象，莫雷尔质问："难道美国一般的农业系统将最终面临衰退的境况吗？如果是这样的话，难道美国的法律没有力量和义务对其进行哪怕是轻微的补救吗？"[①]在对比欧洲一些国家中央政府资助农业及农业教育成功案例的基础上，莫雷尔更是指出了只有联邦政府才有能力逆转这种颓势，他号召联邦政府为了国家财产免受损失而创建自己的农业学校系统，以便矫正这些"土地经营者们"滥用土地的行为。莫雷尔提出这种学院不仅要传授"对建设伟大的国家最为实用的知识，而且总体上对人们的智慧和美德最为适用"[②]。为了能够获得创建这种学院的资金，莫雷尔明确提议采用土地捐赠的办法。他认为这种做法与增加国家收入的目标并不矛盾，其原因就在于农工学院的创建无疑将促进农业生产，农产品的增加肯定会促进国家的繁荣，而国家繁荣正是国家收入增加的基础。为此，莫雷尔说："这种建议如果在 25 年前就被接受的话，那么我国如今的税源就会更多！"[③]面对莫雷尔强有力的观点，考伯等人则直接撇开创建该类高等教育机构必要性的话题，而主要从联邦赠地将减损联邦政府收入的角度发表反对意见。考伯将联邦政府与其公用土地之间的关系比做基金和基金管理者之间的关系。他认为，公用土地是联邦政府旨在利用土地收入偿还独立战争或美墨战争期间债务，以及维持联邦政府开支的一种有效手段，公用土地不能被白白赠送，"如果你毁坏了联邦收入的来源，除非你为联邦提供了其他弥补的手段"[③]。当考伯被质问："目前已经有多项联邦赠地资助普通教育的法案以及多项赠地资助国内公共事务的法案出现了，对于这种现象该如何解释？"考伯反驳道："那样的赠地，并没有减损基金的价值。但是，目前的赠地将减少公共土地的价值，同时也违反国家获益的原则。公共土地不能被赠送，除非这种赠地行为将增加与之相连的土地的价值以及增加联邦政府直接的收入，而莫雷尔的提案中明显没有做到这些。"[①]来自弗吉尼亚的众议员詹姆士·梅森（James Mason）则干脆将该议案贴上"最不寻常的恶作剧的源头之一""联邦财富的误用""为了贿赂各州而违宪抢夺国家财富"等标签。来自阿拉巴马州的议员克莱门特·克雷（Clement Clay）也称该提案是曾经递交给国会的最畸形、最邪恶和最危险的提案。此外，来自密苏里的议员格林（Green）、来自密西西比

① Cross C F. 1999. Justin Smith Morrill: Father of the Land-Grant Colleges. MI: Michigan State University Press.

② Key S. 1996. Economics or Education: The Establishment of American Land-Grant Universities. The Journal of Higher Education, 15 (67): 196-220.

③ Key S. 1996. Economics or Education: The Establishment of American Land-Grant Universities. The Journal of Higher Education, 15 (67): 196-220.

州的议员杰弗逊·戴维斯（Jefferson Davis）等也与考伯、梅森等人持有大致相同的意见。与此同时，辩论中还出现了人们对联邦控制各州教育的警告，而这一警告在《莫雷尔法案》之后的联邦教育提案审议和辩论过程中也经常会出现。

考伯、梅森等的观点，反映了自美国建国后，国会在处理西部土地问题上的主流观点，即坚持直接的土地售卖原则。这一派希望将公共土地卖给大的买主，以便以最少的花费为国库带来最大的收益。西拉斯·迪恩（Silas Deane）和亚历山大·汉密尔顿（Alexander Hamilton）是这一派的主要代表。当然，美国建国后在处理西部土地问题上还有一派人物，其主要代表是杰弗逊总统。他们主张采用间接的办法让土地带来收入，即先把土地赠送给真正的定居者，然后通过发展土地产业、增加消费，最后为国库带来更多的收入。但是，从联邦政府随后颁布的 1784 年、1785 年和 1787 年土地法案来看，它强化和确定的是联邦土地的售卖原则而不是赠送原则。特别从 1785 年的《土地法令》来看，它明确要求每个购买者必须一次购买至少一个地段 640 英亩的土地，其目的旨在激励大买家而不是个体的定居者来购买。当然，在 1787 年《西北法案》出台之后，由于各种各样的原因，联邦政府在土地售卖时相应地会采取较为灵活的策略，与此同时，在铁路、运河等公共设施和公共教育中联邦也会采取赠地的办法，但是其主流方向依然坚持的是土地售卖而不是土地赠送的原则。这一点恰恰是考伯、梅森等阻碍莫雷尔提案顺利通过小组审议的最重要原因。从教育的角度来看，先前的联邦土地法案为新州的教育预留了不同地段土地的收入，但是最早加入联邦的各州，联邦法案却没有为其公共教育的发展提供任何补偿，因此自 19 世纪 20 年代起，一些来自老州的议员们在众议院呼吁联邦政府拿出大约 1000 万英亩的公共土地资助老州教育和其他事业的发展，此建议遭到否决后，老州的议员们又建议为了促进原有各州教育的发展，联邦政府应该拿出部分土地收入创办专门的教育发展基金，但是此提议也被否决了。此时莫雷尔旧事重提，重新激起了新州议员的反感。从南部和西部各州自身的利益来讲，南部一直采用的是种植园奴隶制经济结构，大部分南部人认为根本没有必要花联邦的钱来教育南部的农奴，因此如果该提案能够在国会通过，也仅仅有利于北部的劳工，这也是南部人极力反对的。而从西部人的角度来看，更是谁也不愿意将自己领域内的土地售卖后为其他各州创建学校。因此，该提案遭到力量强大的反对也是在情理之中的。

公共土地委员会的反对将使该提案陷入僵局。在这种情况下，莫雷尔寄希望于借助两个资深同盟者的帮忙，以一个措辞强烈的《少数派报告》（*Minority Report*）推动该提案再次进入小组审议阶段。于是，在莫雷尔的要求下，来自密歇根州的戴维德·沃尔布里奇（David Walbridge）向众议院提交了一个对莫雷尔提案非常赞同的《少数人报告》，意在延迟该提案的审议。来自缅因州的以色瑞·沃什伯恩（Israel Washburn）则提交了一个将提案返回公共土地委员会重新审议的动议，这一策略将促使反对派不能在短时间内把该提案毙掉。来自同盟议员的内部帮助，加之外围纽约州人民学院院长布朗、国家农业协会（National Agricultural Society）主席考尔·怀尔德（Col. Wilder）等人的奔走呼号，众议院终于以 105∶100 勉强通过了该提案。但是，该提案在参议院的遭遇也并不顺利。在提案递交参议院后，参议院并没有立即受理，而是推迟到下一届国会会议召开时，即 1859 年 2 月 1 日才开始审议。俄亥俄州的参议员本杰明·韦德是莫雷尔的主要支持者，韦德并没有从经济的角度来讨论这一提案，而是直接告诉他的同事：众议院已经批准了该提案，且一些州的立法也已批准了该提案。韦德补充道："国内几乎每一个农业团体都在考虑推动这件事情。"[1] 尽管如此，来自参议院的反对意见也不少。比如，来自俄亥俄州的参议员乔治·皮休（George Pugh）称该提案"恶毒地违背了基本法的意志，就像武装篡夺者所做的那样"[2]。与此同时，他还担心这一提案仅仅有利于土地投机者。皮休指出：由于先前的土地法令禁止原有各州在西北部拥有土地，一些没有土地的老州在事实上不能拥有新州的土地，不得已它们只能卖掉手中的土地证券，这种做法将使几百万亩土地集中上市，过分的集中售卖将不可避免地导致地价的下跌，而国家为此将遭受巨大损失，这一恶果，早已在先前为获得军功的战士赠地和为修建公路铁路运河赠地等活动中有所体现。密苏里州的议员格林（Green）等则不仅相信大量赠地会造成国家收入的锐减，而且土地价格的暴跌更是国家财源的巨额损失！还有一些议员则指出赠地办学行为不仅违反了联邦宪法规定的联邦政府不干涉各州内部事务的原则，而且还将改变宪法关于处置公共土地的合适的方式等。尽管论辩激烈，该提案在参议院仍然以 25∶22 的微弱优势胜出。但是，好事多磨，由于来自南部路易斯安那州的民主党参议员约翰·斯莱德尔（John Slidell）对布坎南总统的游说，在最为关键的时刻，布坎南总统否决了该法案。他不仅重申了联邦收入将会因为免费的土地赠送而受损，同时明确指出，这种做法将造成各州在发展各自的农业学院系统时对联邦政府财政的依赖，这是与宪法不干涉各州教育的原则是相悖离的。

　　1860 年 11 月 6 日，林肯成为美国总统，次年美国内战爆发。国会中一些倔强的南部成员因之退出，局势明显朝向有利于莫雷尔的一方发展。在这种情况下，1861 年 12 月 16 日，莫雷尔重新向国会众议院提交了该提案，不久，他再次邀请参议员本杰明·P. 韦德向参议院递交一份相同的提案。在这份递交给众

---

　　① Key S. 1996. Economics or Education：The Establishment of American Land-Grant Universities. The Journal of Higher Education，（67）：196-220.

　　② Astroth K A. Justin S. Morrill：Father of the Land-Grant Colleges：A Book Review. http：// www. joe. org/joe/2000october/tt1. php. ［2013-1-7］.

参两院的提案中，莫雷尔将他希望联邦赠予每个参众议员的土地数量从 2 万英亩改为 3 万英亩，其中还包括了一个教授军事知识技能的条款，这个新提案的赠地同样不涵盖居留地和反叛的各州。莫雷尔之所以在第二次递交的提案中增加军事教育的条款，部分反映了北方民众不断增长的共识，即南部军队目前在军事上的成功主要是由于其军事学校的功劳。因此，他们相信新创建的教育机构除了教育和培养市民之外，还应该包括满足"市民"服兵役的需求。莫雷尔法案这一简要却有说服力的军事条款几乎没有任何轻微的质疑就在参议院被全体接受，就连曾经谨慎的反对者们也对军事教学的必要性给予支持。

需要特别说明的是，进入 19 世纪 60 年代，阻碍 1857 年莫雷尔提案顺利通过的赠送土地将导致国家收入减损的障碍逐步得以清除。当然，这一障碍的清除并不是一天就能够完成的。它与 19 世纪早中期联邦西部土地政策的逐步宽松有着密切的关系。比如，1796 年联邦政府规定最低出售土地的单位必须是 640 英亩，最低售价是 2 美元；1800 年的规定分别为 320 英亩和 2 美元；1804 年分别是 160 英亩和 2 美元；1820 年则是 80 英亩和 1.25 美元；1832 年则规定是 40 英亩和 1.25 美元；同时联邦政府还把缴费的期限从一年延长到四年。[①] 进入 19 世纪 60 年代，人们在关于如何处理西部土地的问题上，逐渐采用了更为现实的原则，更多的人看到由于国内战争的到来使土地买卖停滞，而土地赠送并不会立即招致国家收入的减少，相反，伴随着未来和平岁月的到来，土地定居者消费的增加将意味着国库税收的增加。1862 年 5 月 10 日，《一个为公用土地上真正的定居者提供宅地的法案》(An Act to Secure Homesteads to Actual Settlers on the Public Domain)，也即《宅地法案》(Homestead Act) 在国会中获得通过。法案规定："凡身为家长者，或已达 21 岁的年龄并为合众国公民者……应从 1863 年元月一日起有权登记四分之一平方英里或以下尚未分配给私人的公有土地；上述之人可提出优先购买申请，申请之时即可以每亩一美元二角五分或更低的价格优先购买土地……连其原来所有土地及占有土地在内，总数不得超过 160 亩……"[②] 尽管《宅地法案》依然采用了"提出优先购买申请、优先购买"等词汇，但是在实质上这种土地价格是非常低廉的，几乎等于白送。该法案的颁布，标志着联邦政府以土地赠送为主，而不是先前的以土地售卖为主的土地政策的形成。这项法令使大批农民获得土地，加快了西部开发的步伐。正是在《宅地法案》订立的基调中，莫雷尔更加相信赠地创建农工学院的提案终将会变成法案。

与上一次的程序基本相同，收到提案后，众议院仍将提案转交给公共土地

---

① 杨生茂，陆镜生.1990. 美国史新编. 北京：中国人民大学出版社：158-159.

② 谢德风.1957. 世界史资料丛刊初集：1765～1917 年的美国. 北京：生活. 读书. 新知三联书店：83.

委员会。这一次，阻碍该提案顺利通过的障碍主要来自中西部议员。在将近 6 个月的等待之后，1862 年 5 月 29 日，来自威斯康星州的议员、土地委员会主席约翰·福克斯·坡特（John Fox Potter）宣布该提案没有通过小组审议。这其中主要的原因依然是西部人反对将其境内的土地卖出去，然后为东部人建学校。此外，西部人还担心投机家将会购买大量的西部土地，那么等待他们的只有土地价格的上涨。提案到达参议院后，主要是西部议员对该提案发表反对意见。比如，来自堪萨斯州的参议员詹姆斯·雷恩（Jame Lane）就认为该提案是曾经提交给国会的对西部各州来说是最邪恶的一份提案。"在其中包含着摧毁西部各州的力量"①，他尤其担忧所有外州将要求获得堪萨斯州主要的公共土地，而这时候堪萨斯州还没有来得及为创建自己的学校保留部分公共土地，因此雷恩希望将赠地学院局限到一定的区域；明尼苏达州的亨利·赖斯（Henry Rice）也反对该提案，因为他认为这将是一个有利于土地投机者的危险法律。赖斯担心土地投机者将攫取最好的土地，"像蝗虫一样摧毁吸引我们的每一寸土地"。面对这些反对意见，韦德不断向各位议员申明："联邦政府对待西部各州历来是慷慨大方的，同时联邦政府也并不赞成已建各州在联邦边域内特别地索取其他州的土地。"与此同时，来自艾奥瓦州的参议员詹姆斯·哈伦（James Harlan）也对雷恩的意见进行了驳斥。哈伦指出："即便其他州要求获得的土地全都来自堪萨斯，堪萨斯仍然会保留有大量的土地。"为了缓解矛盾，雷恩做出了一些让步，他提议：其他州在每个西部州获得的土地数量均不要超过 100 万英亩。韦德接受了这个提议，该提案在 1862 年 6 月 10 日以 32：7 在参议院首先获得通过，6 月 17 日，在众议院以 90：25 再次通过。1862 年 7 月 2 日，当北部军队从莫尔文丘陵（Malvern Hill）流血的战场开始撤退时，在国家未来命运略显昏暗的时刻，林肯总统签署了"对开办农业和机械工艺学院的各州和准州授予公有土地的法案"，即《莫雷尔法案》。

三、1862 年《莫雷尔法案》的内容、实施

（一）1862 年《莫雷尔法案》的内容

1862 年《莫雷尔法案》的颁布，标志着联邦赠地资助国内农工高等职业技术教育的开始。综合来看，1862 年《莫雷尔法案》主要涉及如下一些内容。

首先，法案规定，联邦内各个州，只要不与美利坚合众国政府对抗，都有权接受联邦土地捐赠。法案将具体根据 19 世纪 60 年代各州在国会参众议员的人

① Cross C F. 1999. Justin Smith Morrill: Father of the Land-Grant Colleges. MI: Michigan State University Press.

数，分给每个议员 3 万英亩土地或者等额土地证券。用出售此种土地或土地证券所得的款项，建立永久性基金，用基金所得的利息资助和维持至少一所学院。"在该学院中不得排除他种科学和经典的学习，并应包括军事战术训练，但其主要课程必须按照各州议会所分别规定之方式讲授与农业和机械工艺有关的知识，以便提高各实业阶层从事各种工作和职业的文化和实习教育。"[①]《莫雷尔法案》的此条款与先前的 1784 年《土地法案》、1785 年《土地法案》和 1787 年《西北法案》等联邦土地法案相比有两大变化。其一，它第一次采取了以各州国会议员人数为基础的赠地分配原则，这是以前法案所没有的，从该规定可以隐约看到帕特里奇的影响；其二，它不同于先前的赠地助学法案仅仅提及对"公立学校"教育进行资助，而此法案中没有对接受赠地学校的性质提出要求。此外，《莫雷尔法案》规定接受联邦土地的各州，其创建的学院应该主要教授农工之类的课程知识，但是由于 1862 年法案通过时，尽管已经有帕特里奇的一些实践和理念、特纳的计划，以及布朗院长关于纽约人民学院的设想等，但是"赠地学院"的概念还没有形成，更谈不上被很好地界定（有学者甚至认为，即便是在法案通过后的 10 多年后，许多新学院的创建者和现存高等教育机构的改革者也不清楚法案真正的目的是什么）。这一时期，无论对教育改革者、劳工机构、农业团体还是莫雷尔本人，他们对此种机构到底是什么及应该如何开办的认识还是比较模糊和杂乱的，或许更多是出于想为国内的技师、农民及农业做点什么的直觉而努力。因此，法案中并没有进一步对农工学院如何创建及课程如何开设提出详细要求。

其次，法案明确了具体的土地分配方法和基金保值原则。《莫雷尔法案》之所以能够在国会获得通过，主要是大多数国会议员都将其看作与 1785 年和 1787 年土地法案类似的法案，而很少从好转教育本身来推进它的出台，因此，法案中关于如何处理联邦公共土地就是其最重要的部分。在这方面，该法案沿袭 1784 年国会土地法案的精神，即避免原有各州对西北土地产生新的要求，从而造成联邦或各州之间土地所有权之间的矛盾，在法案第二条中规定，赠地主要来源于各州内的联邦公有土地，当州内公有土地不足以分配之时，内政部长可以按其不足部分发给土地证券。但是，"领取土地证券的任何一州，在任何情况下，都不得在美利坚合众国的其他任何州内或地区内勘定与上述土地证券数目相等而尚未分配的土地等"[②]。在明确了土地及证券的售卖原则之后，法案还着重强调了农工学院教育基金的保值原则。法案第三条明确规定："自选取上述土地之日起至将它们出售以前的这段时间内的一切费用和开支均须由它们所属的

---

① 1862 年《第一毛雷尔法令》. 1999. // 夏之莲. 外国教育发展史料选粹（上）. 北京：北京师范大学出版社：490.

② 1862 年《第一毛雷尔法令》. 1999. // 夏之莲. 外国教育发展史料选粹（上）. 北京：北京师范大学出版社：489.

州从金库中支付，以便出售上述土地所得的全部收入一文不少地用于下述目的。"① 同时，为了尽量扩大联邦赠地资金的数额，法案规定出售土地的资金可以购买联邦或州政府债券或者其他可靠债券，以盈利扩大永久性基金；为了使本金永远保持无所缩减，在投资的基金或基金的利息，由于任何事件或意外事故而减少或丢失时，须由所属的州予以立法偿还。这一规定与帕特里奇在 1841 年递交国会的备忘录中所提及的资金保值的原则是一致的，但是较之更为完善。

最后，确立了法案的管理监督机制。其一，法案规定了任何现有的各州或即将加入联邦的各州具体接受土地捐赠的程序。无论是老州还是新州，必须在 3 年内由州议会首先批准接受本法案，并且在规定的 5 年内至少开办一所农工学院，否则联邦有权停止授予该州土地或土地证券，同时该州必须向美利坚合众国偿还先前出售任何土地而获得的款额，而且取消州购买人的资格。其二，法案规定了年报制度。要求建立的各院校将每年的"发展情况和所进行的改进、实验、所花费用和取得的成果以及有用的州工业和经济方面的统计资料写成年度报告，分别邮寄其他所有按本法案规定可以得到资助的学院，同时也邮寄给内政部长一份"②。这一条款也比先前的赠地法案更为进步。因为先前的赠地法案没有明确的资格限制和监督规定，州是否能够达到联邦法案的要求全在于各州的自觉或仅仅依靠道德方面的约束，而这一点又经常被认为是无足轻重的。《莫雷尔法案》在此方面的规定，确保了联邦和各州权利和责任的统一。

《莫雷尔法案》的颁布，至少在以下两方面为后来的职业技术教育立法指明了方向：首先，联邦职业技术教育立法从一开始就与国家的经济发展、国际竞争力等经济政治目标紧密相连，这也是此后一百多年来联邦职业技术教育立法的主要基调；其次，在联邦与各州的关系问题上，由于宪法的规约性，美国联邦政府并没有通过国家机关进行统一的土地分配，也没有创建一所国家管理的农工学院，且其对各州农工学院的创办或课程开设也没有提及任何标准化、统一化的要求，在这个过程中，州政府承担着赠地的测量、售卖、资金的回笼、学院的创建等具体事务。③ 从这样的运转策略来看，联邦政府对国家职业教育发展的主导作用初见端倪，而各州则是当之无愧的法案实施的主体，主导与主体的相互关系已经初步确定。

---

① 1862 年《第一毛雷尔法令》. 1999.//夏之莲. 外国教育发展史料选粹（上）. 北京：北京师范大学出版社：490.

② 1862 年《第一毛雷尔法令》. 1999.//夏之莲. 外国教育发展史料选粹（上）. 北京：北京师范大学出版社：491.

③ The Morrill Act of 1862 and Coordination，Shaping the American University and the American State. http：//www. press. umich. edu/pdf/0472099124-ch3. pdf：2.［2007-6-23］.

(二) 1862 年《莫雷尔法案》的实施

1862 年《莫雷尔法案》明确地将具体管理赠地资金的权力交给了各州，但是在具体赠地的售卖和分配原则方面并没有再做明确的规定，这就在事实上赋予了各州"资助和维持至少一所赠地学院"的绝对主动权，这是与美国宪法原则相一致的做法，它对于激励各州因地制宜资助和维持农工高等教育的开展、提升各州推进此方面工作的积极性有着巨大的功效。但是，正是由于《莫雷尔法案》缺乏对于各州赠地最佳售卖时间、价格、最低保值原则及对于接受赠地资助的学院的性质、规模等的统一的规定性，这就导致各州在土地售卖和土地分配中出现了多种多样的情况，由此也取得了不同的成效并遭遇了各种各样的问题。

1. 各州高等教育机构对于赠地资金的争夺与联邦赠地的售卖

《莫雷尔法案》颁布后，由于州实质上具有决定将赠地资金用来资助和维持本州哪一所学院的权力，在各州高等教育机构种类本身较为驳杂的背景中，几乎每个州都出现了高等教育机构为赢得赠地资金相互竞争的现象。比如从纽约州的情况来看，尽管布朗院长在华盛顿促进法案颁布的努力是有目共睹的，但是在如何分配赠地资金的问题上却不是华盛顿说了算而是由纽约州做主。当时纽约州有人考虑用赠地资金在全州创建 5 所该种类型的学院，但是纽约州农业学院和纽约人民学院明确提出了希望获得赠地资金资助的要求，因此创建 5 所新学院的提议就被搁置了。权衡人民学院在该法案颁布过程中的历史贡献及州农业学院当时衰落的情况，1863 年 5 月 14 日，纽约州立法机构批准将赠地资助授予人民学院，但是由于纽约州立法当局的附加条款是：人民学院董事会必须在三年的时间达到如下标准，赠地资金才能下拨给人民学院。这一标准是这样的：三年后，人民学院至少拥有 10 位有能力的教授，能够为至少 250 名学生的生活和住宿提供适宜的建筑物、拥有适当大小的图书馆、哲学和化学设备、自然历史教研室、适当大小的农场……至少拥有 200 英亩土地和适宜的农场房屋、设施和储藏室；合适的工场、工具和机器……[①]这一次，依然是由于库克模棱两可的态度，不愿意再为人民学院投资，人民学院再一次与几乎到手的资助擦肩而过。与此同时，在本州参议员安德鲁·D. 怀特（Andrew D. White）的鼓动下，在电报业务中获得巨额财富的纽约州新任参议员以斯拉·康奈尔（Ezra Cornell）同意追加 50 万美元，他们计划从州立法机构手中拿到已经赠予人民学院，但是却无法拨付的赠地款项，之后新建一所真正的大学。1865 年 2 月，康

---

① Rogers W P. 1945. People's College Movement in New York State. New York History，26（4）：442.

奈尔向州议会递交了一份撤回对人民学院的资助转而将资助拨付给未来新建的康奈尔大学（Cornell University）的提案。这一次，已经离开人民学院院长职位的布朗及人民学院董事会中最有影响力的4名成员再次成为拟创建的康奈尔大学董事会的成员，他们一起发挥着推动州议会批准新大学成立的作用。但是，一波未平一波又起，该提案激起了纽约州其他院校竞争赠地资金的热情，这一点也恰恰应验了怀特所说的："提案提交到议会就是发出了战争的信号。"① 由于纽约州几乎每一所学院都想重新获得这笔拨款，一时间，无论是在议会辩论中还是议会外面的游说活动中，处处夸耀自己合乎条件的院校及处处抨击康奈尔提案的院校遍布纽约各地。正是在这种情况下，布朗再一次临危受命，他承担了劝说与康奈尔大学竞争赠地资金力量最为强大的卫理公会杰纳西学院（Genesee College）撤回赠地资助的申请且收回反对康奈尔提案的重任。在布朗的不懈努力下，加之此时康奈尔也慷慨允诺该学院，只要撤回申请且转而支持康奈尔大学提案的通过，就将为该学院董事会成员补偿2.5万美元。该学院终于不再是康奈尔大学的竞争对手，康奈尔大学最终毫无悬念地获得了赠地资助，而怀特也成为该校的第一任校长。从伊利诺伊州的情况来看，1863年2月14日，伊利诺伊州立法机构表示接受联邦赠地。但是为了确定在哪里创建农工学院，伊利诺伊州也经过了激烈且持续四年的政治斗争，最后是香槟（Champaign）地区胜出，体现特纳产业大学精神的伊利诺伊工业大学最终在这里创建。从密苏里州来看，该州各种各样的学院，不管其现有的系科和设备，也与纽约州一样，个个都渴望着开设农业研究机构。而印第安纳州对赠地基金的争夺尤甚，无数稀奇古怪的建议，甚至到了相互诽谤的地步，在教派学院同意开设农科，并接受州教育机关监督的条件下，该州的赠地基金最终被平分给四个教派学院。在芝加哥，在当地机械师组织的努力下，该州议会通过决议，在芝加哥市创办专门的机械学院……②

《莫雷尔法案》在实质上是一种赠地兴学的法案。由于法案确立了依据各州在国会参众两院的议员人数进行土地赠与的原则，而根据1787年美国宪法规定：众议院议席按各州人口比例进行分配，每3万人选出1名众议员，根据每10年一次的人口普查结果确定各州的议席，每州至少须有1名众议员，而参议员的数额是各州不论大小均有2名参议员。在这种情况下，《莫雷尔法案》就非常有利于人口较多的老殖民地各州。比如，参众议员人数最多的是纽约州，其33名议员共获得赠地990 000英亩，而堪萨斯、科罗拉多、爱达荷、蒙大拿等

① Lang D W. 1998. Amos Brown and the American Land Grant College Movement. Association for the Study of Higher Education：26.

② Ross E D. 1942. Democracy's College：The Land-Grant Movement in the Formative Stage. Ames, Lowa：The Lowa State College Press：71.

州均只有国会议员 3 名，获得赠地 90 000 英亩，两者相差了 11 倍之多。[①] 不仅如此，由于法案限定了以下两大条件：首先，赠地资金仅能以基金方式存在，其本金不能缩减，其利息可用于兴建或资助农工学院；其次，各州议会必须在 3 年内决定是否接受本法案，并且在 5 年时间内至少开办一所农工学院，否则无权享受本法案的权益。由于法案是在南北战争期间通过的，忙于战争的许多州很少有钱来创建农工学院，为了筹集创建农工学院足够的资金，只有尽快卖掉手中的土地或土地证券。但是，先于《莫雷尔法案》一个多月颁布的《宅地法案》，为每位定居者提供 160 英亩的公共土地，且最终在《宅地法案》的授权下，定居者获得了大约 7 千万英亩大草原上的土地；《莫雷尔法案》签署之前仅一天，林肯总统同意横贯大陆的《铁路法案》（*Transcontinental Railroad Bill*），将大量的土地赠给了太平洋联盟（Union Pacific）和太平洋铁路中心（Central Pacific Railroads），这些公司共获得了 1.3 亿英亩土地；而前不久在墨西哥战役及与印第安人战争中退伍的老兵们也获得了超过 6100 万英亩的土地。在同期土地市场供大于求的压力下，《莫雷尔法案》赠地被廉价售卖或被用于不正当投资的事情时有发生，此举严重削弱了各州赠地学院基金的总量。这似乎恰恰应验了《莫雷尔法案》审议阶段国会议员们最为担忧的问题，即土地的集中上市与相应的供过于求可能导致的土地价格下跌的恶果。

一些急于出售土地或土地证券的州，其每亩的收益还不到一美元。纽约州的康奈尔大学直到市场好转时才开始售卖证券，其获益为 576.5 万美元，即每亩平均 5.82 美元。伊利诺伊州 48 万英亩土地证券售卖后，共获得 61.3 万美元，平均每亩售价仅为 1.28 美元，而如伊利诺伊州一样土地售价超过了 1.25 美元/每亩的州在国内仅有 9 个。另据其他资料显示：仅堪萨斯州、加州、明尼苏达州、艾奥瓦州、密歇根州获得了相对满意的土地售价，其中有两个州的土地售价高于平均售价两倍。宾夕法尼亚、麻州、俄亥俄等州土地售卖价格则非常低。[②] 综合权衡以上的情况，那些获赠土地较少且土地售卖过程中地价过于低廉的各州，其未来创建农工学院所面临的困难可能就会更多一些。

2. 赠地学院的创建、成效及其存在的主要问题

尽管《莫雷尔法案》颁布后不久，以艾奥瓦州为首的几个州的议会很快就批准接受了赠地法案并开始创建自己的赠地学院，但是从整体来看，由于人们对于赠地理念的理解和接受还需要一个过程，加之赠地学院经费、师资、课程等各种各样的原因，赠地学院初期发展非常慢。法案颁布 5 年后的

① 李素敏. 2004. 美国赠地学院发展研究. 保定：河北大学出版社：69.

② Ross E D. 1942. Democracy's College：The Land-Grant Movement in the Formative Stage. Ames, Lowa：The Lowa State College Press：84.

一个调查显示：国内仅有 12 州的议会同意接受联邦赠地并创办农工学院。①
同时，《莫雷尔法案》缺乏对各州接受赠地资金的高等教育机构应该具备何
种资质、规模等的统一规定，各州接受赠地资金的高等教育机构也是五花八
门。综合来看，这些机构可以分为以下 5 种：第一种，"密歇根、宾夕法尼
亚、马里兰和艾奥瓦四州分别在以前特许建立的农业学院之外，创立了新的
农业和工艺学院；第二种，威斯康星、明尼苏达、北卡罗来纳和密苏里四州
用赠地资金在已有的州立大学设立了新的农工教育计划；第三种，俄克拉荷
马、南达科他和华盛顿三州分别建立了与已有州立大学并行的农业和工艺学
院；第四种，俄亥俄、加利福尼亚、阿肯色和西弗吉尼亚四州则分别建立了
新的州立大学，在这些大学设立了农业与机械等系科；第五种，有 6 个州把
赠地资金用于在已有的私立学院或私立大学创设农工教育计划，它们是康涅
狄格州耶鲁大学的谢菲尔德理学院、罗德岛州的布朗大学、新罕布什尔州的
达特茅斯学院、新泽西州的鲁格斯学院、肯塔基州的特兰西瓦尼亚学院、俄
勒冈州的科瓦利斯理公会学院"②。

　　同时，由于不同的高等教育机构总是从自己的角度出发来理解法案的要求，
这也使赠地学院的发展目标表现出了很大的差别。从整体来看，有拔高与就低
两种倾向。以拔高倾向为例，由于某些领域卓有成效的科学家，他们中的一些
人也是赠地学院的创办者，这些人大多有留德背景，对德国研究型大学心仪已
久。为了将赠地基金用于发展他们所认为最有价值的事情，他们中的许多人认
为："只有西点军校和安纳波利斯的美国海军军官学校之类的学校才是技工和灵
巧的机械师的培养基地，而工业专家和管理者应该着重研究原理和方法的知识，
它们才是最根本的。"③ 1869 年，艾略特在《大西洋月刊》（*Atlantic Monthly*）
上发表的文章及同年在哈佛大学的就职演说中都在为以上观点进行了辩护。吉
尔曼在满意地目睹了科学与古典保守的耶鲁大学联姻的基础上，帮助加利福尼
亚州立大学跨越了农学院的狭窄定位，迈向了更加广泛的理论研究领域。② 另外，
在怀特校长的倡议下，康奈尔大学也成为赠地基金服务于创建研究型大学的典
范。④ 正是在赠地基金的资助下，经过创办者的不懈努力，老牌大学，如哈佛、
耶鲁、达特茅斯，以及东部建校较早的多科技术学院、西部密歇根大学等新建
的科学院成为科学家的培养基地。此外，接受赠地资助的约翰·霍普金斯大学、

　　① The Morrill Act of 1862 and Coordination, Shaping the American University and the American State. http：//www. press. umich. edu/pdf/0472099124-ch3. pdf：16. ［2007-6-23］.

　　② 李素敏 . 2004. 美国赠地学院发展研究 . 保定：河北大学出版社：55.

　　③ Ross E D. 1942. Democracy's College：The Land-Grant Movement in the Formative Stage. Ames, Lowa：The Lowa State College Press：88.

　　④ The Morrill Act of 1862 and Coordination, Shaping the American University and the American State. http：//www. press. umich. edu/pdf/0472099124-ch3. pdf：3. ［2007-6-23］.

麻省理工学院和其他新建的高等教育机构也稳步向研究型大学迈进。

与以上赠地学院旨在培养工农业科技精英的做法不同，在美国日益增长的教育民主思潮和功利主义思想的影响下，更多新建的赠地学院又呈现出与普通民众尽量靠近的趋势。关于这种趋势，来自俄亥俄的政府官员约翰·布拉夫（John Brough）就认为，联邦赠地的目的是为劳工阶层提供实践性的手工训练项目，因此对他们的教学内容必须是平实和注重操作的。来自费城的农业报纸也指出："我们认为，农学院的学生不应该走向实验室以及过分亲近化学与哲学研究工具，相反，我们将给予他们一双结实整洁的皮靴和灯芯绒裤子，教会他如何施肥和赶牛，让他们学习在农场中实际用得上的课程。我们选择教授的标准是，也许他不会进行土壤分析，但是却会种上好的庄稼。"[1] 正是在贴近工农业生产、生活思想的指导下，赠地学院拓展了美国高等教育的边界，使实用性的农业、机械（工程）及其他实用课程成为高等教育重要的组成部分。农业可以包含林业、家政和兽医等，而"机械工艺"可以包括所有类型的工程等，因此，许多赠地机构因地制宜，开设了多种多样实用性的课程。比如，1875年，堪萨斯州的赠地学院开设了诸如养殖场、木工、家具制造、漆工、锻工等实用课程；而为了学生实习的方便，一些学院附设的"示范农场"也在密歇根、马里兰州等地的农学院生根发芽；同时机械工程、家政教学、军事教育等也在各州的赠地学院陆陆续续开展，女性逐步成为赠地学院的半边天。关于支持女性和有色人种进入高校或赠地学院学习，不得不说一说康奈尔及其康奈尔大学第一任校长怀特的示范作用。作为纽约州的参议员，康奈尔本人不仅支持授予瓦萨学院（Vassar College）特许状，而且还亲自送自己的女儿进去读书。而怀特在1862年即将上任之前，就明确了康奈尔大学的办学目标和办学原则，即帮助创建一所配得上国家捐赠土地的新的大学，而管理该大学首要的原则是：无论性别或肤色的人都能够进入该大学最受人赞赏的系所学习。他进一步指出："准许妇女和有色人种进入学院不仅有益于他们个人，而且也有益于整个有色人种种族和整个女性阶层——应强迫那些力量较为薄弱的学院最终采用这一系统。"[2] 康奈尔和怀特等的做法无疑推动了这一趋势的发展。

此外，由于许多赠地学院在系所、教师和董事会等机构组织起来之前就已匆忙成立，因此学院成立后在师资、生源、课程、教学组织等方面遭遇了许多难以克服的困难。比如从师资方面来看，为了获得有实践能力、理论水平和教学技能的师资，在国内农工专业类人才奇缺的情况下，许多赠地学院采取了外

---

① Ross E D. 1942. Democracy's College: The Land-Grant Movement in the Formative Stage. Ames, Lowa: The Lowa State College Press: 90-91.

② Whalen M L. A Land-Grant University. http://www.landgrant.cornell.edu/assets/pdfs/Land_Grant_Univ_Whalen.pdf: 3. [2014-1-23].

引与内兼的方式。外引主要采取四种方式："首先，许多赠地学院在建成之初主要通过吸引德国、英国和苏格兰的大学毕业生来校任教；其次，19 世纪 70 年代后许多学院则通过聘请国内伦塞勒多科技术学院、耶鲁谢菲尔德科学学院和哈佛劳伦斯科学学院的毕业生来补充；再次，还有学院聘请对普通和应用科学感兴趣的毕业生来校任教。此外，有些学院则聘请虽然没有受过高等技术教育，但是却具备熟练操作技能的从业者和技师任教。"① 内兼则主要是聘请教授传统科目的教师和学有专长的学者兼顾农工专业的教学，这种情况在新建立的赠地学院是非常多的。比如，新汉普郡学院的第一个正式教授不仅要教授化学及学院所有的普通和应用学科，同时还是学院的商业管理者、建筑规划师及联邦立法的院外活动者。服务麻州教育 38 年的亨利·H. 古德尔（Henry H. Goodell）校长，在不同时期担任过秘书、图书馆员、军事战术和体育教师、昆虫学、动物学、解剖学、生理学、修辞学和英语教师等多种角色。② 还有一组数据则从另一个角度验证了赠地学院发展初期在师资、教学和基础设施等方面的困境。有学者发现，康奈尔大学建校之初，尽管设置了实用机械教授职位，但是由于缺乏教授机械科目方面可资参照的教材和基础教学设施，事实上，这些教授也仅仅能够向学生传授一些普通数学和物理学方面的知识。此外，康奈尔大学在招聘农业教员方面也碰到了极大的困难，几乎招不到足够的教师，而大学的实验农场也是有名无实的。位于康涅狄格州耶鲁大学的谢菲尔德科学学院是该州最早的赠地学院，但该学院报告显示其在机械工艺教师招聘中也遇到了同样的问题。另外，《莫雷尔法案》颁布后将近 10 年，即便时间已经到了 1871 年，明尼苏达大学还在自己的规划中想方设法地推迟教育农场的创建。③ 与初期师资、教学模式、教学设备等的缺乏和课程设置局限性较强相对照，赠地学院的生源在初期也面临非常大的问题。一方面是很少有学生愿意申请进入赠地学院④，另一方面，由于为普通高等教育提供生源的中学教育在此时期发展还非常不完全，如美国文实中学在 19 世纪中叶达到顶峰后便急剧减少，而公立中学直到 1874 年克拉马祖诉讼案确认卡拉马祖市征税兴办公立中学合乎宪法原则之前，发展也异常缓慢，为高校入学准备的学术课程除了通过私人教师来传授之外，一般都是由预备学校提供的。在初等教育与大众高等教育之间的衔接还没有完善之前，

---

① Ross E D. 1942. Democracy's College：The Land-Grant Movement in the Formative Stage. Ames，Lowa：The Lowa State College Press：107-108.

② Ross E D. 1942. Democracy's College：The Land-Grant Movement in the Formative Stage. Ames，Lowa：The Lowa State College Press：108-109.

③ Lang D W. 1998. Amos Brown and the American Land Grant College Movement. Association for the Study of Higher Education：19.

④ Cross C F. 1999. Justin Smith Morrill：Father of the Land-Grant Colleges. MI：Michigan State University Press.

赠地学院招收不到令人满意生源的现象也是非常普遍的。面对这种困境，有些赠地学院不顾农工领袖的反对，坚持更高和更为统一的入学标准，而有的赠地学院则向世俗的要求妥协，降低赠地学院的入学标准，这样就导致国内赠地学院出现了双重甚至三重入学标准的现象。比如，麻州就是降低入学标准方面的典型。1873 年，该州教育部门指出："因为事关重大，入学标准如果过高，这将打消农民们送孩子入学的积极性，但是，如果大众认可其为高等教育，再提升入学标准也未尝不可。"① 入学标准的降低使许多赠地学院在建校初期，无非是名义上的高等教育机构，而实质上不过是中学的翻版。比如，明尼苏达州的佛威尔（Folwell）学院就认为："只要学院的大众入学标准一直存在，那么它们将长期保持中学教育的水平，而绝对达不到专业教育的水平。"② 马里兰州的报告也指出："只要赠地学院一直是众人瞩目的英雄，其有限的研究范围将一直被限定在高等教育之下。"① 与师资、生源等问题并行的还有课程方面的问题。由于莫雷尔始终认为："农工教育并不是简单地用手模仿的过程，并不局限于农田上的现场教学，也不是学徒或锻工在机械工场的简单模仿，使学生获得智力的长进才是其重要的目标。同时，这样的教育也是一种自由的教育，古典研究也是必不可少的。"③ 根据法案的精神，在传统的大学课程中增添科学教育的内容，在新建的大学中创建古典与实用并存的课程，虽然成为赠地学院共同努力的方向，但是其不一致与不和谐的情况依然是非常明显的。这种不一致、不和谐同样表现在教学方法、教学组织形式，以及过分注重农业教育而忽视工业教育等方面。此外，还有一点必须说明的是，赠地学院运动的观念来自中上层次的农业和教育改革者，而不是来自底层的农民和工人协会，且从莫雷尔法案颁布后农工学院实际创建的过程和效果来看，此项改革似乎并没有立刻且明显地触及普通民众的利益，因此，要想获得民众的支持也必须在赠地学院得到进一步的发展后才能实现。

《莫雷尔法案》的颁布及农工学院的创建，无论其定位在农工科学原理的讲授与探索，还是定位在直接服务于农工生产的实际，总之，在联邦政府的引导下，美国高等教育逐步迈出了封闭、狭窄的仅仅探索高深知识的范围，加快了与现实结合的步伐。高等教育也可以服务于国家经济、服务于农工生产和人民生活的意识正日趋被公众所接受。

---

① Ross E D. 1942. Democracy's College：The Land-Grant Movement in the Formative Stage. Ames，Lowa：The Lowa State College Press：114.

② Ross E D. 1942. Democracy's College：The Land-Grant Movement in the Formative Stage. Ames，Lowa：The Lowa State College Press：114.

③ Development of the Land-Grant System：1986-1994. http：//www. nasulgc. org/publications/Land _ Grant/Development. htm. ［2007-6-25］.

第四节　1862 年《莫雷尔法案》的系列拓展法案

一、1890 年第二《莫雷尔法案》

在 1862 年《莫雷尔法案》的推动下，截至 1890 年，国内已有 56 所农工赠地学院[①]。但是这些学院在发展的过程中却面临着各种各样的问题。首先，由于 1862 年《莫雷尔法案》在土地分配、售卖过程中严重的不平衡现象，再加上联邦赠地基金再次投资过程中出现的投机等问题，均导致了各州赠地学院所获基金数额的巨大差距，由此造成赠地学院初创时期发展程度的极端不均衡，力量薄弱的赠地学院亟需外援，而力量较强的赠地学院也需要更为稳定的经费来源；其次，伴随着南北战争后美国社会农业机械化程度的加深，赠地学院中的农业研究已经跨越了初期的"农业化学、园艺、实用植物学、农艺等简单分科，农业分支学科与次分支学科覆盖了整个农业的方方面面"[②]，农业研究的快速发展需要来自联邦更多的支持，并且南北战争后美国工业化速度加快，赠地学院的工业技术方面的研究也需要联邦更多的支持；最后，伴随着南北战争的结束，南部各州重建步伐的加快，包括黑人在内的有色人种的平等受教育权利更需要联邦法律切实的保障。因此，自 1872 年以来的 18 年间，莫雷尔曾 12 次向国会递交提案[③]，呼吁对赠地学院进一步拨款，但是由于诸多原因一直没有获得通过。1890 年 4 月 3 日，在赠地学院和农工团体等多方声援下，提案终获得通过。

1890 年《莫雷尔法案》的全称是：将公有土地的部分收入用于更加全面地资助按国会 1862 年 7 月 2 日批准的法案规定所建立的学院，以促进农业和机械工艺发展的法案。其主要针对 1862 年法案的缺陷，在资金拨付、课程设置、项目管理等方面对 1862 年的法案进行了诸多修正、补充和完善。

首先，1890 年《莫雷尔法案》为各州赠地学院的发展提供了稳定的资金来源。由于西部土地已经建州结束，1890 年《莫雷尔法案》改变了 1862 年法案用一次性土地赠与的资金建立永久基金的做法，而是采用每年由国库拨款来资助赠地学院。法案提出："为更加全面的资助按照国会 1862 年 7 月 2 日和 1890 年 8 月 30 日批准的法案业已建立的和今后可能建立的农业学院，每年由国库按以下规定的款额拨给各州和准州，即除了按上述法案规定到 1908 年 6 月 30 日截至的财政年度指定的款额和此后四年内每年比前一年另增 5000 美元之外，再给各

[①]　李素敏 . 2004. 美国赠地学院发展研究 . 保定：河北大学出版社：55.

[②]　Ross E D. 1942. Democracy's College：The Land-Grant Movement in the Formative Stage. Ames，Lowa：The Lowa State College Press：154.

[③]　李素敏 . 2004. 美国赠地学院发展研究 . 保定：河北大学出版社：71.

州和准州拨款 5000 美元。此后每年给各州和准州的拨款应为 50 000 美元。"①

其次，1890 年《莫雷尔法案》弥补了 1862 年法案在课程设置、师资培训等方面的缺陷。1862 年法案是在南北战争之时出台的，当时美国农业经济还占主导地位，因此 1862 年法案呈现出较为关注农业教育，且并不排除古典教育和军事教育的倾向，而 1890 年法案则提出，联邦拨款"只用于农业、机械工艺、英语、数学、物理、自然和经济科目的教学，特别用于关于这些科目在工业上的应用及有关教学设备的开支。上述学院可以动用部分上述款项，以便专门培训讲授农业和机械工艺原理的教师……上述任何一部分款额均不得以任何借口直接或间接地用于购买、建造、维护和修理任何房屋或建筑物"②。1890 年法案的出台，不仅剔除了赠地学院课程中不合时宜的内容，同时也使赠地学院在发展方向上与美国工业化方向更为吻合。

最后，法案确保了有色人种学生接受高等教育的权利。1863 年，林肯总统签署的《独立宣言》解放了叛乱诸州的奴隶，1865 年通过的宪法第 13 条修正案解放了美国全境内的奴隶，1868 年生效的宪法第 14 条修正案，给予所有解放的奴隶公民权和平等享受法律保护的权利，1879 年生效的宪法第 15 条修正案，则赋予解放了的奴隶平等的选举权。与国家关于奴隶解放与权利保障的法案精神相一致，1890 年《莫雷尔法案》在招生、资金分配等方面确保了有色人种的受教育权。法案提出："根据本法案拨给州或准州的任何款项均不得用于资助对招生采取种族和肤色歧视的学院……凡按 1862 年 7 月 2 日制订的法案已建有一所学院的州，或已建有一所类似性质学院的州或以后可能建立学院的州，其州议会应根据本法案向卫生教育和福利部长提出报告并建议将根据本法案规定拨给的基金分成两部分，平均合理地分配给白色人种学院和有色人种学院。"①

总之，经过 1890 年补充完善的《莫雷尔法案》，不仅使赠地学院获得了更加稳定的资金来源，赠地学院"从早期的不确定、不稳定，向永久建立和进步的方向转变"③，而且促使赠地学院课程设置与美国工农业生产建立起了更为紧密的联系。同时，还帮助了南部黑人赠地学院的创建，使赠地学院成为促进有色人种平等受教育权利的手段之一。1890 年《莫雷尔法案》不仅代表了联邦政府对高等职业技术教育主导作用的增强，同时也是美国高等职业技术教育立法进一步制度化的标志。

---

① 1890 年《第二毛雷尔法令》.1999.//夏之莲.外国教育发展史料选粹（上）.北京：北京师范大学出版社：491-492.

② 1890 年《第二毛雷尔法令》.1999.//夏之莲.外国教育发展史料选粹（上）.北京：北京师范大学出版社：492.

③ Ross E D. 1942. Democracy's College：The Land-Grant Movement in the Formative Stage. Ames, Lowa：The Lowa State College Press：180.

二、1887 年《哈奇法案》

赠地学院出现后，伴随着赠地学院教学活动的深入开展，许多教师越来越发现已有的知识不足以应对现实生活中的新问题。这一点恰如 1882 年在华盛顿的一次赠地学院会议上，来自伊利诺伊州工业大学的皮伯第（Regent Peabody）教授所说的："应用科学领域远没有确定无疑的真理，当教师企图教给学生更多的知识，或者给予其父辈们更好的建议的时候，他就愈会发现应用科学的事实、方法和理论的不足，那么，其作为科学家的诚实态度和专家的自尊将促使他走向实验。"[①] 在这一情况下，借鉴同期德国、法国与英国等国家高等教育注重应用性研究的经验，人们对在赠地学院建立农工及科学实验站，在教学的同时开展实验研究的关注度越来越高。

当此之时，已经有许多州率先在自己的赠地学院开始了这方面的尝试。比如，在学校建筑尚未建成而教学设施尚未齐备之前，宾夕法尼亚州的一些赠地学院已经开始了农业科学方面的实验。密歇根州赠地学院的农场一直被喻为该州的实验室和示范基地，而在耶鲁谢菲尔德科学学院，令约翰逊（S. W. Johnson）教授深感兴趣的化学应用性实验研究也一直在开展。面对这种情况，1871 年在芝加哥召开的全国赠地学院会议，第一次提出了每个州的赠地学院均应该建立实验基地的倡议。之后，一些州的议会在批准本州接受《莫雷尔法案》资助的同时，开始明确要求接受资助的赠地学院要开展实验研究工作。比如，马里兰州的法律就比较早地提出了这样的要求。当然，也有一些州没有明确提出这一要求，但是它们中的绝大多数都会对赠地学院的实验研究工作给予充分的赞赏和肯定。1875 年，在谢菲尔德科学学院一位教师的提议下，由康涅狄格州财政和该校校友、《美国农学家》杂志奥瑞奇·朱迪（Orange Judd）共同出资组建了一家具有欧洲模式的农业实验站，这是美国第一家正规意义的且具有示范作用的农业实验站。该实验站的建立标志着赠地学院在教学功能之外又新增了一项实验研究功能。同期，加州、纽约州、新泽西等州也出现了类似的农业实验站。据统计，从 1875～1887 年，美国至少有 14 个州组建了与赠地学院密切联系的正式实验研究机构，而其他的 13 个州虽然没有形建正式的实验机构，但是都开展了同类的研究。[②]

在获得联邦农业部和大多数赠地学院领导人支持的情况下，1883 年，由艾奥瓦州农业学院（Iowa State Agricultural College，即后来的艾奥瓦州立大学）

---

① Ross E D. 1942. Democracy's College：The Land-Grant Movement in the Formative Stage. Ames，Lowa：The Lowa State College Press：137.

② Ross E D. 1942. Democracy's College：The Land-Grant Movement in the Formative Stage. Ames，Lowa：The Lowa State College Press：138.

农业项目的带头人希尔曼·奈普（S. A. Knapp）参与起草的创办国家科学实验站的提案，在赠地学院院长委员会的帮助下递交给了国会。该提案的目的是为了使各州的实验站之间能够建立起有机的联系，但是由于许多州担心来自国家实验站的控制，同时也为了尽力避免州与国家实验站的重复设置，导致此提案没有被通过。在重新明确了各州的实验站应该隶属于各州管辖范围的原则后，1887 年在多所赠地学院领导的协助下，由赠地学院协会委员科尔曼（Colman）起草，由时任众议院农业委员会主席、来自密苏里州的议员威廉姆·哈奇（William H. Hatch）递交国会审议，最终《哈奇法案》（*Hatch Act*）获得通过。

《哈奇法案》的通过，使各州每年可以得到联邦政府 15 000 美元的拨款，其拨款主要用于与赠地学院相关的农业和科学调查、试验、研究、出版及其他事项，同时为了使法案能够得到更好的实施，各州每年要向农业部报告其资金来源及使用情况，而各州的报告将是联邦政府下年度拨款额度的依据。《哈奇法案》刺激了赠地学院实验站的发展和建设，"1887 年到 1893 年，美国基本上达到了每州至少拥有一个实验站的要求，全国一共建立了 56 个实验站，不久之后又增加到了 66 个。实验站的工作人员，十年间翻了一番，到 1897 年，至少有 628 名"[1]。

《哈奇法案》的颁布与实施，推动了美国实用性科学研究工作的开展，是赠地学院单纯教学功能的拓展与延伸。《哈奇法案》之后，1906 年，罗斯福总统签署的《亚当斯法案》为每个实验站拨款 5000 美元，以后每年增加 2000 美元，直到总量达 15 000 美元。[2] 而 1925 年通过的《珀内尔法案》、1935 年通过的《班克黑德-琼斯法案》，也均为实验站和农业资助项目增加了拨款。表 1-1 是 1936 年之前联邦政府资助各州实验站建设的拨款数据。

表 1-1   1936 年之前联邦政府资助各州实验站建设的拨款数额统计

法案名称	《哈奇法案》	《亚当斯法案》	《珀内尔法案》	《班克黑德-琼斯法案》	四个法案拨款总计
拨款年度/年	1888~1936	1906~1936	1926~1936	1936	
拨款金额/美元	34 106 185	20 113 413	23 988 801	600 000	78 808 399

资料来源：李素敏.2004.美国赠地学院发展研究.保定：河北大学出版社：85

正是 1862 年、1890 年《莫雷尔法案》和 1887 年《哈奇法案》及其后续法案的颁布实施，使赠地学院具备了向农业、工业界传授最新科技成果的实力，而正是这种实力，共同奠定了 1914 年《史密斯-利弗法案》所提及的农业推广工作的基础。

---

① 李素敏.2004.美国赠地学院发展研究.保定：河北大学出版社：63.
② 李素敏.2004.美国赠地学院发展研究.保定：河北大学出版社：85.

三、1914 年《史密斯-利弗法案》

1914 年《史密斯-利弗法案》（*Smith-Lever Act*）的出台是联邦职业技术教育立法逻辑的自然延续。当 1862 年、1890 年《莫雷尔法案》开创并正式确立了联邦立法资助高等农工职业技术教育的制度，1887 年《哈奇法案》奠定了赠地学院实验研究的基础后，赠地学院的教学科研成果如何向大学围墙以外的社会传播，从而使其真正起到促进工农业生产的作用，这个问题从赠地学院建立之初起就隐藏在其未来发展的某一环节里。

19 世纪 60～70 年代，为了给师生提供实地观察和操作的机会，密歇根州、马里兰州等地的赠地学院就已经建立了示范农场。示范农场的建立，同时也为赠地学院教学科研成果提供了展示的平台，在客观上促进了农民对农业科学实用知识的认识。在示范农场的基础上，19 世纪 80 年代末期至 19 世纪 90 年代早期，赠地学院开始以更多方式从事民众实用科学知识的传播和推广工作，其中主要通过函授、发行刊物、举行报告会，或者用专车巡回教学、开办农民学会、举办冬季短期课程补习班、举行农业实验表演等方式来进行。比如，此时期体现康奈尔大学精神的一项成人教育计划就包括：把当地的农业试验作为教学的手段，发行通俗的农场主读物，举办巡回的园艺讲习班，在农村学校中讲授自然科学课程，举办函授教育等。此外，此时期还涌现了许多农业推广运动的先驱人物，如艾奥瓦州农业学院农业项目的带头人希尔曼·奈普，他在路易斯安那和德克萨斯州建立的示范农场在三年内成功地抵御了棉铃虫对南部农业毁灭性的打击，使奈普成为农民心中的传奇人物。[①] 正是在赠地学院积极传播农业知识，服务农村和农业生产的不懈努力中，1907 年 11 月 20 日，北卡罗来纳州立大学农工学院与衣瑞德县（Iredell County）农民伊歌斯（J. F. Eagles）签约创建了农业示范基地，鉴于其良好的发展效果，1909 年农业部与北卡罗来纳州立大学农工学院的院长希尔（D. H. Hill）共同签署了"合作好转和帮助农业生产"的备忘录。该备忘录随之成为美国农业科技推广运动走向与国家合作道路的标志性事件。[②] 为了使这项技术推广工作走上良性循环的轨道，1909～1913 年年底，至少有 32 个要求给推广工作增加联邦资助的提案递交国会。[③] 1911 年，经过赠地学院协会修订后的提案与其他类似的提案经过不断的讨论完善，由来自卡罗来纳州的议员利弗（Asbury F. Lever）和来自佐治亚州的议员史密斯

① Patterson S. Smith-lever Act of 1914（PL 95）. http：//jschell. myweb. uga. edu/history/legis/smith-lever. htm. ［2007-6-28］.

② Events Leading up to Smith-Lever Act and Cooperative Extension. http：//www. ces. ncsu. edu/chatham/archived/HeritageDay/HDHistory. html. ［2007-6-28］.

③ 李素敏 . 2004. 美国赠地学院发展研究 . 保定：河北大学出版社：96.

（Hoke Smith）提交众参两院。经过同样艰苦的努力和斗争，1914 年 5 月 8 日威尔逊总统签署了这个被法学界称为最有创造性的，且达到责任与义务较好统一的《史密斯–利弗法案》。[1]

《史密斯–利弗法案》旨在借助联邦的力量，并通过各州赠地学院的平台，更好地促进农业技术推广工作的开展，帮助农业、家政等实用领域知识信息的传播与应用，并使其更好地服务于国计民生。法案为各州提供了永久性年度财政拨款，并根据各州农村人口占全国农村人口的比例分配给各州。同时，为了达到多方责任与义务的更好统一，法案第一次提出了各州要想得到联邦政府的财政拨款，必须向各州赠地学院提供等额的匹配资金。此种做法被达文波特（Eugene Davenport）称为："它是人类本质中的一个怪念头，对我们来说却是幸运的。为了从联邦国库获得一个美元，任何州都愿意提供两个美元。"[1] 正是在这种怪念头作祟下，联邦政府在其后的众多法案中普遍地采用了匹配资金的方法，使匹配资金成为直接推动联邦与各州更好合作的奠基石。当然，这种做法也标志着联邦政府职业技术教育资助政策的立足点从纯粹的资助向刺激各州职业教育投入和发展的方向转变。[2]

《史密斯–利弗法案》的颁布与实施，直接推动了各州技术推广合作机构的创建和发展，加快了农业科学知识的普及和传播速度。该法案不仅促进了农民对科学知识的认可度，还直接提高了农民运用先进实用技术成果进行生产的积极性，为提高美国农业生产效益，改善农民生活奠定了坚实的基础。同时，该法案还与其之前出台的第一、第二《莫雷尔法案》和《哈奇法案》等一同建构了美国高等农工职业技术教学、科研、推广工作的完整结构，标志着美国联邦高等职业技术教育立法制度完整体系的构建，为其后联邦介入中等职业技术教育立法提供了范例和基础。

第五节　1862～1917 年联邦职业技术教育立法的总体特征与实施效果

一、1862～1917 年联邦职业技术教育立法的总体特征

1862 年《莫雷尔法案》是美国联邦高等职业技术教育立法制度创建的标志，此后伴随着《莫雷尔法案》《哈奇法案》《史密斯–利弗法案》等系列法案的相继

---

① 李素敏. 2004. 美国赠地学院发展研究. 保定：河北大学出版社：97.

② Sears W P. 1931. The Roots of Vocational Education: A Survey of the Origins of Trade and Industrial Education Found in Industry, Education, Legislation and Social Progress. New York: John Wiley & Sons, Inc., London: Chapman & Hall, Limited: 127.

出台，美国的高等职业技术教育从零星、分散的状态日益走向了系统化、制度化、专门化的发展轨道。综合几十年来美国联邦高等职业技术教育立法的理论和实践，可以看到其具备如下四个方面的特征。

第一，美国联邦高等职业技术教育立法制度主要是在两种制度准备、多种内外因素相互作用的基础上产生的。从制度准备的角度来看，源于文艺复兴及其稍后的一系列伟大的社会变革，人类传统的物质生产和精神生产方式都遭遇到了前所未有的挑战。在这一过程中，局促一隅的区域贸易逐步被规模巨大的洲际贸易逐步取代，导致了生产规模的扩大，商品经济、海外贸易的出现，以及存在于国家之间竞争的加剧，所有这些都对封闭保守的行会制度及与之配套的学徒制造成了猛烈的冲击。加之此时期人们对感觉经验在知识形成过程中作用的重新思考，使以感觉经验为基础、通过实践而获得知识的教育，逐步成为以思辨和背诵为基础的学校教育的补充，并进而发展成为学校教育的重要组成部分，所有这些都推动了学校形态的职业技术教育的产生。除了学校教育制度的准备之外，此时期民族国家逐步获得明确的形式并日益壮大，因此国家力量（最初是地方力量）逐步接手由行会或由宗教势力管理的传统的学徒制，并在学徒制衰落后接管学校形态的职业技术教育。学校形态的职业技术教育的出现及国家的立法干预是 19 世纪之前职业技术教育领域发生的重大历史事件，而 1862年《莫雷尔法案》同样是立足于这样的制度基础上产生的。

从内外多种因素相互推动的角度来看，南北战争前，尽管经过几十年的发展，美国工厂制度逐渐兴起，工业革命的基础已经奠定，但是与欧洲发达国家相比，美国工农业发展的整体水平不高，国际竞争的优势不明显。如何提升美国工农业生产的效率，客观上美国社会向高层次实用型技能人才提出了新的需求，这种需求也在一定程度上为美国联邦高等职业技术教育立法制度的产生营造了有利的环境。在这种环境中，高等教育是继续走精英、古典、自由的道路还是走民主、现代、实用的道路，两条横亘在人们面前的高等教育路线各不相让又相互妥协。高等教育在实现了重要的功能分化的基础上，实用的、大众的高等教育也得到了初步的发展。与此同时，来自许多州有识之士的实用高等教育的思想和实践也使实用的农工高等教育有了更为清晰的内容和形式。此后，汇聚到国会内外多种力量的努力、博弈和斗争则直接促成了该制度的产生。

第二，此时期的高等职业技术教育立法制度体现出了鲜明的国家利益至上的倾向，普通民众农工高等教育需求的满足还没有或很少能够进入联邦政府的视野。关于这一特点，可以以 1862 年《莫雷尔法案》的出台为例来分析。《莫雷尔法案》在最初递交国会的时候，其真实目的是为了促进国家经济效率和国际地位的提升，而围绕着土地赠送是否会导致国家利益损失的斗争几乎贯穿了国会辩论的始终。之后，即便《莫雷尔法案》最后获得通过，也是在《宅地法案》营造的有利背景，国会寄希望于通过创建农工学院促进国家的工农业生产，借助国民经济力量的提升涵养更多的税源并增加国库收入，以最终促进国家的繁荣和昌盛为首要宗旨。在这个过程中，不仅高等教育自身发展的需求被置于次要地位，民众高等教育需求的满足更是没有或很少进入立法者的视野。此外，由于1862年《莫雷尔法案》出台于南北战争之中，如何以职业技术教育立法促进更多的州拥护联邦而不是反对联邦，如何以"法"为南北战争提供更多的军事人才，1862年法案明确提出："不管哪个州，只要它对抗或不服从美利坚合众国政府，它就没有资格享受本法案的权益；在该学院中不得排除他种科学和经典的学习，并应包括军事战术训练……"① 1890年《莫雷尔法案》是在南北战争结束后，南部各州重建步伐加快，包括黑人在内的有色人种的平等受教育权利更需要联邦法律切实保障的条件下出台的，因此1890年法案更多地提及了"根据本法案拨给州或准州的任何款项均不得用于资助对招生采取种族和肤色歧视的学院"等②。而在其他法案中，联邦立法的上述指导思想亦非常明确。因此，可以这样认为，以"法"来促进国家利益的最大化，尤其是经济利益的最大化是此时期系列法案立足的基点。

第三，此时期的联邦高等职业技术教育立法确立了美国联邦、州与地方三方合作关系的基本原则，表明了三方合作关系的基本形成。美国宪法将教育权保留给了各州，因此在高等农工职业技术教育与国家利益息息相关但联邦政府又无权过问的情况下，借鉴先前联邦政府在西北土地划分上为教育预留土地的做法，1862年《莫雷尔法案》也采用了向来自各州的国会参众议员每人赠予3万英亩土地或等额土地证券的方法以交换州所拥有的职业技术教育引导权和管辖权。于是，国会授权资助国内农工高等职业技术教育开展的联邦土地就演变成了联邦政府的筹码，以土地赠予为核心，法案详细规定了什么样的州有权利获得土地捐赠？获得联邦土地捐赠的州应该在规定时间内做什么？如何做？如果不这样做的后果等。法案以上的规定，一方面表明了只要符合最基本的条件，州就有选择接受或选择不接受联邦土地捐赠的权力；另一方面也表明如果符合条件的州选择接受联邦土地捐赠，那么它就必须严格按照法案的要求来做，否则就会为自己招致联邦政府相应的惩罚（当然，如果符合条件的州选择不接受联邦土地捐赠，法案的一切规定将与这些州无关）。以上被戏称为"萝卜加大棒"的规定不仅是联邦与州相互合作的制度基础，也是州与地方在赠地学院创建方面合作的基础。自此，明确的责权利的合作关系基本得以形成。但是，由

---

① 1862年《第一毛雷尔法令》.1999.//夏之莲.外国教育发展史料选粹（上）.北京：北京师范大学出版社：490-491.

② 1890年《第二毛雷尔法令》.1999.//夏之莲.外国教育发展史料选粹（上）.北京：北京师范大学出版社：492.

于联邦、州与地方在职业技术教育方面还是初次合作，这样的责权利的关系还不是最理想的一种状态。其主要的原因是：尽管选择接受联邦土地捐赠的州在事实上已经与联邦政府建立了合作的关系，但是各州在如何具体使用联邦资助方面并没有任何的发言权。因为在国会立法授权下，联邦政府单方面决定着各州联邦资助具体的使用原则、方法、领域、时限和监管等，某一州选择接受联邦土地捐赠就意味着必须无条件地遵照法案条款来使用捐赠，从法律意义上看，各州根据自身的实际情况来做一些政策调整的可能性非常小（当然在实际操作中，各州会出现与联邦法案阳奉阴违的事情，但是这种情况另当别论）。由此可见，1862 年《莫雷尔法案》出台后，美国联邦、州与地方之间的合作关系已经形成，但是真正体现权利、义务相互性的合作关系还需要在后续的发展中才能出现。

第四，此时期的联邦高等职业技术教育立法在立法技术、资助方式、资助理念、监管方式等方面为未来的联邦职业技术教育立法奠定了基础。可以说，一百多年来的联邦职业技术教育立法基本上是沿着此路径前进的。由于联邦职业技术教育立法本身就是联邦力量对各州所保留的教育权的渗透和介入，以何种方式进行立法与宪法的精神不相违背？如何在立法的过程中，更好地贯彻以联邦为主导、以各州和地方为主体的合作精神？如何使联邦政府以较少的投入推动教育事业的发展并最终服务于美国国家利益的实现？此时期联邦立法的许多做法直接奠定了其后立法的基础。比如在立法技术方面，1862 年《莫雷尔法案》为了尽量避免与先前法案的冲突，保持联邦政府对西北土地拥有的绝对权利，规定了各州对西北土地的具体拥有方法与售卖原则。其后的联邦职业技术教育立法在处理州与州、州与国家之间的关系时也尽量避免矛盾的出现；在资助方式方面，1862 年《莫雷尔法案》开创了土地捐赠资金作为农工学院永久基金的方法，1890 年《莫雷尔法案》在新形势下，克服了先前赠地资助的弊端，在永久基金做法的基础上增加政府年度财政资助。年度财政资助的出现成为一百多年来联邦职业技术教育立法惯用的方式；《史密斯-利弗法案》第一次提出了各州要想得到联邦政府的财政拨款，则必须向各州赠地学院提供等额的匹配资金。匹配资金方法的使用不仅成为之后联邦职业技术教育立法的惯用手段，也成为其他教育立法惯用的手段，即便是在 20 世纪 30 年代经济大萧条时期该方法仍在使用。

二、1862～1917 年联邦职业技术教育立法的实施效果

自 1862 年美国高等农工职业技术教育立法制度创建以来，在最初的赠地及其之后直接来自于联邦财政的持续资助和引导下，至少在美国中等职业技术教育立法制度创办之时，这些被冠之以"赠地学院（当然也包括大学）"的机构已经遍布

美国各州，同时在教学、科研和服务社会方面已经形成了自己的特色。之后，它们更成为美国高等教育乃至世界高等教育领域中一道独特的风景。

首先，在联邦政府持续的资金注入下，独特的美国实用性的公共高等教育系统已经产生。在 1890 年法案为赠地学院提供年度资助之前，联邦政府也曾经向赠地学院提供稍许资助，但是这一数字非常小，如 1873 年联邦政府为赠地学院提供 43.2 万美元的资助，1889 年资助额度为 57.6 万美元。在 1890 年法案为赠地学院提供了稳定的年度资助后，赠地学院当年获得的联邦资助已经提升到130.3 万美元，在逐年增加的基础上，1900 年达到 184.4 万美元。《哈奇法案》和《史密斯-利弗法案》颁布后，汇聚到赠地学院的资助有了进一步的增长。100 年后的 1962 年，国会向赠地学院的拨款达到了每年 1.1 亿美元，其中，下拨到实验站的资金是每年 3472.5 万美元，下拨给教学的资金是每年 1074.4 万美元，为赠地学院的拓展服务每年下拨 5959 万美元[①]；150 年后，汇聚到赠地学院的各项资助达到了每年 5.5 亿。[②] 根据《莫雷尔法案》及其后续法案颁布的时间，这些分批创办的学院被分别称作"1862 年学院""1890 年学院"。其中，1862 年法案颁布后，美国基本上是每州（包括托管地和哥伦比亚特区）都有一所赠地学院，1890 年《莫雷尔法案》颁布后，南部一些州就有了至少两所赠地学院。"1862 年学院"和"1890 年学院"共有 76 所［根据 1994 年《初中等教育重新授权法案》（*Elementary and Secondary Education Reauthorization Act*）当年位于西部和大平原上的 29 所印第安部落学院也被冠名为赠地学院，目前三类赠地学院的总数为 106 所］。在《莫雷尔法案》营造的关注实用高等教育、对实用高等教育的地位给予充分肯定的氛围中，国内其他实用性的高等教育机构也因之获得了快速增长的机会，如 1900 年，美国共有 42 所技术教育机构，50 年以后，美国拥有超过 160 所工程学院。[③] 从此，美国的实用高等教育从零星、区域性的存在演变成为一种国家层面的系统化的、制度化的存在，成为可以和美国自由、古典、精英高等教育相媲美的高等教育类型。此外，在赠地学院出现之前，尽管也有州政府插手私立高等教育管理的现象，但是绝大多数的高等教育机构在本质上还是由私人控制的，赠地学院出现后，由于赠地学院的资金最初来自于联邦赠地或财政资助，而各州也需要为学院的产生提供相应的支持和保障，因此赠地学院在美国高等教育中最

---

① Brunner H S. Land-Grant Colleges and Universities, 1862-1962. Office of Education（DHEW），Washington DC：6，14.

② Association of Public and Land-Grant Universities. 2012. The Land-Grant Tradition. Washington DC：4.

③ Brubacher J S，Rudy W. 1975. Higher Education in Transition——A History of American Colleges and Universities, 1636-1976（Third Edition）. New York：Harper & Row：62.

独特的地方就是它与联邦政府及州政府之间的关系，它毫无疑问地可以称为是由联邦和州共同合作创建的公立的高等教育系统。1862 年《莫雷尔法案》及其后续法案深远地影响了现代美国大学系统的形成，使美国成为世界上最早拥有现代公共高等教育系统的国家之一。

其次，1862 年《莫雷尔法案》及其后续法案还推动了美国高等教育民主化的进程。所谓高等教育的民主化就是有更多的人，不论其种族、性别、出身、经济与文化地位等都有进入高等教育学习的机会。由于招生名额、入学与教学等条件的限制，在先前古典、精英型高等教育主导的年代是很少有大批的学生进入高等教育机构学习的，但是，《莫雷尔法案》却一改这种现象，按照其缔造者莫雷尔的说法：该法案出台的最根本的目的就是为更多的人提供更多接受高等教育的机会，而不仅仅是为那些需要静坐的职业（即精神生产的职业）培养人才。该法案是为美国能拥有更好的工商业，为了产业的需要及产业阶层能够过上专业的生活而颁布的。[①] 因此，在《莫雷尔法案》及其后续法案的资助下，赠地学院向人们提供了一种投资较少、收费低廉的高等教育，家庭收入较低的产业阶层的子弟因之获得了更多进入高等教育机构学习的机会。比如，1870 年，有超过 1200 名学生在指定的赠地学院学习；1873 年，24 所赠地学院共注册了2600 名学生，大约占美国当时能够享受高等教育人口的 13%[②]；到 19 世纪 80年代，这个数量提升到 5000 多名；而到了 19 世纪与 20 世纪转换之时，赠地学院大约有 40 000 名学生，18 000 多名学生获得了农业和工程学位。即便是位于人口稀少的边疆地区的内布拉斯加大学，其成为赠地学院的时间虽然晚于最早建立的赠地学院 10 年左右，但是该学院不甘落后，到 1900 年已有了 2000 名学生。[③] 此外，由于 1890 年法案强制规定联邦拨款绝不资助在招生中采取种族和肤色歧视的学院，该法案还直接促成了专门为有色人种创办的"1890 年学院"的产生（其他的有色人种学院此时期也有很大的发展），从而使大多数生活于社会底层的有色人种也有了自己可以进入的高等教育机构。据统计，截至 1960年，包括"1890 年学院"在内，美国共有将近 130 所这样的有色人种学院诞生（当然并不是每一所都存活下来），到 2010 年，至少有 103 所传统的黑人学院在美国存在，占美国高等院校总数的 3%。这其中有 18 所是公共的黑人赠地学院，

---

① Morrill J W. 1888. An Address in Behalf of the University of Vermont and State Agricultural College. Burlington, Vt: Free Press Assoc.

② Williams R L. Land-Grant Colleges and Universities. http://www.encyclopedia.com/topic/land-grant_colleges_and_universities.aspx. [2014-8-07].

③ Paul N. 2010. Land-Grant Colleges and American Engineers: Redefining Professional and Vocational Engineering Education in the American Midwest, 1862-1917. American Educational History Journal, 37 (1/2): 313-330.

占所有黑人赠地学院的 17%，占美国所有高等院校的 0.45%。①

最后，在系列法案的推动下，许多赠地学院不仅自身获得了巨大的发展，而且还演变成为重要的本科生和研究生教育基地，逐步发展成为顶尖级的学术研究基地和新科学技术的领跑者。比如，33% 的赠地学院最初创建的时候是以独立的农业和工程学院的面貌出现的。但是由于规模的扩大及对各州影响的加深，最终都成为州立大学，如密歇根、宾夕法尼亚、马里兰和艾奥瓦州的赠地学院就是这样。伴随着赠地学院自身的发展壮大，许多赠地学院教学、科研质量也有了较大的提升，逐步演变成重要的本科生和研究生教育基地。资料显示：1895 年，在所有授予学位的美国学院和大学中，69 所赠地学院约注册了 20% 的学生，授予了美国所有学院和大学博士学位的 39.3%，其中生物学占 50% 多，物理学占 43.6%，数学占 40.3%，社会科学占 38.4%⋯⋯②1962 年《莫雷尔法案》颁布 100 周年的时候，尽管赠地学院（或大学）仅有 70 多所，其数量仅占美国高等教育机构的 3.4%，但是赠地学院注册的学生人数已经将近占到全国学院人数的 1/5，同时，授予了 21% 的学士学位及 25% 的硕士学位，授予了 40% 的博士学位。③ 2010 年，18 所黑人赠地学院每年培养的本科生占全国培养的黑人本科生的 14%，其培养的黑人本科、研究生和专业学位获得者占国内全部黑人学位获得者的 24% 左右。④ 此外，在《哈奇法案》等的资助下，赠地学院的科研工作得到激励，经过多年的发展，许多赠地学院还逐步成为顶尖级的学术研究基地。按照国家科学基金会（National Science Foundation）的报告，1998 年在美国 20 个顶级的研究和发展机构中，11 个（占总量的 55%）是赠地学院。1998 年，这 20 个顶级研究和发展机构授予了最有市场前途的博士学位，其中的 12 个（占总量的 60%）是由赠地学院颁发的。⑤

此外，1862 年《莫雷尔法案》及其后续法案还极大地推动了美国工农业的发展，赠地学院模式已经成为世界范围内各国完善自己的高等教育系统、以促进经济发展和人民生活提高的一个样板。在服务本州农业和工业生产方面，赠

① Esters L L, Strayhorn T L. 2013. Demystifying the Contributions of Public Land-Grant Historically Black Colleges and Universities: Voices of HBCU Presidents. Negro Educational Review, 64 (1/4): 119-135.

② 李素敏. 2004. 美国赠地学院发展研究. 保定：河北大学出版社：109.

③ Brunner H S. Land-Grant Colleges and Universities, 1862—1962. Office of Education (DHEW), Washington D C: 53.

④ Esters L L, Strayhorn T L. 2013. Demystifying the Contributions of Public Land-Grant Historically Black Colleges and Universities: Voices of HBCU Presidents. Negro Educational Review, 64 (1/4): 119-135.

⑤ Williams R L. Land-Grant Colleges and Universities. http://www.encyclopedia.com/topic/land-grant_colleges_and_universities.aspx. [2014-8-07].

地学院创建者和管理者很早就形成共识。比如，由于 86％的阿拉巴马州人都务农，1873 年，首任阿拉巴马农业和机械学院（Agricultural and Mechanical College of Alabama）院长在给董事会的报告中就写道："《莫雷尔法案》最主要是为了农业的利益而创建的，因此学院的首要目标就是为本州的农业服务。"[①]　在 19 世纪末美国工业化城市化深入发展之际，许多赠地学院的专家还注意到了如何使赠地学院更好地服务美国的工业化的问题，如 1898 年哥伦比亚大学机械工程专业教师哈顿（R R. Hutton）应密歇根农学院报纸的邀请专门著文探讨赠地学院如何以自己特有的方式促进美国大规模的工业化。除了以上思想意识方面的共识之外，赠地学院还以自己切实的成果推动了美国工农业的发展。这首先体现在农业实验站对美国农业的推动方面。比如，1916 年康涅狄格州农业实验站培育成功的杂交玉米揭开了美国生物技术革命的帷幕，仅生产用玉米双交种的育成和投产一项就使玉米的平均单产比以前增加了 2 倍；在加利福尼亚大学研究成果的支持下，人们从山上的积雪处修建了几十万条水渠，把雪水引到加州的沙漠里，加州由此成为美国最大的农业州。此外，经过多年的发展，目前赠地学院许多高、精、尖的研究成果，如铀的提纯、尖端电视和晶体管研究、气象学研究、场离子显微镜和回旋研究等对美国乃至世界科技和经济的发展都有深远的意义。[②]

　　在赠地学院服务美国工农业生产的过程中，非常值得一提的是享有世界声誉的康奈尔计划和威斯康星思想的形成。康奈尔计划在该校创办初期即已成型。该计划主张大学要向社会各阶层开放，同时为了适应不同学生的需要，计划规定大学要拥有一套通用课程，其中所有的科目、课程一律平等，其目的就是为了满足不同类型的学生接受学术型、职业型及普通型高等教育的需求。另外，该计划还主张大学不仅要进行科学研究，探索基础理论和实用知识，还应该借助于商业、市政管理及人际关系的研究为社会服务。20 世纪初，吸纳赠地资金的威斯康星大学拓展了康奈尔计划中为社会服务的理念，逐步形成具有广泛世界影响的威斯康星思想。该思想的实质就是使大学与州融为一体，充分发挥大学的智力资源对于本州工农业生产以及高效政府的推动作用。威斯康星大学主要是借助知识推广项目和专家服务活动来实现上述功能的。他们面向本州公众，通过专家咨询与指导、函授课堂、学术讲座、辩论和公开研讨、一般信息和福利服务、流动图书馆等形式开发民意、启迪民智，传播先进的科研成果，解决工农业生产的实际问题，使整个州都变成了大学的校园，充分发挥了知识服务社会的功能。同时，大学也在服务社会的活动中得到了最大的实惠。

---

　　①　Kathryn Lindsay Anderson Wade. 2005. The Intent and Fulfillment of the Morrill Act of 1862：A Review of the History of Auburn University and the University of Georgia. Auburn University：69.

　　②　Williams R L. Land-Grant Colleges and Universities. http：//www. encyclopedia. com/topic/land-grant _ colleges _ and _ universities. aspx.［2014-8-07］.

第二章

美国联邦中等职业技术教育立法制度的创建及其发展（1917～1963 年）

　　1917 年《史密斯-休斯法案》是美国联邦政府对中学层次的职业技术教育进行资助的法律。其出台之时，1862 年、1890 年《莫雷尔法案》、1887 年《哈奇法案》、1914 年《史密斯-利弗法案》等联邦职业技术教育立法已经建构起了美国高等职业技术教学、科研和推广工作的完整结构，同时在立法理念、立法技术、资助方式、管理方法等方面为未来的联邦职业技术教育立法奠定了基础。但是从整体来看，由于 1862 年《莫雷尔法案》与其后的一系列联邦立法，主要关注高等层次的职业技术教育，而对中等层次的职业技术教育还没有涉及，当此之时，能够享受《莫雷尔法案》带来的高等教育机会的人口不足 2%。① 因此，在教育界、工商界、社会团体等共同的努力下，1917 年，以资助中等职业技术教育的开展为目标的《史密斯-休斯法案》最终获得了国会的通过。《史密斯-休斯法案》标志着美国联邦中等职业技术教育立法制度的创建。自此，美国的职业技术教育逐步进入了快速发展的新时期。为了探询美国联邦中等职业技术教育立法制度之所以会在此时期出现并呈现出如此风貌的原因，本章将从 1917 年后《史密斯-休斯法案》出台的时代背景、各种影响立法的因素出发，具体追溯该法出台的前因后果和各种利益团体的妥协和斗争，并对继承《史密斯-休斯法案》精神的一系列后续和相关立法进行简要的分析。

第一节　工业化、城市化带来的难题以及教育的应对

一、美国工业化城市化的逐步实现与传统社会教育功能的丧失

　　南北战争扫除了美国工业发展的障碍，西部辽阔土地的开辟，也大大拓展

---

　　① 　Page C S. 1912. Vocational Education. Washington：Government Printing Office；63.

了工业制成品的国内市场、原料产地和投资场所。从南北战争结束直至第一次世界大战爆发，美国工农业生产在积累了巨大力量的同时也经历了巨大的变革。其突出变化主要表现在以下三个方面。首先，从能源方面来看，特别是 1870 年以后，煤炭逐渐取代木材、水力成为主要的工业能源，石油、天然气与电力也加入到新兴能源的行列，据相关部门统计，1850 年人力、畜力和非动物能源分别占美国总动力的 13％、52.4％和 34.6％，到 1900 年，非动物能源已经占到总动力的 73.2％[①]。能源结构的变化从一个角度印证了美国以机器为主的大规模工业生产已经具备了相当的规模。其次，与能源变化相伴相生的是工农业领域众多的技术革新和发明的出现。比如，此时期人们新改进或发明了蒸汽机发动犁、播种机、中耕机、收割机和脱粒机，而且在第一次世界大战前还引进了柴油拖拉机。农业机器的进步显著提高了农业的劳动生产效率。据统计，生产 100 蒲式耳小麦，在 1880 年需要 152 个工时，到 1920 年已减为 87 个工时；而生产同样数量的玉米也从 180 个工时降低为 113 个工时[②]。除了农业机械的革新与进步，美国交通运输和电讯方面的技术进步也非常多，如人们进一步改善了火车的钢轨、车厢、气闸、区截信号，改进了桥梁和公路建设的方法，发明了内燃机、电话、打字机和其他各种设备……技术的进步及机器的改进和发明，使大规模的生产变得有利可图。这一时期，美国工业呈现出了生产规模化与资本集中化的趋势。据统计，"在美国的十三项主要工业中，从 1860 到 1910 的这六十年里，平均每个制造工厂的资本都增加了 29 倍以上，工人的人数增加了大约 7 倍，产品的价值增加了不止 19 倍"[③]。另据统计，19 世纪 50 年代末期，美国多数工厂雇佣的工人数平均少于 10 人，但 1900 年，尽管小型工厂依然大量存在，美国四大制造业平均雇佣的工人数均超过 8000 人。同时，美国国内资本向大企业、大集团集中的趋势越发明显，此时期 1％的美国公司控制着制造业 33％以上的份额[④]，截至 1920 年，所有工业门类中居领先地位的 5％的企业，其收入已经占据工业总收入的 70％。[⑤] 再次，专业分工成为此时期工厂生产的主要形式。比如 1880～1890 年，美国制衣工业被分割成了 39 道相互独立的工序，每件成衣要经过 50～100 个工人的手才能做好；1890 年之前普通屠夫清楚屠宰过程的所有细节，但是 1890 年以后，食品工业中广泛采用的专业分工将整个屠宰过程分割

①　菲特，里斯 . 1981. 美国经济史 . 司徒淳，方秉铸译 . 沈阳：辽宁人民出版社：460.

②　菲特，里斯 . 1981. 美国经济史 . 司徒淳，方秉铸译 . 沈阳：辽宁人民出版社：386.

③　福克讷，1989. 美国经济史（下卷）. 王锟译 . 北京：商务印书馆：78.

④　付美榕 . 2004. 美国经济史话 . 北京：对外经济贸易大学出版社：155.

⑤　Kantor H，Tyack D B. 1982. Work，Youth and Schooling，Historical Perspectives on Vocationalism in American Education. Stanford ：Stanford University Press：15-17.

成了 30 道工序及 20 个不同等级的工资支付级别……①专业分工的普及，使工厂系统对技术完全工人的需求量有了绝对的下降，如 19 世纪 90 年代，当一名铸造工人一般需要几年的学徒经历，但是在 20 世纪 20 年代，60％的工序只要求稍有技术的工人，仅需要两周或相当于两周的培训就可以掌握基本的技能。② 另外，与工厂规模的扩大和专业分工一同出现的，是早期在小型工厂中盛行的由技术工人自行控制生产和劳动过程的方式，逐步被专业化的管理部门和管理人员所取代，工厂系统逐步采用了科学管理的原则。为了获得最大的产出，科学管理原则强化了劳动分工，"生产线上的工人每秒钟 3 次，一天 9 小时不断重复着相同的动作成为较为普遍的现象"③。

正是在工业经济迅猛发展及工业形态改变的背景中，1890 年后，美国工业部门一跃成为国民经济中最重要的部门，美国迅速演变为世界首屈一指的工业国家。比如，1860 年美国在世界工业国行列中居于第四位，到 1894 年美国工业已经跃居世界首位了。④ 截至 1913 年，美国工业生产占据世界工业生产的 38％，超过英德法日四国的工业产量的总和，同时其钢铁、煤炭、机械制造和电气等重要工业部门的生产也都跃居世界首位。⑤ 但是，此时期许多欧洲国家，特别是德国统一后的迅速发展，使德国在许多方面也处在领先的位置，所有这些也促使美国不敢掉以轻心。当时许多美国的有识之士更愿意从更深层次思考美国与德国、法国等在工农业生产效率方面的差距，以此作为激励自己继续进步的动力。此外，由于此时期美国国家财富的空前增长也造就了一批赫赫有名的人物，如钢铁大王安德鲁·卡内基、石油大亨约翰·D. 洛克菲勒、银行家 J. P. 摩根、铁路巨头的詹姆斯·J. 希尔，以及肉类销售大王菲利普·D. 阿穆尔等，他们成功的经历或成功的神话一方面使"勤俭将会致富，懒惰和无能乃是贫穷之源"的信念日趋流行，另一方面，他们成功的地方和发财致富的手段——城市和工商业也吸引着人们更多期待的目光。这一时期，美国城市（很少有南方城市）除聚集了大量来自本国农村的人口外，也被蜂拥而至的移民所占据。从整体来看，从 1861～1910 年，大约有 2300 万移民迁入美国境内⑥。大量的农村人口和新移民的出现，使 1900～1910 年每 10 个城市居民中，就有 4 个非美国移民，

---

① Kantor H，Tyack D B. 1982. Work，Youth and Schooling，Historical Perspectives on Vocationalism in American Education. Stanford：Stanford University Press：18-19.

② Kantor H，Tyack D B. 1982. Work，Youth and Schooling，Historical Perspectives on Vocationalism in American Education. Stanford：Stanford University Press：20.

③ Kantor H，Tyack D B. 1982. Work，Youth and Schooling，Historical Perspectives on Vocationalism in American Education. Stanford：Stanford University Press：19-20.

④ 菲特，里斯 .1981. 美国经济史 . 司徒淳，方秉铸译 . 沈阳：辽宁人民出版社：448.

⑤ 樊亢 .1973. 主要资本主义国家经济简史 . 北京：人民出版社：134-135.

⑥ 菲特，里斯 .1981. 美国经济史 . 司徒淳，方秉铸译 . 沈阳：辽宁人民出版社：232-235，364.

3个是美国本地出生的且从农村地区过来的，另两个来自于人口自然增长。到1920年，这种趋势更为明显。[①] 伴随着美国城市化进程的加快，1900年，约40％的人口居住在城市，1920年达到51.4％。[②] 这标志着有史以来城市人口占多数的现象在美国已经出现了。

工业化和城市化已经或正在彻底地改变美国社会的面貌，在这个过程中，没有人能够逃脱它的影响。由于大多数人均是怀着发财致富或过上更美好生活的梦想来到城市的，城市生活为他们提供了生存的空间和实现梦想的舞台，并不可避免地扩大了他们的见识，培育了不同个体之间的宽容精神，使他们对各种事物的判断能力和敏感程度也得到了增长……但是，城市的生活并不是完美的。首先，强化的专业分工和科学管理原则，使工人们在生产线上日复一日地重复着相同的动作，人不仅沦为机器的附庸，同时还导致了工作本身在形成个人道德和性格、实现自我控制、给予自我表达的机会等方面功能的丧失，罢工、频繁的工作变更、失业等成为家常便饭。此外，城市中日益明显的贫富不均现象也令他们失望。资料显示：尽管美国城市拥有吸引人的缝纫机、留声机、摩天大楼甚至电灯，有珠光宝气的富人，但是大部分人仍未走出贫困的阴影。1890年，美国1200万家庭中有1100万每年的收入不足1200美元。在这些人当中，平均年收入为380美元，大大低于贫困线。[③] 由此带来的直接后果是："穷人儿童的死亡率，是中等阶级儿童死亡率的三倍；六个大城市中，有12％到20％的儿童是半饥不饱和营养不良的。"[④]收入微薄的现象在童工和妇女劳工中更为严重，特别是在工厂使用童工和妇女劳工现象还非常普遍的情况下，该问题成为困扰历届美国政府的难题。除了以上问题之外，由于法律制度的不健全，工作场所环境的恶劣问题也非常突出。当时许多工厂都缺乏最起码的安全设施，工作中的伤残事件频发。据一份1907年的不完备调查表明，当年至少有50万美国工人在劳动中致死、致残或严重受伤……[⑤]另外，由于大量人口涌入城市，城市原有的住房不敷足用，出现了大批破烂不堪的贫民窟，犯罪横行且污秽不堪；加之工业化、城市化初期一时还难以建立起新的制度和规范，不仅使城市出现了贿赂、腐败和有组织的犯罪等现象，而且拜金主义、享乐主义的盛行还使许多人

---

① Lazerson M. 1971. Origins of the Urban School: Public Education in the Massachusetts 1870-1915. Cambridge: Harvard University Press: xi.

② 阿塔克，帕塞尔. 2000. 新美国经济史：从殖民地时期到1940年（第二版）. 罗涛等译. 北京：中国社会科学出版社：242.

③ 付美榕. 2004. 美国经济史话. 北京：对外经济贸易大学出版社：137.

④ 阿瑟·林克，威廉·卡顿. 1983. 1900年以来的美国史（上册）. 刘绪贻等译. 北京：中国社会科学出版社：45.

⑤ 阿瑟·林克，威廉·卡顿. 1983. 1900年以来的美国史（上册）. 刘绪贻等译. 北京：中国社会科学出版社：46.

将获取财富作为生活的唯一目的,传统的道德规范和价值观念也面临严重的挑战……

当工业化和城市化日益深入的时候,也正是传统社会日益消亡的时候。伴随着传统社会的消亡,传统社会曾经带给人们好的或坏的、有益的或无益的影响也消失了,其中就包括传统社会对人们,尤其是对青少年良好教化功能的消失。突出表现在两个方面:首先,城市生活与城市居住环境的变化,使传统社会高度重合的工作和生活环境产生了断裂。在传统社会,居住的地方不仅仅是吃饭睡觉的地方而且还是真正从事生产的地方。以生产生活为核心所结成的密切的家庭和邻里关系,不仅是农业社会生产生活的基础,也是社会道德规范形成和引导人们适当行为的基础。其次,由于传统社会生产和生活并不存在细密的劳动分工,一个人在从事某种生产生活活动的时候,往往都会完整地参与这一过程,而完整的工作本身无疑具有促进技艺能力形成和陶冶良好性格、品格等的功用。关于这一点,曾经担任学校教师和校长的《美国教育杂志》(*Journal of Education*)出版商、编辑威廉·A. 莫里(William A. Mowry)就曾经用饱含感情的笔墨描述了传统社会对儿童成长的意义:"在 20 世纪到来之前大约 50~70 年前,人们是通过做来学习如何做的。农场是孩子们生活的地方,农场比任何其他的地方要求孩子们去做更多的事情,这些事情也与他在其他地方所学习的东西有所不同。在农场,孩子们学习他的最大的功课:如何自给自足和独立。一个孩子从婴儿直到变成成人,从没有其他地方能像在他父母生活的农场一样,给予他这么多的机会、让他学习这么多、做这么多、获得这么多以及拓展其智力这么巨大,另外超越这一切,还对他的能力进行智慧和精确的评价,从而使他获得高度的未来生活的信心。"[①] 但是,随着工业化和城市化的逐步实现,传统的社会结构、经济制度和价值体系随之崩溃,蕴藏在传统社会生产生活、家庭和邻里关系中的教化功能也随之消失殆尽。这不仅对于成年人知识、品德的形成和保持是一种损失,对青少年来说更是一种灾难。

以上变化也深深改变了家庭教育、社会教育和学校教育之间的关系。在传统社会,家及整个农村社会均承担着更多的培训孩子生活能力和宗教信仰的功能,而学校仅仅是孩子们进行书本学习的地方,仅仅拥有很小的作用,即强化在家里和村里形成的道德价值和传授智力知识。学校与孩子们未来作为手工工艺者、农民或主妇是不相干的,因为孩子们究竟做什么是由教室外面的因素决定和实施的。但是,随着传统社会的转型,孩子们或者被父母留在贫民窟中再也无法见到和参与到真正的生产生活,或者很早就加入到机器生产行列,家庭

① Lazerson M. 1971. Origins of the Urban School: Public Education in the Massachusetts 1870-1915. Cambridge: Harvard University Press: 25.

早已经不再是孩子们学习道德价值和谋生技能的理想地方，而城市破烂不堪的贫民窟和许多失学者、失业者、醉鬼和罪犯活动的街道也取代了曾经熟悉的乡村。所有这一切均会对孩子的成长产生不良的影响。在这种情况下，究竟用什么方式来保存先前社会珍惜的价值、奠定学生职业能力的基础呢？学校，特别是城市公立学校的地位和功能被人们重新认识，人们逐渐地将公立学校作为解决社会腐败和秩序缺失的关键机构。这一点，正如教育杂志《Journal of Education》一篇文章曾经说道的：如果我们将公立学校定义为瓦解暴民的工具，我们将指出它存在的最重要目的之一。

与人们对学校功能的重新认识几乎同时，从 19 世纪 90 年代起，面对社会转型期物质生活与精神文化生活的巨大失调，包括美国总统罗斯福、拉福莱特、威尔逊、卡明斯、克罗利、简·亚当斯、琼斯等为代表的各界有识之士掀起了一场广泛的社会改革运动——进步主义改革运动。这场运动波及美国的政治、经济、教育、社会公正和促进道德水准普遍提高等多个领域，而教育改革也是其中重要的一环，这对于生活在城市贫民窟中的青少年来说，无疑具有非凡的价值和意义。

二、公共教育的普及以及公立学校手工教育运动的开展与批判

自 19 世纪 30 年代起，在贺拉斯·曼（Horace Mann）、亨利·巴纳德（Henry Barnard）等带领下轰轰烈烈开展的公共教育运动，不仅在南北战争后仍在继续，而且以 1852 年麻州第一个颁布的义务教育法为起点，许多州还陆续颁布了自己的强迫义务教育法。强迫义务教育法案与同时期童工权利保护法案的颁布为美国公立中小学校的迅速发展奠定了制度的基础。据相关数据显示：1870 年，美国公立小学的学生人数为 780 万人，25 年后增加到 1420 万人，1921年又达到了 1940 万人。[①] 公立中学此时期也迅速发展，其中公立高中"在南北战争之前不超过 40 所，到美国与德国战争爆发时，已经达到 12 000 所。一战爆发时，美国高中的入学人数差不多已经达到了 120 万，其增长速度至少是美国人口增长的 10 倍"[②]，其总量相当于欧洲所有国家中学生数量的总和。可以这样认为：至少始于 19 世纪 60 年代，公立中小学校已经逐渐成为美国基础教育的主体，其入学人数占中小学全部入学人数的比例也在逐年提升，如 1870 年，这一比例为 57%，1890 年为 68.9%[③]，而 1920 年稍晚一些，又达到了 80%[④]。

---

① 曹孚 . 1962. 外国教育史 . 北京：人民教育出版社：325.

② Stimson R W. 1920. Vocational Agricultural Education by Home Projects. New York：The Macmillan：8.

③ Webb L D. 2006. The History of American Education——A Great American Experiment. New Jersey，Columbus，Ohio：Upper Saddle River：175.

④ Lazerson M. 1971. Origins of the Urban School：Public Education in the Massachusetts 1870-1915. Cambridge：Harvard University Press：xiv.

以上现象充分显示了美国公共教育决定性的胜利。

伴随着公共教育的普及，在传统社会，由家庭、社区及教会承担的教育青少年的责任责无旁贷地落到了公立学校的身上。此时期的公立学校，特别是城市的公立学校不仅承担着为美国工业化和城市化提供具有一定知识基础的劳动者的责任，同时由于大量的农村人口和移民子女的进入，公立学校在同化移民子女、传播美国社会的价值观和政治制度方面也有着不可推卸的责任。为了积极回应这种需求，公立学校不仅确立了英语"独霸"的地位，而且还强化了美国史、公民修养课、家政学、体育等课程的教学，力求不仅在思想上将移民子女塑造成"美国人"，而且也在生活方式、行为举止、社交礼仪、个人卫生、道德修养、娱乐习惯等多方面同化移民子女。因此，公立学校客观上成为美国社会的熔炉和风险减压阀。① 但是，由于各种复杂因素的存在，公立学校，特别是城市的公立学校普遍存在着人满为患及教育教学、教育管理等方面差强人意的现象，它们还远远没有完成以上的任务。

比如，1891 年的教育杂志就写道："美国教育界一个越来越明显的问题就是，城市的学校如何容得下数量上翻了几番的孩子们。"② 1887 年麻州洛厄尔市（Lowell）声称：他们的学校仅仅能够容纳不足该市一半（大约 12 000 名）5～14 岁的孩子，即便这样，在大多数学校建筑物里，卫生情况已经让人难以忍受。在新贝德福德市（New Bedford）文法学校，其每个教室中平均有一名教师和 60 名学生的状况从 1870 年持续到第一次世界大战。③ 除了人满为患之外，从公立学校课程设置的角度来看，尽管全国教育协会先后组织"十人委员会""十五人委员会""十三人委员会"分别于 1893 年、1895 年、1899 年发表报告专门对国内中小学课程设置进行指导。但是，由于浓重的保守主义传统一时难以突破，原有课程仅仅做了细节上的调整，传统的智力训练和服务升学的目标基本没有改变，因此这些报告在其发表之后的 10～20 年内备受指责，而此时期的公立学校也被人们广为诟病。除了以上的问题之外，公立中小学校的教育教学理念、方法及管理环节等也存在诸多问题。比如，先后担任过密歇根州圣路易市公立学校的督学和美国教育委员，并且是全国赫尔巴特协会和全国教育协会的主要负责人之一的威廉姆 T. 哈里斯（William T. Harris，1835～1909 年）与同时代很多教育家一样，曾经激烈抨击当时盛行于学校中的机械背诵的方法，认为这种方法扼杀了儿童的天性、损害了儿童的才智。④ 而医生出身的赖斯（Joseph

---

① 李爱慧. 2007. 论 19～20 世纪之交美国公立学校对"新移民"子女的同化作用. 历史教学（高校版），529 (6)：61-62.

② Lazerson M. 1971. Origins of the Urban School：Public Education in the Massachusetts 1870-1915. Cambridge：Harvard University Press：11.

③ Lazerson M. 1971. Origins of the Urban School：Public Education in the Massachusetts 1870-1915. Cambridge：Harvard University Press：12.

④ 张斌贤. 1998. 社会转型与教育变革——美国进步主义教育运动研究. 长沙：湖南教育出版社：39.

Rice，1857～1934 年）还通过自己的实地调查，揭露并抨击了美国一些城市政客和党魁对教育管理、教师聘任的控制，以及学校本身普遍存在的形式主义、机械训练、成人权威、忽视儿童的个性差异等弊端……

　　当此之时，美国中小学生学业完成率偏低，辍学率偏高，街边孩子的教育荒废问题一时间成为难以解决的顽疾。当时曾经有许多人员和机构参与了此事的调查。[①] 比如，1892 年的一份统计就表明："麻州几大城市公立学校 3 年级结束时的辍学率是 60％，而升入 6 年级之前的辍学率是 80％。"[②] 1905 年成立的麻州道格拉斯工业教育委员会（Douglas Commission on Industrial Education）也是较早开始这方面调查的机构。作为该委员会的主席，卡罗尔 D. 怀特（Carroll D. Wright）在调查中发现：麻州 25 000 名孩子在 14～16 岁的时候，一方面没有在校上学，一方面也没有真正进入工作岗位，即便有人参加了工作那也是一种临时性的或没有出路的工作。当有人问他们为什么不在学校读书时，他们的回答有着惊人的一致，即都说在学校没有什么事情可做。他们都感觉学校没有教给他们什么，尤其是没有如何谋生的知识。[③] 而麻州教育副委员查尔斯 A. 普罗瑟（Charles A. Prosser）在其调查中也发现：一个保守的估计是麻州每年有 25 000～30 000 的男孩和女孩，在年龄 14 岁时离开学校走入工作岗位，这个数量大约是同年龄进入高中学生人数的四倍……[④]面对以上严峻局面，为了能够劝孩子们在学校待得时间长一些，此时期许多教育机构和教育专家在调查研究的基础上专门发文，用形象的手法比较了学校教育的长期经济效益，明确告诉辍学的孩子：高中毕业生的长期收入要远远高于非高中毕业生，较早的工作经历实质上是在赔钱，而不是在赚钱。[⑤] 当然，除了以上的努力之外，与美国进步主义改革运动的步伐相一致，此时期包括教育工作者在内的社会各界还从更深层次思考了"如何才能好转美国的学校？学校该如何成为各阶层孩子们最喜欢的地方？学校教育如何才能满足工业化城市化对合格劳动力的需求？学校教育在保全传统的价值和道德观念方面能做些什么？……"等多方面的问题，并进行了诸多的尝试。

　　① Kantor H, Tyack D B. 1982. Work, Youth and Schooling, Historical Perspectives on Vocationalism in American Education. Stanford：Stanford University Press：30-31.

　　② Lazerson M. 1971. Origins of the Urban School：Public Education in the Massachusetts 1870-1915. Cambridge：Harvard University Press：140.

　　③ Stimson R W. 1920. Vocational Agricultural Education by Home Projects. New York：The Macmillan：8-9.

　　④ Stimson R W. 1920. Vocational Agricultural Education by Home Projects. New York：The Macmillan：10.

　　⑤ Stimson R W. 1920. Vocational Agricultural Education by Home Projects. New York：The Macmillan：13-14.

在这些尝试中间，受俄罗斯莫斯科帝国技术学校工艺教学方法的启发，在麻省理工学院朗克尔（John D. Runkle）院长和和华盛顿大学工程系主任伍德沃德（Calvin M. Woodward）的积极推动下，一场以公立中小学为主要阵地的手工教育运动也迅速展开。当然，朗克尔和伍德沃德的这种做法在当时不可避免地为他们招来了众多的批评。但尽管如此，在实践层面，许多人仍然希望这些曾经长期被用于贫孤、犯罪儿童教育及上流阶层儿童性格养成，且本身具备良好的道德陶冶、智力训练，以及职业准备功能的木工、金工、绘图、家政、缝纫、烹调等手工教育课程能够成为疗救诸多社会及教育疾患的良方之一。据相关资料统计，仅 19 世纪 80 年代，就有麻州、纽约州、宾夕法尼亚州、伊利诺伊州、纽黑文州、康涅狄格州、内布拉斯加州、哥伦比亚特区等在公立初等学校开展了手工教育的实践①。而"1893 年，美国已经有 50 个城市的公立高中开设了手工教育课程，截至 1900 年，在公立高中开设手工教育的城市数量翻了一番"②。其他资料也显示："1890 年美国教育部曾对 36 个城市中小学的开课情况进行调查，发现从小学到高中有成千上万的学生在进行着绘图、纸板模型建造、木工和金工、缝纫和烹调的学习；到 20 世纪早期，美国几乎所有高中生在毕业时都接受了手工训练。"③ 伴随着中小学层次手工教育的开展，为中小学培养师资的师范院校和大学教育学院也纷纷开设了手工教育的课程。

1890 年后，在手工教育日益被美国更多的公立学校接受的同时，手工教育内在逻辑的局限性也日趋暴露，包括教育工作者在内的社会各界对手工教育的目标、内容、形式等方方面面再次进行了深刻的反思和批判，而正是这种批判和反思，同时构建起了 20 世纪美国职业技术教育理论的基础。综合来看，其批判和反思主要集中在以下四个方面。

首先，人们对公立学校手工教育目标和内容的反省，在一个传统生活方式日益断裂的社会中，许多手工教育的倡导者希望借助于木工、金工、绘图、家政、缝纫、烹调等手艺训练，使学生获得尊重劳动、自信、秩序、精确和整洁等习惯，以重建由于传统社会变迁而丢失的文化价值和道德观念，如果以上目标和内容在特定的时间适应了社会需要的话，那么，在 19 世纪 90 年代以后，当美国的工业化日益实现，机器大工业、生产线、公司的合并与重组、科学管理原则等新的工业社会特征日益凸现时，新的工业秩序要求人们除了保存必要

---

① Bennett C A. 1937. History of Manual and Industrial Education 1870 to 1917. Illinois: Chas. A. Bennett Co., Inc. Publishers: 402-454.

② Bennett C A. 1937. History of Manual and Industrial Education 1870 to 1917. Illinois: Chas. A. Bennett Co., Inc. Publishers: 397.

③ Lazerson M, Grubb N. 1974. American Education and Vocationalism—A Documentary Histiory 1870-1970, New York, London : Teachers College Press of Columbia University: 14.

的传统价值以外，还必须建构起诸如工业效率、生产能力、守时、服从、纪律、承认他人的权威、接受工业秩序中的位置等新的观念，同时具备操作各类机械、监控生产线和运作公司的专业技能。手工教育继续为保存旧时代的文化价值和道德观念、为传统手工艺技能而战，其存在的基础被人质疑就是自然而然的。

其次，人们对手工教育过分强调普通教育价值的反思。机械化、工业化不仅强化了已有的劳动分工，并且还将同一个生产过程分割成相互联结的一道道工序，而此时，已经成为工业时代最重要教育机构的公立学校，如果仅仅固守服务于普通教育的目标明显就是不合时宜的。但是，为了能够获得进入公立教育系统的资格，手工教育的支持者们却片面强调了它的普通教育价值，而几乎忽略了其本身所固有的专业教育价值和经济功能。比如，有的支持者就认为："手工教育仅仅是手段，而不是目的……它是借助于手的训练达到智力训练的目标……手工教育在训练孩子的观察能力方面是无与伦比的。"[①]"我们将羞愧地看到自己的毕业生仅仅具备高超的语言、写作和雄辩的技能，但是却感觉迟钝、没有敏锐的观察力、缺乏实际判断的能力以及手眼的灵敏度和操作能力。"[②]尽管强调手工教育的普通教育功能在任何时候都无可厚非，但是在一个新兴的工业化国家，社会迫切需要的是各类专业人才，而与专业化训练最为靠近的各类手工教育对此需求却置若罔闻，这种情况必然引起人们的警醒。

再次，人们对手工教育内容的批判。由于人们对手工教育的普通教育职能的重视，深受卢梭、裴斯泰洛齐和斯堪的那维亚国家手工教育理论和实践的影响，1880 年以后，美国公立学校手工教育的内容主要是一些木工、金工、绘图、家政、缝纫、烹调等传统项目，而当时，社会最需要的并不仅仅是懂得传统工艺和生产原则的个体，而是会操作各类机械、监控生产线和运作公司的专业化人员，手工教育内容与工业社会生产的脱离，造成学校教育对工业经济的发展助益甚微。例如，1912 年的一个对于"费城 14 000 名 14～17 岁青年工人的调查，发现仅仅 3％的人有能力从事有技术含量的工作，绝大多数人从事的是没有任何提升或好转职业技能机会的工作，而同期纽约、芝加哥、圣路易斯等城市调查也显示了相似的结果。如芝加哥仅 7％的在职工人受到过技术培训，纽约市是 5.2％"[③]。当

---

① Bennett C A. 1937. History of Manual and Industrial Education 1870 to 1917. Illinois：Chas. A. Bennett Co.，Inc. Publishers：369.

② Bennett C A. 1937. History of Manual and Industrial Education 1870 to 1917. Illinois：Chas. A. Bennett Co.，Inc. Publishers：368.

③ Kantor H，Tyack D B. 1982. Work，Youth and Schooling，Historical Perspectives on Vocationalism in American Education. Stanford：Stanford University Press：31.

一个社会的主要教育机构——公立学校无法为工业生产提供现实的教育培训机会，这样的教育被诟病就是不可避免的。因此，1906 年道格拉斯委员会提出"公立学校应该为接受初等教育的孩子提供包含工业知识的教育。修正中学课程，以便使中学生所学习的数学、科学和绘图等知识具备实用性，能够助益于当地工业的发展。同时，还应该使学生建立诸如此类的信念，即学习此类知识并不仅仅为了学术能力的提高，更是因为它可以真正应用到现实生活中"①。道格拉斯委员会所倡议的内容，恰恰成为 20 世纪之后美国职业教育坚守的信条之一。

最后，人们对手工教育实施情况的反省。由于人们在认识上的偏差，以及学校设施、教师能力、学生情况的差别，手工教育虽然进入了公立教育系统，但是其实施情况良莠不齐。比如，1905 年麻州贝德福德市学监就曾抱怨，"尽管麻州法律要求城市高中开设手工教育课程，但是本地高中 10 年来一直对此置若罔闻。而 1904～1905 年麻州超过 2 万人口的 27 个市镇，其中 5 个市镇的文法学校根本没有开设手工教育，一个市镇文法学校一周仅有 2 个多小时的手工教育，大部分市镇文法学校一周仅有不足一个小时的手工教育。同样是这 27 个市镇，尽管有些市镇拥有专门的手工训练学校或开设有专门的此类课程，但是其开课情况明显不足"②。与以上现象相对照的是，自手工教育开展以来就在一些私立的或企业技工类学校中施行，并不强调手工教育的文化价值，而旨在为工厂直接培养技工的另类手工教育却办得有声有色。比如，麻州斯普瑞英菲尔德市（Springfield）的技工中学较早尝试利用本校的设备和师资，开办夜校，直接为企业培养所需的技工。在很短的时间内，该校即由 2 个专业扩展到 5 个专业，学生人数也从 61 人上升到 328 人。该校的成功开办，不仅为自己赢得了公共资金的支持，而且还获得了麻州工业界和教育界的广泛关注。两相比较，改进公立学校手工教育的方式就成为非常必要的了。

伴随着人们对公立学校手工教育全方位的反思，20 世纪初，为特定的工农业生产培养特定人员的职业教育观念逐步取代了手工教育成为教育发展的主流。但是，由于很多学者秉持着不同的教育哲学观，该职业教育观念进入公立中小学校的过程也不是一帆风顺的。它不可避免地在各派学者之间再次引发了激烈的论争。这场论争，不仅由于进步主义教育运动的先驱人物杜威的参与更加引人注目，而且由于社会效率职业教育观压倒性的胜利，美国未来职业教育发展还有了更加明确的方向。

---

① Lazerson M. 1971. Origins of the Urban School：Public Education in the Massachusetts 1870-1915. Cambridge：Harvard University Press：152-153.

② Lazerson M. 1971. Origins of the Urban School：Public Education in the Massachusetts 1870-1915. Cambridge：Harvard University Press：132-133.

三、两种职业教育观念的论争和社会效率职业教育观的胜利

正如前文所述，引发两种职业教育观念论争的最初诱因是如何让美国公立学校更好地教给孩子们进入未来工农业生产和生活所需要的知识和技能。1909～1916年，时任麻州教育委员的戴维德·斯尼登（David Snedden）和查尔斯 A. 普罗瑟等也被这一问题深深困扰。对斯尼登来说，受英国哲学家、进化论先驱赫伯特·斯宾塞（Herbert Spencer）社会达尔文主义假说、美国社会学家爱德华·A. 罗斯（Edward A. Ross）社会控制理论，以及泰罗（Frederick Winslow Taylor）科学管理理论的影响，他很早就形成了根深蒂固的社会效率（Social Efficiency）职业教育观点。他认为个体性格的内在差异不可避免地会导致一个经济分层的社会，学校教育传统上是为那些从较高经济背景中出来的且习惯于抽象思维的孩子设置的，而那些从较低的经济背景中出来的学生往往会面临独特的学术挑战，不得已他们就会过早地离开学校，由此造成美国比欧洲国家，特别是专制的德国有更多的青少年进入了公立中学学习，但是他们却由于没有机会获得工业、商业、农业等方面的知识并为自己未来的工作和生活做好准备，反而成为社会额外的负担。为了改变这种状况，他提出在美国城市经济、社会、种族都已经分层的背景中，为了谋求更高的管理效率，应该在普通中学采用分层教育的方法或设立专门的职业学校为未来的工人提供新形式的教育（他同时也非常赞成德国凯兴斯泰纳所提出的创建全国范围的部分时间制或全日制的工业教育机构的设想①）。此外，为了谋求更高的社会效率和管理效率，斯尼登还极力主张创建普通教育与职业教育分离的管理体制。斯尼登的这一思想在其 1900 年斯坦福大学校友会上的演讲"老百姓的学校"（The Schools of the Rank and File）中就有鲜明的体现。作为斯尼登的学生和工作上的助理，普罗瑟基本上继承了斯尼登的观点。

事实上，斯尼登、普罗瑟的社会效率论职业教育观在当时的美国很有代表性。美国许多州都有不少与斯尼登持类似想法的人，其中芝加哥市的学监埃德温·G. 库利（Edwin G. Cooley）就是比较典型的一位。库利与斯尼登一样主张借鉴德国的经验，建立与普通教育管理机构相分离的职业教育管理机构，并为职业教育设立特殊的地方税种。1912 年，他在芝加哥商业协会的鼓动下，为伊利诺伊州拟定了一份将公立学校 6 年级以上学生进行职业科和学术科分流的草案。库利的这一思想在其随后对商业协会的讲话中也有鲜明的表现："创建一个分离的学校系统是必需的。它的配备、师资、管理机构必须尽可能密切地

---

① David Snedden（1868-1951）. http：//education. stateuniversity. com/pages/2426/Snedden-David-1868-1951. html.［2013-8-14］.

与具体的职业类别相联系。在这样的学校中，普通知识只有借助于掌握职业技能的人才能被应用到具体的职业实践中……这样的学校应该是分离的、独立的、强迫的，应该采用全日制形式，由地方特种税支持，在特定的建筑物里，由具备实践技能的特定人员管理和教学，并确保学校与工厂、农场、会计室或者家庭之间尽可能密切地合作。"① 1913 年，在库利的提案被提交给伊利诺伊州立法机关后，为了使库利的提案能够获得通过，一个远比美国劳工联盟（American Federation of Labor，以下简称美国劳联）更为激进的团体"芝加哥劳工联盟"（Chicago's Federation of Labor）将库利的议案稍作改变，四处宣扬诸如此类的观点，如"公共教育系统应该能够为本州提供足量的、驯良的、有技能和有工作能力的工人""应该在教育中创造一个种姓系统，使劳动阶层的孩子在早年首先学习职业类的课程，然后进入工厂系统……"② 由于芝加哥劳工联盟广泛的游说活动，加之州内原来就有不少工商业界人士持有类似的看法，在随后一年的时间内，库利关于创建独立的职业教育机构的提案几乎得到了本州所有工商业团体的支持。

但是，从整体来看，美国国内当时反对库利、斯尼登、普罗瑟观点的人也不少。仅从库利提案在伊利诺伊州的命运就可以略知一二。当库利的提案递交到州议会的时候，首先就遭到了时任伊利诺伊州学监、同时也是美国最受人尊重的教育革新家扬（Ella Flagg Young）的强烈反对。扬公开宣称："如果拥有工作桌、厂服与女帽车间的教室，在本质上将与单纯的车间无异，并没有任何超越或外在于工厂的东西，那么我们将拥有一个完全失败的教育系统。"③ 在扬及伊利诺伊州其他机构及个人的强烈反对下，库利关于建立双重教育机构的提案在伊利诺伊州并没有获得通过。此外，从斯尼登这边的情况来看也是如此。1914 年，在弗吉尼亚州里士满（Richmond）召开的国家教育协会（National Education Association）第 52 届年会是秉持社会效率论职业教育观的斯尼登与倡导自由教育论的伊利诺伊州立大学教育学教授巴格莱（William C. Bagley）第一次正面交锋的战场。在年会上，斯尼登从世界形势谈起，明确指出了当前普通教育和自由教育立足的传统社会基础已经改变，在公众要求学校教育更有目的性、更为科学和更为高效的情况下，必须对自由教育和职业教育的概念进行重新的界定。他认为职业教育无非就是教育的一种形式，其存在的目的是为了

---

① Lazerson M，Grubb N. 1974. American Education and Vocationalism—A Documentary Histiory 1870-1970，New York，London：Teachers College Press of Columbia University：36.

② Lazerson M，Grubb N. 1974. American Education and Vocationalism—A Documentary Histiory 1870-1970，New York，London：Teachers College Press of Columbia University：37.

③ Lazerson M，Grubb N. 1974. American Education and Vocationalism—A Documentary Histiory 1870-1970，New York，London：Teachers College Press of Columbia University：31.

使年轻人能够对社会确定无疑的人才需求做出回应。他坚信理想的自由教育的概念应该根据教育的实用性来界定。他分析道：任何一个人与世界的关系都是双重的。首先，任何人都是一个有用的生产者，职业教育就是把人训练成为一个有用的生产者的教育；其次，对于任何人自身的成长和发展来说，那些能够把他训练成为一个资源的良好使用者（Utilizer）的教育就是自由教育。斯尼登还认为：尽管对低年级学生及一小部分稍微年长且自身有时间和意愿进行自由教育科目学习的学生来说，自由教育是必需的，但是对大部分注定会成为生产者的 14~20 岁的学生来说，他们的关注点应该是职业教育。为了提高职业教育的成效，应该创设独立的职业学校，而职业学校应该尽可能地重现某种真实工作场景的氛围，并尽可能地使职业学校与传统的学术环境相隔离。此外，在实践环节中必须每天为学生安排一些实践时间，并注意使实践环节的工作与理论教学建立起紧密的联系。总之，这一切都是为了能够使学生获得某些技能，以最终精准地契合现实生活中每一种特定职业的要求。对斯尼登的观点，为传统自由教育辩护的巴格莱几乎全部否定，因为巴格莱历来反对将自由教育看做是闲暇时的消遣，他更强调自由教育是每一个人立足的根本。巴格莱明确表示：所谓的职业教育是为特定的职位所准备的，但是所谓的普通教育却是每个人都需要的，特别是普通教育中的基本知识、技能、习惯和思想应该是所有人都拥有的财富。巴格莱不仅尖锐地批评了斯尼登对自由教育和职业教育概念含混的理解，还指出："所谓一概而论的现象，就目前我所知道的，从没有显现。"[1] 同时，他还断言斯尼登对生产者和资源使用者两种的划分毫无新意，斯尼登只不过是复制了过去的划分方法，即一种教育是为悠闲的绅士准备的，而另一种教育是为了工人准备的。与此同时，他还警告斯尼登，创建分离的职业教育和普通教育体系是非常危险的，因为这将有可能导致社会分层的加剧。

斯尼登和巴格莱的论辩还引起了时任哥伦比亚大学教授的约翰·杜威的注意。在德美两国经济相互比拼的背景中，此时期他刚刚出版《德国哲学和政治》（*German Philosophy and Politics*），同时也正在筹划《民主主义与教育》巨著的写作。基于他对教育与经济、政治发展关系的理解，他为《新共和》杂志写了两篇关于工业教育的文章，其中虽然没有直接提斯尼登的名字，但是却直率和有力地表达了他对斯尼登观点的反对。杜威首先提出自己对职业教育并不反感，甚至还愿意比斯尼登在这个问题上走得更远。他说，在真正的职业教育的名义下，我认为教育应该全部都是职业的。杜威之所以认为全部的教育都应该是职业的，主要是基于他自己对职业教育概念的广义理解。在杜威看来，由于

---

　　① 　Labaree D F. 2011. How Dewey Lost，The Victory of David Snedden and Social Efficiency in the Reform of American Education. www. files. wordpress. com/2011/03/how ＿ dewey ＿ lost. pdf. ［2014-01-27］.

哲学领域长期存在的二元对立，如劳动与闲暇之间、理论与实践之间、身体与精神之间、心理状态与物质世界之间等，最终表现在教育上，就是人们往往不肯承认教育的职业方面，从而将职业教育剔除出了自由教育领域，这本身就是错误的。杜威认为所有有形的物质资料的生产和无形的精神产品的生产都属于职业的范畴，"职业是一个表示有连续性的具体名词。它既包括专业性的和事务性的职业，也包括任何一种艺术能力、特殊的科学能力以及有效的公民品德的发展，更不必说机械劳动或从事有收益的工作了"①。在广义职业教育概念的基础上，杜威还提醒人们力戒职业的分配是相互排斥的，人的一生只能拥有一种职业的旧观念。杜威指出：所谓适当的职业，不过是说一个人的能力倾向得到适当的运用，工作时能最少摩擦，得到最大的满足。对社会其他成员来说，这种适当的行动当然意味着他们能够得到这个人提供的最好的服务。立足于自己对职业教育概念的全新理解，杜威指出在现时代特殊的社会背景下，将职业教育仅仅定义为学生应该获得的某些特定技术，这种理解本身就是不可行的，他以真正导致学徒系统崩溃的原因来加以说明："特别地，当劳动力从一种机器工作模式向其他模式流动的时候，将使特定工作技能的职业训练变得不可行。"②除此之外，他还深刻剖析了这一做法内在的错误。他首先谴责了双重职业教育体系在建筑、环境、师资、管理者方面的浪费现象，同时"使泾渭分明的为有闲者和为工作阶层服务的教育哲学继续盛行，也必将导致严重后果的产生，即对于学术性学校来说，如此的区分将造成其教学远离当代生活的迫切需要，而对于职业类学校来说，将严重地狭窄化职业教育的视野"③。杜威还从这一现象将对民主社会造成严重伤害的角度指出："双重的教育系统违反了民主概念的核心理念，并正式放弃了对未来工业系统进行改革的责任。"③也就是说，杜威认为这一做法在事实上忽略了学生智力的发展、独创性和实践能力的提高可能为未来职业带来的某种变化，在实质上扼杀了工人成为工业命运主人的可能性，它为阶级的固化奠定了基础，而固定阶级的形成正是民主社会的致命伤。因此，杜威尖锐地指出无论其最初的想法多么完美，实施狭窄的工艺训练的本身，就是社会预定论的表现。在杜威看来，最理想的办法应该是在普通教育与职业教育相互融合的教育机构里开展广义的职业教育。在杜威的想象中，两种教育的融合，不仅能够在建筑、环境、师资等方面体现经济和节约的原则，而且普通教育管理

---

① 杜威.2006.民主主义与教育//赵祥麟，王承绪.杜威教育名篇.北京：教育科学出版社：172.

② Labaree D F. 2011. How Dewey Lost, The Victory of David Snedden and Social Efficiency in the Reform of American Education. www. files. wordpress. com/2011/03/how _ dewey _ lost. pdf. [2014-01-27].

③ Lazerson M，Grubb N. 1974. American Education and Vocationalism—A Documentary Histiory 1870-1970，New York，London：Teachers College Press of Columbia University：37.

者已经拥有了管理方面丰富的经验，因此只要其经验稍作改进即可高效地管理职业教育机构。更为重要的是，普通教育和职业教育机构的融合本身就是一种社会民主的形式，不仅有利于避免普教与职教在教学内容、方法、管理等方面的人为分化所形成的敌对气氛，还能更好地服务于社会民主目标的创建。

对于杜威的反对意见，斯尼登在一封长信中给予了回击。斯尼登认为杜威明显地误解了自己的意图。他认为自己正是为了施行更宽泛、更丰富和更有效的教育并实现这种教育目标，才主张将职业教育延伸至普通学校的。斯尼登显然没有理会杜威对职业教育概念、职业教育社会及政治功能的陈述，他仅仅再次重申自己的观点，即职业教育是简单地为了追求一种职业的教育，没有必要神秘化。他继续写道："目前，很多人已经被迫或不情愿地同意了以下观点：如果我们必须为培养普通劳动者或受尊重阶层提供职业教育，我们应该创建特定的职业学校……"[①] 针对斯尼登的回击，杜威再次重申了自己的观点：不应该给予年轻人分离的工艺教育和普通教育，而应该在学校里重组传统的教育素材，同时利用工业方面的主题，否则将不可避免地导致工艺教育和普通教育变得狭窄化、意义缺失及效率不高。他还进一步向斯尼登表示："我非常抱歉地认为我们之间的差异并不局限在如此狭窄的教育方面，它是意义深远的政治和社会方面的差异。我感兴趣的所谓的职业教育，并不是让工人适应现存的工业秩序，我对现存的工业秩序并不十分喜爱……我们应该去寻找一种职业教育，这种职业教育将首先改革现存的工业系统，最终改变它。"[①]杜威的评述直至今天对社会效率论职业教育观点仍然是最有洞见和最有力量的批判。尽管有来自杜威及与杜威在某些方面持有相同观点的巴格莱、扬、国家教育协会（National Education Association）等个人和社会团体的极力反对，但在第一次世界大战前国际竞争加剧，特别是在社会效率、科学管理原则盛行的环境中，在普通教育内部增设职业教育功能或在普通教育之外创建独立的职业教育机构无可置疑地已经成为当时许多社会人士的首选。

此时期，人们开办了各种各样体现斯尼登和普罗瑟思想观点的职业教育机构。我们仅从当时农业教育机构的创办就可以窥见一斑。比如，为了降低开办专门的农业学校的成本，一些州在已经创建的农业学院内另外开办中等层次的农业学校；纽约州、麻州等还出现了独立的农业学校。这类学校有的提供与农学院初期阶段类似的课程，有的则在两年的时间内，每年安排 6～8 个月的农科课程学习；还有的州尝试在普通学校的农场（或称为农业教育实验基地）为学生提供或多或少的农业实践活动；当然，还有一种被国内民众广泛接受的高中

① Labaree D F. 2011. How Dewey Lost, The Victory of David Snedden and Social Efficiency in the Reform of American Education. www. files. wordpress. com/2011/03/how _ dewey _ lost. pdf. ［2014-01-27］.

农业部的办学方式。这种办学方式成本较低用时较短，其办学成本几乎不到创建独立农校的 1/10，加之用时较短，非常适合所有的农业州。1915 年，为庆祝巴拿马运河完工，在旧金山举办了巴拿马太平洋博览会（Panama Pacific Exposition），从其所展示的美国农业教育的图表来看，美国当时已经出现了至少 7 种农业教育模式，如男孩日校（Boys'Day）、女孩日校（Girls'Day）、男子夜校（Evening Men's）、妇女夜校（Evening Women's）、家庭学习日校（Home Mak. Day）、家庭学习夜校（Home Mak. Ev）、补习学校（Continuation）、县农业学校（County Agric. Schools）、高中农学部（Agric. Dept in High Schools）等多种农业教育机构。[①] 另有资料还显示：1910 年左右美国国内有不少于 500 所的中学开设了农业课程，而 5 年后开设农业课程的学校数量已经是原来的 5 倍。[①] 除了此类农业教育系统的创建之外，威斯康星州还出现了模仿德国体系的专门服务于学生在工商业领域就业的独立的技术学校系统。

此外，与巴格莱、杜威等相比，斯尼登、普罗瑟等人的背后还有包括美国总统罗斯福在内的诸多个人和社会团体的支持。1907 年，国家促进工业教育协会（National Society for the Promotion of Industrial Education）调查了 300 位政界、教育界、管理和劳工代表，以便了解其对职业教育的看法。其中，罗斯福总统从强化美国全球竞争力的角度出发，提议当前最主要的教育改革应该是在工业中心为学生提供工业教育、在农业地区为学生提供农业教育，以便能够将年轻人安排到适合的位置并为其适应未来的经济角色而服务。罗斯福总统相信接受过这样培训的个体将会成为高效的经济体，而这样的经济体如果能够从事高质量的工作并为自己和家庭提供美满的生活，国家将毫无疑问变得强大。[②] 1912 年，普罗瑟就任国家促进工业教育协会执行秘书，在该协会公布的方针和原则中自然而然地体现了鲜明的社会效率论职业教育观点。比如，协会承认职业教育包括所有形式的特定教育，尤其包括工业、农业、商业和家政教育，其目的是为了使个体获得有用的职业技能。协会支持各州立法资助地方职业教育的开展，协会认为最理想的州资助方式是由地方社区配备厂房和设施，由州来提供另一半职业教育运行的费用。由于职业教育的发展要求有不同的学校管理方法，协会认为最好创建专门的职业教育管理机构，使州教育部拥有足够的权力对收到州资助的所有类型的职业教育机构实施有效的监管。此外，无论哪一种形式的职业教育还应该有自己不同于普通教育的独立的特色。如果州打算对

---

① Stimson R W. 1920. Vocational Agricultural Education by Home Projects. New York：The Macmillan：20.

② McClure A F，Chrisman J R，Mock P. 1985. Education for Work：The Historical Evolution of Vocational and Distributive Education in America. Cranbury，London，Missisauga：Associated University Presses：55.

普通学校中的职业部门进行资助，州法律应该明确规定该部门必须拥有独立的领导机构和分离的教室、课程、设备或设施，而该部门的学术课程也应该满足学生特殊的需要……国家促进工业教育协会的以上原则不仅对同时期美国州层次职业教育立法方向的确定有着极强的引导作用，而且其原则还得到了美国教育委员的赞许。美国教育部1911年、1912年、1913年的公告大多围绕着以上原则来确立题目。1885年创建的国家制造商协会（National Association of Manufacturers）对当时美国中小学校严重的辍学现象深感惋惜，认为约50%的学生都没有学习中学初级阶段的课程，这代表了一个国家人力资源巨大的损失[1]。国家制造商协会将职业教育看做是提高人们技艺并进而提升美国全球竞争能力的手段。协会基于自己对当时全球经济的领军者——德国的了解，主张在美国开办像德国那样的工艺学校、商贸学校及现代学徒项目，主张凡是不擅长抽象思维、习惯于具象思维或手脑思维（Hand-Minded）的孩子应该进入此类学校学习。此外，创建独立的州和地方工业教育管理机构，其管理人员应该由专业教师、雇主和雇员代表各占1/3……[1]

　　社会效率职业教育观的盛行，不仅很快在许多州的职业教育立法中有所体现，而且1917年《史密斯-休斯法案》及其后续的诸多联邦职业技术教育拓展法案也继续坚持这一原则。除此之外，在1918年美国教育协会中等教育改革委员会推出的《中等教育的基本原则》（Cardinal Principles Report in 1918）的报告中，又进一步将职业教育独立出来作为中学教育的主要内容之一。

第二节　欧洲国家和美国州层次中等职业技术教育立法制度的奠基

　　除了以上发生在中等职业技术教育思想和实践领域的变化，此时期，许多欧洲国家，以及美国的多个州还出现了国家或州层次的职业技术教育立法制度，它们从立法思想、立法原则和立法方法等方面为美国联邦层次中等职业技术教育立法资助制度的出现奠定了坚实的基础。

一、欧洲国家中等职业教育立法资助制度的示范

　　工业革命将世界各国更加紧密地联系成了一个整体。在这个相互交往、相互影响的国家联合体中，19世纪末20世纪初，来自其他国家，特别是欧洲国家通过立法创办职业学校的思想和实践，从立法思想、立法原则和立法方法等方面为美国联邦职业技术教育立法提供了一定的参考。

① Hawkins L S, Prosser C A, Wright J C. 1951. Development of Vocational Education. Chicago: AmericanTechnical Society：52.

　　首先，自第一届伦敦世博会起，欧洲主要国家就把资助民众的职业技术教育作为提升工农业竞争实力的一种方法，许多国家为此还强化了国家对职业技术教育的立法干预。欧洲国家的这一做法为美国联邦政府资助中学层次的职业教育奠定了思想和实践的基础。比如，世博会的召开使更多的法国人摒弃了职业技术教育是社团或私立部门事务的思想，特别是 1878 年巴黎世界博览会之后，法国出现了更多国家资助的职业技术教育学校，"1880 年，收到国家资助的职业技术类学校有 48 所，而 1900 年，共有 292 所学校收到国家资助"①。英国也是如此。1851 年，伦敦第一届世界博览会上，其他欧洲国家不少优秀的工业产品令英国人大吃一惊。面对日益强劲的竞争对手，英国一些民间团体、私人和企业纷纷开始注重职业技术教育，政府也被迫开始干预职业技术教育。与英国和法国稍有不同的是，工业革命之后，德国的行会系统并没有完全被颠覆。1851 年，伦敦国际展览会上，德国因其产品"低廉且质次"蒙羞，所有因素都促使德国一方面加强原有工艺学校的培训，一方面在原来星期日学校的基础上为手工业者和工厂中的童工开办文化补习学校。欧洲国家相应的做法，为美国联邦政府干预中学职业技术教育进行了思想和实践的奠基。

　　其次，欧洲国家资助职业技术教育的内容、层次、类型与方法等，为美国联邦职业技术教育立法提供了方法论基础。1880 年 5 月，法国考般委员会报告被议会通过，法国的三个国家工艺学校随即被建立，这些学校所有的教学都与手工或职业教育紧密联系。1892 年，法国财政法的一个条款又催生了另一种新类型的学校，即由工商业大臣直接管理的工商实业学校。此类学校的目的是为了培训能够将知识和技能直接应用于会计室和工作间的职员和工人。工商实业学校的出现标志着法国将工艺教育的原则成功地引入了公立教育系统。财政法条款出台 5 年后，法国出现了 18 所这样的职业学校，至 1902 年，法国共有 34 所这样的学校。② 同时，法国通过立法确保工厂中的工人和童工享受半日制和夜校教育权利的运动也有了一定的进展。第一次世界大战爆发后，法国人认识到军事工业缺乏足够合格工人的问题，于是，在时任法国公共教育部部长的提议下于 1919 年颁布了被誉为法国"技术教育宪章"的《阿斯蒂埃法》。该法规定：全国每一个市镇都必须设立一所职业学校，其经费由国家和雇主各负担一半。允许公立和私立职业教育机构并存。凡 14～18 岁的青年男女均有接受免费职业教育的义务，而所有雇主也有义务让未满 18 岁的学徒接受职业训练，且必须保证他们能够每周在工作时间内抽出 4 小时在专为其开设的职业学校里学习，年

---

　　① Bennett C A. 1937. History of Manual and Industrial Education 1870 to 1917. Illinois：Chas. A. Bennett Co.，Inc. Publishers：147.

　　② Bennett C A. 1937. History of Manual and Industrial Education 1870 to 1917. Illinois：Chas. A. Bennett Co.，Inc. Publishers：153.

学时累计不少于 100 小时。《阿斯蒂埃法》确立了法国职业教育的基本框架，提出了职业教育的免费、义务性原则，使职业教育成为法国公共教育的一部分。[①]该法案的颁布尽管后于美国 1917 年《史密斯-休斯法案》，但是其与《史密斯-休斯法案》以及其他国家的类似法案表达了共同的时代精神，营造了相同的氛围。

从英国来看，世博会的召开，使英国人认识到了自己的差距。1853 年，英国成立了负责中等教育和技术教育的科学和技术署，向开设技术教育的普通学校、夜校等进行国家资助。同期，一些民间和慈善机构，如"伦敦市区成人教育协会""伦敦教区慈善事业团""伦敦同业公会"等也在一定程度上促进了职业技术教育的开展。之后，在 1889 年英国《技术教育法》、1890 年《地方税收法》等的推动下，英国部分时间制夜校教育发展较快。进入新世纪，为了进一步规范技术学校的办学实践，1913 年 6 月，英国最高教育当局还颁布了《技术学校条例》，明确了技术学校是为技工或其他工业性的职业做准备的学校，其招收的学生年龄应在 13～16 岁，学习期限为 2～3 年，学生能够得到国家的补助金。该《条例》在一定程度上促进了英国初级技术学校的发展。

从德国来看。1871 年德国各邦统一后，在俾斯麦政权强有力的领导下，建设强大的工业国家成为德国上下为之奋斗的理想。当时，德国的职业技术教育大致出现了中高等层次的四种学校类型。其中，主要针对已经就业的 18 岁以下的徒工开设的部分时间制补习学校，被联邦和州规定为义务教育的一部分，必须强制实施。德国补习学校（Continuation School）理念的创建者是德国教育家、慕尼黑市教育总长凯兴斯泰纳（Georg Kerschensteriner）。所谓补习学校就是为那些已经完成八年义务制初等教育并参加工作的 14～17 岁的孩子所创办的强制性的部分时间制学校系统。因为在工作中，这些孩子已经进行了实践训练，而补习学校将为这些孩子每周提供 8～10 小时的与他们所从事的行业密切相关的宗教、写作、数学和公民等科目的教学，补习学校无疑对当时许多工业国家难以解决的 14 岁左右孩子的教育荒废问题有着重要的借鉴价值，因此，该系统不仅在德国，而且在当时的欧美世界被广为推崇，凯兴斯泰纳本人也遍访欧洲国家以及俄罗斯和美国，其思想的影响非常巨大。德国统治者在国内也积极支持补习学校的发展，如"仅普鲁士一州，1886 年州财政为补习学校和工艺学校的拨款就达到 57 万马克，1893 年达到 230 万马克，而 1908 年则达到 1200 万马克，同期奥地利、匈牙利对工艺学校的资助也呈不断攀升之势"[②]。1910 年，在美国国家促进工业教育协会主席查尔斯·R. 理查兹（Charles R. Richards）的邀请下，凯兴斯泰纳来到美国做巡回演讲。在巡回演讲的过程中，他和美国教育

---

① 贺国庆，朱文富 . 2014. 外国职业教育通史（上）. 北京：人民教育出版社 .

② Kerschenstein G. 1911. Three Lectures on Vocational Training. Chicago：The Commercial Club of Chicago：30.

界的名流，如杜威、斯尼登、普罗瑟等人进行了深入的交谈。凯兴斯泰纳所带来的德国职业教育的发展情况和补习学校的理念不仅使更多的美国人意识到了与德国之间的差距，增强了美国人对促进国内工业教育的兴趣，而且还对美国职业教育的发展产生了深远的影响。比如，在凯兴斯泰纳演讲后，德国双重的职业教育管理体制和补习学校还直接成为 1911 年威斯康星州库利法案的模板。此外，其对 1917 年《史密斯-休斯法案》也有着直接的影响。

　　总之，第一次世界大战前，从英国、法国、德国等欧洲主要国家的职业技术教育立法实践来看，尽管各国职业技术教育立法的关注点有所不同，同时职业技术教育发展状况也各有千秋，但是这些国家基本上已经形成了不同类型的国家资助职业技术教育发展的体系，而这些具体做法和尝试，通过各国之间的人员交往、信息交流，推动了美国政府对中学层次各类职业技术教育的关注，为联邦立法资助中学层次的职业技术教育进行了现实的铺垫。

二、美国州层次中等职业教育立法资助制度的基础

　　进入 20 世纪，面对工业发展的强劲势头，密西西比河以东、梅森（Mason）与德克逊（Dixon）以北几个工业发展速度较快的州，已经出现了较为严重的技术人员短缺现象。在这种情况下，为了能够准确把握各州职业技术人才的需求、现状及存在的问题，并最终提出切实可行的建议，以 1905 年麻州立法当局委派道格拉斯（William L. Douglas）组建的麻州工业技术教育委员会（Massachusetts Commission on Industrail and Technical Education）为标志，许多州的立法机构或民间团体也先后建立起各种各样的委员会，开展了对工业人才需求和培养情况的调查。在 1913 年国家资助职业教育委员会成立、美国联邦层次职业教育立法正式提上议事日程之前的几年间，根据各州开展职业教育调查及立法资助的情况，可以将其大致划分为两个时期：第一个时期，1906～1912 年，各州成立各类职业技术教育调查机构，职业技术教育立法开始出现；第二个时期，1912～1913 年，州职业技术教育立法颁布、实施与修订的高峰期。

　　从第一个时期来看，1905 年组建的麻州工业技术教育委员会的主要任务是："对当前教育系统能够在多大程度上满足工农业发展的需要进行调查，并同时考虑促进本州工业教育的新方法。"①与麻州一样成立此类调查机构的还有康涅狄格州（1903～1907 年）、马里兰州（1908～1910 年）、新泽西州（1908～1909 年）、缅因州（1909～1911 年）、密歇根州（1909～1910 年）、威斯康星州（1909～1911 年）、印地安纳州（1911～1913 年）、伊利诺伊州（1911～1913

---

① Hawkins L S, Prosser C A, Wright J C. 1951. Development of Vocational Education. Chicago: American Technical Society：32.

年）。与此同时，在州教育部或者在地方商业团体的授权或支持下，一些地方城市也创建了各种各样的机构对各地工业教育的需要展开调查。比如，纽约市就有三家这样的调查机构：公共教育协会（Public Education Association）、职业指导调查委员会（Vocational Guidance Survey）、纽约公共教育统计局（Census Bureau of the New York）；巴弗洛市和罗彻斯特市通过商业团体进行调查；费城则借助公立教育协会展开调查；卡尔夫兰市则借助商业团体和地方青年基督徒协会（Local Young Men's Christian Association）展开调查；伊利诺伊州的斯普瑞英菲尔市、迪凯特市、莫林市，以及印第安纳州哈蒙德市、拉斐特等城市则由地方学校管理机构开展此项调查……

　　1906 年，道格拉斯委员会递交的考察报告是一份具有历史价值的重要文献。报告认为麻州当时存在的主要问题就是州内学校较高的辍学率以及 14～16 岁孩子的时间荒废问题。委员会估计：仅仅有 1/6 的孩子能够从文法学校毕业，对大量的辍学孩子来说，其 14～16 岁就是一段典型的荒废时光。一方面他们还没有掌握任何的一门工艺技能，另一方面也没有为任何种类的终身职业做好准备。报告在分析了问题原因的基础上指出：如果孩子们能够从学校功课中看到实际的益处，也许这个年龄 66％已经就业或无所事事的孩子会继续待在学校直至 16 岁。报告认为，如果这些孩子能够在组织良好的学校一直学习到 16～18 岁，特别地如果能够完成高中的学业，他们将能够被高等的岗位所雇用。或许由于此时期身心的成熟和已经接受了较好的脑力培训，他们将能够在短时期内掌握工作岗位所要求的技能。[①] 为了解决以上的问题，该委员会给出了三条主要建议：第一，城市和乡镇应该改革初等学校的课程设置，使其包括生产性行业，如农业、机械、家政业等方面的知识，而数学、科学和绘图的教学也应该向应用方向倾斜，或者考虑到在工业生活中如何运用这些科目。第二，所有乡镇和城市应该在高中设置新的工业技术类选修课，向学生传授农业、家政、机械等行业的工艺原理；此外，除了设置全日制课程之外，城市和乡镇均应为那些已经在某行业就业的人设置晚间课程，为 14～18 岁的孩子开设部分时间制的课程，以便使这些孩子能够在学习之余继续工作。第三，委员会认为，除了在公立学校教授这些基础知识以外，与公立学校完全分开的工业学校也应该被建立起来。[②] 与此同时，在管理和资金资助方面，报告建议创建独立于州教育管理机构的专门的职业教育管理委员会，负责麻州公立工业学校的创建、资金分配和日常管理事务。此外，报告还着重强调州财政应该为州批准创设但目前却全部由地方

---

　　① Hawkins L S, Prosser C A, Wright J C. 1951. Development of Vocational Education. Chicago: AmericanTechnical Society：34.

　　② Hawkins L S, Prosser C A, Wright J C. 1951. Development of Vocational Education. Chicago: American Technical Society：34-35.

社区财政独立支撑的公立工业技术学校支付一半的运行成本。道格拉斯委员会报告提交到麻州普通法院后，很快就被签署成为法律（在 1913 年之前，除了麻州之外，康涅狄格州、新泽西州、威斯康星州、印地安纳州的立法委员会报告也直接成为了这些州职业技术教育立法的蓝本①）。从整体来看，此时期进行职业技术教育立法的州的数量还不多。比如，1906～1911 年，全国 48 个州中仅有 5 个州拥有州资助或管理的职业教育系统。截止到 1912 年，国内共有 8 个州创建和拓展了其州资助的职业学校系统，另有不超过 10 个州正在规划创建州资助职业教育的系统。②

　　此时期，各州资助的职业技术教育类别、职业学校类别、资助比例，以及管理方法等均存在巨大的差异。从各州资助的职业类别来看，康涅狄格州仅仅为商业教学提供补助，麻州为农业、家政艺术、工业训练提供资助，纽约州为工商业培训、农业和机械工艺及家政业提供补助，新泽西法案则明确要求为不同于手工训练的工业教育、暑期初等农业和家政经济课程等提供资助，威斯康星州为培训工业领域的学徒工及该州商业教学提供资助；从以上各州所资助的学校类型来看，纽约州和新泽西州仅仅为全日制职业教育提供资助，威斯康星州则仅仅为那些在大城市教授商业知识或者在农村地区教授农业知识的全日制学校提供资助。为了解决已经参加工作的年轻人的再培训问题，1911 年后，以上各州的部分时间制或继续教育形式的职业教育机构也逐渐创建起来，如麻州、康涅狄格州和威斯康星州规定，凡是收到州资助的职业学校都必须向所有有能力接受培训（无论其是否拥有普通学校的文凭）的 14 岁以上的年轻人开放；从以上各州财政资助的比例来看，康涅狄格州职业学校完全由州财政来支持，麻州、纽约州和威斯康星州为该州职业教育提供部分的资助。同时，为了强化激励，麻州甚至提出：职业教育资助基于地方职业教育良好运行的基础上。一旦地方接受州职业教育资助且其能够向州职业教育机构证明其能够较好地推动该项事业的发展，州立法将为地方再次资助一半的经费；从各州职业技术教育的管理方面来看，根据法律，麻州、纽约州和威斯康星州为州职业教育提供部分资助，因此其分别拥有相应份额的管理权利，而新泽西州，尽管州与地方社区为地方职业学校提供了对等的资助，但是职业学校的管理权几乎完全在地方学校管理机构手中；从管理机构来看，麻州和威斯康星州创建了双重的普通教育和职业教育管理系统（由于在许多事情上的存在分歧，1909 年麻州普通法院又将州职业教育管理机构统一合并到州教育厅），而康涅狄格州立法授权职业技术

　　① Hawkins L S, Prosser C A, Wright J C. 1951. Development of Vocational Education. Chicago：American Technical Society：39.

　　② Hawkins L S, Prosser C A, Wright J C. 1951. Development of Vocational Education. Chicago：American Technical Society：58.

类学校由州教育机构统一管理……

从第二个时期来看，此时期属于州职业技术教育法律颁布、实施、修订的高峰期。比如，1912 年威斯康星州法律正式实施，麻州则对先前法律进行了补充和修订；1913 年，印地安纳州、宾夕法尼亚州、新泽西州、康涅狄格州、纽约州、伊利诺伊州、麻州、罗德岛州、新墨西哥州等相继颁布或者再次修订了各州的职业技术教育法律。综观此时期各州的职业技术教育法律，其主要关注的内容有如下三点。

首先，立法保障 14～16 岁孩子的继续学习机会。麻州法律修订案规定：经州教育机构批准后，地方学区应该要求每一个 14～16 岁已经参加工作的孩子每天抽出时间在学校学习，或至少每星期不少于 4 小时在学校参加学习，这些孩子学习的内容要经过州教育部批准，且其课程开设的时间应该在工作日的早上 7 点到晚上 6 点。1912 年 1 月，威斯康星州职业技术教育法正式实施，法律要求 14～16 岁所有参加工厂劳动的孩子，如果没有达到小学毕业，每周必须参加 5～8 小时的部分时间制或补习学校的学习。1913 年，印地安纳州立法要求，不允许普通学校 16 岁以下的孩子进入工厂做工，但是其读完 5 年级之后则可以。14～16 岁的孩子可以选择继续上学或者选择在工厂做工，但是一旦丢掉了工作，必须重返学校读书。1909 年康涅狄格州已经创建了两所由州教育部主管的州商业学校，1913 年，该州在这两所职业学校的基础上颁布法案授权州教育部在每个城市、乡镇都要创建部分时间制学校、继续教育学校和夜校。此外，该州法律还规定：地方学区应强迫所有 14～18 岁没有进入学校继续学习的孩子参加全日制学校、部分时间制学校或者夜校诸如此类学校的学习，并且一年的上课时间不能少于 340 小时，雇主和家长有监督的义务。1916 年，威斯康星州和宾夕法尼亚州职业技术教育立法也规定，必须对 14～16 岁或 14～18 岁的孩子实施强迫的全日制、部分时间制或补习学校教育。截至 1922 年，已经有 21 个州公布了类似的法律。[①]

其次，建立了州与地方共同分担职业技术教育成本的原则。1913 年，印地安纳州法律要求在课税的商品中每 100 美元抽取 1 分钱来支持本州职业教育发展。其中，由州教育部批准的地方社区负责提供职业教育项目的场地设施和机器设备，而州财政为职业技术科目授课教师提供 2/3 的工资。宾夕法尼亚州法案要求地方社区为职业教育配备设施，地方社区的努力得到州教育部的认可后，州教育部将为地方社区提供相当于其职业教师工资 2/3 的补偿。新泽西州 1913 年法案规定，州与地方学区各分担 50% 的成本，其中州对任何一所此类学校或

---

① Hawkins L S, Prosser C A, Wright J C. 1951. Development of Vocational Education. Chicago：American Technical Society：43.

部门提供的资助不得超过 1 万美元，而开展此种教育的任何单位或部门的成本均不得超过 8 万美元。纽约州的成本分担体制较为复杂，1910 年法案规定，州财政将为职业学校雇佣的第一位职业教师补助 500 美元，之后，学校每增加一名职业教师，州财政将为学校补助 250 美元。也就是说，学校第一位雇佣的职业教师将能够获得占教师工资总额 2/3 的州财政资助，其后，学校每增加一名职业教师，州财政将资助教师工资总额的 1/3。与此同时，在农村地区的农业教师还能够额外获得州财政 200 美元的资助。

最后，法律规定了所资助的职业教育项目类别、资助方法和项目管理办法等。比如在各州所资助的项目类别方面，1910 年纽约州法律创建了由州财政资助、州教育部和地方教育机构共同管理的农业、家政、工商业各类职业学校。此后，纽约州拓展了该法律的覆盖范围，进一步对开展职业教育的部分时间制学校、继续教育学校和夜校进行资助。1911 年，麻州修正和补充先前的职业技术教育立法，提出州财政仅仅资助夜校，同时这些夜校的成员必须白天有工作岗位，而其晚上的学习内容将增益于白天工作。与此同时，鉴于家政艺术对已经参加工作的女孩的重要性，1912 年麻州新修订的法案还拓展其资助范围，对家政艺术夜校进行资助。1913 年印地安纳州借鉴麻州法律的做法，为本州开展工业、农业、家政类职业技术教育的全日制学校、部分时间制学校和补习学校提供州资助。宾夕法尼亚州 1913 年立法也规定资助农业、贸易、工业和家政业全日制学校、部分时间制学校或夜校；在开办职业教育的形式方面，许多州的法案提出了一些具体的要求。比如，1913 年印地安纳州法律规定，可以在分离的学校或者在普通中学开设职业类课程，州教育部授权地方部门实施管理，而州教育部则对全州项目实施的情况进行宏观管理。1913 年新泽西法律要求，职业技术教育由州教育部和地方教育当局管理，在共同选定的专门学校或教学部门实施，当然这些部门应该有分离的课程、学生和教师。1912 年新墨西哥州法律要求，由州教育部指定和批准的特定的工业教育课程，应该在该州的公立学校开展，同时州公共教育管理部门应选定一名本州工业教育负责人，其工资由州全权负责。

为了能够及时获得工商业人士对州资助的职业教育适时的指导，印第安纳州法律要求地方学校当局建立由州教育部门批准的咨询委员会。咨询委员会中要有地方工商业人士代表。宾夕法尼亚州则要求州教育部负责管理地方学区职业教育工作，与此同时，创建由地方工业、商业和其他职业人士参与组成的咨询委员会。康涅狄格州法律也要求州教育部和地方学校委员会组建由雇员和雇主参加的咨询委员会，以便这些雇主和雇员能够为学校的运行提出适当的建议。

在各州职业技术教育立法的引导下，该时期部分州的职业教育初具规模。比如，1913 年麻州教育部报告公布：在城市和乡镇所拥有的各种形式的职业教育机构中接受教育的共有 35 人，在州资助的职业学校上学的学生数量达到 7164

人，在没有获得州资助的职业教育机构学习的学生人数为 3686 人。全州职业教育学生数量达到 10 850 人。① 另据麻州教育部工业教育部门（Agent for Indus-trial Education of the Massachusetts Board of Education）为巴拿马太平洋博览会准备的图表显示：1913～1914 学年，在麻州职业教育机构注册和非注册学生共计 15 575 人，而 1916～1917 学年，人数则为 23 073 人。② 威斯康星州工业和农业培训委员会（State Commission for Industrial and Agricultural Trainig）在 1912 年的报告称：该州共有 12·000 名学生参加了各种部分时间制和继续教育学校的工农业技能培训；纽约州 1907 年在州资助的职业教育机构学习的人数是 945 人，1911～1912 学年在 37 所州资助的工业学校学习的学生人数共计 8388 人，教师人数共计 208 名，1911～1912 学年这些工业学校的运行成本共计 324 438 美元，其中州财政资助了 47 110 美元①。

以上各州职业技术教育调查机构和各州职业技术教育立法的实践，在现实层面上为联邦层次职业技术教育立法的出台提供了可以参照的样本，对联邦职业技术教育立法关注点、资助原则、对象，以及管理的方法等方方面面起到了奠基作用。可以说，联邦职业技术教育立法正是在借鉴、分析各州立法实践中的优劣利弊基础上，在众多团体、个人的努力中出台的。

第三节　《史密斯-休斯法案》的酝酿与出台

在美国州层次中等职业技术教育活动和中等层次职业技术教育立法正如火如荼地进行的时候，在联邦层次，自 1906 年起，已经有许多机构和个人在为推动联邦资助各州中等职业技术教育立法制度的出现而奔走呼号了。尽管遭遇了许多的挫折，但是在院内外诸多团体、个人的努力下，在第一次世界大战美国参战前夕，《史密斯-休斯法案》最终颁布，美国联邦中等层次职业技术教育立法制度最终创建。本节我们将根据事件的历史和逻辑顺序，展现这些努力、博弈和斗争。

一、多次不成功的联邦中等职业技术教育立法努力

始于 1906 年，为了敦促国会向各州提供资助，以加快中等层次职业技术人才培养的步伐，有 30 多个提案被递交到了国会，但是由于时机的不成熟，这些努力均以失败告终。

---

① Hawkins L S, Prosser C A, Wright J C. 1951. Development of Vocational Education. Chicago: American Technical Society: 59.

② Stimson R W. 1920. Vocational Agricultural Education by Home Projects. New York: The Macmillan: 17.

比如，1906 年由内布拉斯加州国会众议员欧内斯特·M. 帕勒德（Ernest M. Pollard）递交众议院、由内布拉斯加州参议员埃尔默·J. 伯克特（Elmer J. Burkett）递交到参议院的《伯克特-帕勒德提案》（*Burkett-Pollard Bill*）就是其中的一个。该提案提议联邦每年拨款 100 万美元用以资助各州的师范学校，培训中等学校所需的农业、机械工艺、家政经济和其他领域的教师，但该提案很快就遭到了来自美国农业学院和实验站协会（The Association of American Agricultural Colleges and Experiment Stations）等的强烈反对，因为它们认为应该是由赠地学院而不是由州师范学校来承担这一责任。就在该提案流产的同一年，美国农业学院和实验站协会亲自草拟了一个提案，要求将培养职业类教师的责任划归给赠地学院，敦促国会立法资助赠地学院此项活动的开展。这个提案的部分内容后来体现在 1907 年尼尔森修正案（Nelson Amendment）中。1906 年，提交国会的《利文斯顿提案》（*The Livingston Bill*）和《阿达姆森提案》（*The Adamson Bill*）是两个关系密切的提案。《利文斯顿提案》呼吁在每一个国会农村选区创办农业高中，联邦政府为每一所这类高中每年拨款 1 万美元；《阿达姆松提案》则建议为《利文斯顿提案》中所提及的高中所拥有的农业实验站每年拨款 2500 美元。两个主要代表南部各州利益的提案，由于响应者不多很快被推翻了。

除了以上所提及的几部提案，此时期由美国劳联起草，由美国劳联立法委员会主席委托来自艾奥瓦州的参议员、国会参议院教育和劳工委员多利弗（Jonathan P. Dolliver）提交国会审议的多利弗提案也是比较重要的一个。美国劳盟在 19 世纪末曾经是美国教育改革和强迫义务教育的积极倡导者，但是进入 20 世纪，由于它对职业教育持有较复杂的态度，如劳联担心国家制造商协会支持的私立贸易学校（Trade School）在雇主糟糕的管理和控制下会产生许多蹩脚的工人，而工人数量的过剩，将不可避免地导致当前从业工人利益的受损，因此，劳联更加愿意采用公共财政来资助职业教育的发展，同时主张职业教育应该作为普通教育的补充。此外，劳联还担心劳工组织无法获得足够的力量来对抗工商业组织对未来工人的控制，因此劳联坚决反对任何没有劳联代表参加的法律法规的制定，同时对已经制定出来但却没有满足劳联标准的法律法规坚决持反对的态度。除此之外，劳联对一些州形成的普通教育和职业教育双重的管理机构也非常反感，担心这种做法将导致一个分层的学校系统，最终妨碍工人阶层向上的社会流动……所有这些都使劳联在世纪初对国内职业教育的发展抱着谨慎的态度。但是，面对国内劳工显在或潜在的接受职业教育的呼声，1908 年在第 27 届劳联年会上，劳联一改昔日的态度，明确提出："我们将支持任何政策法案的起草以及支持任何协会或学会的工作，只要它们的目标是提升工业教育的标准，传授各种工业门类所需的高技术。"① 同时，为了摸清国内劳工对包括工业教育在内的职业教育的确切需要，在该届会议上，劳联决定组建调查委员会开展国内外工业教育方法和手段的调查，并为下一年的年会递交调查报告。1909 年，调查委员会的研究报告不仅表达了商业团体、贸易机构、劳工组织和教育家对工业教育迫切的期望，而且还从反面列举了整个工业界存在着的许多工人不能适应工业需要的例子。委员会报告明确表示：如果我们想保持工业上的霸主地位或者维持当前美国在工业世界所达到的标准，我们必须在教育系统内部创建一个与传统学徒系统类似的教育系统。② 为了推动这一愿望的实现，在综合各方面信息的基础上，劳联还起草了一份立法提案并委托多利弗来递交此提案。1910 年 1 月，该提案被提交到了参议院，四月参议院还为此举行了听证会。同期，来自明尼苏达州的众议员查尔斯·R. 戴维斯（Charles R. Davis）也向众议院递交了此提案。递交参众两院的提案统称为《戴维斯-多利弗提案》（Davis-Dolliver Bill），其全称是"为了与各州合作促进中学层次农业、工商业和家政业教学以及为了和州师范学校合作培养以上职业门类的教师进行拨款和管理其花费的提案"。提案建议为农村高中农业和家政经济教学、城市高中机械工艺和家政经济教学提供资助，同时还提出应该由联邦农业秘书来推动该项事业的实施。该提案虽然获得了国家农场组织（Natioanl Grange）、农民国会（Farmers' National Congress）、佑治亚州南部教育协会（Southern Educational Association）等组织的支持，但是由于美国教育委员、国家教育协会、国家促进工业教育发展协会等个人和组织的强烈反对而最后流产。导致提案失败的主要原因不仅仅是以上组织和人员反对联邦资助各州开展职业教育，更为深层次的原因还在于该提案起草时没有征求以上协会的意见，以及没有将管理此类事务的权力交给以上协会，而是交给了农业秘书。另外，此时期多利弗委员的死亡也对此事造成了致命的影响。

《戴维斯-多利弗提案》的精神后来被戴维斯长期和坚定的合作者——参议员佩奇（Carroll S. Page）和众议员威廉姆·B. 威尔森（William B. Wilson）所继承，他们以各自的名义分别向两院再次递交了提案，被合称为《佩奇-威尔逊提案》（*Page-Wilson Bill*，或简称佩奇提案）。提案动议国会每年向各州提供 1400 万美元的资助，以促进各州中学层次的农业、工商业和家政业的教学。为了推进该提案的通过，在 1912 年 6 月 5 日的国会演

① Shu W N. 1996. A Comparison of Factors that Influnce Vocational Education Law-Making in the U. S. and TaiWan, Republic of China. Minnesota：Faculty of the Graduate School of the University of Minnesota：88.

② American Vocational Association. 1976. The Vocational Age Emerges，1876-1926. American Vocational Journal，(5)：54.

讲中，佩奇从职业教育对国家经济发展的重要性、联邦高等教育资助覆盖区域的不足、资助各州中等职业教育的迫切性和联邦资助的分配方式等多个角度极力劝说国会议员支持该提案。

佩奇以职业教育的发展问题是一个非常重要的问题，它已经引起并必将继续引起各国最杰出的政治家和教育家的广为关注为题作为开篇。在极力阐述该问题重要性的基础上，佩奇也极力说明该问题的严重性。他说："越来越多的美国人相信职业教育能够在一定程度上直接影响国家的经济，目前职业教育中存在问题的严重程度已经不逊于国内较大的经济问题。"① 为了具体阐明该问题是什么，佩奇从《莫雷尔法案》带给美国人民的新面貌说起，具体说明了《莫雷尔法案》在事实上仅仅是一个开始——在某方面为真正向民众实施职业教育做了准备。但是，《莫雷尔法案》及其相关立法还没有彻底实现其立法者所期望的目标，因为普通的男孩在农场上还没有办法找到一所学校来学习农场生活所需要的知识同时又能回到农场热情地从事农业生产。此外，在城市化的浪潮中，城市也没有为孩子提供其未来需要的非农业的职业技术知识，而关于如何运用现代科学知识支撑家庭以及抚养孩子的知识人们也知之甚少。有鉴于此，佩奇明确提出：目前扩展或补充《莫雷尔法案》的需要是迫切的，而这一提案正是为了解决这一问题的。②

鉴于目标任务的巨大性，佩奇提议由联邦和州合作来完成这一任务。② 佩奇认为：《莫雷尔法案》及其之后的系列补充修正案已经证明，联邦资金仅仅起到一个种子资金的作用，它能够带动州和地方对职业教育巨大的投入。佩奇以在此之前举行的农业和林业委员会听证会上所得到的数据为例进行阐述。他说，罗德岛州立学院（Rhode Island State College）院长、参议员霍华德·爱德华兹（Howard Edwards）认为全美多个州平均向赠地学院提供的资助 14 倍于国会向《莫雷尔法案》及其修正案所提供的资助。国家农业学院和实验站协会主席、俄亥俄州立大学校长汤普逊（W. O. Thompson）在委员会中也表示俄亥俄州向赠地学院提供的资助是《莫雷尔法案》联邦资助金额的 40 倍③。佩奇相信自己递交的提案通过后也必将起到这一效果。此外，佩奇还具体规划了联邦资助的分配方案。佩奇估计：为一些州和哥伦比亚特区中学内部设立的或现存的农业、工业、商业和家政业教育部门或机构提供 3 百万美元的拨款，在基于其人口比例的基础上进行分配，将使大城市之外的 15 000 个农村社区，或每州平均 300 个或稍多一点的社区能够得到这些拨款，这意味着每所学校将能够获得联邦政府 200 美元的拨款，加上来自州和地方的匹配资金，每个农村社区的高中每年

---

① Page C S. 1912. Vocational Education. Washington：Washington Government Printing Office：3.

② Page C S. 1912. Vocational Education. Washington：Washington Government Printing Office：6.

③ Page C S. 1912. Vocational Education. Washington：Washington Government Printing Office：7.

至少有 800 美元的职业教师培养补助。① 基于人口普查数据为位于工业中心或大城市中学层次独立的工业或家政类学校补助 300 万元，也必将起到相同的效果……②

　　佩奇的提案不仅获得了当时的教育委员克拉克斯顿（P. P. Claxton）、国家促进职业教育协会执行秘书普罗瑟、农业部助理秘书海斯（Willet M. Hays）等人的积极支持，而且佩奇的提案还得到了包括美国劳联、国家制造商协会、美国商业联盟等利益集团的全力支持。比如，劳联明确表示支持佩奇提案并在国会辩论中为其辩护："佩奇创建了一个联邦授权资助中等层次的公立学校的规划，通过这个直接的教育规划，国内所有的孩子都将受到公正和平等的关注。"③与此同时，国家制造商协会也公开表达对于佩奇提案的支持："目前，国内工人和雇主迫切地需要一个完全的工业教育系统，以便我们的工厂能够高效率地运转、技术和产品标准能够不断地被提高、国内外的市场能够得以保持和扩大。"④"整个国家已经认识到了工业教育的必要性，如果仅仅有个别的州或社区拥有此类教育，国家经济将不能繁荣，社会也不会昌盛。"⑤ 之后，国家制造商协会在邮寄给佩奇参议员的两封信中不仅重新表达了这种态度，同时还认为，所有种类的职业教育都应该收到联邦拨款，联邦政府应该组织专门机构对拨款事宜进行管理，同时还应该对妇女职业教育给予更多的关注。美国商业联盟（The United States Chamber of Commerce）于 1913 年的年会决议中不仅明确表示支持国家对职业教育的资助，支持制造、商业、农业和家政业等学校的创建，同时也明确表示支持佩奇提案的资助原则并敦促国会批准其通过。佩奇提案还得到了代表农民利益的国家农场组织的支持。当时，国家农场组织鼓励每一个州的国家农场组织和地方机构务必采取各种"有力的和持续的方法"⑤帮助佩奇提案的通过……

　　但是，《佩奇-威尔逊提案》在国会的命运却颇为曲折。由于倡议中等职业教育资助的《佩奇-威尔逊提案》和倡议资助赠地学院农业技术推广工作的《史密斯-利弗提案》是同时被递交到国会的，两个提案本身尽管并不矛盾，它们各有各的关注领域，既不会相互竞争生源，也不会在课程和资助方面相互争夺，

---

　　① Page C S. 1912. Vocational Education. Washington：Washington Government Printing Office：8.

　　② Page C S. 1912. Vocational Education. Washington：Washington Government Printing Office：9.

　　③ Hawkins L S, Prosser C A, Wright J C. 1951. Development of Vocational Education. Chicago：American Technical Society：53.

　　④ Shu W N. 1996. A Comparison of Factors that Influnce Vocational Education Law-Making in the U. S. and TaiWan, Republic of China. Minnesota：Faculty of the Graduate School of the University of Minnesota：91.

　　⑤ Hillison J. The Collition that Supported the Smith-Hughes Act or A Case for Strange Bedfellows. http：//eric. ed. gov/？ id＝EJ504569：6. ［2014-3-15］.

很不幸的是，当与佩奇同属共和党的一名参议员拒绝为《史密斯-利弗提案》投赞成票，作为以牙还牙的结果，为了阻止两个提案中的任何一个在国会通过，民主党议员毫不犹豫地为《佩奇-威尔逊提案》投了反对票。党派利益的争夺由此导致了两个提案在国会均无法通过的僵局，而这一僵局几乎持续了三年。

二、妥协与国家资助职业教育委员会的成立及其报告的出台

　　1913 年，国会内部的选举使参议院民主党议员人数占据了微弱的优势，但是赫克·史密斯仍然发现要想获得多数参议员的赞同，以便顺利通过《史密斯-利弗法案》依然非常困难。在这种情况下，他力图从外围进行突破。他想到应该首先倡议创建一个联邦资助中等层次职业教育的调查委员会，在摸清国内各阶层对联邦资助中等层次职业技术教育迫切态度的基础上对国会审议形成一定的压力。由于史密斯很清楚国家促进工业教育协会和他持有相同的看法，史密斯首先向国家促进工业教育协会允诺：如果该协会能够帮助《史密斯-利弗法案》顺利通过，他将向国会递交一个创建国家职业教育调查委员会的决议（The Commission on National Aid to Vocational Education），以便研究《佩奇-威尔逊提案》所无法解决的问题。这样，史密斯和国家促进工业教育协会之间就达成了一个"绅士协议"，此后事情的发展完全按照原计划在进行。1914 年 1 月，在联席委员会会议（Joint Conference Committee）上，以《佩奇-威尔逊提案》的不通过为代价，《史密斯-利弗法案》首先顺利通过，紧随《史密斯-利弗法案》通过的第二天，参议员史密斯随即向国会递交了创建国家资助职业教育委员会的决议。该决议在参议院很快被一致通过，并于 1914 年 1 月 20 日被总统签署。该决议授权总统组建由 9 人组成的委员会，其中史密斯担任委员会主席。

　　每一个人似乎都对这种安排较为满意，其中也包括参议员佩奇。在决议被批准 11 个小时后，他就收到了国家促进工业教育协会寄来的一个以他的提案为基础的新的修订稿。作为国家资助职业教育委员会的成员，他再一次非常高兴地看到他的主张在调查委员会的立法建议中又重新复活了。这一安排同时也使国家促进工业教育协会及美国劳联非常满意，因为这一安排为它们带来了意料之中的重要地位。国家促进工业教育协会与美国劳联不仅很快为威尔逊总统共同拟定了该委员会成员的名单（其中，国家促进工业教育协会提名的 3 名成员均被威尔逊总统接受）[①]，而且国家促进工业教育协会的执行秘书普罗瑟还亲自担当重任，撰写了国家促进职业教育委员会大部分的报告。国家促进工业教育协会的许多公报、成员文章和其他出版物当仁不让地成为国家资助职业教育委

---

　　①　Shu W N. 1996. A Comparison of Factors that Influnce Vocational Education Law-Making in the U. S. and TaiWan, Republic of China. Minnesota：Faculty of the Graduate School of the University of Minnesota：82.

员会报告的有效数据源。

在不足 60 天的时间内，国家资助职业教育委员会即递交了一份超过 500 页的报告，报告内容涉及职业教育的方方面面，其最后一章为"立法建议"。该报告分七章，主要涉及四方面内容。

首先，报告对"职业教育"概念进行了明确定义。报告认为，职业教育是"一种主要针对中学层次且年龄在 14 岁以上的孩子进行的培训，其目标主要是为了提高这些孩子在工商业、农业、贸易和家政业中谋职的能力"①。

其次，报告对美国职业教育严重不足的状况进行了评估。报告指出半个世纪前在俾斯麦政权富有远见的领导下，德国创建了一个完整的教育培训系统，而法国和英国，甚至遥远的日本也正在从已经创建的职业教育系统中受益。不远的将来，或许德国的街头不会再有未经过培训的工人出现，但是美国制造业和机械加工业 1100 万～1200 万工人里仅有不足 2.5 万名工人受过职业教育或培训。② 在比较了美国受训工人人数过少的情况后，报告进一步比较了美国与其他国家在职业学校数量方面的差距。报告称：美国拥有的各类工艺学校少于德国的一个巴伐利亚州，而巴伐利亚州的人口基本上与纽约持平，仅慕尼黑一地，能够享受公费资助职业培训的工人数量就高于美国所有大城市此类人数之和。因此报告认为，从国际商业竞争的角度来看，美国并没有多少优势，而克服以上弊端，仅靠地方财力远远不够。

再次，报告从经济、社会、教育等各方面论证了国家资助职业教育对国家未来发展的含义。报告认为，自然资源和人力资源是制约经济发展的两大因素，从保存并提高自然资源利用率、降低人力资源浪费、提高工人的工资收入、满足工业经济的人才需求、抵消生活成本上升等多个角度，职业教育都属于国家的一种明智的投资，具有深远的战略意义。另外，从社会和教育的角度来说，通过承认学生不同的爱好和能力并给予相应的教育，职业教育将成为教育民主化的手段。职业教育不仅能够增益普通教育，还可以解决失业、工作变动不居的弊端，提高工人的收入，并通过向其灌输工业价值，使工人更好地适应新的工业系统。从广泛的民意调查来看，包括教育者、制造商、贸易联盟、工商业者、社会工作者、慈善机构等在内的各行各业对职业教育普遍持支持的态度，同时来自各州、各地区的一些职业教育调查和促进工作，也为国家资助职业教育提供了良好的现实基础。报告认为，职业教育已经不单单是区域的问题，而更多地上升到国家层次的问题，没有联邦的支持，职业教育的发展速度将大大

---

① Hawkins L S，Prosser C A，Wright J C. 1951. Development of Vocational Education. Chicago：AmericanTechnical Society：91.

② Lazerson M，Grubb N. 1974. American Education and Vocationalism——A Documentary Histiory 1870-1970，New York ，London：Teachers Press of Columbia University：123.

受限。美国建国后，联邦已经资助了国防、运河、海港、邮政等诸多领域，没有理由对职业教育视而不见，并且报告认为，从美国建国起，国会已经颁布了不下 42 个法案，以各种形式对加入联邦的所有州或个别州的教育实施资助，如据 1910～1911 年统计，联邦每花在各州教育上 1 美元，各州平均花费 4 美元，而州与地方政府加起来共计花费 26 美元![①]

最后，报告对接受资助学校的类型、接受资助的额度、条件、拨款的机构、管理等方面进行了具体的规划，并在最后一章提出了具体的立法建议。比如，报告明确指出：尽管目前各行各业都需要职业人才，但是最迫切的领域当属农业、商业和工业领域，根据已有的经验，联邦对各州职业教育最有效的资助应该是面向各州的职业类教师培训及为各州职业类教师的工资给予一定的补助。应该借鉴德国补习学校的经验，为那些必须工作的 14～16 岁的孩子创建部分时间制的或夜校形式的职业教育，同时在全日制学校开展职业教育，只有全日制、部分时间制和夜间开设的工业和贸易学校才能够获得国家资助。为了尽量利用联邦原有职能机构的专业知识和经验，在具体立法过程中，其所有的研究、调查和报告应该分主题地与国家农业部、劳动部、商业部及教育部等机构协商合作，且联邦和各州还要创办专门的联邦拨款管理机构。除此之外，报告更是直接地为未来的立法划定了方向："目的在于促进职业教育，并通过与各州的合作推动农业、工业和贸易教育的发展，促进师资培训工作，联邦将为以上各项事业提供拨款，并管理其花费。"[②]

国家资助职业教育委员会报告鲜明地体现了以斯尼登、普罗瑟等为代表的社会效率职业教育观，即创建分离的职业教育管理机构、对特定的职业训练给予资助，以确保那些非学术性向的学生能在完成学业后获得就业机会。国家资助职业教育委员会的立法建议，根据既定程序，分别由参议院教育委员史密斯和众议院教育委员休斯（Dudley M. Hughes）提交给国会参众两院，遂又在国会两院内外开始了新一轮的博弈和斗争。

三、院内外多种力量的汇聚、博弈与斗争

（一）院外力量的汇聚与努力

在 20 世纪初期，媒体的大量社论和署名文章不仅对中学层次职业技术教育

① Hawkins L S, Prosser C A, Wright J C. 1951. Development of Vocational Education. Chicago: American Technical Society: 110.

② Shu W N. 1996. A Comparison of Factors that Influnce Vocational Education Law-Making in the U. S. and TaiWan, Republic of China. Minnesota: Faculty of the Graduate School of the University of Minnesota: 78.

多持支持的态度，而且来自国家商业、工业、社会、经济、教育等方面的团体机构也在各自力所能及的范围内，为职业技术教育奔走呼号、献计献策，其中主要有国家促进工业教育协会、国家制造商协会、美国劳联、国家金属贸易协会（National Metal Trades Association）、国家童工委员会（National Child Labor Committee）、国家监狱劳工委员会（National Committee on Prison Labor）、美国劳工立法委员会（American Association for Labor Legislation）、国家教育协会……综合来看这些团体的努力，可以归结为以下三点。

首先，关注国内职业教育，为其健康发展献计献策。当然最强有力地推动国内职业教育发展的组织当属国家促进工业教育协会。1906年，在哥伦比亚大学手工训练教授查尔斯·R.理查兹（Charles R. Richards）和纽约州工艺和手工训练督学詹姆士·P.汉尼（James P. Haney）的倡议下创建该协会。协会成立的目的是：帮助公众认识到工业教育对工业发展的重要意义，开展工业教育各阶段问题的研究和讨论，推动协会研究成果在国内外的应用，促进工业培训机构的建立。[1] 协会成立后，在许多方面为国内职业教育发展做了许多有益的工作。比如，1910年，在协会主席理查兹的直接邀请下，凯兴斯泰纳来到美国做巡回演讲。1912年，在普罗瑟当选该协会秘书后，协会向社会公布了自己所秉持的职业教育原则，这些原则不仅对当时美国州层次职业教育立法方向的确定有着极强的引导作用，而且事实上也直接引导了联邦立法的方向。1914年国家资助职业教育委员会成立后，国家促进工业教育协会的工作不仅直接演变成联邦资助职业教育委员会工作的重要组成部分，而且由协会领导人普罗瑟起草的报告还成为未来颁布的《史密斯-休斯法案》的蓝本，发挥了影响美国联邦职业教育立法的重大作用；1895年成立的国家制造商协会主要以在国内外扩大商业贸易为目标。协会基于自己对当时全球经济的领军者——德国，尤其是德国商贸学校和学徒项目的了解，很早就通过开办私立的商贸学校来培养技术人才，并将诸如此类的学校作为提高人们技艺并进而提升国家全球竞争能力的有效手段。1902年后，国家制造商协会对工会组织，其中也包括美国劳联保守主义的态度越加不满，从而更加坚定地支持国内工业教育系统的创建。比如，协会在1912年决议中指出，"国家产业工人和雇主迫切地希望工业教育系统能够在国内彻底地建立起来，这样我们工厂的使用效益就能够提高，工厂的技术标准和产量也能够持续不断地好转，同时，国内外市场也可以更好地被掌控和拓展"[2]；

---

① Shu W N. 1996. A Comparison of Factors that Influnce Vocational Education Law-Making in the U. S. and TaiWan, Republic of China. Minnesota：Faculty of the Graduate School of the University of Minnesota：81.

② Hawkins L S, Prosser C A, Wright J C. 1951. Development of Vocational Education. Chicago：AmericanTechnical Society：52.

美国劳联在态度转变后，也利用各种场合呼吁人们关注 14 岁孩子的职业教育问题。比如，1912 年 11 月 19 日在纽约州罗契斯特举行的年会上劳联呼吁人们应该对几乎占国内同龄孩子一半，数量达到 2500 万且在 6 年级结束时已经辍学的 14 岁孩子的教育投以更多的关注。另外，美国劳联还在随后的报告中为国内职业教育的开展提出了多条建设性意见，如作为工人继续教育的一种，为在职工人创办技术补习学校，在公立学校中为 14～16 岁的孩子提供工业教育，创办贸易学校，此类学校还可以向补习类贸易学校发展。各类学校对学生进行的职业教育，在时间上最起码等同于在特定商贸活动中对徒工进行的直接训练的时间[1]；国家教育协会是 20 世纪初最有声望的教育组织。由于国家教育协会最初的关注点主要是在普通教育方面，出于对职业教育挤占普通教育地位的担心，国家教育协会对国内职业教育的发展一贯持比较敌视的态度。加之此时期许多提交到国会的联邦资助职业教育的提案在起草时并没有征求协会的意见，协会更是对这些提案表示反对。伴随着国家教育协会对职业教育重要性认识的不断增强，为了主动改变自己在国内职业教育发展中的边缘地位，从 1900 年和 1901 年国家教育协会两届年会时起，协会就通过组织团体讨论等方式表达了对职业教育的关注，而且在 1905 年、1907 年和 1908 年，协会还专门发表了针对工业教育的研究报告。出于对青年人职业指导的关心，1912 年 7 月 10 日国家教育协会呼吁国内所有受过教育的和致力于社会工作的人重视年轻人的职业指导。

其次，公开表态支持联邦资助职业技术教育立法活动。为了提升国内职业教育发展的规模和速度，在 1914 年国家资助职业教育委员会会议上，美国教育协会执行秘书斯普英格（D. W. Springer）不仅向委员会明确表达了对国家资助职业教育立法活动的支持，而且还对立法活动提出了诸多建议。比如，国家教育协会认为，联邦职业技术教育立法应该采用尽量宽松的管理方式，激励各州推进此方面的工作，并最终通过职业教育和培训来好转全社会家庭、车间及农村地区的生产生活；美国家政经济协会（American Home Economics Association）最初是为了提升人们对学校里与家庭经济相关的科目、课程的认可度而创建的。在 1912 年，该协会组建了一个立法委员会，其目的就是为了敦促联邦立法关注家政经济教育方面的事务。玛丽·申克·乌尔曼（Mary Schenck Woolman）是该协会立法委员会的成员，在 1916 年《史密斯-休斯法案》国会辩论期间，她明确地表达了对该法案的支持："美国是一个重要性日益增加的工业国家，美国的成功主要依靠产业工人。目前无论公立学校还是学徒系统都不能给

① Shu W N. 1996. A Comparison of Factors that Influnce Vocational Education Law-Making in the U. S. and TaiWan, Republic of China. Minnesota：Faculty of the Graduate School of the University of Minnesota：89.

予工人丰富的且其所需要的教育。大多数人仅仅得到了无任何技术要求的工作，因此，必须采取一些手段来满足工业发展对于专门人才的需求。"[①] 1916 年美国商业联盟对其所有联盟成员是否支持联邦资助职业教育的观点进行了调查，发现国内 2/3 的联盟成员均同意支持联邦资助职业教育，另有 1/3 的成员反对。[①] 根据这一调查结果，商业联盟采取了更为积极的态度支持中等职业技术教育立法的颁布；在公开表态支持联邦资助职业教育立法活动的机构团体中，还有曾经采取多种手段积极推进与赠地学院相关的农业领域改革的诸多农业类团体机构，如国家农场组织、美国农业学院和实验站协会、农民联盟（Farmer's U-nion）、美国平等协会（American Society of Equity）等。

再次，为了使联邦资助职业教育立法能够确保自身利益而努力奋斗。国家促进工业教育协会在《史密斯-休斯法案》的立法过程中承担着重大的责任。为了能够使这一鲜明体现协会自身观点的提案顺利在国会通过，国家促进工业教育协会非常善于运用各种各样的人脉关系。比如，在协会创办初期，协会曾积极谋求总统罗斯福的支持，这一次，为了不使《史密斯-休斯法案》在最后关头被总统枪毙，协会也积极谋求与现任总统威尔逊的良好关系（威尔逊总统不久就成为协会热情的同盟者）。[②] 为了确保总统在签署法案一事上不出现任何纰漏，协会还预先选定了劳联主席塞缪尔·高姆普斯（Samuel Gompers）作为游说威尔逊总统的理想人选；出于对私人控制的工商业教育机构的警惕及对于 14 岁及其以上劳工教育的关心，1914 年，在国家资助职业教育委员会的听证会上，美国劳联积极提出如下立法建议：第一，工业教育应该由州直接管理，由公众，而不是私人利益集团来控制，第二，职业教育应该在低于高等教育的层次开展，第三，职业教育主要为 14 岁以上的人设计。美国劳联的许多建议均最终体现在 1917 年《史密斯-休斯法案》中；国家制造商协会历来对由专业教育工作者管理职业教育的做法非常反感，因此，其力主职业教育管理由专业教师、雇主和雇员代表各占 1/3 的管理机构来实施。对联邦职业教育资金的管理，国家制造商协会也有自己的看法。1914 年 5 月 20 日，在国家制造商协会年会上，国家制造商协会建议联邦政府直接管理联邦拨款："联邦政府资助职业教育首先应该确立各州可以遵从的国家标准……拨款应该能够鼓励各州职业学校的创建，同时鼓励各州遵循联邦标准……"国家制造商协会同时认为，只有当各州完全领会了联邦的精神，联邦才应该将款项拨付给各州。协会还提出："联邦拨款应该在华盛顿能力卓著并能充分代表公民和利益集团利益的委员们同意拨付的条件下进

---

①　Hillison J. The Collition that Supported the Smith-Hughes Act or A Case for Strange Bedfellows. http：// eric. ed. gov/？ id＝EJ504569：7. ［2014-3-15］.

②　Kantor H，Tyack D B. 1982. Work，Youth and Schooling，Historical Perspectives on Vocationalism in American Education. Stanford ：Stanford University Press：59.

行……"① 其后出台的《史密斯-休斯法案》部分采纳了国家制造商协会的以上建议；美国家政经济协会对家政经济类专家的同工同酬问题比较关心。《史密斯-休斯法案》的一个早期版本规定：联邦农业和工业专家每人每年将得到 7000 美元的工资而家政经济方面的专家仅仅能够获得 6000 美元的工资。美国家政经济协会对此条款极为不满，强烈要求修订此条款。对美国家政经济协会的请求，参议员史密斯深表理解，他也为此条款的修订而据理力争；美国妇女俱乐部统一联盟（General Federation of Women's Clubs）是一个关注妇女职业教育权益的机构，在国家资助职业教育委员会成立时，该联盟就曾经提醒普罗瑟在职业教育报告中要表达妇女对职业教育的诉求。此外，该联盟也非常关注家政经济能否获得联邦资助的问题。1915 年，该联盟主席海伦·露易丝·江森（Helen Louise Johnson）更是亲赴华盛顿，与《史密斯-休斯法案》起草的相关人员见面，在强调该组织机构重要性的同时，力促法案中一定要加入对家政经济给予资助的条款，而随后海伦还在其写给国家促进工业教育协会主席的一封信中再次强调了这一诉求；反童工联盟（Anti-Child Labor）也是一个较为重要的组织，他们认为部分时间制学校或补习学校是一个降低 16 岁及其以下年龄的童工在工厂工作时间的有效手段，因此他们也加入到华盛顿的游说集团，希望普通的、工业的或职业的教育能够为这些长期无人理会的孩子奠定幸福生活的基础。

　　20 世纪前后，尽管美国国内与职业技术教育相关的利益集团有着不同的利益诉求，对国内是否应该开展职业教育、应该开展哪一类的职业教育，以及联邦立法究竟如何资助各州职业教育的开展均持有不同的看法，但是，经过 10 多年的发展，特别是在职业教育观念日益取代手工教育成为社会主流、国内外诸多国家地区职业教育资助制度不断增多的背景中，至少在国家资助职业教育委员会组建前后，美国国内大多数与职业教育相关的利益集团都趋向于支持国家立法资助各州职业教育的开展，因此，汇聚到国会两院的院外力量在一定程度上对完善联邦资助职业教育立法、推进联邦立法的产生起到了不可小觑的作用。正是在院外力量的不断推动下，院内力量才最终促成了《史密斯-休斯法案》的出台。下一节，我们将对院内力量的博弈和斗争进行简要介绍。

　　（二）院内多种力量的再次联合、博弈与斗争

　　在国家资助职业教育委员会完成其历史使命后，其报告经过整理，于 1915 年 12 月 7 日和 1916 年 2 月 10 日以提案的形式，分别由时任参议院教育委员会主席的赫克·史密斯向参议院递交，由时任众议院教育委员会主席、佑治亚州

---

① Shu W N. 1996. A Comparison of Factors that Influnce Vocational Education Law-Making in the U. S. and TaiWan, Republic of China. Minnesota: Faculty of the Graduate School of the University of Minnesota: 92.

众议员杜德利・休斯向众议院提交（编号分别为 Senate Bill 703；House Bill 11250），于是，推动立法出台的工作正式在国会两院上演。由于许多利益集团之间的分歧并没有因为国家资助职业教育委员会的建立而消弭，国会的舞台更为各种力量的博弈和斗争提供了现实可能性，因此从提案递交两院到两院批准再到总统签署，又耗费了将近三年的时间。

困扰国会两院通过该提案的障碍是多方面的。其中最主要的原因是，该提案鲜明地体现了以斯尼登、普罗瑟等为代表的社会效率职业教育观，明确提出要创建分离的职业技术教育管理机构、对特定的职业训练给予资助，因此国会辩论期间，美国教育协会尽管支持国家资助职业教育，但是它们明确反对提案中创建双重学校系统的做法。协会成员引用教育理论家杜威的说法，指出该提案倾向于满足工业阶层的需要，而忽略了人们接受普通教育的需要。鉴于国家教育协会的影响力，在这种情况下，非常有必要在国会中组建一个支持创建双重教育体系的更大的联合阵线。于是，国家促进工业教育协会责无旁贷地承担了组建这一联合阵线的责任。为了能够获得更多议员及社团组织的支持，国家促进工业教育协会利用各种机会，采取各种方法，逐步地将国家商业联盟、国家制造商协会、美国劳联，以及各领域的教育领导吸引到统一阵线中来。

除了国家促进工业教育协会在国会组建统一战线方面的努力，在国会两院议员当中，担任众议院教育委员会主席的休斯、担任参议院教育委员会主席的史密斯、众议员费斯（Simeon D. Fess）、参议员佩奇等也从各自的经历出发对提案所提出的资助特定类别职业教育的提法表示了坚定的支持。作为种植园主的儿子，休斯从小就对农业非常感兴趣。他从佑治亚大学毕业后回到家乡管理种植园，并在其后创建了一个大型的、功能非常复杂的木兰园。1908 年，休斯当选为佐治亚州国会议员，基于自身的经历，他非常关注能够为农民带来福利的立法。在成为众议院教育委员后，他对国家资助农业教育的提法自然也非常赞同。史密斯最初在亚特兰大法律事务所学习，17 岁即参与处理法律诉讼案件并在不久后成为美国东南部最有声望的处理伤害案件的律师。由于他经常代表铁路工人、乘客与铁路公司打官司，他对劳工阶层的生活和教育问题非常了解也非常关心。1911～1921 年，他被佐治亚州推选为国会参议员，由于出色的口才和高超的调停技巧，他被公认为是国会的发言人。源于亲身经历，他也是竭尽所能地对能够为劳工带来福利的法案表示支持，如 1914 年《史密斯-利弗法案》就是在他的牵头下递交国会并最终被颁布的。除此之外，他还对帮助农民获得联邦贷款的 1916 年《联邦农业贷款法案》（Federal Farm Loan Act）、为确保铁路员工工作时间的《亚当斯八小时法案》（Adamson Eight-Hour Act）等表示支持。在向参议院递交呼吁国家资助中等职业技术教育的提案之前，他和休斯一同参加了国家资助职业教育委员会的工作，在开展调查前，他们就明确表明了对联邦资助职业教育事业的支持。该提案被分别提交到参议院和众议院后，他们又与国家资助职业教育委员会密切合作，在华盛顿和各州，不仅为"提案赢得了数百家联邦、州和地方各种机构组织的支持"①，而且在参众两院据理力争，为提案的顺利通过付出了许多艰辛的努力。

除了以上两位议员，非常值得一提的是来自佛蒙特州的共和党参议员佩奇。佩奇毫无疑问是联邦资助中等职业教育坚定有力的支持者。虽然共和党本身对职业教育不太感兴趣，再加上党派之争的影响，1912 年佩奇递交给国会的敦促联邦政府资助特定类别的中等层次职业教育的提案最终以失败告终，但是佩奇对在国会推动联邦资助职业教育立法的信念一直没有动摇过，他由此还获得了一个"不可征服的参议员佩奇"的称号。在 1916 年国会选举中，民主党议员在国会中重新占多数，国会民主党本身就是一个支持职业教育的党派，民主党曾经在 1912 年和 1916 年会议的决议中明确表示过这种态度。在这种情况下，佩奇决定将自己的立法期望托付给来自佐治亚州的民主党议员，也就是职业教育的坚定支持者史密斯。佩奇相信，凭借史密斯民主党员的身份，加上其出色的论辩和协调能力，该提案在参议院获得大多数赞同就有了现实的基础。在经过一番协商后，佩奇转而积极配合史密斯的工作，致力于该提案的通过。比如，在 1916 年 6 月 24 日佩奇的国会陈述中，明确指出史密斯与休斯两位议员递交的提案是联邦政府为各州农业、家政、工业和商业教育提供拨款的提案。他在首先说明以上四大项目对国家未来发展至关重要的基础上，在发言的最后，明确期望："我希望我的参议员兄弟们能够花费时间仔细研究这些条款，一旦它能通过，这将是本届国会最最重要的事件。根据我的判断，这一提案对大多数美国人来说都是非常重要的，而这一建设性的立法在国会历史上也是没有的。"② 1916 年 7 月 29 日，参议院对该提案再一次稍作修改，在随后的简短辩论中，尽管也有不少人提出反对意见，但是大多数参议员仍在次日投了赞成票。对于佩奇在立法过程中的付出，史密斯在国会陈述中给予了充分的肯定。史密斯回忆了参议院三年前的选举工作，提及了由于民主党的获胜，佩奇将领导该提案通过的任务转交给自己的经历，同时对于佩奇的其他工作也给予了充分的肯定。他说："我的民主党同伴们似乎主要看到了我在这个法案上所做出的努力，正像我几年来一直所做的那样，但是，事实是，以佛蒙特州的佩奇议员为代表的共

① Hawkins L S, Prosser C A, Wright J C. 1951. Development of Vocational Education. Chicago: American Technical Society: 84.

② Shu W N. 1996. A Comparison of Factors that Influnce Vocational Education Law-Making in the U. S. and TaiWan, Republic of China. Minnesota: Faculty of the Graduate School of the University of Minnesota: 98.

和党参议员们为推动这一伟大的工作也一直在付出相当的努力……"①

由于多种原因，提案在众议院的审议通过并不像参议院那么顺畅。在众议院辩论期间，一些早已经不成问题的问题，如联邦资助各州职业教育与宪法精神不符的问题等又被有的议员提了出来。面对这个问题，众议员唐纳（Towner）当面予以回击，他指出："社会对特定工作（职业教育）的需求是非常明显的，做好这个工作将需要更多的资金投入，由代表民众的政府激励和资助此项教育事业没有什么不合适……"② 除了以上的障碍，在众议院辩论期间，恰逢美国在是否参加第一次世界大战问题上处于摇摆不定的时期，国会的日程表上挤满了与战争相关的事情，而参战或不参战更像是议员们更为关注的事情，加之此时休斯议员也因长期疾病无法推动此事，《史密斯-休斯法案》的出台看起来似乎又遥遥无期了。

（三）第一次世界大战的爆发和《史密斯-休斯法案》的签署

但是，从另一个角度来看，第一次世界大战的爆发对《史密斯-休斯法案》在国会的通过未必不是件好事。以下我们将结合美国被迫参战的事实来分析战争前后美国国内劳动力的供需状况和教育培训问题，以此来透视战争对美国职业技术教育立法的推动作用。

自殖民地时期以来，由于美国特殊的地理位置及长期受孤立主义思潮的影响，美国人历来并不习惯过分关注欧洲事务。1914年第一次世界大战爆发初期，面对英国人、法国人和德国人的战争宣传，美国试图保持中立主义的态度。他们认为，交战国任何一方的胜利都可能对美国不利，而中立主义的地位，恰可以给予美国人同交战双方大做生意，扩大贸易市场和经济实力的特殊机会，同时当战争进行到一定程度的时候，美国正好可以以最高仲裁者的身份出面干预战争，发挥其影响世界的巨大作用。但是，至少以下三个原因破坏了美国中立国家的美梦：第一就是美国作为移民国家的现实，来自不同国家的移民对各自祖国的忠诚是无法改变的；第二，战争进入相持阶段后，交战国巨大的战争物资需求又迫使它们向美国购买补给，在这种情况下，中立主义的精神毫无疑问地成为美国大发战争财的障碍；第三，1915年2月4日，德国所发动的潜艇战，致使美国商船和游客的人身安全受到了事实上的侵犯和威胁。在多种因素的作用下，美国参战似乎是不可逃避的选择。

---

① American Vocational Association. 1976. The Vocational Age Emerges，1876-1926. American Vocational Journal，(5)：57.

② Shu W N. 1996. A Comparison of Factors that Influnce Vocational Education Law-Making in the U. S. and TaiWan，Republic of China. Minnesota：Faculty of the Graduate School of the University of Minnesota：100.

如果美国即将参加战争，那么至少将从两方面提升美国国内对于职业教育的需求。

一方面，由于第一次世界大战已经具备了现代战争的特征，即从刀、枪、剑的比拼时代向以动力和机械竞争时代的过渡，这就要求：其一，直接参战的士兵必须能够掌握先进武器的使用方法；其二，在直接参战的人员之外，必须配备直接服务于战争的其他技术人员。比如，据1917年10月人们估计，"配备150万人的军队，在实际征募入伍的各类参战人员之外还需要20万的机械师"[①]。同时，根据军方提供的人力需求信息，当时最缺乏的人才就是无线电报务员、汽车驾驶员、普通机械维修人员、飞机维修人员、焊工、造船工人等。可以说，对这些人员的教育培训也是联邦政府不得不优先考虑的问题。

另一方面，由于美国的参战，协约国肯定会增加对美国战略物资的订单，这将为美国工农业生产带来前所未有的机遇。当订单的增多要求有更多的劳工加入到战争产业的时候，美国国内技术劳工短缺问题将会更加严峻。首先，战争使移民的数量下降。1914年到美的移民为121.848万人，1915年移民数是它的1/4，1918年移民数仅是它的1/10[②]；其次，由于战争的需要，国内许多的青壮年劳动力将应征入伍。据后来的一些资料显示，"1917年6月5日，几乎有将近1000万21岁到31岁的年轻人志愿登记入伍。到1918年11月已有500万人在军队服役"。[③] 在劳动力持续缺乏的情况下，传统上一直被忽视的黑人和妇女就必须被动员起来，因此他们的职业技术培训问题也会比较突出。据资料显示，虽然战时任何一年，女工最大人数均未超过100万[④]，但是相较于战前，其数量却有了显著的上升。另外，铁路上的职业技术性工作第一次开始雇佣黑人，而在铸造厂、炼钢厂、加工包装厂、建筑公司，以及其他工业部门，黑人也找到了技术水平要求不高的工作。[②]

当职业技术教育日益成为制约士兵的作战能力及制约军工生产效率效益的重要因素时，无论是对直接参战的士兵，还是对服务战争的技术人员，以及临时从家庭和社会底层走出来的妇女和黑人，职业技术教育无疑是这些人员较好履行应尽职责的必要条件。关于这一点，威尔逊总统也是这么认为的。在美国即将参战的前夕，他不仅在各种场合强调职业教育对战争、国防、国家安全的重要意义，还力促参众两院早日通过该法案。比如，1916年1月27日，威尔逊总统在对铁路商业协会的演讲中提出："备战有两种准备，不仅仅是军事上的，

① Hawkins L S, Prosser C A, Wright J C. 1951. Development of Vocational Education. Chicago: American Technical Society：431.

② 刘绪贻，杨生茂. 2001. 美国通史（第四卷）. 北京：人民出版社：410.

③ 程国强. 中华民国72年. 美国史：1901~1985. 台北：华欣文化事业中心：57.

④ 刘绪贻，杨生茂. 2001. 美国通史（第四卷）. 北京：中国出版集团人民出版社：410.

我们还必须进行工业方面的准备。我认为理想的状况应该是，我们伟大的国家应该拥有一个在联邦指导和资助下的工业和职业教育系统，这个系统将使我国大部分年轻人，能够在实用技术方面或者在将科学原理运用于工业制造和商业实践方面得到训练。在制造和维护机械与使用武器之间建立联系，将是一件十分可行并十分迫切的事情……如果这样，我们就能够在同一时间既实现了工业效率，也服务了国家防御。"① 正是看到职业教育对国家工业和国防安全的重要意义，威尔逊总统连续递交给国会三封咨文，强调了开展职业技术教育的迫切性。在1916年12月5日的国会咨文中，他说："在国会最后一次会议上，参议院通过了促进职业和工业教育的法案，此法案对我们国家至关重要。通过职业技术教育的人才准备，未来我国的经济发展就有了更为宽广的基础，这个问题已被我们忽略良久，难道我不应该敦促众议院早日通过法案，早日实施法案吗？国家在等待国会富有想象地通过立法，我们急切地等待着一个十分伟大的令人震惊的事件发生。"① 正是在威尔逊总统的全力推动下，在美国参战前夕，众议院重新优先考虑休斯的提案。1917年2月23日，该提案收到了众议院几乎全体议员一致的同意。随后，威尔逊总统签署了《史密斯-休斯法案》。

四、《史密斯-休斯法案》的内容与实施

（一）《史密斯-休斯法案》的内容

《史密斯-休斯法案》全称为"促进职业教育：在促进农业、商业和工业教育方面与各州的合作，在培训职业科目的教师方面促进与州的合作，拨款并规定其用途的法案"。其主要涉及以下四个方面的内容。

首先，法案详细规定了资助项目与资助金额。法案在开头就明确了仅对两方面的工作进行资助："本法案第二、第三、第四条规定的为与各州合作而支付农科教师、督学、主任和商业、家政以及技工科目教师的薪金和培训款项。""第七条中规定的供联邦职业教育委员会执行本法案和为帮助职业教育进行组织与活动而进行调查、研究和准备报告的款项。"② 也就是说，法案资助的项目之一是农业、商业、家政业和工业四大领域教师、督学和主任的工资；资助的项目之二是联邦职业教育委员会每年的调查、研究和公务费用等。在单项拨款中，为了突出农业教育的重要地位，法案规定1918财政年度为与各州合作而支付农科教师、督学和

① Shu W N. 1996. A Comparison of Factors that Influnce Vocational Education Law-Making in the U. S. and TaiWan, Republic of China. Minnesota：Faculty of the Graduate School of the University of Minnesota：74-75.

② 《史密斯-休斯法案》. 1999. // 夏之莲. 外国教育发展史料选粹（下）. 北京：北京师范大学出版社：168.

主任的薪金 50 万元，为与各州合作而支付商业、家政业与工业三项教师的薪金共计拨款 50 万元，其中特别规定，家政科的拨款"均不得超过根据本法案为支付商业、家政和技工等科教师薪金所拨款项的百分之二十"①。同时，四项拨款应逐年增长，至 1926 财政年度农业拨款达到 300 万，商业、家政业与工业三项拨款亦达到 300 万，并在 1926 年以后各自稳定在 300 万的水平。

其次，法案指定了联邦和州的管理机构，并规定了具体的管理方法。法案肯定了斯尼登和普罗瑟极力主张的设立普教与职教分离的双重管理机构的建议，并在联邦层次设立了专门的联邦职业教育委员会，与之相对应，要求各州下设不少于三人的州委员会以便与联邦职业教育委员会共同管理拨款事宜。法案规定："为保证本法案第二、第三和第四条中规定的拨款权益，任何一州都应通过其立法机关表明接受本法案的规定并指定或成立由不少于三人的州委员会，按规定给予必要的权力同联邦职业教育委员会合作以执行本法案的规定。"② 当然，在各州究竟应该设立何种职业教育委员会的问题上，联邦法案采取了更为弹性的原则，"如州认为需要，可以指派负责管理公共教育的州教育委员会或负责管理任何一类职业教育的任何州委员会为执行本法案规定的州委员会"。在具体管理办法方面，法案规定："为保证按本法案制定目的使用拨款，州委员会应制定各种职业教育使用拨款的计划、学校和设备的种类、学习课程、教学方法、教师资格、关于农科督学和主任的资格、教师培训计划……"提交联邦职业教育委员会审查，同时各州还应该把"州内完成的工作和按本法案规定领取和支付拨款的情况，向联邦职业教育委员会作年度报告"③。另外，法案还要求各州要建立高效的公众监督与管理机制，对各州职业教育的实施进行全方位的监督，以确保其机构的正常运行。

再次，法案规定了联邦、州与地方的资金合作方式。遵循以往的立法惯例，《史密斯-休斯法案》规定联邦拨款只能专款专用，州与地方必须承担各自相应的责任。"根据本法案拨给各州的任何一部分款额均不得直接或间接地用于购买、建造、维护或修理房屋、建筑物或设备，或者用于购买或租赁土地或资助任何教会私人兴办的学校或学院。"④ "对开设周密安排训练课程所需的费用和农科与商业、家政、技工等科的教学补助费用，均应由州和地方学区负担，而这

---

① 《史密斯-休斯法案》.1999.//夏之莲.外国教育发展史料选粹（下）.北京：北京师范大学出版社：170.

② 《史密斯-休斯法案》.1999.//夏之莲.外国教育发展史料选粹（下）.北京：北京师范大学出版社：171.

③ 《史密斯-休斯法案》.1999.//夏之莲.外国教育发展史料选粹（下）.北京：北京师范大学出版社：172.

④ 《史密斯-休斯法案》.1999.//夏之莲.外国教育发展史料选粹（下）.北京：北京师范大学出版社：175.

些费用的任何一部分均不得动用拨款。"① "州或地方学区都必须提供由州委员会决定并经联邦职业教育委员会批准的必要的工厂和设备，作为州内学校和训练班从事教学的最低要求。"① 另外，法案还强化了 1914 年《史密斯-利弗法案》中使用的匹配基金的方式，即 "联邦为这些薪金（农业、商业、家政业、工业等教师、督学、主任的工资）每花一美元的钱，州或地方学区都要为这些薪金支付一美元的钱……联邦为维持这种培训每花费一美元时，州或地方学区也都要为这种培训花一美元的钱"②。联邦职业技术教育立法资金匹配、成本分担、收益共享的方式，一方面避免了由任何一方单独负担职业教育成本所导致的负担过重、发展不力的局面；另一方面在强化联邦主导功能的同时，突出了州与地方在职业教育问题上的主体地位，使职业教育能够在联邦指引的方向中前进。

最后，法案具体规定了职业教育的目标人群、具体培训与管理方式等。法案要求各州开展的职业教育，在层次上应该低于学院层次，目标定位在 14 岁以上已经投身或准备投身以上四项职业的人群。同时，为了确保农业、商业、家政、技工等教学科目的实践性，法案还强行规定：农科学生 "或是在学校指定的农场，或是在别的农场进行有指导的或有人带领的农业实习，每年至少 6 个月"①。对于专门为未参加商业、家政业、工业工作的 14 岁以上人群开设的学校或训练班，"应该至少把一半的时间用于进行实用的或生产性的实习工作，这样的延续教育每年不少于 9 个月，每周不少于 30 小时"③。对于半日制学校或训练班 "应该规定每年的课堂教育不少于 144 小时；技工夜校应规定 16 岁为最低的入学条件，而且应该限制利用上班时间补课"③。联邦法案对农工商业和家政业实践操作时间上的硬性规定，一方面有利于在中学普通教育占据主体地位的氛围中，有效确保职业科目的实践性，另一方面也存在着缺乏弹性等弊端，并没有考虑不同的职业科目对培训实习时间的特殊要求，所有这些都有待于后续的法案继续完善。

（二）《史密斯-休斯法案》的实施

1. 成立机构、递交规划与接受拨款

1917 年 2 月 23 日，法案签署后第 16 天，由农业秘书、商业秘书、劳工秘

---

① 《史密斯-休斯法案》. 1999. // 夏之莲. 外国教育发展史料选粹（下）. 北京：北京师范大学出版社：173.

② 《史密斯-休斯法案》. 1999. // 夏之莲. 外国教育发展史料选粹（下）. 北京：北京师范大学出版社：172.

③ 《史密斯-休斯法案》. 1999. // 夏之莲. 外国教育发展史料选粹（下）. 北京：北京师范大学出版社：174.

书、教育委员，以及其他三位民众代表组成的联邦职业教育委员会迅速成立，普罗瑟毫无悬念地当选为新成立的联邦职业教育委员会的第一任主席。与此同时，各州也依据自己的情况，或者单独组建职业教育管理机构，或者在原有的普通教育管理机构中增添职业教育管理功能。据统计，"51 个州级教育管理机构中，33 个同时担负起普教与职教的管理责任，13 个州创办了单独的职业教育管理机构"①。在国内最初出现州职业教育系统的 5 个州中，麻州、纽约州、康涅狄格州、新泽西州继续坚持普通教育和职业教育由统一的联合机构来管理的方式，而威斯康星州则继续自己双重的管理系统。

联邦职业教育委员会成立之后即要求各州在 1918 年 1 月 1 日之前递交州规划，以示接受联邦拨款，因此 1917 年年底，48 个州先后递交了规划申请。② 从 1918 财政年度开始，联邦政府开始向各州拨款，截至 1926 财政年度，其各项拨款数额见表 2-1。

表 2-1　1926 年之前《史密斯-休斯法案》年度拨款数额统计　　（单位：美元）

年度	为农业教育拨款	为商业、家政、工业教育拨款	为教师培训拨款	为各项调查拨款
1917～1918	548 000	566 000	546 000	200 000
1918～1919	784 000	796 000	732 000	200 000
1919～1920	1 024 000	1 034 000	924 000	200 000
1920～1921	1 268 000	1 278 000	1 090 000	200 000
1921～1922	1 514 000	1 525 000	1 090 000	200 000
1922～1923	1 761 000	1 772 000	1 090 000	200 000
1923～1924	2 009 000	2 019 000	1 090 000	200 000
1924～1925	2 534 000	2 556 000	1 090 000	200 000
1925～1926	3 027 000	3 050 000	1 090 000	200 000
1962 年之后每年	3 027 000	3 050 000	1 090 000	200 000

资料来源：Woody W T. 1924. Vocational Education// Kandel I L. Twenty-Five Years of American Education：Collected Essays. The Macmillan Company：290

作为"种子基金"的联邦拨款，激励了各州和地方为职业教育投资。尽管法律规定各州最起码要提供与联邦拨款等量的匹配资金，但事实上，各州提供的资金量远远超出了联邦法案的要求。比如，20 世纪初期，联邦、州与地方对加利福尼亚州的工商业教育共计投资 74.549 万，其中 88％的资金来自州和地方的投资，联邦政府为加利福尼亚的职业教育每花费 1 美元，州和地方的投资将

———————

① Hawkins L S, Prosser C A, Wright J C. 1951. Development of Vocational Education. Chicago：American Technical Society：117.

② Hawkins L S, Prosser C A, Wright J C. 1951. Development of Vocational Education. Chicago：American Technical Society：206-207.

达到 7.12 美元。^① 从全国来看，"1917～1918 财政年度，联邦财政为《史密斯-休斯法案》所规定的职业教育拨付资金的总额为 1 655 587 美元，占全国职业教育资金投入的 27%，占全国工商业职业教育投入的 20%，占全国公共教育投入的 0.1%；1925～1926 财政年度，联邦拨款已稳定在 7 184 902 美元，其分别占全国职业教育资金投入的 24%，占全国工商业职业教育投入的 23%，占全国公共教育投入的 0.3%"。^② 虽然联邦职业教育拨款占全国各项职业教育投资的比重不大，但是却起到了显著的引导、规范全国职业教育发展的作用。

2. 服务于第一次世界大战

与威尔逊总统的想法一样，第一次世界大战是一场机械力量的大比拼。作为战争和国防战略有机组成部分的《史密斯-休斯法案》，应该为正在进行的战争担负责任。联邦职业教育委员会普罗瑟在 1917 年 8 月 1 日的会议备忘录中，就已经提及了希望开展战争伤残士兵救助，对造船和军工企业的工人，特别是海军所需要的机械师和技师的需求状况开展调查的问题。在清楚《史密斯-休斯法案》对这方面并没有特殊限定的肯定答复后，联邦职业教育委员会结合法案的具体资助项目，与美国战争部教育和特殊训练委员会以及各州职业教育管理机构密切合作，在资金、师资、课程、管理机构等方面及时调整、准备，迅速形成了以借助夜校和部分时间制学校来培训战争所需要的各类人才的计划。

虽然《史密斯-休斯法案》并不是单纯为战争而颁布的，但是从其出台到战争结束的大约 11 个月的时间内，联邦职业教育委员会已经为 125 个不同的战争岗位培训了 61 151 名技术工人，有力地支持了美国的战争准备，具体情况见表 2-2。另外，还有 3 万名工人利用每天工作之余在夜校接受了与工作相关的战争培训。

表 2-2　《史密斯-休斯法案》颁布后为战争培训的各类人员数量

职业类别	培训人员数量/人
无线电和信号员	31 194
汽车机械师	10 998
汽车驾驶员	2 392
机械师	3 712
电工	2 012
木工	951
飞机维修员	662

① Kantor H A. 1988. Learning to Earn, School, Work and Vocational Reform in California, 1880-1930. Madison：The University of Wisconsin Press：110.

② Lazerson M, Grubb N. 1974. American Education and Vocationalism—A Documentary Histiory 1870-1970, New York, London ：Teachers College Press of Columbia University：31.

续表

职业类别	培训人员数量/人
焊工	1 009
金属削片工	291
锻工	467
机械制图师	1 296
其他职业	6 167
总计	61 151

资料来源：Hawkins L S，Prosser C A，Wright J C. 1951. Development of Vocational Education，Chicago：American Technical Society：441

《史密斯-休斯法案》的颁布和实施，不仅有力地支援了美国的参战部署，同时在它的资助下，美国的中等职业技术教育还形成了鲜明的特色。

首先，美国中等普通教育与职业教育相互分离的二元运行结构最终形成。工业革命之前，职业技术教育主要是借助学徒制，在手工工场的现实环境中，由师傅带领徒弟经过长期模仿、领会、感悟进行的。19 世纪以后，尽管学校成为职业技术教育的主要阵地，但是，在传统以培养文化精英为主的学校氛围中，初期以手工教育形式出现的职业技术教育却更多地服务于智力进步和道德培养的目标。正是对手工教育过分强调普通教育倾向的一种超越，职业教育的提倡者和支持者们极力主张在"在独立的工业学校，为特定阶层孩子的未来能够拥有特定的职位提供特定的训练"[①]。虽然综合中学的出现，使职业教育更多地集中在综合中学开展，但是由于法案的固化功能，许多州或者建立与州教育部平行的独立的职业教育管理机构，或者在原来州教育部中增设或分设职业教育管理功能。以上职业教育管理机构的创建，强化了职业教育与普通教育相互分离的倾向，并引发了一连串连锁反应。突出地体现在以下三个方面。

（1）资金的分离

《史密斯-休斯法案》规定，联邦、州和地方资金只能用于资助职业类项目，而不能用于中学普通教育类项目。法案的初衷尽管是为了避免综合中学其他部门侵占或挪用职业教育拨款，但是由此却形成了职业教育项目与综合中学其他教育项目分离的趋势。

（2）学生学习时间的分离

《史密斯-休斯法案》强行规定参加职业教育的学生，每年至少保证 6 个月的实习时间。对于这样的规定，"20 世纪 20～60 年代，在各州上报联邦职业教育管理机构的规划中，一般都将接受联邦资助学校的教学时间安排为 50：25：25 的比

---

① Lazerson M. 1971. Origins of the Urban School：Public Education in the Massachusetts 1870-1915. Cambridge：Harvard University Press：155.

例。50％的教学时间用于实践或实习，25％的时间用于与实践相关的课程学习，另外的 25％用于学术类课程的教学"①。这样的划分虽然一定程度上保证了学生实践和实习的时间，但是如此硬性的规定却强化了学术与职业类知识之间的区分，同时如此安排是否符合所有类别的教育对时间的需求也令人怀疑。

（3）课程的分离

首先，最突出的表现是职业课程与学术课程的分离。由于法案过分强调对目标人群进行特定的工作技能培训，而对学生的理论背景却很少要求，同时战争准备又强化了课程的实用性，这就使职业类学生的学术课程没有能够得到充分的重视，这种倾向一直到 20 世纪 80 年代以后才有所改观。另外，分离的课程结构还导致了教师培训、教育管理机构等分离的运行模式，而这些又几乎成为其后近百年职业技术教育难以突破的框架。

其次，部分时间制教育和夜校成为职业技术教育的主要方式。《史密斯-休斯法案》虽然将资助的学校类型定位于全日制学校、部分时间制学校和夜校，但是该法在促进全日制学生学习职业课程方面的效果并不明显。据统计，"1912～1913学年，当工业教育概念普遍被接受的时候，全国 6.9％的高中学生参与了全日制工商业课程的学习。1924 年，当联邦资助额即将最大化的时候，仅有 6.7％的高中学生参与全日制工商业课程的学习。截至 1930 年，全国 14～18 岁的农村孩子仅 13％参与了全日制的农业教育，4.6％的城市孩子参与全日制的工商业课程学习，4.1％的女孩参与全日制家政业培训"②。但是，由于战争准备等因素的促进，部分时间制和夜校职业教育的形式发展得非常迅速。据统计，"1912～1913年，只有威斯康星州拥有一些部分时间制的学校，6 年后，17 个州立法规定创办此类学校，并为 14 岁时就退学的人实施强迫性的部分时间制职业教育。截至 1928 年，又有 17 个州通过了此类立法。1919 年，在接受联邦资助的工商业学校中，86％的学生参与的是部分时间制学习项目。1924 年，这样的情况增加到 92％"①。

此外，在《史密斯-休斯法案》的资助下，通过战争期间对在职青年人和成年人的培训活动，以及聚焦在如何将 14～16 岁的孩子留在学校的问题，传统的手工教育主要用来服务贫孤儿童、少年罪犯、无可救药或者精神低能人的改造的观念也进一步与职业教育观念融合，职业技术教育不仅是正常人服务国家的方式，还可以为非常态的人群提供帮助，所有这些都为未来职业技术教育概念范围的进一步拓展奠定了坚实的基础。

---

① U. S. Department of Education Office of Vocational and Adult Education. Vocational-Technical Education：Major Reforms and Debates 1917-Present. http：//eric. ed. gov/? id=ED369959. ［2007-2-8］．

② Lazerson M，Grubb N. 1974. American Education and Vocationalism—A Documentary History 1870-1970，New York，London ：Teachers College Press of Columbia University：32.

第四节　沿袭《史密斯-休斯法案》资助理念的系列拓展法案

1917年《史密斯-休斯法案》颁布后，伴随着战争的结束、经济建设的开始以及战争的再次开始和结束，"从1917年至1947年的30年间，至少有53个关于职业教育的提案被递交给国会两院；从1947～1961年，另有11个公法对职业教育项目的发展有着直接的影响"。① 但是，除了增加拨款额度、增添资助项目以外，以上幸运获得通过或者不幸没能通过的联邦立法的指导思想和立法原则一直没有大的变动。纵观几十年来联邦立法的实践，在内容上主要集中在两个方面：以抑制经济衰退和失业问题为目标的职业技术教育立法，以促进战争经济和国家安全为主题的职业技术教育立法。下面我们将沿着历史的轨迹，简要介绍1917年《史密斯-休斯法案》颁布直至1963年《职业教育法》出台的几十年间联邦职业技术教育立法的实践。

一、第一次世界大战后的系列立法

第一次世界大战结束后，主要有两部关于职业重建的联邦立法涉及国内的职业技术教育。它们是1918年为第一次世界大战退伍士兵职业重建颁布的《史密斯-席尔斯法案》（Smith-Sears Act）以及1920年对社会残疾人士参与工业建设而进行资助的《史密斯-费斯法案》（Smith-Fess Act）。

（一）《史密斯-席尔斯法案》

历史上，世界各国一般都会给予复员士兵土地、荣誉和养老金等各种补偿。第一次世界大战前，在职业技术教育的经济功能得到充分肯定的前提下，对伤残复员士兵进行职业重建成为众多国家的首选。比如，从1914年8月起，法国、比利时、奥地利、匈牙利、英属国家等已经有了这方面的实践。美国参战后，主要借鉴邻国加拿大的经验，1918年2月，由参议员史密斯递交的《参议院第189号决议》以及由联邦职业教育委员会参与调查的其他一些材料汇总成《关于职业重建和伤残士兵及海员的安置问题的报告》，被递交到了美国战争部。

报告首先对有职业重建需求的伤残复转军人数量进行了估算："第一次世界大战爆发三年后，各交战国大约有1300万伤残士兵，其中300万人做了各类截

---

① Swanson J C. 1951. Development of Federal Legislation for Vocational Education. The Panel of Consultants on Vocation, U. S. Department of Health, Education, and Welfare：78-94.

肢手术。根据这个数据来计算，如果美国以每年 100 万的数量向海外派兵，参战一年后，各类伤残回国人员预计有 10 万之多，其中至少有 2 万人需要接受再就业培训。而参战两年后则至少有 4 万人，参战三年后，至少有 6 万人需要再就业培训，以便克服就业中的不利地位"[①]。伤残复转军人的职业重建工作同时也引起了总统的注意，他授权战争秘书于 1918 年 1 月 14 日召开了伤残士兵职业重建的会议，旨在形成具体的职业重建计划。当时参加会议的机构主要有军队外科医师办公室、海军医疗和手术署、国防委员会、教育部、劳工部等 10 多家。经过审慎的思考，会议小组委员会提交了与战争部类似的重建计划。报告和计划被参议员史密斯、众议员席尔斯分别提交参众两院，经稍作修改后，顺利地被两院通过，于 1918 年 6 月 27 日由总统签署实施。

《史密斯-席尔斯法案》全称为"为美国伤残和复转的士兵和海员职业重建或其他目的颁布的法案"。法案规定，由军队外科医师办公室负责伤残人员的医疗，其后联邦职业教育委员会将负责这些人职业重建的规划、实施和管理。法案为参加战争的伤残复转人员提供了为期 10 年的职业重建培训项目。[②] 为了更好地实施法案，联邦职业教育委员会根据法案精神，首先对人员进行了重组，同时加强了与各州和各部门的合作。另外，考虑到由于部分士兵没有参加战争风险局的保险，并不合乎接受资助与培训的条件，艾克思捐赠基金（Elks Gift Fund）和美国红十字会随即为之提供了捐赠，而国会同时也提供了 20 万美元的匹配资金。"通过国会拨款项目和捐赠资金，1921 年联邦职业教育委员会能够支配的可重复使用的培训资金达到了 50 万美元。而 1921 年 7 月 1 日的报告也显示，联邦职业教育委员会为复转和伤残士兵共计提供贷款 63.6 万美元，其中仅有不足 6%，即 3.6 万元没有发放。"[③] 1921 年 8 月《斯维特法案》（Sweet Act）通过后，联邦职业教育委员会所有关于伤残、复转士兵的职业重建工作统一划归退伍军人署管理，而联邦职业教育委员会则专门负责《史密斯-休斯法案》和 1920 年《史密斯-费斯法案》所涉及的资助项目。

《史密斯-席尔斯法案》作为第一个专为战争伤残人士职业重建而颁布的资助法案，不仅拓展了《史密斯-休斯法案》的资助类型和资助范围，是联邦职业技术教育立法概念内涵与外延的一种延伸，同时也直接奠定了未来社会残疾人士、第二次世界大战复转伤残士兵等职业重建工作的基础。

---

① Hawkins L S, Prosser C A, Wright J C. 1951. Development of Vocational Education. Chicago：American Technical Society：443-444.

② Thompson M. 1994. An Examination of the Evolution and Role of Persons with Disabilities within American Society. http：//www. empowermentzone. com/evolve. txt. ［2007-7-12］.

③ Hawkins L S, Prosser C A, Wright J C. 1951. Development of Vocational Education. Chicago：American Technical Society：453.

(二)《史密斯-费斯法案》

在社会效率和科学管理等思想的影响下，借鉴《史密斯-席尔斯法案》经验，并效仿国内 6 个州对社会残疾人士职业重建工作的做法，1920 年 6 月 2 日，威尔逊总统签署了《史密斯-费斯法案》。法案全称为"关于促进残疾人在工业等领域的职业重建工作，使他们能够返回到正常人职业雇佣行列的法案"，因此法案又被称做《工业重建法案》(Industrial Rehabilitation Act)。此法案是联邦政府第一次为非战争因素导致的残障人士职业重建提供资助的法案。法案将社会残障人士定位为：由于天生或意外事故、伤害或疾病等，致使他们在某方面有生理缺陷或不足。① 法案认为：由经过培训的专业人士，为残障人士提供职业指导、培训、调整、安置等必要的服务，使其在社会上发挥一技之长，这样不仅可以减轻社会的负担，提升经济运行效率，还能在给予残障人士经济独立的同时鼓舞其生活的信心。

法案资助期限为 4 年，后历经多次修订，从 1921 财政年度的 75 万美元财政拨款，逐步增加，到 1939 年，每年拨款的数额达到 350 万，到 1957 年，每年拨款的数额达到 6500 万。《史密斯-费斯法案》继承《史密斯-休斯法案》的资助方法和原则，重新强调了联邦与州职业重建资金的匹配和专款专用原则，"联邦政府为此项工作每花费 1 美元，在州职业教育管理机构的监督管理下，州、地方至少也应该提供等量的资金，或者其他类资金但可用于同样的目的""此项资金不准直接或间接用于购买、维修或建造、修理任何建筑和器材，也不准用于购买或租赁场地"②。法案再次肯定了由州来承担法案实施的主要责任的原则，提出由州首先提交各自的残疾人职业重建项目计划，其中应该包括职业重建项目的类型、管理、课程、教学、师资等具体内容，由联邦职业教育委员会审议后拨款……

法案颁布后，1920 年共有 36 个州参与了职业重建计划，而通过职业培训重返正常职业雇佣行列的人数也呈逐年增加的趋势。据统计，1921 年有 523 人参加培训，1924 年则上升到 5594 人。③ 另据 1930 年统计，当年身有各类残疾并正在参与联邦与州合作培训项目的共有 2 万多人，其中 4500 人在完成培训后重返正常职业雇佣行列，其从事的职业包括从低技术到高技术的 600 多个工种。据调查，联邦和各州为每个人平均提供了不足 300 美元的培训费用，就使他

---

① Sharing the Dream：Is the ADA Accommodating All? http：//www.usccr.gov/ pubs/ ada/ ch1.htm.［2007-7-25］.

② Hawkins L S, Prosser C A, Wright J C. 1951. Development of Vocational Education. Chicago：American Technical Society：459-461.

③ Hawkins L S, Prosser C A, Wright J C. 1951. Development of Vocational Education. Chicago：American Technical Society：461.

们获得了自力更生的能力，其培训花费远低于联邦和州政府对社会上无所事事的人的年均资助额度。[①] 考虑到此法案资助项目到1924年即将停止，在不能肯定未来能否继续获得资助的情况下，许多长期的职业重建项目根本无法开展，因此在各方面的努力下，1924年《史密斯-费斯法案》得以重新修正，拨款项目得以延期，而截至1943年，在职业重建办公室划归联邦安全局管辖之前，《史密斯-费斯法案》前后共修订了5次。另外，残疾人职业重建工作在地域上也不断得到扩展。1924年夏威夷地区、1929年康涅狄格州、1931年波多黎各地区、1937年堪萨斯州、1939年特拉华州等分别同意接受联邦职业重建拨款。

《史密斯-费斯法案》是继《史密斯-席尔斯法案》之后，联邦政府对国内非战争因素引起的残疾人士职业重建工作实施资助的法案。该法案在《史密斯-席尔斯法案》的基础上，再次扩大了联邦职业教育立法资助的范围和领域，是联邦职业教育立法内涵与外延的再次延伸。同时，以上两部对残疾人士职业重建进行资助的立法实践，还为联邦政府在20世纪60年代以后人力资源系列立法的出台，进行了理论与实践的铺垫。

二、经济萧条期前后的系列立法

1917年《史密斯-休斯法案》颁布直至1929年美国经济大萧条之前，由于职业技术教育作为与国家政治、经济生活密切相关的教育形式，加之联邦职业技术教育立法调动了各州开展职业技术教育的积极性，美国职业教育事业一直处在不断发展的状况中，尤其是农业和家政业教育的发展更快。1929年，《乔治-里德法案》（George-Reed Act）最先为农业和家政业提供了联邦追加拨款。1929年美国经济危机爆发后，由于职业技术教育与"新政"中以大型公共工程促进就业，并促进国内经济增长的思路一致，在各方面经费严重不足，中小学停课歇业、缩短学年课时的情况下，联邦政府不断增加职业教育拨款、延长职业教育拨款的年限，将职业教育作为拉动国家经济发展的力量之一。从1929年经济危机爆发到1940年美国着手为第二次世界大战准备合格工人为止的11年间，美国国会共出台了两部主要的职业技术教育立法，它们是1934年的《乔治-埃利泽法案》（George-Ellzey Act）和1936年的《乔治-迪安法案》（George-Deen Act）。这些法案作为1917年《史密斯-休斯法案》的修正法案，在资助理念、资助原则和资助方法等多方面，与《史密斯-休斯法案》基本无异，但是在资助领域、资助数额和资助年限等方面，却呈不断加大、延长的趋势。以下我们将结合具体的立法环境，分析

---

① Hawkins L S, Prosser C A, Wright J C. 1951. Development of Vocational Education. Chicago: American Technical Society：467.

以上三部萧条期前后的立法，探究它们对美国职业教育立法的传承和对未来立法的影响问题。

（一）《乔治-里德法案》

《史密斯-休斯法案》出台后，伴随着联邦、州与地方政府对职业教育资金的投入，各州的职业教育事业发展迅速，请参看表 2-3，来自佛罗里达州的一些数据[①]。

表 2-3   《史密斯-休斯法案》颁布后佛罗里达州各类职业学生入学人数   （单位：人）

内容 \ 年度	年度Ⅰ（1919~1920 年）	年度Ⅱ（1927~1928 年）
农业教育	311	1044
工、商教育	767	2907
家政教育	92	1894

资料来源：Stakenas R G. 1984. Educating Hand and Mind，A History of Vocational Education in Florida. Washington DC：University Press of America：75-84

职业教育在加利福尼亚州发展的速度更快。1917~1918 学年，加利福尼亚州全日制学校中共开设有 41 种工商业课程，1921~1922 学年，课程数量达到 122 个，随后的 4 个学年，课程数量又增加了 66 个，达到 188 个。参与全日制课程学习的人数也不断增多，1917~1918 学年，756 名学生注册参与全日制工商业课程学习，1921~1922 学年，参与全日制工商业课程学习的人数达到 2890 名，1926~1927 学年，人数增加到 4807 名，1930 年人数则达到 6180 人。[②]家政业教育也是如此。从 1917 年到 1926 年，全州全日制家政课程开设数量从 1 个增加到 29 个，入学人数从 11 个增加到 667 名。18 岁以上的女性成为部分时间制学校和夜校家政课程的主力。[③]

各类职业教育的快速发展，使资金问题，尤其是农业和家政业教育的资金缺口问题非常突出。这一方面是因为农业作为美国经济的基础，处在十分重要的战略地位，加之《莫雷尔法案》等系列高等职业技术教育类立法，已经将农业研究、新成果应用等实实在在的利益展现在人们眼前，中学层次的农业教育从一开始就备受人们的青睐。家政教育也是如此。许多州很快地就意识到家政教育在维持家庭和社会正常运转、促进战后妇女就业等方面的作用，因此，对

---

① Stakenas R G. 1984. Educating Hand and Mind，A History of Vocational Education in Florida. Washington DC：University Press of America：75-84.

② Kantor H A. 1988. Learning to Earn，School，Work and Vocational Reform in California，1880-1930. Madison：The University of Wisconsin Press：110-111.

③ Kantor H A. 1988. Learning to Earn，School，Work and Vocational Reform in California，1880-1930. Madison：The University of Wisconsin Press：119-120.

其也非常重视。比如，佛罗里达州要求"每个在校高中女生必须参加一个家政教育单元学习才能毕业"[①]。1929 年莫奇（Murchie）在对加利福尼亚州 355 所高中的调查中也发现："84％的学校要求学生至少要学习一门家政课才能毕业。"[②] 但是，由于《史密斯-休斯法案》的特殊限定，家政教育的拨款"均不得超过根据本法案为支付商业、家政和技工等科教师薪金所拨款项的百分之二十"[③]，致使家政教育发展的资金严重不足。

在家政和农业教育类游说团体近乎 10 年的努力之后，《乔治-里德法案》终于出台了。新法案取消了《史密斯-休斯法案》对家政教育资金的限制，使家政教育和农业教育在未来的 5 年内能够共享该法案提供的联邦拨款。同时其拨款数额也从 1930 财政年度的 50 万逐年增加到 1934 年的 250 万。另外，法案同时还为联邦职业教育管理机构拨款 10 万美元。

《乔治-里德法案》突破了《史密斯-休斯法案》在联邦拨款方面的某些限制，推动了农业和家政教育的发展，使家政教育获得了与其他职业技术教育门类同等重要的地位。

（二）《乔治-埃利泽法案》

1929 年 10 月，美国股票市场的崩溃迅速引发了银行危机，并很快地扩大为全面的经济危机。1929～1933 年，有 10 万家企业倒闭。1929 年 10 月至 1932 年年底，有 5500 家银行破产。1929 年非农业工人失业率为 1/20，1932 年为 1/3 以上。1929～1933 年，薪金减少 40％，红利减少近 57％，制造业工资减少 60％。农业方面也处于崩溃状况。[④] 经济生活的崩溃直接导致了国家、州与地方税源的减少，由此引发了国内社会生活的剧烈动荡。

1932 年，罗斯福取代胡佛入主白宫，他提出了与胡佛迥异的救疗国家经济危机的办法，指出只有借助于国家力量的干预，而不仅仅是依靠市场的自动调节机制，才能尽快使美国摆脱经济危机。在罗斯福总统"新政"措施指导下，"1933 年 3 月 9 日至 6 月 16 日，罗斯福政府通过国会制定了 70 多个法案。从 1935 年 4 月到新政结束，又敦促国会通过了 700 多个法案"[⑤]，诸多法案不仅加强了联邦政府对银行业、工农业生产的全方位干预力度，同时面对严峻的失业

---

① Stakenas R G. 1984. Educating Hand and Mind，A History of Vocational Education in Florida. Washington DC：University Press of America：83.

② Kantor H A. 1988. Learning to Earn，School，Work and Vocational Reform in California，1880-1930. Madison：The University of Wisconsin Press：121.

③ 《史密斯-休斯法案》. 1999.//夏之莲. 外国教育发展史料选粹（下）. 北京：北京师范大学出版社：170.

④ 杨生茂，陆镜生. 1990. 美国史新编. 北京：中国人民大学出版社：372.

⑤ 齐涛. 2004. 世界通史教程（现代卷）（第三版）. 济南：山东大学出版社：155.

问题，《联邦紧急救济法》《全国工业复兴法》等法案还试图以国家牵头就业工程，实行以工代赈，在促进就业的同时，拉动美国经济迅速走出低谷。此外，民间资源保护队（Civilian Conservation Corps）、全国青年管理署（National Youth Administration）、工作进步管理署（Works Progress Administration）、全国公共工程署（Public Works Administration）、民政工程署（Civilian Works Administration）、工程进展署（Works Progress Administration）等机构相继成立，其中仅民间资源保护队这一个机构，就为 18～25 岁的 25 万未婚男子提供了工作机会，1935 年其吸收的人数增加了一倍[①]。工程进展署成立后，在最初的 5 年时间内花费了 110 亿美元，雇佣了 800 多万工人。在全国公共工程署转入实施阶段后，每周一般雇佣 20 万至 30 万人。[①]以上措施，一方面有力地缓解了失业问题对社会安全带来的压力，所开办的公共工程在长时期内也较好地服务了国计民生，同时，其以大型工程带动就业、并最终促使国家经济复苏的理念，也与《史密斯-休斯法案》所竭力追求的以职业教育提升国家经济效率，最终服务于国家经济建设的目标不谋而合。

正是在以上国内经济形势异常严峻的时期，在国内的许多公立学校关门或者为减少支出，缩短学年长度的情况下[②]，虽然联邦职业教育委员会已于 1933 年并入教育部，但是在国内众多支持职业教育开展的力量的努力下，人们不仅粉碎了国会一些人士试图废除《史密斯-休斯法案》的企图[③]，而且在《乔治-里德法案》资助期即将结束的时候，最终促成了《乔治-埃利泽法案》的出台。

《乔治-埃利泽法案》规定：在 1934～1937 年的三个财政年度内，每年为农业、家政、商业和工业总计拨款 300 万美元，其资助金额在以上四个领域内平均分配。由于处在经济危机时期，法案取消了《史密斯-休斯法案》所要求的农业、商业、工业、家政业培训每年至少需要 6 个月的实习时间及各类部分时间制学校和训练班每年的课堂教学不少于 144 小时的规定。

《乔治-埃利泽法案》继承了《史密斯-休斯法案》的理念，将职业教育作为服务于国家经济战略目标的手段，彰显了职业技术教育与国家经济命运的息息相关性，从而使职业技术教育在经济严重衰退的情况下得以继续稳定发展。

（三）《乔治-迪安法案》

《乔治-埃利泽法案》是在经济大萧条背景中，公立义务教育日益萎缩的情

---

① 杨生茂，陆镜生 . 1990. 美国史新编 . 北京：中国人民大学出版社：385.

② Gutek G L. 1986. Education in the United States, An Historical Perspective. New Jersey：Prentice-Hall，Englewood Cliffs：240.

③ A-New-Association-is-Born. http：//www. acteonline. org/about/upload/A-New-Association-is-Born. pdf：4. ［2007-3-12］.

况下获得的联邦资助，法案的出台虽然令职业教育的管理者和各种游说团体较为满意，但是由于其仅仅为职业教育提供了 3 年的资助，因此几乎与《乔治-埃利泽法案》的颁布同时，国内职业教育的领导者和游说团体就又开始了下一轮的游说国会的活动。

1936 年颁布的《乔治-迪安法案》取代了《乔治-埃利泽法案》。法案规定从 1938 财政年度开始的 10 年内，每年拨款 1400 万美元用于国内的职业教育。拨款时间的延长，有利于各州根据各自的实际情况，进行较为长远的职业教育规划。法案除了对农业、工业、商业、家政业教育继续实施资助以外，新增了对市场销售教育和职业信息、职业指导类工作的拨款。法案规定：除了拨款在农业、工业、商业和家政业教育中间进行均分外，对市场销售的资金分配方式根据各州人口与全国人口（包括属地人口）的比例进行划拨，每个州每年至少能够获得 1 万美元用于市场销售课程的教学。另外，《乔治-迪安法案》还改变了联邦和州资金匹配的比例，规定从 1938 财政年度到 1941 财政年度，联邦与州的职业教育匹配资金不必按照 1∶1 的比例，各州只需拿出联邦资助数额1/2的资金即可。1941 财政年度之后，各州匹配资金每年需比上一年度增加 10%，从 1946 财政年度开始，联邦资金与州资金继续实行 1∶1 的匹配比例。新的资金匹配方法，有效地预防和降低了在经济不景气状况下某些职业教育项目由于资金缺乏而无以为继的问题。《乔治-迪安法案》继续《史密斯-休斯法案》和其后的修正法案对阿拉斯加、夏威夷、波多黎各、哥伦比亚特区等地职业教育的资助。

《乔治-迪安法案》是《乔治-埃利泽法案》在时间、领域、地域、资助额度等方面的延伸。它虽然是在美国大萧条加深的背景中出台的，但是《乔治-迪安法案》并没有受到大萧条的影响，反而增加了拨款的数额，延长了拨款的年限，同时还拓展了资助的领域，总体体现了联邦政府利用职业教育促进国家经济恢复和国民经济增长的信心。同时，《乔治-迪安法案》对匹配资金的改革，也彰显了联邦政府对各州财政状况的理解。另外，大萧条时期的职业技术教育立法更加鼓励直接以就业为目标的各类培训，并且对各州普遍采用的以降低培训成本为目标的"在工作中"进行的现场培训普遍持认可的态度，所有这些方式在为第二次世界大战准备合格劳动力的培训中都不断得到了强化。

三、服务于第二次世界大战和冷战的系列立法

1939 年 9 月 1 日，德国悍然入侵波兰，第二次世界大战爆发。美国的职业技术教育也迅速由促进国内经济复兴转向战争准备。综合第二次世界大战爆发前后的联邦职业技术教育立法，其关注点主要集中于以下两个方面：首先，战争准备，主要的立法有 1940 年《国防训练法案》（*Nation Defense Training Act*）；其次，战后职业重建立法，主要立法有 1944 年《退伍军人权利法案》

（*Servicemen's Readjustment Act*）、1946 年《乔治-巴登法案》（*George-Barden Act*）等。进入冷战时期后，苏美两国进行了包括军事、科技、外交、工农业生产等全方位的竞争。1958 年出台的《国防教育法》成为沿袭《史密斯-休斯法案》立法理念，体现美国联邦职业技术教育立法精神的最好体现。

（一）《国防训练法案》

第一次世界大战之后，美国一直推行"均势政策"，在欧洲扶植德国，抗衡英国、法国，反对苏联，在东方制约日本。它把欧洲大国之间的力量均势看作加强美国在欧洲事务中主导作用的途径。大萧条的困境使联邦政府陷于国内复苏，无暇他顾。国内孤立主义的势力又使 1935 年美国国会通过了《中立法》，再次强调了美国对欧洲局势采取不干预的态度。1939 年 3 月 18 日，德国吞并捷克。捷克事件不仅是国际局势的转折点，也标志着美国中立政策的转折。1941 年 11 月珍珠港事件后，美国全面加入了世界反法西斯阵营。

正像第一次世界大战一样，由于现代战争本身就是一场机械力量的大比拼，预期到来的战争促使美国国内许多职业教育和培训团体加快了战争准备，如全国青年管理署等联邦以工代赈类团体就加强了向军工生产培训的转换。全国青年管理署官员指出："本部门所有的人都意识到了我们真正处在战争的边缘，和平年代的工业生产将不得不更多地向军备转换。"[①] 1938 年，美国教育部承担了一项调查任务，主要是针对国内职业培训项目能否满足军工生产对技术人才的需求进行调查。调查发现，尽管国内有 1000 多家职业教育机构能够迅速地转变成军事和工业训练机构，且这些机构具备在短期内为各类军工生产培训 5 万名后备人员的实力[②]，但是面对可能即将到来的战争，如此的职业培训能力还远远无法满足战争需求。在这种情况下，各方面的努力促使国会在 1940 年 6 月通过了公法第 812 号，10 月通过了公法第 146 号，两个法案均称为《国防训练法案》，也称为《战时生产培训法案》（*Wartime Production Training Act*）。

公法第 812 号提供 1500 万美元为"国防工业培训工人，支援国家进行战争准备"[③]。拨款沿袭先前的路径，下拨给各州职业教育管理机构，并直接借助公立学校为战争培训工人。公法第 146 号又追加了 2600 万美元的培训费用，并特别规定其中的 800 万美元用于扩展现有项目，另外拿出 900 万美元专门用于短期高等工程课程的培训。法案的扩展项目主要有两类。一类是职业更新培训，主

---

① Stakenas R G. 1984. Educating Hand and Mind，A History of Vocational Education in Florida. Washington DC：University Press of America：120.

② Stakenas R G. 1984. Educating Hand and Mind，A History of Vocational Education in Florida. Washington DC：University Press of America：119.

③ Stakenas R G. 1984. Educating Hand and Mind，A History of Vocational Education in Florida. Washington DC：University Press of America：119.

要面对"有过从业经历，但是已经失业或技术过时的人"①。各州对这类人员一般提供 15～40 小时/每周的培训，失业工人参与此类的培训要求是每周至少有 30 小时，对其他人员的培训一般要达到每周 40 小时。另一类是在职人员的技能扩展培训，用于增加在职人员的生产能力，此类培训一般每周进行 6～9 小时。各州的培训项目必须按照战争物资筹备部开列的名单进行，特殊的培训项目还必须上报战争物资筹备部批准。综合来看，这些培训项目主要包括金属工艺、造船、飞机制造、无线电、电焊、钻孔、车床操作、打铆、潜艇电工、监督员等门类。所有的培训项目定位在为特定的国防工业预备即刻用得上的劳动力，而不是为了得到全能的高级技工或熟练工人，因此即便是职业更新培训，一般仅 300 小时即可结业。②

根据两个法案的规定，从 1940 年 7 月至 1942 年 6 月 30 日，联邦政府为各类职业培训共计下拨了 1.67 亿美元的拨款，各类培训的入学人数共计 340 多万人③（当然，尽管《国防训练法》资助来自于联邦财政，但是由于此时期联邦与州合作促进职业技术教育的关系已经形成，许多州还在本州立法中将州职业技术教育资助扩展到国防训练项目④）。同时，国内许多职业技术教育培训机构还采用了全天 24 小时连轴转的培训方式，至战争结束前，仅各类公立教育系统，就为战时工业培训了 750 万左右的合格劳动力。⑤ 请看表 2-4、表 2-5 的统计数据。

表 2-4 联邦政府对国防职业教育的拨款数额（1940.7.1～1942.6.30）　　　（单位：美元）

项目	公法第 812 号	公法第 146 号	总计
第一项目拨款	26 000 000	52 400 000	78 400 000
设备拨款	8 000 000	12 000 000	20 000 000
O. S. Y 第四项目拨款	10 000 000	15 000 000	25 000 000
N. Y. A 第五项目拨款	7 500 000	10 000 000	17 500 000
E. D. T 工程课程培训	9 000 000	17 500 000	26 500 000
总计	60 500 000	106 900 000	167 400 000

---

① Stakenas R G. 1984. Educating Hand and Mind, A History of Vocational Education in Florida. Washington DC: University Press of America: 121.

② Henry N B. 1943. The Forty-Second Yearbook of the National Society for the Study of Education—Vocational Education. Bloomington: Pantagraph Printing and Stationery Company of Illinois: 206.

③ Henry N B. 1943. The Forty-Second Yearbook of the National Society for the Study of Education—Vocational Education. Bloomington: Pantagraph Printing and Stationery Company of Illinois: 208.

④ Henry N B. 1943. The Forty-Second Yearbook of the National Society for the Study of Education—Vocational Education. Bloomington: Pantagraph Printing and Stationery Company of Illinois: 180.

⑤ Calhoun C C, Finch A V. 1976. Vocational Education: Concepts and Operations. Belmont: Wadsworth Publishing Company of Califonia: 72.

表 2-5　参与各类国防职业教育培训项目的人数统计（1940.7.1～1942.6.30）　　　（单位：人）

项目	1940.7.1～1941.6.30	1941.7.1～1942.6.30
第一项目		
新手职业预备项目	420 530	1 051 346
在职人员职业扩展项目	467 614	1 010 610
O.S.Y 第四项目	254 511	308 745
N.Y.A 第五项目	285 541	583 476
E.D.T 工程课程培训	53 545	489 204
总计	1 481 741	3 443 381

注：O.S.Y 第四项目是专为走出校门的 17 岁以上农村青年和城市未参加国防培训的青年提供的汽车、电工、金属工艺等国防培训项目，其目标是为战争储备后续劳动力；N.Y.A 第五项目是全国青年管理署职业培训项目；E.D.T 项目是由学院或大学承担的"工程、科学、管理防御项目"培训

资料来源：Henry N B. 1943. The Forty-Second Yearbook of the National Society for the Study of Education— Vocational Education. Bloomington：Pantagraph Printing and Stationery Company of Illinois：208

《国防训练法案》在《史密斯-休斯法案》及其后续立法的基础上，拓展了培训的机构，增加了培训的人员，同时还使培训的种类和范围有所扩展、培训方法有所更新。它直接的目标是为即将到来的战争在短时间内准备能够用得上的专业劳动力。这种面向特定工种，多方合作、简短快速的培训方式，适合了战争的需要，使 1000 万失业工人重获就业的机会，使大量的妇女、黑人和少数民族人士，甚至残疾人都走上了工作岗位，对职业教育的促进作用是非常明显的。但是，它也使职业教育与短期培训几乎画上了等号，尽管这一观念在经济萧条期就已经有了明显的表现，但是正是在为战争准备的职业培训中，这一观念得以强化，而要真正克服这一观念的弊端还有待于未来职业技术教育立法的努力。另外，伴随着战争的结束，当战时提供的工作岗位消失的时候，大量已经就业的妇女、黑人等弱势人群还将重新面临失业的威胁，而未来的职业技术教育立法则必须对此类人员给予更多的关注。

（二）《退伍军人再调整法案》

《退伍军人再调整法案》，又称为《退伍军人权利法案》（*GI Bill of Rights*）。它是在第二次世界大战即将结束的时候出台的，这一法案与第一次世界大战后颁布的《史密斯-席尔斯法案》有着共同的目标：尽快帮助战争退伍士兵融入社会生活，获得理想的职业。为了达成这一目标，法案支持退伍士兵参与各类教育项目，其中包括职业教育项目，并为之提供了专项的联邦拨款。

法案规定："任何退伍士兵，只要其在军队的服役期限超过 90 天，就有权利接受此法案提供的每月 50 美元的资助。退伍士兵可以在初等、中等或高等教育层次的商业、科学、技术类和其他类学校或学院继续学习或参与职业重建类

的教育培训项目。"[①] "联邦政府将为其补助学费、会费、书籍费、其他教育资料费和生活费用。退伍士兵可以免费进入自己选择的任何机构进一步学习，而这些机构必须免费地接收达到入学要求的退伍士兵。"[②] 据统计，仅 1946 年 6 月法案通过后，就有 300 多万退伍军人进入中等学校。[③] 从 1944～1951 年，法案为 780 万退伍士兵提供了进一步深造的机会，其中 223.2 万人进入了各种类型的高等教育机构。[④]《退伍军人权利法案》对美国高等教育、中等教育以及职业教育都造成了深远的影响。

《退伍军人权利法案》借鉴第一次世界大战后《史密斯-席尔斯法案》《史密斯-费斯法案》等职业重建法案的经验，通过包括职业技能培训计划在内的各类教育计划的实施，促进了第二次世界大战退伍士兵的职业重建工作。这一做法一方面为战后社会经济的发展准备了用得上的工程师、技师和各类管理人员，另一方面也减少了退伍士兵从战争状态返回到和平状态所不可避免的对立与紧张情绪，起到了社会安全阀的作用。在朝鲜和越南战争过后，联邦政府还颁布过类似的法案。

（三）《乔治-巴登法案》

1946 年，在第二次世界大战退伍士兵返回国内，就业市场压力空前增大的背景中，在《乔治-迪安法案》资助即将到期的情况下，国会新颁布了《乔治-巴登法案》，其目的是"促进一些州和地区职业教育的发展"[⑤]。该法案尽管是在第二次世界大战结束后出台的，但是关于如何促进国内职业教育发展的问题至少在《乔治-迪安法案》刚刚颁布时就已经开始思考。1936 年罗斯福总统任命了一个由 24 名成员组成的咨询委员会，研究以下三个事项：现存的联邦职业教育法案创制的经历；现存的培训和学术教育项目与社会、经济状况之间的联系；判断目前的职业教育项目在多大程度上需要拓展。[⑥] 咨询委员会提出了如下建议：国会在确保法案基本精神的情况下移除限制性的条款；将所有分

---

① Stakenas R G. 1984. Educating Hand and Mind, A History of Vocational Education in Florida. Washington DC: University Press of America: 133.

② Gutek G L. 1986. Education in the United States, An Historical Perspective. New Jersey: Prentice-Hall, Englewood Cliffs: 283.

③ Web L D. 2006. The History of American Education, A Great American Experiment. New Jersey: Upper Saddle River: 262.

④ Gutek G L. 1986. Education in the United States, An Historical Perspective. New Jersey: Prentice-Hall, Englewood Cliffs: 283.

⑤ Swanson J C. 1951. Development of Federal Legislation for Vocational Education. The Panel of Consultants on Vocation, U. S. Department of Health, Education, and Welfare: 90.

⑥ Gordon H R D. 1999. The History and Growth of Vocational Education in America. Boston: Allyn & Bacon: 56.

散的联邦资金统一成单独的基金；允许州决定哪些职业教育项目对州是有益的；允许所有企业的培训继续进行并得到拓展；允许州使用联邦资助为非裔美国人提供分离的、适宜的和平等的非职业教育项目；创建一个为 17 岁的孩子进入特定贸易学校以及 14 岁孩子能够参与所有特定职业领域学习的职业教育系统。[①]该报告在 1938 年出版，其许多精神在 1946 年《乔治-巴登法案》中有所体现。

《乔治-巴登法案》规定，联邦政府每年对农业教育拨款 1000 万美元，为家政业、商业、工业教育各拨款 200 万美元，为市场销售业教育拨款 250 万美元，加上联邦政府每年为职业教师、监督和管理者的工资支出，其资助额已经从 1917 财政年度的 150 万攀升到 2800 多万。[②] 在这种情况下，各州至少能够收到 4 万美元用于发展农业、工业、商业和家政业教育培训，用于市场销售专业的资金也至少达到 1.5 万美元，同时各州还必须拿出等量的匹配资金。[③] 在资金使用方面，除了规定市场销售教育拨款只能用于部分时间制和夜校教育培训形式外，法案还放松了对其他资金专款专用的要求，各州可以根据本州的实际情况，将联邦资金用于职业教育的管理者、顾问或职业类教师的工资等多种项目，如法案允许将经费用在职业师资培养与训练、行政人员或咨询人员的工资及必要的差旅费用等方面。但是法案也指出在 1951 年 6 月 30 日后，法案所提供之经费可以用于设备购置，但额度不得高于总经费的 10%。关于这一点，美国教育办公室（U. S. Office of Education）在 1947 年发布的第一号公告的政策陈述中也明确指出："《乔治-巴登法案》与先前的职业教育法案相比，其主要的不同点在于其弹性的特征。先前法案中特定的资金使用限制被移除了，一些条款允许新增领域使用联邦职业教育资助。"[④] 比如，由农科教师来监管的美国未来农民（Future Farmers of America）和美国新农民（New Farmers of America）项目、徒工培训项目等也得到了法案的资助。

20 世纪 50 年代后修订的《乔治-巴登法案》，进一步在资助地域、领域、额度等方面进行了拓展。比如，1950 年和 1956 年《乔治-巴登法案》修正案将其资助范围分别扩展到维尔京群岛和关岛地区。1956 年国会向高等院校拨款 55 万美元，旨在通过加强商业性渔业教育，增强渔业领域的生产能力，此法案同时还包括为与渔业相关的贸易和市场销售教育每年拨款 37.5 万美元。此外，该修

---

① National Advisory Committee on Education. 1938. Annual Report. Washington DC：Government Printing Office：206-207.

② Calhoun C C，Finch A V. 1976. Vocational Education：Concepts and Operations. Belmont：Wadsworth Publishing Company of Califonia：35.

③ Stakenas R G. 1984. Educating Hand and Mind，A History of Vocational Education in Florida. Washington DC：University Press of America：134.

④ Swanson J C. 1951. Development of Federal Legislation for Vocational Education. The Panel of Consultants on Vocation，U. S. Department of Health，Education，and Welfare：90.

正案还为护理专业教育每年增加 500 万美元的拨款。

1944 年《退伍军人权利法案》与 1946 年《乔治-巴登法案》等都是以缓解第二次世界大战后美国国内就业压力过大的矛盾而出台的。《乔治-巴登法案》及其修正案在不断扩大联邦职业教育资助的区域、领域、项目的同时，一如既往地将职业技术教育作为服务国家整体战略目标的一个砝码。所不同的是，伴随着各州职业技术教育的深入开展，联邦职业技术教育立法对拨款资金的使用已经逐步突破了过于严格的局限，不断增加了弹性机制，这种改变无疑将更好地适应地方职业技术教育发展的需要。

（四）《国防教育法案》

第二次世界大战解决了美国"新政"没有根除的经济"滞胀"问题，由于战争的拉动，美国的国民生产总值用 1939 年不变价格计算，已经从 886 亿美元猛升到 1945 年的 1350 亿美元。[①] 可以说，第二次世界大战使美国登上了世界头号强国的宝座，而昔日的"欧洲时代"已辉煌不再。但是，与美国实力上升、欧洲实力下降一同出现的，还有来自红色苏维埃政权对整个欧洲和美国势力的挑战。1946 年 2 月 22 日，美国驻苏联代表乔治·凯南在发给美国务院的电报中提出："如何对待苏联无疑是我们的外交从未遇到过的巨大任务，甚至是它将面临的最严重的任务。"[②] 由此肇始了长达近半个世纪的冷战格局。

冷战促使美苏两个阵营展开了以军备竞赛为中心的全方位的争夺。1957 年秋，苏联第一颗人造地球卫星斯巴特尼克Ⅰ（SputnikⅠ）的成功发射以及 11 月 3 日比斯巴特尼克重 6 倍的斯巴特尼克Ⅱ的再次成功升天，仅仅是冷战中双方全方位实力较量的一个例子而已。面对苏联卫星上天，美国国内舆论哗然。1957 年 12 月，美国急急忙忙用海军"先锋"号火箭发射了自己的人造地球卫星，但升空两秒后即坠毁。斯巴特尼克事件及美国卫星坠毁事件通过媒体的宣传，在举国上下引起了巨大的恐慌，在反思美国空间技术之所以落后的原因的时候，包括艾森豪威尔总统在内的许多人都认为不单单是军事问题，而主要是教育，特别是进步主义教育使美国出了问题。因为早在 20 世纪 50 年代初，美国中情局在关于苏联科学教育情况的绝密报告中就指出："苏联正在培养一群科学家和技术人员，其规模、质量和方法都在增长和改进，是完全可以和美国相匹敌的。"同时，中情局还指出，苏联的中学一直都强调科学课程，这和在美国中学看到的情形完全不一样。[③] 但是，所有这些在当时都没有能够引起美国政府足够的

---

① 保罗·肯尼迪．1992．大国的兴衰——1500 年到 2000 年的经济变化和军事冲突．梁于华等译．北京：世界知识出版社：400.

② 杨生茂，陆镜生．1990．美国史新编．北京：中国人民大学出版社：440.

③ 傅林．2006．当代美国教育改革的社会机制研究．北京：教育科学出版社，2006：33.

重视。

　　铺天盖地的媒体报道几乎将矛头一致对准了美国漫无目的的课程、破败的学校、短缺的师资等弊端，在不断与苏联学校课程进行对比的过程中，1958 年《国防教育法案》（*The National Defense Education Act*）很快就出台了。由于法案将美国空间技术落后的原因归结为美国高等科学、数学、工程、现代外语教学的不足，法案对与以上各科教学相关的学生、师资、设备等逐项进行了拨款。法案规定，"国防教育贷款面向高等院校全日制的学生，这些学生必须具备下列条件之一：首先，具备优异学术基础，准备毕业后做中学、小学教师者；其次，在科学、数学、工程或现代外国语学习上有优异才能者"。①法案规定每年设置 1500 名奖学金名额，面向高等院校的研究生，除了要求这些研究生敬业以外，还要求他们对高校教师职业感兴趣。为了加强科学、数学和现代外语教学，法案还规定："每年拨款 7000 万用于实验室小修或设备修理，也可以用以购置视听教材、设备、教科书或者教师讲授数学、科学和现代外国语所需的参考材料；每年拨款 500 万美元，分配给各州教育行政部门，作为发展和改善公立中学、小学科学、数学和现代外国语的指导工作。"①另外，法案还对各州学生甄别、咨询、测试工作，以及有效利用现代传播媒介促进以上学科的教学工作提供资助。

　　与职业技术教育联系最为密切是《国防教育法案》第八章（Title Ⅷ），它修订了《乔治-巴登法案》第三章（Title Ⅲ）的内容。法案提出"此次修订 1946 年《乔治-巴登法案》的目的是为了满足国防的需要。在科学技术方面受过专业训练的技师对国家的安全至关重要，因此这一拨款项目是为了弥补先前法案所没有充分考虑的训练区域。对这些区域训练项目的资助方法与《乔治-巴登法案》相同"。法案列举了国内技术人员的短缺情况。比如，"实验室的化学人员不足，火箭方面的电子机械设计人员的不足，工具以及环境控制技术人员的不足，协助医师、科学家、工程师工作的半专业队伍所需要的各种技术员的不足"，等等。②法案提出对这些人员的培训可由中等和中等以上学校承担，具体招生对象可由初中毕业或年满 16 岁者、为保持其现有工作或提高其技术的工人、需要以最新成就更新其技术的技术员三类人员组成。法案为以上培训项目提供的资助数量如下："1959～1962 财政年度每年下拨 1500 万资助，同时州和地方必须拿出相应的匹配资金。"③

---

　　① 东北师范大学教育科学研究所．1999．美国"国防教育法"简介//夏之莲．外国教育发展史料选粹（下）．北京：北京师范大学出版社：177.

　　② 东北师范大学教育科学研究所．1999．美国"国防教育法"简介//夏之莲．外国教育发展史料选粹（下）．北京：北京师范大学出版社：179.

　　③ Clowse B B．1981．Brainpower for the Cold War，the Sputnik Crisis and Defense Education Act of 1958．Westport：Greenwood Press；166.

1958 年《国防教育法案》是在冷战的背景中出台的。作为对苏联卫星上天的积极回应，美国朝野上下将其空间技术的劣势归结为科学、数学、工程技术和现代外语教学的不足，从而以联邦立法的形式，掀起了对以上科目教学、招生、设备等方方面面的关注。《国防教育法案》不仅是一部促进科学、数学、工程、外语教学的法案，同时还是一部促进特定领域技师培养的职业教育类立法。它继承了《史密斯-休斯法案》出台以来职业技术教育类立法的传统与经验，以职业技术教育服务于国家目标的实现，同时在资助理念、方法等方面也与先前的职业技术教育类立法一脉相承。同时，自《史密斯-休斯法案》颁布以来，职业技术教育与普通教育已经形成了泾渭分明的分水岭，因此，1958 年《国防教育法案》的出台也在一定程度上扭转了职业技术类教育与学术类教育的分离趋势，为未来职业教育与普通教育的融合奠定了一定的思想基础。

第五节　1917～1963 年联邦职业技术
教育立法的总体特征与实施效果

1862 年《莫雷尔法案》是美国联邦政府资助高等层次职业技术教育的开始，1917 年《史密斯-休斯法案》是联邦政府资助中等层次职业技术教育的开始。美国联邦政府之所以会在高等职业技术教育立法制度出现之后开始资助中等层次的职业技术教育，主要是多种复杂因素相互作用的结果。《史密斯-休斯法案》出台后，美国联邦政府形成了资助国内中等、高等职业技术教育的完整结构。自《史密斯-休斯法案》颁布一直到 1963 年《职业教育法》关注弱势群体平等职业教育需求出现之前，美国联邦系列职业技术教育立法不仅在立法目标、资助理念、资助方式，以及资助对象等方面均体现出了大致相同的特征和倾向，而且由于联邦政府的系列资助，美国中等层次的职业技术教育在此时期还得到了快速的发展。

一、1917～1963 年联邦职业技术教育立法的总体特征

以《史密斯-休斯法案》为代表的美国联邦中等职业技术教育立法制度的创建是当时时代环境的产物。从整体来看，它的出现与三大因素有关：首先，19世纪末 20 世纪初美国工业化、城市化的实现为学校教育带来的机遇和挑战。当工业化和城市化摧毁了传统社会的结构，曾经由家庭和社区承担的主要教育责任被移交给了学校，特别是城市的公立学校。如何完善公立学校并使之发挥更大的作用，美国公立学校手工教育的开展不啻为一种有益的尝试。伴随着人们对于手工教育内在逻辑的质疑以及手工教育向职业教育的转型，加之以斯尼登为代表的社会效率职业教育观在现实层面的胜利，美国联邦中等职业教育立法就有了实践的和思想的基础。其次，在国际竞争的环境中，来自欧洲国家，特

别是德国职业技术教育立法的经验，以及 1913 年前后美国许多州中等层次的职业教育立法的实践，均为《史密斯-休斯法案》的出台提供了有益的参照。再次，《史密斯-休斯法案》的出台还与美国联邦层次许多机构和个人的立法努力有关，没有他们不懈的努力、博弈和斗争，美国联邦中等职业技术教育立法制度就不可能变成现实。

《史密斯-休斯法案》及其后续系列拓展法案的颁布实施，进一步完善和强化了 1862 年《莫雷尔法案》颁布以来所形成的美国职业技术教育立法路径和框架。这个路径和框架对近百年的职业技术教育立法造成了深远的影响。其具体体现在以下四个方面。

第一，与 1862 年《莫雷尔法案》及其后续高等职业技术教育立法以"法"来促进国家利益最大化的思想一脉相承，1917 年《史密斯-休斯法案》及其后续系列立法，同样在立法目标上体现了个人利益服从国家利益，国家利益至上的倾向。从《史密斯-休斯法案》的立法背景来看，它是在国际竞争加剧、工业化程度加深、第一次世界大战已经在欧洲战场爆发的环境中出台的。当此之时，国际竞争不仅体现在各国工农业生产能力、生产效率等经济指标方面，同时还体现在军事力量、外交政策、民族特性、教育文化等方方面面。正是在目睹了德国俾斯麦政权近一个世纪以来富有远见的工人培训政策所发挥的巨大效果，而法国、英国甚至日本也紧随其后，建立起了提升国家实力的国家职业教育系统的情况下，对比其他国家，第一次世界大战之前，"美国 1100～1200 万制造业和机械业从业工人中，仅有不足 2.5 万人能够在工作过程中获得充分的技术训练机会"[①]。加之第一次世界大战具有现代机械化战争的特点，不仅参战人员需要接受机械和技术的培训，大量的军工生产也需要对生产线上的工人进行培训，因此从该法案的立法意图、立法过程、各方的努力、最终立法的效果等角度来看，《史密斯-休斯法案》虽然直接针对的是学院层次以下的、14 岁和 14 岁以上的从业和即将从业的人员，但是其目标却并不仅仅是为了这些人获得谋职求生的一技之长，更主要的是服务于国家的军事、政治、经济等的战略目标。《史密斯-休斯法案》之后的系列立法实践，是在两次世界大战、冷战和经济大萧条的背景中出台的，当国家处在战争和经济萧条的危机之中的时候，优先考虑国家的利益就是必然的，满足个人的职业需求还不是联邦政府的首选。

第二，在 1862 年《莫雷尔法案》及其系列拓展法案所确立的美国联邦、州与地方三方基本合作关系的基础上，以州规划为介质，《史密斯-休斯法案》及其后续拓展法案进一步推动了责权利相对均衡的三方合作关系的形成。1911 年，佛蒙

① Hawkins L S, Prosser C A, Wright J C. 1951. Development of Vocational Education. Chicago: American Technical Society：97.

特州参议员佩奇在其递交参议院农业和林业委员会审议的 S-3 修订案中最初提及了"规划"的概念。对于那些想获得联邦拨款的与农工学院相关的机构或部门，S-3 修订案提出：这些机构必须首先向州农工学院实验站管理者递交一份规划，只有在规划获得批准的情况下，这些机构才能获得拨款。① 其后，提交规划的思想不断出现在一些国会提案中并逐渐得到强化。1917 年，《史密斯-休斯法案》第一次在法案中采用了州规划的管理手段。以州规划为介质，联邦职业教育管理部门不仅从单方面对各州联邦资助使用原则、方法、领域和时限等具体事宜的规定中脱出身来，主要负责监督检查州规划的实施，而且，在法案原则精神的指导下，州规划还改变了各州被动服从的角色。各州不仅拥有了规划、推动和管理本州职业教育具体发展事宜的实质权力，同时还必须为达不到州规划的允诺而承担相应的责任。这一变化，基本上达到了州权和联邦权利的平衡，《史密斯-休斯法案》因之成为联邦与州真正合作关系的开始。在收到联邦拨款后，许多州开始将州规划的管理方法下延到地方职业教育的管理中。比如，佛罗里达州作为第 5 个接受《史密斯-休斯法案》资助的南部州，在收到拨款后即要求各县推荐合乎法案要求的学校以便向地方划拨资金，其下辖的 24 个县很快就递交了申请农业和家政业项目拨款的地方规划②；加利福尼亚州地方学区为了获得资助，同样也开始向州职业教育管理部门递交符合州规划精神的地方规划。③ 以州规划的付诸实施和此方法逐步向下延伸到州与地方职业教育管理中为标志，美国联邦、州与地方三方真正的合作关系才最终得以形成。三方合作关系一方面突出了联邦政府对职业技术教育的主导地位，强化了联邦立法的引导机制，规范了职业技术教育的发展方向，确保了职业教育师资、配备的最低标准。同时，联邦拨款仅占全国职业技术教育资金投入量的很少份额，因此又促使州与地方对职业教育的资金投入，形成了三方合作共同发展职业技术教育的局面。

　　第三，此时期联邦立法对职业技术教育的资助领域、地域、对象不断扩大，其资助额度呈不断攀升之势。由于职业技术教育本身与政治经济生活的密切相关性，从近代学徒制开始，它就不断地被慈善机构、私人和国家等作为疗救社会政治、经济问题的有效方法之一。面对社会生活的进一步分化和细化，当原有的职业类型不断增多、职业教育立法资助领域的增加就是一种必然的趋势。这一阶段，联邦资助职业技术教育的领域从农业、工业、商业、家政业不断扩

　　① Swanson J C. 1951. Development of Federal Legislation for Vocational Education，The Panel of Consultants on Vocation，U. S. Department of Health，Education，and Welfare：58.

　　② Stakenas R G. 1984. Educating Hand and Mind，A History of Vocational Education in Florida. Washington DC：University Press of America：69.

　　③ Kantor H A. 1988. Learning to Earn，School，Work and Vocational Reform in California，1880-1930. Madison：The University of Wisconsin Press：108.

展，逐步将市场销售、护理、商业、养鱼业等也涵盖在内。在资助的地域上，联邦资助范围从州开始，不断延伸到夏威夷、波多黎各、关岛等托管地区；另外在资助的对象上，从仅仅面对 14～16 岁的中学生或辍学青年等，逐步延伸到两次世界大战伤残及退伍士兵，以及残疾人、妇女、黑人等社会弱势群体。在 1958 年《国防教育法案》中，联邦职业技术教育资助的对象还扩展到特殊领域的技师培养方面。在资助额度上，无论在 20 世纪 20 年代早期经济发展时期还是 1929 年经济大萧条时期，无论是在第一次世界大战、第二次世界大战还是冷战时期，虽然有过一些波折，但是职业技术教育作为与国家经济密切相关的领域，一直属于优先资助的对象，资助数量一直呈上升趋势，并且在资助年限、资金使用等方面也不断增加弹性。

第四，在社会效率职业教育观的影响下，《史密斯-休斯法案》及其后续的系列立法表现出强烈的自我强化的倾向。也就是说，在提高职业技术教育社会效率原则的基础上，普通教育与职业教育不仅形成了各就其位、各司其职、互不干扰、泾渭分明的隔离特征，而且所有的后续立法也都在强化这种倾向。《史密斯-休斯法案》出台的时代正是美国工业化程度进一步加深、城市化即将实现的时代，弗雷得里克·W.泰罗的科学管理原则、马克斯·韦伯的科层管理理论正日益成为经济领域乃至国家政治领域管理的基础和原则。在这种社会氛围中，沿袭 1862 年《莫雷尔法案》及其后续法案的一些做法，在社会达尔文主义理论和社会效率观的信奉者斯尼登、普罗瑟以及同时代的其他支持者的努力下，职业教育必须在更真实的场景中，以目前工业界的价值和伦理为标准、针对学生特定的爱好并以满足工业界的真正需求为目标且通过工业专家来开展的观点成为立法者的主导思想，而这种主导思想必然导致即使是在综合中学，职业教育与普通学术教育也会形成资金、教师、学生、学习时间、课程等分离的模式。此外，在职业技术教育的内部，农业、工业、商业、家政业、市场销售业、护理业等，联邦拨款也必须专款专用，互不相通，彼此隔绝。以上情况，虽然提高了法律实施的效率，但是不可避免地造成了普通教育与职业教育的区隔和异化，导致学生知识和技能的狭窄，无法有效应对社会经济及职业变迁等诸多隐患，所有这些还有待后续立法的克服和完善。

二、1917～1963 年联邦职业技术教育立法的实施效果

1917～1963 年是美国职业技术教育大发展的时期。伴随着联邦资助领域的不断扩大、资助金额的不断增长，开设职业技术教育学校的数量和在各领域注册学习的人数也在不断增长。虽然该时期还缺乏职业技术教育如何助益于国家竞争、如何提升被培训者经济收入，以及如何有益于其工作安置方面的统计资料，但是以下数据仍然从一个角度说明了联邦职业技术教育立法对全国职业技

术教育发展的引导和推动功能已经在一定程度上得到了实现。

　　首先，从联邦、州和地方对全国职业技术教育的总投入曲线上来看，除去 1932～1934 年经济大萧条时期，联邦、州和地方职业技术教育的总投入出现下滑的趋势以外，32 年来三方对职业技术教育的投入呈现持续上扬的趋势。比如，1917 年职业技术教育投入不足 400 万美元，至 1949 年，三方投入已经达到 1.16 亿美元，其中从 1945 年之后，联邦职业技术教育投入在小幅度增长的基础上，州与地方职业技术教育的投入增长均呈现出陡峭上扬的趋势[①]；另有数据也显示，从 1918～1940 年共计 22 年的时间内，联邦、州和地方职业教育投入从 300 万美元增加到了 5500 万美元，其中一半的增长是在近 10 年内发生的。此外，州和地方对职业技术教育的投入要大于联邦的投入，特别是在麻州、新泽西州、纽约州以及威斯康星州，州和地方职业教育投资数额至少是联邦政府职业教育投入的 3 倍。[②] 从 1949～1961 年，同样的趋势继续呈现，至 1961 年三方资金投入达到 2.54 亿美元。在这一过程中，联邦政府对全国职业技术教育的资金投入比例却持续下降，至 1961 年，联邦政府资金投入不足全国职业技术教育资金总投入的 20％，且联邦直接资助的职业技术类学生人数也已不足 15％。[③] 以上变化趋势表明，经历联邦职业技术教育立法长期的引导，美国的职业技术教育规模不断扩大，州与地方投资职业技术教育的积极性大为增长，早已经成为当之无愧的职业技术教育投资的主体。

　　其次，经过几十年的发展，至 1961 年，美国已经拥有 15 600 所公立学校，其中大约有 14 400 所中学、200 所中学后机构和 920 所中学和中学后联合机构。[④] 从 1917～1949 年在工业、农业、家政业、市场销售业四个领域注册学习的总人数曲线来看，除去大萧条时期、第二次世界大战时期注册人数出现急剧下滑之外，32 年来职业技术教育的注册学习人数呈现持续增长的趋势，如职业技术教育注册学习的总人数从 1917 年全国不足 10 万人发展到 1949 年的 310 万人。[⑤] 20 世纪 50～60 年代，除 1951～1953 年注册人数轻微下降外，1954～1961 年注册学习职业技术教育的人数持续增长，达到 3 855 000 人。[⑥] 其中，有 170 多万

---

①　Hawkins L S, Prosser C A, Wright J C. 1951. Development of Vocational Education. Chicago：American Technical Society：362.

②　Henry N B. 1943. The Forty-Second Yearbook of the National Society for the Study of Education—Vocational Education. Bloomington：Pantagraph Printing and Stationery Company of Illinois：184.

③　Swanson J C. 1951. Development of Federal Legislation for Vocational Education. Chicago：American Technical Society：103.

④　Swanson J C. 1951. Development of Federal Legislation for Vocational Education. Chicago：American Technical Society：104.

⑤　Hawkins L S, Prosser C A, Wright J C. 1951. Development of Vocational Education. Chicago：American Technical Society：352.

⑥　Swanson J C. 1951. Development of Federal Legislation for Vocational Education. Chicago：American Technical Society：102.

人参与了职业准备性的培训（主要是高中年龄阶段的年轻人），有 200 多万人参与拓展性的职业培训（主要是高中年龄以上的人群）。[①]

第三，此时期的职业技术教育在一定程度上已经成为服务战争和对抗经济衰退的良方。《史密斯-休斯法案》虽然不是专为战争而生的，但是为战争准备即刻用得上的劳动力还是成为包括威尔逊总统在内的国会诸多立法人士的主导思想。从《史密斯-休斯法案》出台到战争结束的大约 11 个月的时间内，联邦职业教育委员会已经为 125 个不同的战争岗位培训了 6 万多名技术工人，有力地支持了美国的战争部署。在经济衰退时期，为了使来之不易的联邦拨款得到最大程度的回报，《乔治-埃利泽法案》取消了《史密斯-休斯法案》所要求的农业、商业、工业、家政业培训每年至少需要 6 个月的实习时间，以及各类部分时间制训练班每年的课堂教学不少于 144 小时的规定。同时，职业技术教育不仅与就业岗位密切相连，普遍采用了以降低培训成本为目标的"在工业中"进行的现场培训方式，而且还更多地采取了短期培训的形式。与第一次世界大战时期类似，在开展第二次世界大战军工和参战人员教育培训期间，联邦政府以为特定的国防工业预备即刻用得上的劳动力，而不是为了得到全能的高级技工或熟练工人为宗旨，采用了连轴转的培训方式，在极其短暂的时间内，累计培训各类人员 340 万，为包括失业工人、妇女、黑人和少数民族人士，甚至残疾人等 1000 多万人提供了就业的机会。成效尽管是显著的，但是由于部分时间制学校和夜校已成为职业技术教育的主要形式，且职业技术教育更多地与短期培训画上了等号，其偏重实践，淡化理论，或根本不讲理论的偏见也严重影响了其后职业技术教育的声誉以及职业教育类学生在就业市场的综合竞争力。所有这些都预示着职业技术教育未来的转型。

---

① Swanson J C. 1951. Development of Federal Legislation for Vocational Education. Chicago：American Technical Society：104.

第三章

美国联邦职业技术教育立法制度向弱势群体平等教育需求的倾斜（1963～1984 年）

由于特殊的时代环境，1963 年《职业教育法》的出台，标志着美国联邦职业技术教育立法制度迈入了一个新的发展阶段。联邦职业技术教育立法制度之所以会发生重大的转型，与轰轰烈烈的民权运动和反贫困斗争所营造的氛围，以及系统化人力资本理论所激发起的人们对教育的经济功能和社会功能的积极看法有着密切的关系。由于系列人力资源立法以及同期的其他教育立法共同致力于对"人"，特别是对那些长期被忽略的弱势群体利益的关注，以保障他们的权利平等、能力发挥、就业需求作为立法的首要目标，进而才是国家战略目标的实现，因此在这一阶段里，联邦职业技术教育立法逐步改变了过去国家利益至上的倾向，转而通过对特定区域、特定人员的职业技术教育培训，在满足这些人员平等教育和就业需求的基础上，再满足国家政治经济发展的战略目标。特别是 20 世纪 70 年代初西德尼·马兰（Sidney P. Marland）职业生涯教育理论的提出，更强化了美国几乎所有层次、类型的教育首先向满足"人"的能力发挥和就业需求的转型，在实现职业技术教育覆盖面全面拓展的同时兼顾弱势群体平等教育需求的满足。此外，由于社会生活的变迁，特别是从 1968 年《职业教育修正案》（*Vocational Education Amendment*，*Public Law 90～576*）开始，联邦职业技术教育立法还弱化了《史密斯-休斯法案》及其相关拓展法案过分追求社会效率的倾向，开始触及职业教育与普通教育融合的问题，同时在职业教育的层次上也更为关注中学后职业教育的开展。本章将从政治、经济、文化、教育等多个角度探询 1963～1984 年联邦职业技术教育立法多方面的变化和其背后的原因及其影响。

第一节　富裕社会中弱势群体的利益诉求与平等教育需求

一、战后富裕美国的出现

如果说第二次世界大战时期，美国人对战争的态度恰如罗斯福总统曾教导自己儿子说的那样："这好比一场橄榄球比赛，我们是坐在旁边长凳上的预备队。现在上场的第一队是俄国人，还有中国人，在某种程度上还有英国人，我们预定要充当……球赛进入高潮时最后得分的跑垒手。"[①]战争中，老牌强国如英国、法国、德国及日本、意大利等国基本被拖累、拖弱乃至拖垮，而作为"最后得分的跑垒手"的美国无疑是最大的受益者。战争结束之时，它已经在世界舞台上确立了自己绝对领先的地位。截至 1948 年，美国的工业生产占资本主义世界工业生产的 56.4%，出口额占资本主义世界出口额的 32.5%，黄金储备占资本主义世界黄金总储备的 74.6%。[②] 此外，凭借强大的经济后盾，美国已经成为当时全球性的军事强国。资料显示，1945 年美国武装部队总人数达到 1212 万人，国防预算达到 800 亿美元以上，同时美国拥有以航空母舰为核心的 1200 多艘战舰和 5 万多艘用于供应、登陆的船只。美国不仅是当时世界最大的海上强国，而且其 15 000 架远程飞机几乎垄断了整个洲际空中运输。[③] 此外，在一段时间内它还垄断了核武器。如果说战争曾经在初期极大地提升了美国工业、经济、军事等的整体实力的话，那么，战争在科学、技术、人才和制度等方面的储备也为战后美国迅速演变成为新科技革命的策源地和中心同样奠定了坚实的基础，而战后以美苏为核心的两大阵营在政治、经济、军事、外交等方面全方位多层次的竞争，更在一定程度上加速了这一进程，共同促成了美国战后 20～30 年时间内的经济强劲持续发展。

首先，战争期间的科学、技术、人才和制度储备奠定了战后美国经济迅猛发展的重要基础。第二次世界大战期间，同盟国与轴心国为争取战争的胜利，在武器研制方面曾经投入了巨大的人力和物力，而战时科学研究的重大成果如雷达技术、喷气式飞机和火箭技术、运筹学理论、自动控制技术、抗生素等从 20 世纪 50 年代开始直接向民用辐射，为战后新的科学技术发明提供了必要的条件。此外为了满足武器计算、密码和军事后勤的需要，在战争期间加紧研制的电子计算机，更成为第三次科技革命的重要内容。同时，第二次世界大战还造

---

① 张建华.2006.世界现代史：1900—2000.北京：北京师范大学出版社：249.

② 段霞.2003.当代世界经济与政治.北京：高等教育出版社：3.

③ 张建华.2006.世界现代史：1900—2000.北京：北京师范大学出版社：250.

就了一大批经验丰富的科学家队伍，这就为现代科技革命的兴起奠定了人才的基础。据统计，战后仅美国一个国家，就利用各种手段，收罗各国科学家约 20 万人[①]，其中包括爱因斯坦、冯·诺伊曼等著名科学家，他们为美国成为第三次科技革命的策源地发挥了巨大的作用。此外，在 20 世纪 30 年代的经济危机中，美国政府出面组织大型工程、开展失业救济和教育培训等的做法，在战时被进一步拓展。比如，为了适应战争需要，1941 年 6 月罗斯福总统下令成立"科学研究与发展办公室"（Office of Scientific Research and Development），负责协调和组织全国的国防科学研究，仅 1941～1945 年，受雇从事研究工作的科学家就从 8.7 万人增加到 19.9 万人，其中专为制造原子弹而订制的曼哈顿计划就动员了 10 万人参加。[②] 此种做法为战后美国政府集中向耗资高、风险大、时间长、对国家未来发展具备战略意义的研究项目，特别是在一些基础领域的研究项目进行投资奠定了制度的基础。

其次，战后以美苏为核心的两大阵营全方位、多层次的竞争和对抗在实质上是两大阵营实力的大比拼，它不仅会对美苏两大阵营科学技术的进步和经济力量的增长提出巨大的要求，而且也会成为推动两大阵营科技进步和经济增长的内生变量。比如单纯从军事上来看，几十年来，美苏双方包括常规武器在内的军备竞赛，早已从单纯的数量竞赛发展到了质量竞赛，核武器的试验还从地上核试验发展到地下、海上、空中核试验直至太空核武器，从战术核武器发展到战略核武器。伴随着军备竞赛的步步升级，美苏两国为此投入了大量的资金和科技力量。据统计，1963 年，美国国内研发资金大约 68% 的份额均来自联邦政府，而工业部门的投入仅占研发资金的 30%，剩余的 2% 由其他部门提供。[③]1955～1978 年，美国联邦政府用于科学研究与发展的经费由 35 亿美元增加到了近 240 亿美元。其中，仅原子弹研制工程，就是美国在英国、加拿大的合作下，聚集 15 万科技人员、花费 22 亿美元才完成的；举世闻名的"阿波罗登月计划"先后耗时 11 年，耗资 300 亿美元，集中 42 万人，才获最终成功。[④] 苏联在第二次世界大战实力大为受损的基础上，同样借助第二次世界大战中德国科学家的科研成果，在舰艇、火箭等技术方面加大投入，最终在军事实力等诸多领域取得了与美国平起平坐的地位。此外，为了维持自己在世界范围内超级警察的地位，美苏两个超级大国还通过直接支持局部战争，或者竞相向国外提供援助、贷款和武器等方式，在世界范围内不断扩大各自的势力范围。科技和经济力量

---

① 齐涛. 2004. 世界通史教程（现代卷）（第三版）. 济南：山东大学出版社：353.

② 张建华. 2006. 世界现代史：1900—2000. 北京：北京师范大学出版社：250.

③ Atkinson R C，Blanpied W A. 2008. Research Universities：Core of the US Science and Technology System. Technology in Society，（30）：36-37.

④ 齐涛. 2004. 世界通史教程（现代卷）（第三版）. 济南：山东大学出版社：354-355.

随之成为两国获得全球霸主地位的基础。资料显示，1948～1970 年，美苏两国的防务开支不断上涨。比如，1948 年美苏的防务开支仅为 109 亿美元和 131 亿美元，1960 年已经增长到 453 亿美元和 369 亿美元，1970 年更是增长到 778 亿美元和 720 亿美元。[①] 为了使更多的国家走入自己的阵营，或至少不加入对方的阵营，美苏两个超级大国还广建同盟、积极为同盟国提供经济或技术援助。比如，1947 年马歇尔在哈佛大学毕业典礼上就提出了通过稳定欧洲、复兴欧洲来遏制苏联的全球扩张主义行动计划，仅联邦德国就从马歇尔计划中获得 36.5 亿美元的资助。1949 年，美国、加拿大、英国、法国等 12 国还共同签署成立了"北大西洋公约组织"，以此为基点共同构筑对抗共产主义的防线。苏联方面也不甘示弱，1947 年组织成立了由苏联、波兰、匈牙利、捷克等 9 国共产党和工人党参加的情报局，1949 年成立了"经济互助委员会"，1955 年与东欧 7 国共同签订了《华沙条约》，并在赫鲁晓夫执政的时代全线出击……从以上数据我们可以看出，冷战并不仅仅是单纯的军事力量的对峙，更是国家之间科研和经济力量的大比拼，它不仅会对科技和经济实力提出巨大的要求，同时也会成为科技和经济实力提升的巨大激励因素。正是在这样的背景中，美苏经济力量在战后迅速增长。从 1955～1968 年，美国的国民生产总值以每年 4％的速度增长[②]，且美国在许多重要的科学技术领域均取得了突破性的进展。据统计，第二次世界大战后，发达国家的重大科技发明有 65％是美国首先研究成功的，有 75％是首先在美国得以运用的。在世界科技文献中，近 40％是美国科学家和工程师发表的。1945～1984 年美国科学家获得诺贝尔奖的人数达 109 人，超过英国、德国、法国、日本等国获奖人数的总和。[③] 苏联 1953～1963 年，不仅工业产值增加了 1.7 倍，平均每年增长 10.5％，比美国快 1 倍，而且科学技术也有了相当的发展，已经部分地赶上了世界科技革命的进程。[④]

以上多种因素的相互作用使美国在战后很快成为世界第三次科技革命的策源地。第三次科技革命是继蒸汽技术革命和电力技术革命之后人类科学技术的又一次飞跃，它以原子能、电子计算机和空间技术的广泛应用为主要标志，涉及信息、新能源、新材料、生物、空间和海洋等诸多领域。在新科技革命及相关因素的带动下，美国经济结构和劳动力结构均发生了巨大的变迁。此时期美国第一产业和第二产业国民生产总值和就业人数进一步降低，尤其是第一产业比重下降更快。据统计，1945～1970 年，全国农业人口由 2440 万减少到 1000

---

① 保罗·肯尼迪.1990.大国的兴衰——1500 年到 2000 年的经济变化和军事冲突.梁于华等译.北京：世界知识出版社：431.
② 王宗军.2009.当代世界经济与政治.西安：西北工业大学出版社：55.
③ 唐师白.1999.当代世界经济与政治.上海：复旦大学出版社：24.
④ 唐师白.1999.当代世界经济与政治.上海：复旦大学出版社：39.

万，农业人口占总人口的比例由 17.5％降至 4.8％[1]，第二产业出现了新旧工业的分化，"第三产业在国民生产总值中的比重不断上升，1960 年为 57％，1976年为 64％"[2]。在全国 10 家最大公司的排名中，汽车业、石油业各有 3 家公司，而电子及通讯工业则有 4 家公司。[3] 此外，新科技革命还促进了第三次企业合并浪潮的产生，此时期的企业合并主要以不同的工业企业和服务部门之间的混合合并为主。在 1961～1968 年的合并高潮中，有 50 多家公司被合并，其中包括面包公司、饭店、汽车出租公司、金融保险公司等多家企业，被合并公司资产总额达 37 亿美元。[4] 合并浪潮造成了空前的工业集中，据联邦贸易委员会统计：1968 年 200 家最大的制造业公司拥有相当于 1941 年 1000 家最大的制造业公司所拥有的资产。[3] 实力雄厚的大公司还逐步走出国门形成了跨国公司。跨国公司的出现，是战后新科技革命巨大力量的又一个明显例证。与此同时，美国的劳动力结构也发生了重大的变化，"到 1956 年，美国白领阶层的数量第一次超过了由体力劳动者组成的蓝领阶层的数量，已经占据劳动力总数的 50.2％"[5]。

也正是在以上多种因素的共同作用下，战后 25 年内，尽管出现过多次短期的经济衰退，但是美国国民生产总值从 1946 年的 2000 亿攀升到 1970 年的近10 000亿美元。家庭平均收入 1947 年约 3000 美元，1965 年增至 6000 美元，实际购买力自 1946～1960 年增长 22％。[6] 截至 1960 年，美国全国 77％的家庭拥有汽车，90％有电视机，近 100％有电冰箱。[7] 正如美国传记作家威廉·埃瓦尔德在《艾森豪威尔总统》一书中写道的："在艾森豪威尔当总统期间（1953～1961 年），美国度过了 8 个好年头，我认为它是记忆中最好的……没有战争，没有暴乱，没有通货膨胀，有的就是和平和繁荣。"[8] 美国经济学家、公共官员和外交家约翰·肯尼斯·加耳布雷思（John Kenneth Galbraith），在他 1958 年出版的作品《丰裕社会》（The Affluent Society）的开篇就明确指出：人类整个历史都是非常贫困的，只有在欧洲人居住的一小角世界上的最近少数几代是例外。但是，在这里，特别是在美国，却有着巨大而十分空前的丰裕。[9] 的确，无论从国民生产总值、个人的收入和储蓄、日用消费品的购买、汽车的销售、公

---

① 杨生茂，陆镜生.1990.美国史新编.北京：中国人民大学出版社：470.

② 齐涛.2004.世界通史教程（现代卷）（第三版）.济南：山东大学出版社：361.

③ 杨生茂，陆镜生.1990.美国史新编.北京：中国人民大学出版社：469.

④ 杨生茂，陆镜生.1990.美国史新编.北京：中国人民大学出版社：468-469.

⑤ 丹尼尔·贝尔.1984.后工业社会的来临.高銛译.北京：商务印书馆：150.

⑥ 杨生茂，陆镜生.1990.美国史新编.北京：中国人民大学出版社：466.

⑦ 梅仁毅.2004.美国.重庆：重庆出版社：100.

⑧ 斯蒂芬·安布罗斯.1989.艾森豪威尔传（下册）.徐问铨等译.北京：中国社会科学出版社：651.

⑨ 加耳布雷思.1965.丰裕社会.徐世平译.上海：上海人民出版社：1.

路的建设等多个方面来衡量，在美国迈入 20 世纪 60 年代的时候，绝大多数的美国人都对自己的生活表示满意，因为富裕的美国似乎已经为它的大部分公民带来了想要的一切。

二、另一个美国中的弱势群体和他们的平等利益诉求

20 世纪五六十年代，由于多种原因，更多的美国人在充分享受丰裕、和平生活的同时，却常常会忽略隐匿在阴影中的另一个美国。这个隐匿的美国不仅是贫困的美国，而且也是不平等的美国。

最早唤醒人们对另一个贫困美国问题关注的是一批学者。较早进行这方面研究的仍然是加耳布雷思的《丰裕社会》。在文中，他承认美国已经进入了物质空前丰裕的社会，虽然没有大规模的贫困，但是仍然有两类典型的贫困现象：第一类是个人的贫困，这类贫困主要与个体某方面的缺陷，如智力缺陷、健康不佳、无法适应现代经济生活的规则、过度生育、酗酒、教育不足等因素有关。加耳布雷思认为，与其他已经掌控自己环境的人相比，这一类人显然还没有掌控自己的环境。第二类可称之为"岛国"的贫困，在这些"岛国"上生活的每个人或几乎每个人都是穷困的，如那些生活在南部乡村或如西弗吉尼亚贫困地区人们的贫困。[①] 除了加耳布雷思之外，此时期历史学家加布里埃尔·科尔科（Gabriel Kolko）的《美国的财富和力量》（*Wealth and Power in America*），社会经济学家詹姆斯 N. 摩根（James N. Morgan）等的《美国的收入和福利》（*Income and Welfare in the United States*），美国社会学家、政治活动家迈克·哈林顿（Michael Harrington）的《另一个美国：美国的贫困》（*The Other American：Poverty in the United States in* 1962）等研究成果，均肯定了美国仍然存在事实贫困的问题。其中，加耳布雷思的《丰裕社会》、哈林顿的《另一个美国：美国的贫困》等作品还掀起了较大的波澜。比如在哈林顿 1962 年的调查报告中，他揭示了一个由于社会和政治的原因使人们视而不见的贫困的美国。他认为美国大约有 1/4 的人口，其绝对数字在 4000 万~5000 万生活在贫困中的现实。哈林顿驳斥了人们习惯上从懒惰或道德品质方面对贫困问题进行归因的方法，他认为更主要的原因或许是因为这些人选错了父母、选错了出生的地点、选错了行业或者选错了种族或伦理族群。哈林顿更骇人听闻地指出：一旦他们选错了，如果没有来自外部社会提供的资源和其他帮助，他们将深陷贫困的文化和贫困的代际循环怪圈不可自拔。[②] 哈林顿的书在 1962 年出版的时候似乎反响很小，但是一年后发表在《纽约客》（*New Yorker*）上的一篇长达

---

① 加耳布雷思，1965. 丰裕社会. 徐世平译. 上海：上海人民出版社：273-274.

② Harrington M. The Other American：Poverty in the United States. http：//www. alibris. com/The-other-America-poverty-in-the-United-States-Michael-Harrington/book/4914728. ［2014-03-26］.

13 000字的《我们视而不见的贫困》（*Our Invisible Poor*）的书评却彻底改变了哈林顿这本书的命运。在该评论发表的同一年，哈林顿的书就卖出了7万册。而此后该书的销量累计达到了100万册。正是该书的流行，才使美国经济咨询委员会（Council of Economic Advisers）主席沃尔特·海勒（Walter Heller）注意到此书并将其推荐给肯尼迪总统，此后，肯尼迪委托海勒起草了如何解决贫困问题的文稿。肯尼迪去世后，约翰逊总统接过了向贫困宣战的任务。

按照美国学者奥珊奇对于贫困线标准的确定方法，即以当时一个普通家庭购买食物所需要的货币量为基数乘以3来计算，美国"1962年约有4250万穷人，约占总人口的1/4。这些美国四口之家年收入不到4000美元，或单身一人年收入不到2000美元。他们多是老年人、黑人、印第安人、墨西哥人、波多黎各人和其他拉美移民"①。由于1953年国会取消了印第安人的保留地，停止了对印第安人部落的津贴，致使许多印第安人流落城市，成为美国城市中最贫困的群体。②关于以上人群的贫困状况，我们从不同年度美国贫困人口数据就可以看到：1959年65岁以上老年白人的贫困率为33.1%，黑人为62.5%。1969年的比例稍有下降，其中老年白人为23.3%，黑人为50.2%，西班牙裔白人为30.1%，美国土著为50.8%。1969年18岁以下未成年且带有孩子人口的贫困率，白人为20.6%，黑人为65.6%②；从区域分布来看，密西西比的黑人无疑是美国最穷困的群体，1959年密西西比中等家庭的收入仅为944美元、波多黎各为819美元。肯塔基的哈兰县作为全国最穷的县，1960年有2/3的住房不符合标准、1/4缺乏自来水。③1969年美国国内统计数据也显示：全国人口中有2712万人口贫困，贫困率为13.7%，其中密西西比州的贫困率最高，为35.4%，而康涅狄格州的贫困率仅为7.2%。④

除了贫困的美国之外，隐藏在富裕美国背后的另一个美国还是一个种族歧视的美国。南北战争后虽然废除了奴隶制，但是"隔离平等"的原则却在不久后取得了合法的地位，黑人在争取真正平等的道路上依然长路漫漫。第二次世界大战是包括美国黑人在内的世界少数族裔争取平等权利斗争的转折点。其原因主要有二：首先是第二次世界大战期间，世界各国反法西斯斗争使更多的人对各种种族主义的行径更为敏感和反感，同时也促成了美国人对自己国内种族

---

① 杨生茂，陆镜生．1990．美国史新编．北京：中国人民大学出版社：471.

② Sandefur G, Martin M, Wells T. 1998. Poverty as a Public Health Issue: Poverty Since the Kerner Commission Report of 1968. http://www.irp.wisc.edu/publications/dps/pdfs/dp115898.pdf：8. ［2014-03-26］.

③ Patterson J T. 1994. Ameirica's Struggle Against Poverty 1900-1994. Cambridge: Havard University Press：80.

④ 汪树民．2011．超级大国的弱势群体，战后美国贫困问题透视．上海：学林出版社：48.

主义问题的反思。当时，在美国阿拉巴马州、密西西比州、路易斯安那州等南部腹地有着蓄奴传统的各州，黑人的社会经济地位低下，不仅在人身上接受白人的监督和管理，政治上也被剥夺了参与的权利，所有这些都孕育着变革。此外，第二次世界大战过后，亚非拉等国家民族解放运动高涨，据统计，20 世纪 50 年代中期到 60 年代末，非洲大陆诞生了 32 个国家，其中 1960 年就有 17 个国家取得了独立，因此这一年被称为"非洲独立年"。① 民族解放运动不仅逐步瓦解了世界殖民体系，使拥有许多黑人的非洲国家获得了独立主权国家的地位，同时也鼓舞了美国国内的黑人为争取平等的民权而斗争。

　　正是基于以上国际国内背景，始于 20 世纪 50 年代的美国现代民权运动由两个相互联系的部分组成。第一部分主要指南部黑人为争取宪法赋予的平等地位而进行的斗争，这些斗争主要借助于法院的诉讼，通过对公众情绪的鼓动和对国会议员施加压力，迫使民权立法的颁布，从而为黑人提供平等地位和好转的就业机会。第二个部分则更为激进，它直接制约了 20 世纪 60 年代政治表达的内容和方式。② 第一部分的斗争发生在许多领域，并且有许多标志性的事件，如在 20 世纪 50 年代早期，教育领域就发生了反对"隔离但平等"不公正待遇的一系列诉讼。请参见表 3-1。

表 3-1　20 世纪 50 年代上诉到联邦最高法院的有关学校种族隔离的案件

地点	原告	被告
堪萨斯州	奥利弗·布朗 (Oliver Brown) 等	(Board of Ducation of Topeka) 堪萨斯州托皮卡、肖尼县 (Shawnee County) 等地方教育局
南卡罗来纳州	小哈里·布里格斯 (Harry Briggs) 等	R. W. 爱略特 (R. W. Elliott) 等
弗吉尼亚州	多萝西·E. 戴维斯 (Dorothy E. Davis)	弗吉尼亚州普林斯·爱德华县学校委员会 (County School Board of Prince Edward County, Virginia) 等
哥伦比亚特区	斯波蒂斯伍德·T. 博林 (Spottswood Thomas Bolling) 等	C. 梅尔文·夏普 (C. Melvin Sharpe) 等
特拉华州	弗朗西斯·B. 格布哈特 (Francis B. Gebhart) 等	爱森路易斯·贝尔顿 (Ethelouise Belton) 等

　　数据来源：傅林. 2006. 当代美国教育改革的社会机制研究——20 世纪 60 年代美国教育改革运动的形成. 北京：教育科学出版社：85

---

　　① 吴勇. 友谊、和平、合作、发展——聚焦中非合作论坛. http：//www. pep. com. cn/gzls/jszx/gkzl/gsfx/200705/t20070522＿394691. htm.［2007-8-8］.

　　② Edward P. Morgan. 1991. The 60s Experience—Hard Lessons about Modern America. Philadelphia：Temple University Press：35-36.

另外，1955年发生在阿拉巴马州首府蒙哥马利市的公共汽车罢工事件，起因于黑人妇女帕克斯（Rosa Parks）没有为白人乘客让座，在著名的黑人领袖马丁·路德·金（Martin Luther King）的领导下，此运动为黑人争得了乘坐公共交通工具的平等权利。同期，在金领导的"南部基督教领导协会"等的组织下，南部黑人反对种族歧视的斗争还发生在餐馆、游泳池、图书馆、剧院和汽车站等多个地方，他们组织静坐或静站活动，抗议种族隔离制度。从1960年到1965年，在各种反种族主义团体，其中也包括在新一代黑人学生团体的努力下，反种族主义的斗争逐步成为联邦政府关注的焦点之一。1964年、1965年、1968年国会分别制定和修订了民权法案，保障了黑人在选举、使用公共设施、住房等诸方面的民主权利。

除了黑人废除种族主义的努力，面对无法回避的贫困问题，肯尼迪总统发起了"新边疆"的改革运动。对于"新边疆"的概念，肯尼迪总统曾进行过诸多描绘："伍德罗·威尔逊的新自由许诺给我们国家一种新的政治和经济体制，富兰克林·罗斯福的新政许诺给贫困者以保障救济。可是，我所说的新边疆不是一套承诺，而是一套挑战……但是，我是要告诉诸位，新边疆就在这里，无论我们是否寻找它。在边疆的那一边，是未探索的科学和空间领域，未解决的和平与战争问题，未征服的无知和偏见的角落，未解决的贫困和过剩问题。"① 除了直接运用促进经济发展的减税政策之外，"新边疆"还包括了对贫困失业人员进行培训、实施老年人医疗制度改革、结束种族歧视等多方面的努力。1963年11月，在一些援助国内贫困阶层的主要立法还没有来得及通过的时候，肯尼迪总统不幸遇刺身亡。约翰逊总统继任之后，他继续贯彻肯尼迪"新边疆"的改革精神，并在1964年1月8日在向国会提交的第一份国情咨文中宣布："当今政府此时此地要无条件地对贫困宣战。"② 随后他又提出了"伟大的社会"的改革方案。此方案主要包括两方面的内容：一是推动教育、医疗、住房、反贫困和环境保护等多领域的立法计划，扩大社会的福利；二是促进黑人的平等权利。伴随着约翰逊总统改革方案的进一步推进，对中小学实施援助的《中小学教育法》、为老年人提供医疗保险的《医疗保险法》、为贫困阶层建造低租公共住房的《住房和城市发展法》等系列立法出台了，而借鉴20世纪30年代"以工代赈"方式的一系列教育和职业培训计划也在紧锣密鼓地实施当中。

三、教育世界中的另一半孩子和他们的平等教育需求

在20世纪五六十年代富裕美国光鲜的外表背后，除了存在事实上的贫困和

---

① 王建华.1995.美国政坛竞选演说精粹.南昌：百花洲文艺出版社：148-152.
② 杨生茂，陆镜生.1990.美国史新编.北京：中国人民大学出版社：492.

不平等现象之外，还存在着另一个并不尽如人意的教育世界，而公立中学再一次成为问题最为集中的地方。导致公立中学问题出现的原因是多方面的。从社会方面来看，由于物质条件的改善和职业阶梯的形成，中学教育的普及率更高，加之《退伍军人权利法案》和战后随之而来的婴儿出生潮致使美国各级学校经历了人满为患的时期。在这种背景下，受冷战思维的影响，美国政府优先考虑军费开支，教育投入明显不足，公立学校普遍存在着校舍、设备、师资等多方面的困境。比如，一些资料显示：全国 170 万间正在使用的教室中，近 1/3 是在 1930 年之前建成的，各项指标都在使用标准之下。在一些拥有大量贫民窟的城市中，约有一半的教室至少使用了 50 年，许多教室没有防火设备①。此外，高速公路的修建、汽车的普及以及联邦政府住房政策向郊区的倾斜，中产阶级的郊区化现象日益明显，郊区公立学校与城市公立学校在软硬件方面又表现出明显不均的现象……从公立学校本身来看，作为美国社会应对危机的工具，1958年在《国防教育法》和国家科学基金会的资助下，以心理学家布鲁纳（Jerome Seymour Bruner）结构主义教育思想为指导，以国家科学基金会自然科学研究委员会（Physical Science Study Committee）推出的新编物理教材为标志，20 世纪 60 年代美国的中小学课程改革全面展开。由于此次课程改革表现出强烈的主智主义倾向，而较少考虑不同层次类别学生的个性特征、兴趣和需要，许多学生感觉到了明显的不适应……当时，超过 80％的孩子会升入 9 年级，但是能够坚持读完中学，拿到毕业证书的仅占 40％左右。② 中学辍学、肄业的学生，与虽然中学毕业但并没有学到生活与就业技能的学生依然是同龄中的大多数。

关注这些孩子，解决他们的学习、生活和就业问题，其实早在 1945 年 6 月教育部关于职业教育的一次会议上，曾经在 1917 年《史密斯-休斯法案》的制定中发挥过重要作用的普罗瑟就递交了一份议案。在议案中，普罗瑟认为："目前的职业学校仅仅为 20％中学层次的年轻人进入技术工种提供培训机会，而普通高中也主要关注 20％即将升学的年轻人……除非公立教育系统的管理者在职业教育领导的协助下，能为剩余的 60％的青年人提供生活调整教育，否则我不相信这些人将来能够成为合格的公民。"③ 在普罗瑟议案的倡导下，美国教育委员斯达德贝克（John W. Studebaker）在 1946 年主持召开了多次的地区"生活调整教育"会议，并于 1947 年在芝加哥主持召开了国家会议，会上还同时成立

① U. S. Congress，Senate. 1965. Elementary and Secondary Education Act of 1965，Background Material with Related Presidential Recommendations，http：//eric. ed. gov/？ id＝ED018492：93. ［2014-8-8］.

② Commission on Life Adjustment Education of Youth. Life Adjustment Education. 1951// Lazerson M，Grubb N. 1974. American Education and Vocationalism—A Documentary Histiory 1870-1970. New York，London ：Teachers College Press of Columbia University：159.

③ Gutek G L. 1986. Education in the United States，An Historical Perspective. New Jersey：Prentice-Hall，Englewood Cliffs：272.

了"促进中学层次青年生活调整教育国家委员会"。委员会的成立标志着生活调整教育已经上升为国家层面上一场运动。生活调整教育运动以不准备升学，但又没有在专门的职业学校学习的绝大多数中学生为目标人群，以调整这些学生的人生观、价值观，使其更好地适应业已变化的社会生活，并同时具备能够在市场上获得雇佣机会的职业技能为目标。由于人们理解的宽泛性，各地的实施活动表现出了相当的多样性。从课程内容方面来看，有的学校开设了什么是适当的社会行为的指导课程，有的则开设了如何养成快乐和受人欢迎的个性的咨询课程，还有的学校开设了家庭装饰课程，更有甚者还开设了如何照料孩子的课程。总之，根据学生的实际需求，生活调整课程的范围，从严肃探讨青少年发展过程中存在的问题到如何使用口红和指甲抛光等琐碎的生活常识，其课程五花八门、包罗万象。在课程目标方面，更显示出了多元化的倾向，如有的学校旨在培养有效率的公民，有的学校强调社会适应，还有的学校关注有价值的休闲、生理和心理的正面健康，成功的家庭生活以及个人发展等。在授课方式方面，部分学校引入了在生活、工作现场培训的方式，更多的学校则采取课堂讲授的形式。生活调整教育的琐碎和非学术特征，使其在 20 世纪 50 年代中期以后，在冷战掀起的关注智力竞争的氛围中，不断遭到持要素主义和永恒主义教育思想的学者们猛烈的抨击，同时，人们还将批评的焦点扩大为对杜威、进步主义、经验主义、设计教学等一系列与进步主义教育有密切联系的教育家、教育理论以及教育方法的指责。比如，伊利诺伊州大学历史学教授巴斯德（Arthur E. Bestor）就在自己的《教育的荒地》（*Educational Wastelands*）和《学习的回归》（*Restoration of Learning*）两本书中谴责了生活调整教育的反智力主义倾向。他说："生活调整教育有意识地使教育与科学学科和学术相分离，致使其目标是如此琐碎，这将遭到所有有头脑人士的反对。"[①] 巴斯德不仅倡议回到基础，同时致力于恢复为美国教育，特别是中学教育奠定坚实学术基础的传统课程，另外巴斯德还和一些同事组织了基础教育理事会（Council on Basic Education），为传统人文学科进入课堂而努力。美国海军军官、核潜艇专家瑞克欧文（Admiral Hyman Rickover）在将美国的学校与欧洲学校对比之后，谴责美国学校的学术懒惰，他说："（生活调整教育）正像马和马车一样都是没有希望的过时之物，除非在教育目的彻底扭转之前就重组美国的教育，否则在与苏联的教育竞争中，美国是没有希望的……"[②] 在一片批评声中，美国中学似乎再一次陷入无所适从的境地。它们不知道自己是应该首先传播永恒的文化还是首先

---

① Web L D. 2006. The History of American Education, A Great American Experiment. New Jersey：Upper Saddle River：263.

② Web L D. 2006. The History of American Education, A Great American Experiment. New Jersey：Upper Saddle River：264.

服务于国家近期的目标，它们也不清楚如何协调学生就业或升学之间的矛盾，更不清楚如何在"天才教育"与"机会均等"之间取得某种平衡。

正是在这样的环境中，结合自己个人的研究兴趣，哈佛大学前任校长、著名外交家詹姆斯·科南特（James B. Conant）在卡内基促进教育基金会的资助下，于1957年开始带领调查小组对26个州的103所基本属于美国最好的综合中学进行了历时两年多的调查，并于1959年发表了《今日美国中学》（The American High School Today）的研究报告。1961年，科南特又出版了《贫民窟与市郊》（Slums and Suburbs）的研究报告，该报告主要对《今日美国中学》所忽略的地区和学校再次进行了大规模的调查和研究。两份报告基本上勾勒出了美国中学教育的全貌。同时，无论是在白人社区的综合中学还是在郊区或贫民窟的综合中学进行调查，科南特都对综合中学在捍卫民主社会理想方面的功效给予了相当高的评价，而正是立足于综合中学是民主社会理想得以实现的良好载体的基础上，科南特对如何好转美国中学的教育提出了具有方向引领作用的建议。

科南特认为，美国与欧洲教育最大的不同就在于机会的平等。特别是综合中学，承担着使不同社会经济、伦理和种族背景的学生融入美国社会的重任，体现了机会均等和民主社会的理想。为了实现这一功能，他认为除了可以通过学区改组来大幅度地减少小型中学的数量，提高美国中学的规模效益外，还可以通过为学生配备辅导教师、制定个别化课程计划、设置必修与选修课程、按能力分组、重视阅读、作文和外国语教学、兼顾智力水平不同学生的课程需求等开展综合中学的改革。其中，他特别提出可以将高等教育中普遍采用的选修课与必修课的分类方法下延到中学，拿出约一半以上的课时为全体学生开设必修课程，用其余的时间提供丰富多彩的选修课程，其中不仅包括多样化的可谋生的职业课程，同时还包括专门为擅长学习数学、自然科学以及外语课程的学生提供学术性文理课程。科南特的这些建议较好地协调了普通文化课程、学术性课程与职业课程之间的关系，使美国最重要的民主机构——综合中学在保障学生达到基本文化水平的基础上，能够更多地在职业技能课程和学术能力课程之间进行选择。

由于1959年出版的《今日美国中学》主要关注的是相对平静的中等规模的白人社区的综合中学，而对大城市的贫民窟学校和富裕的郊区学校却很少涉及。在20世纪50年代末期逐步升温的民权运动和关注社会弱势群体利益的氛围中，他认为非常有必要对上次调查中忽略的地区进行对比研究。在卡内基基金会的再次资助下，科南特把第二次调查的重点放置在纽约、费城、底特律、芝加哥和圣路易斯五个大都市地区及其郊区的中学，并用比较的方法勾勒了城市贫民窟和富裕郊区中学教育上的差异，其调查报告《贫民窟与市郊》于1961年9月出版。在调查中，科南特发现，郊区 80％以上的毕业生能够升入高等教育机构，在郊区孩子父母的眼中，最重要的是保证孩子能够进入有名气的学院，因此他们最关心学校学术科目的教学质量。然而，在国内一个最大城市的黑人贫民窟里，"59％的 16～21 岁的男孩子离开学校即处于失业的状况，整日游荡在街头。高中毕业生与肄业生的失业率分别达到 48％和 63％。也就是说，肄业的孩子中 2/3 的人没有工作，即便是高中毕业，也仍然有近 50％的孩子找不到工作"。在这样的情况下，孩子们不禁要问："即使读完高中，依然有 50％的人徘徊在绝望的街头，我们为什么还要苦恼地待在学校呢？"① 面对这种情况，科南特对公立学校的民主理想进行了大胆的修正。他提出，首先，学校教育的内容应该与工作世界的需求充分衔接。科南特说"在已经城市化和工业化的自由社会里，年轻人的教育经历应该时刻与其未来的就业相适应。如果这种情况能够实现，那么年轻人无论是 10 年级毕业，还是读完高中、学院或是大学，在其全日制的学校生活和全日制的工作之间都能够实现顺利衔接"②。其次，充分发挥职业指导的功能，强化学校与工作世界的连接。科南特在调查中发现，一半以上的毕业生会在高中毕业后立即开始寻找工作，但是职业指导类机构的数量还远远不能满足需求。科南特认为，义务教育法案虽然要求年轻人至少 16 岁以后才能离开学校，但是对于 16～21 岁的毕业生或是肄业生，无论其就业还是失业，并不意味着学校责任和义务的结束。目前两者之间断然的分离状态无论对谁都是不幸的。为此他呼吁在学校、雇主、劳工组织、社会机构，以及人事部门之间建立更加紧密的联系。

由于科南特报告"十分切合实际，报告中谈论的事实和提出的建议都很具体"③，报告出版后在美国教育管理者、政府官员、学校理事会成员、普通大众中间得到了广泛传播，《今日美国中学》一文，实际上已经成为美国 20 世纪 60 年代公共教育改革的指导性文献之一，对扭转苏联卫星上天之后美国不同地区、不同类型中学偏重学术教育的倾向起到了一定的拨乱反正的作用。同时，科南特在《贫民窟与市郊》调查报告中所提出的：学校教育应该时刻与工作世界相互衔接、努力为就业服务的观点，不仅直接推动了同期美国中等职业技术教育的开展，同时也从思想和实践层面为该时期职业技术教育立法关注点的变化进行了铺垫，而这一理念又对 20 世纪 70 年代的生涯教育运动及其立法行动有着极

---

① Lazerson M，Grubb N. 1974. American Education and Vocationalism—A Documentary Histiory 1870-1970，New York，London：Teachers College Press of Columbia University：161.

② Lazerson M，Grubb N. 1974. American Education and Vocationalism—A Documentary Histiory 1870-1970. New York，London：Teachers College Press of Columbia University：161-162.

③ Bryant C J. 1959. The American High School Today. New York：McGraw-Hill Book Company Inc：VI.

强的启迪作用。

此外,与这一时期综合中学开始关注不同类型学生的生活和就业技能的趋势几乎同时出现的是社区学院,它作为体现美国教育民主精神的最重要机构,对服务学生就业的职业教育也给予了更多的关注。由于赠地学院经过近百年的发展和功能完善,许多已经演变成真正意义上的现代大学,走上了专业教育的发展道路。加之许多州立大学也是以专业教育为主的,在这种情境下,普及性的、面向大众的、主要服务于学生就业的高等教育就必须由另一种高等教育机构来承担。因此,已经在 20 世纪 30 年代经济萧条期利用其收费低廉、离家较近且开设有终结性的职业课程等优势得到初步发展的机会,同时又在服务第二次世界大战的战争准备和战后复转军人安置中获得了更大发展机遇的社区学院历史性地承担了这一责任。当然,社区学院创立的初衷是为四年制大学提供合格生源的转学教育服务的,因此其向服务就业的职业教育转型也并不是一件很容易的事情,这一过程是与许多人物、机构的长期努力密不可分的。比如,美国初级学院协会(AAJC)在 1920 年成立之初即在初级学院的职业化方面达成共识,协会提议初级学院在保持转学教育的同时把职业训练作为主要的职责,以便初级学院未来能够摆脱对四年制大学的依附。此后,在整个 20 世纪 20~30 年代,美国初级学院协会几乎每次全国会议上都会把职业教育列入议事日程。1939 年,初级学院终结性教育委员会成立。该委员会更加明确地提出把职业教育作为终结性教育的主要教学项目。至 1940 年,几乎一半的州在关于初级学院的立法中除了要求其开设与四年制学院平行的课程外,还专门提到了终结性的职业教育功能发挥的问题,同时国内一些主要的初级学院的院长在 1940 年也达成了一致意见,即"初级学院学生中 2/3 至 3/4 应该主修终结性的职业教育课程"①。

尽管苏联卫星上天事件使人们在一段时间内更为关注高等文理教育,社区学院职业教育功能一度遭遇冷落,但是随着战后新科技革命的出现,美国社会对普通劳动者学历层次的要求逐步提高,特别是 20 世纪 60 年代一些承担中学职业教育任务的成人学校、技术专科学校和地区职业学校、中心或者纷纷升级为独立的社区学院,或者被其他社区学院合并。在社区学院数量有了绝对增长的同时,主修职业教育课程的学生比例也有了较大的增长,如 1960~1968 年,全国两年制学院中主修职业类课程的学生人数从不足 1/4 增长到了将近 1/3。② 社区学院职业教育功能的日趋强化,为那些在经济上或在学业上处于弱

---

① Brint S, Karabel J. 1989. The Diverted Dream, Community Colleges and the Promise of Educational Opportunity in America, 1900-1985. New York: Oxford University Press: 11-12.

② Brint S, Karabel J. 1989. The Diverted Dream, Community Colleges and the Promise of Educational Opportunity in America, 1900-1985. New York: Oxford University Press: 99.

势地位的人群提供了更多接受多样化高等教育的机会，它不仅体现了美国社会的民主精神，同时也为 20 世纪 70 年代后期美国高等职业技术教育的实施奠定了组织机构的基础。

第二节　人力资源开发立法与相关教育立法对弱势群体教育培训权利的保障

在 20 世纪五六十年代的美国，联邦政府之所以会以高昂的热情向贫困宣战和推动伟大社会的改革运动，是与那一时期人们对国家这只看得见的手的巨大功效以及教育在改变弱势群体生存状态方面作用的充分肯定密不可分的。在 20 世纪三四十年代的经济危机中，罗斯福总统的"新政"曾经有效地缓解了经济危机，因此许多学者和政治家都认为国家的认可与国家财政投入是解决贫穷、种族偏见、战争等问题的良药。同时，借助教育或培训还可以显著地改善落后地区以及弱势群体的面貌和生存状态并最终实现国家的长治久安。[①] 比如，加耳布雷思就曾在《丰裕社会》中指出：贫困之所以自行永存下去是由于在最贫困的社会中消灭贫困的服务最差。要有效地消灭贫困，我们必须投资于贫困社会的子女，投资的比例要大些。正是那里，最需要高质量的学校、强有力的保健服务和营养与休养的特别供应，来补偿这些家庭所能给予它们自己子女的极低下的投资。[②] 这一思想在 20 世纪五六十年代系统化人力资本理论诞生后更得到了进一步的强化，而此时期系列人力资源开发立法以及相关教育立法就是这一思想的鲜明体现，它们共同为职业技术教育关注弱势群体平等教育需求营造了有利的法治环境。

一、系统化人力资本理论的形成与系列人力资源开发立法的出台

人力资本是通过人力投资而形成的蕴藏在劳动者身上并能够为其带来持久性收入的生产能力，这种生产能力一般是指人所具有的知识、技术、能力和健康等因素。第二次世界大战结束后，随着科技进步和生产力的迅猛发展，美国的一些经济学家首先注意到了人力资本在经济增长中的作用，并开始对其进行系统的研究，其中舒尔茨就是最杰出的代表人物。舒尔茨在研究中发现，根据经济学家柯布和道格拉斯生产函数，单纯从自然资源、物质资本和劳动力投入数量增长的角度，根本无法有效地解释美国国民收入的增长高于经济投入增长的原因，同时，也无法有力地阐释德国、日本等战败国经济迅速恢复发展，但

---

① Berube M R. 1991. American Presidents and Education. New York，London：Greenwood Press：66.

② 加耳布雷思 . 1965. 丰裕社会 . 徐世平译 . 上海：上海人民出版社：277.

是向欠发达地区的经济援助却无法获得同样效果的原因。经过深入研究，舒尔茨发现，除了人们所认识的影响经济增长的生产要素之外，被大家"遗漏"掉了的生产要素就是人力资本。他测算，在1927~1959年，人力资本的增长对美国经济增长的贡献率高达43％，其中教育投资对经济增长的贡献最大，达到33％。同期，教育投资的平均收益率为17.3％，是收益率最高的投资。① 尽管舒尔茨的这一结论在后来被其他经济学家重新修正，同时人力资本理论也在同期和以后被不断丰富和扩展，但舒尔茨的人力资本理论和其所测算的教育投资收益率却被人们广泛关注。在舒尔茨系统人力资本理论的激励下，继承20世纪30年代美国已初步形成的国家对失业、终生残疾、年老或者因为家庭主要经济人死亡等原因引起的贫困人口进行福利救济、以工代赈等的经验，仅1961~1962年，国会就通过了四个人力资源开发的法案，包括1961年《地区重建法案》（*Area Redevelopment Act*）、1962年《青年雇佣机会法案》（*Youth Employment Opportunties Act*）、1962年《人力开发和培训法案》（*Manpower Development and Training Act*）、1962年《公共福利修正案》（*The Public Welfare Amendments*）。此后，国会又颁布了1964年《经济机会法案》（*Economic Opportunity Act*）、1971年《紧急雇佣法案》（*Emergency Employment Act*）、1973年《综合雇佣和训练法案》（*Comprehensive Employment and Training Act*）、1977年《青年就业和示范工程法案》（*Youth Employment and Demonstration Project Act*）等一大批人力资源开发法案及相关修正案。可以说，尽管人力资源开发立法并不是专门的职业技术教育立法，但是，由于人力资源开发立法更偏重于满足培训对象的就业需求，因此，在一定意义上来说，正是始于20世纪60年代初期系列人力资源开发法案所营造的立法环境和提供的立法基础，1963年《职业教育法》的关注焦点、内容、资助方法等才显示了不同以往的特征。此处笔者将选择其中3部有代表性的人力资源开发法案进行简要的介绍。当然，由于行文的需要，尽管从时间上来看，1964年《经济机会法案》出台于1963年《职业教育法》之后，但是该法案与专门的联邦职业技术教育立法同样构成了相互补充、相互促进的关系，因此笔者将在此处一并介绍。

首先我们来看1961年颁布的《地区重建法案》。该法案的颁布与联邦政府对特定高失业地区未充分就业人群的关注有关。第二次世界大战结束后，尽管美国经济呈现出长期繁荣的局面，但短期的经济衰退时有发生，如1949年、1954年、1957~1958年、1960~1961年就分别发生过经济短期衰退现象，经济衰退引发的周期性失业与新科技革命所导致的技术性失业和结构性失业，以及其他原因引起的失业成为历届政府关注的焦点问题。当然，尽管经济结构调整

---

① 张文贤. 2001. 人力资源会计制度设计. 上海：立信会计出版社：26.

引发的失业问题不管是在经济发达还是在欠发达地区都可能发生，但是从失业问题的严重程度来看，以赋闲在家 26 周或更长时间作为衡量失业的标准，经济欠发达地区，特别是在阿巴拉契亚地区与密西西比河三角洲地区，以及密歇根州北部半岛、印第安人保留地、美国与墨西哥的边境地区的一些偏远的县，以及东西部的自然资源贫困地区等，这一问题尤为严重，"其失业率是国家平均失业率的 2 倍还多"①。按照官方统计，1959 年 5 月，在 179 个经济欠发达地区，共有 109.1 万失业人口，占全国失业人口的 32%，这些地区的失业率高居 10.8%，远远超过 4.9% 的国家平均水平。同时，这些地区的失业率还长期高居不下。比如，1953 年被划分为高失业的经济欠发达地区有 116 个，到 1958 年 3 月仅 41 个地区跳出了高失业率的怪圈。② 面对不同经济发展地区不同失业问题的困境，在是否有必要提供联邦拨款、联邦拨款究竟以失业救济为主还是以促进就业的职业培训为主、联邦培训拨款是否能够收到预期效益等方面，联邦政府内部有着不同的意见。但是，肯尼迪总统力排众议，明确提出：人力资源培训在对抗失业和充分利用现有人力资源方面有着特别重要的价值。③ 在总统及其他团体和个人的支持下，1961 年《地区重建法案》最终出台。该法案规定为那些经济需要恢复或振兴区域的学徒培训、工作现场培训、熟练工人转产培训等各种培训项目每年提供联邦资助 450 万美元。同时为了节约资金，联邦政府倡议应尽量充分利用原有培训设施。法案授权各州承担训练项目监管的责任，同时委派劳工和农业部对申请联邦资助款项的地区培训和再培训项目进行审批，由健康教育和福利部（Departmen of Health，Education，and Welfare）为接受培训者专门选择和推荐未来就业前景高的项目。《地区重建法案》正式使用了人力资源开发和培训等概念，它的资助理念和资助方法奠定了其后人力资源开发系列立法的基础，同时在区域、目标人群等方面也扩展了联邦职业技术教育立法的内涵和外延。

1962 年《人力开发和培训法案》被肯尼迪总统视为自国会 1946 年《就业法》（Employment Act）颁布以来在促进就业方面最有价值的立法："它在降低国家慢性失业方面具有开拓意义。"④ 该法案的出台也与肯尼迪总统的极力倡议

---

① Harris S E. 1962. The Economics of the Political Parties. New York：The Macmillan Company：233-234.

② Harris S E. 1962. The Economics of the Political Parties. New York：The Macmillan Company：232.

③ Harris S E. 1962. The Economics of the Political Parties. New York：The Macmillan Company：234.

④ Stakenas R G. 1984. Educating Hand and Mind，A History of Vocational Education in Florida. Washington DC：University Press of America：135.

有关。当此之时，由于 1961 年《地区重建法案》资助的范围更多地局限在经济发展落后的地区，且拨款数额非常有限，还远远无法满足更广大地区失业和贫困人口的就业需求。特别是 1960～1961 年发生的短期经济衰退，贫困和失业问题重新凸显出来，而同期对低收入家庭的社会福利计划也呈现不断扩张的趋势。在这种情况下，更多人认识到，除非用职业技术教育和培训手段根除失业和贫困，反之贫困现象将不可能消失，而国家的经济运行效率也不可能迅速提升。1961 年，肯尼迪总统在美国劳联和产联（AFL-CIO）会议上承认失业问题是一个应该引起国人足够重视的问题，"首先，我们必须对年轻人的失业问题给予特别的关照，其次，我们需要设置一些联邦项目，用于因新技术和新岗位的出现所导致的失业和半失业工人进行培训和再培训"①。之后，在其他场合，肯尼迪总统又多次建议国会"去制止人力的浪费，应该主要面向那些想去工作，但是却因为工厂搬迁、矿山关闭、新机器取代了原来的技术而不能去工作的人"。肯尼迪总统希望借助国家资助的就业培训计划，使大部分失业的人群不仅能够重新发现最适合于自己的工作，而且还能够对技术变更有充分的适应能力。正是在肯尼迪总统不断的推动下，1962 年《人力开发和培训法案》（*Manpower Development and Training Act*）最终出台。1962 年《人力开发和培训法案》不再把目光局限在经济发展缓慢的地区，而是面向国内所有低收入阶层和享受社会福利救济的人群，只要这些人愿意参与项目培训、并具备掌握新技术的坚定信心（包括在职者）都可以参与国家资助的培训项目。同时在资金划拨方面，法案根据不同区域贫困线以下人口的比例来划拨，更好地兼顾了经济发达和欠发达地区的贫困和失业人口的培训需求。拨款期限为 3 年，截至 1965 年 6 月 30 日。1962 财政年度国会的拨款额度是 1 亿美元，而两年后，拨款额度上升到 1.65 亿美元，3 年内国会共计拨款 4.35 亿美元。法案同时要求各州的职业教育管理机构承担培训项目的评估工作。1962 年《人力开发和培训法案》是在自动化程度加深、国外产品竞争加剧、企业转产、消费者需求不断变迁的背景中，由联邦政府对不同地区的失业和贫困人口职业培训或再培训进行资助的法案，它不仅标志着国会对教育促进就业功能的肯定，同时也在更大程度上扩展了联邦资助的区域和人群，使不同地域更多的失业贫困人口获得了职业培训的机会，促进了国家人力资源开发工作的开展。

　　在 20 世纪 60 年代轰轰烈烈的民权运动和反贫困斗争的氛围中，社会弱势群体的利益成为政府关注的焦点。继 1961 年《地区重建法案》和 1962 年《人力开

---

① Shu W N. 1996. A Comparison of Factors that Influnce Vocational Education Law-Making in the U. S. and TaiWan, Republic of China. Minnesota：Faculty of the Graduate School of the University of Minnesota：114.

发和培训法案》之后，1964 年国会又颁布《经济机会法》（*Economics Opportunity Act*）。《经济机会法》借鉴大萧条时期以工代赈的经验，为各类弱势群体开办了多种类型的联邦职业技术教育培训项目，其中较为有名的是期限为一年的众多工作团队项目（Job Corps）和激励失业人员参与的工作激励计划（Work Incentive Program，WIN）。工作团队和工作计划之类项目的实施，使更多处境不利的青年人获得了参与学术与补习性教育、工作现场训练，以及其他支持性服务的机会。此后，这种做法一直保持了多年不变。虽然更多的人认为青年工作团队仅仅是一种实验性质的机构，但是研究发现，团队在一定程度上促进了处于不利处境的青年的多方面发展，诸如提升了大多数处境不利青年的教育程度，扭转了其就业机会，增加了经济收入，并且青年人参与该活动时间越长，受益的程度越明显。

综合 20 世纪六七十年代的人力资源立法可以看到，此时期的人力资源立法是美国国内民权运动和反贫困斗争的有机组成部分，主要以不同区域和不同原因导致的失业和贫困人口为目标人群，旨在通过职业技能培训提升此类人群的人力资本，以其充分就业减轻国家福利救济的负担，并最终提高国家经济的运行效率。在一定程度上，人力资源开发立法本身也是职业技术教育立法的一种形式。由于人力资源开发立法所针对的人群非常有限，以 1970 年劳工部设置的人力资源开发项目数据为例，其各类培训人数约为 80 万，而这个数目仅仅相当于传统职业技术教育培训人数的 1/10。[①] 同时，人力资源立法主要是短期职业培训，而系统的、长时间的职业教育和培训还必须依托于专门的职业技术教育立法，所以从这个意义上说，人力资源开发立法在实质上仅是专门职业技术教育立法的一种补充形式，它作为职业技术教育的相关立法，特别是在 1963 年《职业教育法》出台之前，在立法倾向与立法技术等方面奠定了专门的职业技术教育立法的基础，弥补了先前职业技术教育立法对特定区域和特定人群职业技术教育重视不足的弊端，促进了职业技术教育的开展。

二、同期其他教育立法对弱势群体教育需求的保障

舒尔茨系统化人力资本理论的产生在教育与国家经济发展之间建立起了有机的联系，从此，世界各国借助教育投资推动国家经济长远发展的行为就有了更为充分的理论依据。可以肯定地说，20 世纪六七十年代包括美国在内的世界多国初中等教育、高等教育以及职业技术教育之所以迈入了历史以来发展最快的时期，与各国政府对教育大规模的投资行为有着必然的联系[②]。当然，除了人

① Wen L L. 1981. Vocational Education and Social Inequality in the United States. Washington DC：University Press of America；13.

② 潘发琴. 2004. 人力资本理论与高等教育发展. 山东理工大学学报（社会科学版），20（6）：88.

力资本理论对各国教育投资所产生的激励效果之外，受 20 世纪 60 年代世界范围内轰轰烈烈的民权运动的影响，这一时期包括美国在内的多国教育投资方向还整体体现出了向弱势群体倾斜的特征。在此，笔者将简要介绍体现以上原则精神的美国联邦学前教育、初中等教育以及高等教育立法资助项目。当然，尽管这些教育立法资助项目出台的时间稍晚于 1963 年《职业教育法》，但是放在此处介绍就是为了较为准确地展现 20 世纪 60 年代美国联邦政府教育立法整体的趋势，为更好地理解职业教育立法倾向的改变奠定基础。

根据 1964 年《经济机会法》社区行动方案（Community Action Program）的要求，联邦政府创设了一种称为"开端计划"的资助项目，该项目要求政府为 3～5 岁的幼儿创建托儿所、幼儿中心等学前教育机构，并对其进行资助。这是美国政府以法的形式明确联邦政府对贫困学前儿童提供补偿教育的开始。该项目之所以得以创建不仅离不开一批社会心理学家和早期儿童发展专家研究成果的支撑，同时也离不开康奈尔大学教授乌林·布朗芬布伦纳（Urine Bronfenbrenner）在国会的据理力争。他认为如果《经济机会法》主要关注 16～22 岁年龄阶段的人，那么，它还远没有切中要害，因为它忽略了最先并且最容易受到贫困打击和伤害的幼儿，只有从幼儿教育入手才更容易斩断贫困的链条。在经济机会办公室领导人萨金特·施瑞弗（Sargent Shriver）和开端计划规划委员会负责人罗伯特·库克（Robert Cooke）等的努力下，开端计划蓝图——库克备忘录形成。备忘录明确开端计划今后将主要借助教育服务、健康服务、社会服务、家长参与等途径提高低收入家庭儿童的社会能力，其中包括其身体、心理、情感、社会交往等多方面的能力，以最终斩断贫困的链条。该备忘录直接引导了其后几十年开端计划的发展方向。1965 年开端计划正式实施，当年联邦政府的拨款总额为 9640 万美元，为 56.1 万名贫困儿童提供服务。1966 年其财政拨款达到 1.989 亿美元，服务贫困儿童 73.3 万名。[①] 开端计划很快就成为美国联邦最大和最有影响的学前儿童资助项目。

在 1964 年《民权法案》精神的指引下，1965 年 4 月约翰逊总统签署了《初中等教育法》（*Elementary and Secondary Education Act*）。该法案不仅是美国联邦政府大规模资助中小学教育的开端，而且也是联邦政府提高贫困、低成就学生受教育机会和促进美国教育民主、平等的重要举措。该法案的出台与约翰逊总统的提议密切相关。一直以来约翰逊总统都将改善教育作为国家应该完成的最重要的任务之一。他曾经说过："教育是我们消灭贫穷之战最主要的武器，是建设伟大社会的最主要工具。"[②] 他在 1964 年 1 月递交给国会的国情咨文中明

---

① Haxton B. A Brief History of Changes in Head Start Program. http：//caheadstart. org/pdfs/history/HeadStartHistory. pdf. ［2014-4-15］.

② Kantor H. 1991. Education, Social Reform, and the State：ESEA and Federal Education Policy in the 1960s. American Journal of Education，100（1）：52.

确提出要将改善学校作为对贫困无条件宣战的主要武器之一。在他 1965 年递交的第二篇国情咨文中更进一步提出："除了现有的教育计划外，建议实行一项关于学校和学生的新计划，这个计划第一年授权的款项是 15 亿美元。"[①] 在总统的授意下，《初中等教育法》很快起草，其议案在提交国会 9 个月后终获通过。《初中等教育法》由 5 大部分内容组成，每年共计拨款 12.55 亿美元，其中最重要的是前三部分的内容。第一部分是每年为贫困家庭学生提供补偿教育服务和为贫困学区补充教育经费共计 10 亿美元；第二部分是每年为贫困学区提供教育补助 1 亿美元，以便帮助这些学区购买图书资源、教科书以及其他教材；第三部分是联邦政府为各地处境不利儿童设立的辅助教育中心的示范性教育方案每年拨款 1 亿美元。1965 年《初中等教育法》的颁布与实施不仅使美国许多贫困地区基础教育的软硬件设施得以改善，同时也使很多来自贫困家庭的孩子在联邦的资助下能够接受与中产或者以上阶层孩子平等的教育。另外，由于法案规定仅仅对实行种族合校的学校下拨援助资金，因此，它还使 1964 年《民权法案》的精神进一步渗透到了学校领域，有力地推动了学校消除种族隔离的进程，是教育民主化精神的进一步体现。

　　同期，体现了约翰逊总统伟大社会改革精神，以消除社会贫困、扩大公平教育机会为宗旨，1965 年美国联邦政府还颁布了《初中等教育法》的姊妹法——《高等教育法》（*Higher Education Act*）。在国会对该法案立法目标的陈述中，可以看到法案将致力于加强传统黑人学院的发展，重点为贫困学生设立平等的机会助学金，鼓励高等教育机构寻求解决城市及市郊问题的方法等。1965 年《高等教育法》授权国会向落后学院和贫困学生每年拨款 6.5 亿美元，以帮助这些高校好转教学质量并帮助贫困学生完成学业。法案共分为 8 章，其中第 3 章是加强发展中的学院项目，第 4 章是学生资助项目。法案认为 4 年制学院、初级或社区学院、已经鉴定合格的和正在朝着合格努力的学院都属于发展中的学院范畴。法案将为以上学院好转教学、管理和学生服务质量等提供资助，而法案资助此类机构的一个核心目标是旨在帮助该类机构为低收入和少数族裔学生提供更多更好的教育服务。法案第 4 部分涉及对学生进行资助的问题。它不仅确认了先前高校学生的资助方式，如"国防学生贷款""工读项目"等，同时还新创了两种资助模式："教育机会助学金"（Educational Opportunity Grants）和"担保学生贷款"（Guaranteed Student Loan）。法案规定"教育机会助学金"的年度总额为 7000 万美元，获得"教育机会拨款"的高校，应该向校内经济特别困难的学生发放"教育机会助学金"，最高不超过 800 美元/生，但是，对于学习成绩中等以上（班上排名前 5%）的学生，在原助学金的基础上还

---

①　梅孜.1994.美国总统国情咨文选编.北京：时事出版社：374.

可以增加 200 美元/生。总之，法案的宗旨是借助于奖学金、助学金、学生贷款和勤工俭学等多种方式，帮助高校贫困学生更好地完成学业。

在 20 世纪 60 年代美国社会特殊的大环境中，以上联邦学前教育、初中等教育、高等教育立法资助项目均体现了一种共同的精神，即关注贫困、弱势群体孩子的平等受教育需求，这是一种时代精神在不同层次教育领域的体现。这一时代精神在 20 世纪 70 年代还将继续延伸到美国土著人口子女、少数族裔移民子女、残障与贫困儿童、女童等身上，而 1972 年《印第安人教育法》(Indian Education Act)、《女性教育平等法案》(Women's Educational Equity Act)、1975 年《所有残障儿童法案》(All Handicapped Children Act) 等的出台标志着教育平等观念取得的实质性成果。当然，这种精神也肯定会出现在职业教育立法领域，1963 年《职业教育法》就是这样的一部体现出同样时代精神的法案。以下，我们将对该法案出台的过程进行追述。

第三节　1963 年《职业教育法》的酝酿与产生

可以这样认为，新科技革命以及冷战极大地推动了美国经济的发展，在它为美国大多数人带来丰裕生活的同时，由于多种复杂因素的作用，另一个贫困的、不平等的美国依然是真实存在的。仅从教育的角度来看，最能代表美国民主价值的综合中学也存在着如美国社会一样的被忽略的另一半。在轰轰烈烈的民权运动和反贫困斗争的洪流中，系统化人力资本理论的诞生使人们对借助教育培训解决以上问题充满了期望。系列人力资源立法以及同期的其他教育立法为职业教育法案的出台共同营造了特殊的氛围。但是，从整体来看，以上因素仅仅是立法的可能性，真正将这种可能性转变成真实法律的，主要有来自总统、国会成员以及诸多院内与院外专业团体和个人的不懈努力。

一、肯尼迪总统的冷战思维与职业教育立法建议

客观地说，美国联邦 1963 年《职业教育法》最早的立法建议是由肯尼迪总统提出的。作为美国历史上第二位最年轻的总统，肯尼迪希望自己能在国内外事务中发挥更大的作用。由于肯尼迪总统上任之时，美国正处在第三次科技革命的巅峰时期，同时又面临着苏联在空间技术上的挑战以及西欧和日本在世界市场上的争夺，在这种背景中，肯尼迪总统更多的是从冷战中美国优势地位的保持和自由世界长治久安的角度来推出包括教育、医疗、住房、反贫困和环境保护等多领域的新边疆改革计划的。

这一点在他上任后第 9 天向国会递交的关于美国社会的"危险与机会"的国情咨文中就有明显的表现。在咨文中，肯尼迪总统提到了美国社会所面临的

诸多的危险，其中他认为最大的"危险"就是美国经济遇到的麻烦。肯尼迪总统说自己是在 7 个月的衰退、3 年半的停滞、7 年的经济增长速度降低和 9 年的农场收入下降之后就职的，当此之时，美国企业的破产已经达到了大萧条以来的最高峰，且 1951 年以来，农场收入还减少了 25％。除 1958 年的一个短时期外，领救济金的失业人数也达到了历史上的最高峰。除此之外，美国还面临国际收支逆差增大、担负着超出自己本分的对西方军事援助和对外援助的义务等问题。面对这种情况，肯尼迪总统认为，尽管美国面临诸多挑战，但是还有足够的可能和机会来改变自身。他首先提出美利坚作为一个自由而又坚定的民族，通过自己选举出来的公职人员，坦率地正视一切问题，并且毫不惊慌或恐惧地应付一切危险，这正是美国拥有的改变自身问题的最大的一宗财产。其次，美国还可以通过积极推行一系列的主动干预政策走出以上困境。比如，可以在自助的基础上通过临时延长失业救济金的办法改善失业补助，向失业者的家庭提供更多的食品并救济他们贫困的子女，重新开发劳动力长期过剩的地区等。他明确提出："我们万万不能白白浪费时间和工厂设备，等待衰退结束。我们必须向全世界表明，自由经济能够做些什么来减少失业人数，利用闲置的能力，促进新的生产率，并且在健全的财政政策和相对的物价稳定的范围内加速经济增长。"①

正是从自由世界有能力改变自身困境的角度出发，除了以上所提出的一系列主动干预政策之外，肯尼迪总统还把教育看作自由世界和进步世界的奠基石或者新边疆政策必须立足的基础。② 在肯尼迪任职不长的时间内，他共向国会递交了三份关于联邦资助教育的特别咨文，这是其他总统所没有的。而正是肯尼迪总统对教育的热切期望，使 91％的美国民众认为肯尼迪政府优先考虑的国内问题是联邦政府如何资助教育的问题，其次才是医疗、失业和民权等问题。在 1961 年 2 月 20 日的教育咨文开篇，肯尼迪明确提出："我们整个国家的发展速度不可能超过我们在教育方面的发展速度。我们为取得世界领导权所必须具备的条件，我们对于经济增长的希望，以及在当前这个时代作为一个公民的自我要求，都需要每一个美国青年人能尽量发挥他们的才能。"③ 也正是借助于这一咨文，他不仅向国会描述了美国教育发展的困境，还提出了多项的教育立法建议。比如，他呼吁国会在未来三年内为"公立初中等学校建筑维修和教师工资提供 23 亿美元资助，为学院或大学的基础设施建设提供 28 亿美元贷款"④ 等。

---

①　肯尼迪 . 1976. 扭转颓势 . 沙地译 . 北京：生活·读书·新知三联书店：16.

②　Berube M R. 1991. American Presidents and Education. New York，London：Greenwood Press：45.

③　肯尼迪 . 1976. 扭转颓势 . 沙地译 . 北京：生活·读书·新知三联书店：127.

④　Kliever D E. 1965. Vocational Education Act of 1963，A Case Study in Legislation. Washington DC：American Vocational Association：9.

在教育咨文的结尾他提及了职业教育，他说："职业教育基本的目标是理性和多元地为未来社会的需要服务，目前发生在所有领域的技术变革，都呼唤着国家对先前的职业教育法案重新进行回顾和评估，以最终实现职业教育的现代化。"①借鉴1917年《史密斯-休斯法案》创制之前组建"国家资助职业教育委员会"开展需求调查的方法，肯尼迪总统动议国家健康教育和福利部召集各界专家，承担重新审议和评估国家当前的职业教育法案的责任，为好转和重新确定职业教育的发展方向提出建设性意见。②

但是，由于第87届议会是第83届议会以来最为保守的一届议会，大部分握有实权的国会委员会，都控制在老资格的南方议员手中，他们对肯尼迪总统关于教育、医疗、民权、国外援助等一系列的新边疆改革建议大多持否定的态度，加之肯尼迪总统本人也没有足够的耐心去劝说国会议员，因此，在众议院第一次会议期间，主要的教育立法提案均被推翻，总统与国会之间的第一轮较量以肯尼迪一方的挫败为标志。但是，肯尼迪总统关于组建职业教育调查小组、开展国内职业教育需求调查的提议并没有受到影响，主要由职业教育领域专家组成的总统职业教育咨询委员会随即成立。

二、职业教育咨询委员会成立与其研究报告出台

1961年10月5日，白宫积极回应肯尼迪总统的提议，要求健康教育和福利部长组建职业教育咨询委员会（National Advisory Board）。同年11月9日，25名来自不同地区教育机构、劳工组织、工业界及管理领域专家组成的咨询委员会随即在华盛顿召开了第一次会议。为了准确把握职业教育现状、了解不同利益群体对职业教育的看法，在咨询委员会第一次会议后，委员会成员不仅在芝加哥、费城等地实地参观了许多区域职业教育项目，同时委员会还设计了一份"观点调查表"（Position Paper），邀请职业教育管理者、职业教育培训人员和相关利益群体填写调查表。在了解职业教育基本情况以及了解不同社会群体对职业教育和相关问题看法的基础上，委员会准确地把握了当前职业教育的症结所在。1962年11月27日，咨询委员会将报告《教育为变换的工作世界服务》（*Education for a Changing World of Work*）提交给肯尼迪总统。这份奠定1963年《职业教育法》基础的报告，在回顾了几十年来美国职业教育开展的总体状况的基础上，试图解决由于社会经济的变迁而给职业技术教育带来的挑战

① Report of the Panel of Consultants on Vocational Education. 1964. Education for a Changing World of Work. Washington：U. S. Government Printing Office；V.

② Shu W N. 1996. A Comparison of Factors that Influnce Vocational Education Law-Making in the U. S. and TaiWan, Republic of China. Minnesota：Faculty of the Graduate School of the University of Minnesota；114.

问题。

　　报告指出，1917年《史密斯-休斯法案》建立了联邦、州、地方三方合作推动职业技术教育发展的格局，而随后的一系列法案扩展了职业教育资助的范围，延伸了其资助的期限。如今，联邦政府约为2/3的公立中学职业教育提供拨款。联邦职业教育拨款涵盖的各类受益人群将近4百万，其中一半左右是成年人。每年联邦、州、地方三方共为职业教育投入的资金数量大约为2.5亿美元。[1] 同时委员会发现，在技术急剧变迁、经济增长加速和国际竞争加深的条件下，从积极的方面来看，接受职业教育的高中毕业生比没有接受职业教育的高中生的失业率低，就业机会相对较多，随后的收入也较高。委员会对以往联邦、州、地方三方合作项目在国内外诸多紧急关头所及时提供的教育和培训表示满意。但是，委员会还发现，高中职业教育项目的开展程度还远远不够。据委员会对6个有代表性的州3733所公立高中的调查，委员会发现仅仅5％的学校设立市场营销课程，仅仅9％的学校提供工商业课程，不足一半的学校提供家政和农业教育，甚至在一些大城市地区，尽管2/3的高中毕业生不能获得学士学位，但是在高中，仅有不足1/5的学生注册学习职业类课程。另外，通过比较注册学习职业教育项目的学生数量与随后各行业的就业人数，委员会发现，平均100位务农的人，仅有10人接受了职业教育，接受批发和零售业教育的人数与其行业总人数的比例是1：200，制造业和建筑业的比例为2：444，而学习电器维修、供暖和通风工程、干洗、去污、熨烫等联邦资助项目的人数比例也非常低。同时，委员会还发现，市场对接受中学后技术培训人员的需求非常迫切，委员会估计10年间，市场对此类技师的需求将从67 800人扩大到20万人。[2]

　　在摸清职业教育现实发展情况的基础上，委员会对20世纪六七十年代国内各类需要接受职业技术教育的人数进行了估算。首先，此期间未取得学士学位即将进入劳动力市场的各类学生，预计总量为2288.3万，其中包括高中程度以下需要就业的750万，未进入高等教育机构的高中毕业生1029万，进入高等教育机构但是没有获得学士学位的509.3万。委员会发现，从目前各类公立中学职业教育的注册人数来看，其与未来市场对各类人才的需求之间的差距是非常巨大的。[3] 其次，从就业人员技术更新的角度来看，到1970年，各类需要接受技术更新培训的人数将达到8700万，然而1950～1960年，接受联邦资助的此类

　　① Panel of Consultants on Vocational Education. 1964. Education for a Changing World of Work. Washington: U. S. Government Printing Office: 7.

　　② Panel of Consultants on Vocational Education. 1964. Education for a Changing World of Work. Washington: U. S. Government Printing Office: XVII.

　　③ Panel of Consultants on Vocational Education. 1964. Education for a Changing World of Work. Washington: U. S. Government Printing Office: 219.

人员仅有 1000 万[1]，加之 780 万缺乏功能性读写知识的人也需要联邦的资助，因此，从整体来看，联邦政府资助的职业教育项目，其受益人群的总量与所预计的国内市场的需求之间还存在巨大差距。面对以上状况，咨询委员会建议，在一个变动不居的工作世界，职业教育应该力争做到以下五点。[2]

1）为 20 世纪 60 年代即将进入劳动力市场的 2100 万学士学位以下的毕业生提供培训的机会；

2）为成千上百万因为技术变迁而导致技艺、技能过时的工人，或者因为效率提高、自动化和经济发展而导致原有职业消失的工人提供培训和再培训的机会；

3）通过高等院校的教育培训，满足市场对于高技能的工艺专家和技师的需求；

4）拓展的职业技术教育必须与就业市场和国家经济需求相一致；

5）不论种族、性别、学术倾向或者居住地等的差异，教育机会一律均等。

委员会认为，为好转未来的职业技术教育，联邦政府必须继续与各州和地方密切合作，努力使美国所有的年轻人都能够获得职前培训的机会。同时，因为美国人口的高度流动性，所有高中都应该承担职前准备的责任，尤其是能够提供大量就业机会的城市中心地区的高中。另外，根据时代的整体精神，委员会提议应该对以下四种人的职业技术教育给予更多资助：准备进入劳动力市场或成为家庭主妇的高中生；由于学术、社会经济或其他原因无法在通常的职业教育项目中获得进步的年轻人；完成高中学业或已经离校的年轻人和成年人，或者即将进入劳动力市场的全日制高中毕业生；青年或成年失业者，或者为达到就业所要求的能力必须进行培训和再培训的从业人员。

报告在继承原有法案的管理原则和方法的基础上，讨论了联邦政府的角色定位问题。委员会认为，职业技术教育是一个对国家的经济、安全和福利至关重要的事务，联邦政府应该承担起自己的责任。总体来看，这些责任包括职业教育评估、职业教育管理和职业教育资助。在评估方面，委员会认为，各州和地方学区每年或周期性地应该为联邦政府提供区域职业教育开展的信息，而联邦政府不仅应该建立联邦资助项目的统计报告系统，而且应该帮助各州建立评估的标准，同时至少每 5 年组织一个不超过 15 人的国家职业教育评估委员会（National Assessment of Vocational Education），开展职业教育评估活动。另外，健康教育和福利部应该每年向国会报告职业教育开展的情况。

---

[1] Panel of Consultants on Vocational Education. 1964. Education for a Changing World of Work. Washington：U. S. Government Printing Office：220.

[2] Panel of Consultants on Vocational Education. 1964. Education for a Changing World of Work. Washington：U. S. Government Printing Office：XVII.

在职业教育管理方面，在继承原有法案所形成的管理方法的基础上，委员会建议，首先，联邦层次的职业技术教育管理机构应该是唯一的，负责监督和管理专门的或相关的职业教育法案的执行情况，或者负责与联邦其他组织机构所开展的职业技术教育进行联络与合作；其次，各个州所递交的职业技术教育资金申请，应该继续成为联邦与各州在职业技术教育方面合作的桥梁；最后，各州的职业技术教育管理机构应该继续被视为职业技术教育的地方管理机构，隶属于健康教育和福利部的职业技术教育管理机构继续行使对全国职业技术教育管理的责任。

在职业教育资助方面，委员会认为，伴随着职业技术教育项目的扩张，联邦、州、地方对职业教育的资助金额也应该增加。其中，州和地方政府应该在每年资金投入的基础上另增加5亿美元，而联邦政府应该在当前600万职业教育受益人群的基础上，为1963~1964财政年度另外至少增加4亿美元的资金投入。[①] 同时，取消《史密斯-休斯法案》和《乔治-巴登法案》中所形成的根据职业类别进行资助的方法，改为以年龄段或特殊需要的人群等分类方法进行资助。

该报告站在美国职业技术教育发展的整体高度，对《史密斯-休斯法案》颁布以来美国职业技术教育开展的情况进行了总结和概括。报告在展现美国社会对职业技术教育巨大需求的基础上，指出了未来职业技术教育立法努力的方向：应该扩大职业教育的规模，满足经济发展对专业人才的需求；在目标上，应该以学生的就业为主导目标，在层次上要注重中学后职业技术教育的开展，在目标人群的选择上，要将失业的、辍学的或者其他弱势群体考虑在内。同时，联邦政府要担负自己对全国职业技术教育发展责无旁贷的责任。可以说，正是《教育为变换的工作世界服务》报告的出台，美国1963年《职业教育法》才有了更为清晰的思路和框架。

三、院内外多种力量的参与、博弈与法案的出台

（一）院外众多协会团体的主动参与

在直接促成1963年《职业教育法》出台的众多因素当中，还有来自不同机构、团体的努力。比如，美国职业协会（American Vocational Association，即原来的国家促进工业教育协会，1926年更名为美国职业协会）、国家商业教育协会（National Business Education Association）、各州首席教育官员理事会（Council of Chief State School Officers）等。其中，美国职业协会做出了卓越的

---

① Panel of Consultants on Vocational Education. 1964. Education for a Changing World of Work. Washington：U. S. Government Printing Office：XX.

贡献。

　　作为历史上促进职业教育立法最有影响力的团体，美国职业协会对 1963 年《职业教育法》的影响是在立法之前就开始奠定的。1960 年，为了使联邦职业教育项目不会因为总统的更迭而动荡，美国职业协会执行主席莫伯利（M. D. Mobley）在总统大选之前写信给当时的两位候选人肯尼迪和尼克松，以确认究竟哪位候选者更支持职业教育。两位候选人都表达了对职业教育事业的支持。比如，肯尼迪在回信中说："在现有法律条件下，联邦政府对职业教育进行拨款对国家安全和经济健康是至关重要的，未来的联邦政府将全力支持各阶段的职业教育发展。"① 两位候选人的回信被分别刊登在 1960 年协会月刊《美国职业杂志》上，这一做法不仅为职业教育争取了未来总统的支持，而且也为协会发挥更大的作用营造了有利的环境。1961 年 2 月，为积极回应肯尼迪总统关于组建职业教育调查小组、开展国内职业教育需求调查的提议，美国职业协会项目发展委员会与健康教育与福利部部长等在华盛顿参加了重新进行职业教育立法的专题讨论会。会上，美国职业协会领导人莫伯利应健康教育与福利部长之邀，帮助其挑选调查机构的人选。职业教育咨询委员会 8 名成员中，美国职业协会 1961 年、1938 年执行主席劳根（William B. Logan）和奎利（Thomas H. Quigley）两人均在其中。另外，在调查委员会开展工作之前，应委员会的请求，莫伯利又为委员会列举了调查中应该注意的事项，这些事项几乎涵盖了职业教育的方方面面，如定期评估原有的职业教育项目、在学校职业教育项目管理中的试错（tried and tested）技术、确保职业教师有较好的工资待遇、学校设备必须及时更新、拓宽职业教育范围等。莫伯利提醒的许多事宜，均成为咨询委员会工作的重点。莫伯利也因为其出色的工作，被一些媒体戏称是所有联邦法案的起草者都会求助的人，而《哈博杂志》（*Harper's Magazine*）则称其为"华盛顿最成功的院外活动者"。研究美国职业协会历史的学者巴洛（Melvin L. Barlow）的评论似乎更为全面，他说："15 年内，四届总统和众多的参议员和众议员，他们无不是从莫伯利博士那里获得职业教育知识的，这一点是毋庸置疑的。"②

　　当然，美国职业协会的影响还远不止于这些。1962 年深秋，美国健康教育和福利部教育办公室着手起草职业教育提案。由于肯尼迪总统一开始就将职业教育与其他各类教育放置在同等重要的位置来通盘考虑，因此，肯尼迪政府起草的这份提案包括了高校学生贷款项目、好转高等教育质量项目、强化初中等

---

　　① The Times They are A-Changing. http：//www. acteonline. org/about/upload/ Changing-Times. pdf：4. [2007-3-12].

　　② Kantor H，Tyack D B. 1982. Work，Youth，and Schooling，Historical Perspectives on Vocationalism in American Education. Stanford ：Stanford University Press：61.

教育项目、继续教育扩展项目等 24 个主要的教育立法项目，而仅仅在第 5 章 A 款（Title V-A）中提及了职业教育的立法问题。肯尼迪政府之所以如此起草提案，首先是为了避免第 87 届议会中出现的由于递交单个教育提案而引发的多个教育利益集团相互争夺的局面，此外，教育以一揽子综合教育提案的面貌出现，在一定程度上似乎更容易吸引国会成员的注意。其次，考虑到 1964 年即将到来的总统选举，为了获得更多利益集团的选票，就需要在当前的立法草案中考虑到每一个教育集团的利益。该提案递交众、参两院审议后（编号分别为 H. R. 3000 和 S. 580），肯尼迪政府的这种看似聪明的做法立即招致了众多教育利益集团的不满，因为根据以往的立法惯例，任何领域的一揽子立法提案在众议院完全通过的机会几乎为零，加之众议院管理小组一般不会允许一份综合提案完全被挫败，因此，提案的拆分将成为后期不得不做的工作。但是，提案中并没有关于哪一领域的教育应该被优先考虑的条款，因此，恰如一名游说组织成员所评论的：立法起草者太聪明了，然而他们仅仅聪明了一半。[①] 综观该提案的内容后，以美国职业协会为代表的诸多职业教育民间团体也对该提案表现出了强烈的不满。特别是美国职业协会更是倍感失望，因为协会预期的独立的职业教育法案不仅变成了总统综合教育法案的一个条款，且其对国内职业教育的资助额度还远远低于协会的预期。比如，该条款仅提议 1964 财政年度为职业教育提供 2300 万美元的资助，而职业教育咨询委员会报告建议的额度是在目前可用的联邦职业教育拨款的基础上再增加 3.5 亿美元的拨款！同时，该草案还决定废除《乔治-巴登法案》，将先前所设定的以职业教育项目为基础的资助模式改为以不同年龄段人口的比例为基础划拨资金的模式，这无疑将对《史密斯-休斯法案》出台以来所形成的稳定的职业教育管理结构造成强烈的冲击。因此，为了尽快扭转不利局势，协会果断决定通过自己的律师，在参众两院教育小组委员的帮助下，重新草拟一个非官方的立法提案。提案完成后，协会邀请自己的老朋友、众议院首席教育小组主席卡尔·帕金斯（Carl Perkins）将其提交国会审议（编号为 H. R. 4955）。以上基于极为不同的利益诉求而产生的两份不同的提案，也为国会内部的激烈的利益斗争埋下了伏笔。

除了美国职业协会在立法中的努力，作为国家教育协会的一个组成机构，主要由中学和高等教育机构从事商业教学、管理、科研事务的人员组成的国家商业教育协会也在确保自身利益、推动职业教育法案出台过程中付出了自己的努力。比如，在职业教育咨询委员会收集职业教育信息的过程中，国家商业教育协会曾及时地向咨询委员会递交了其建议和意见。之后，在得知 H. R. 3000

---

① Kliever D E. 1965. Vocational Education Act of 1963，A Case Study in Legislation. Washington，DC：American Vocational Association：18.

提案中并没有涉及商业教育的事项，商业教育的利益将无从保障，为了弥补这一缺憾，在获得国家教育协会的批准后，国家商业教育协会专门成立了立法行动委员会（NBEA Legislation Action Committee）开展华盛顿游说活动。当行动委员会得知 H. R. 4955 比 H. R. 3000 更有可能通过后，行动委员会决定立即扭转努力的方向，与美国职业协会一起推动 H. R. 4955 的出台，并力争使 H. R. 4955 兼顾商业教育机构的利益。为了弥补 H. R. 4955 提案不包括商业教育的缺陷，国家商业教育协会立法行动委员建议可以在目标陈述时巧妙地对一些概念的内涵进行拓展。H. R. 4955 最初的版本是这样陈述法案的目标的："联邦将保存、扩展和好转它们的职业教育项目……"包括众议员帕金斯在内的许多议员都认为提案中的"项目"一词就是指现有的联邦资助的职业教育项目，其中并不包含商业教育项目。国家商业教育协会建议去掉最初提案中的"它们的"字眼，同时增加"以及发展新的职业教育项目"等语句，这样商业教育就被巧妙地涵盖在联邦资助的范畴内了。协会立法行动委员会的立法建议被职业教育咨询委员会所采纳，并直接体现在 1963 年《职业教育法》第一部分对职业教育立法目标的陈述中。①

除了为自己的利益奋力争取之外，许多协会还根据不同的提案是否对自己更为有利来决定究竟支持哪一方。比如，1927 年成立的各州首席教育官员理事会，主要由 50 个州的教育主管、教育委员，以及哥伦比亚特区、关岛、萨摩亚群岛、波多黎各、维尔京群岛、马里亚纳群岛等地区的教育机构和国防部管辖的一些独立学校的教育管理者组成。理事会执行主席埃德加·富勒（Edgar Fuller）从各州利益出发，曾经比较了 H. R. 3000 与 H. R. 4955 的区别，他认为：在联邦资金向各州分配的模式方面，两个提案几乎是相同的。在资金的使用方面，H. R. 4955 更加灵活。在联邦拨款的数额方面，H. R. 4955 的拨款逐年增长，在第四年以后稳定在 3.4 亿元，与 H. R. 3000 相比更加优厚。因此，富勒极力支持 H. R. 4955 的出台。与富勒先生的观点大同小异，来自佐治亚州的教育主管、理事会成员普塞尔（Claude Pucell）则明确地表达了理事会之所以支持 H. R. 4955 的原因，此提案资金分配的方式将调动各州对职业教育投入的积极性并好转和扩展职业教育项目，此外根据不同年龄段人口比例和人均收入来划拨资金的模式也较为理想，而各州还享有分配资金的弹性机制，同时，提案中对教师培训、指导及研究项目的资助，将最终协助各州更好地满足工商业界对毕业生的要求。

院外众多协会团体主动参与立法的过程不仅是不同职业教育利益主体争取

---

① Shu W N. 1996. A Comparison of Factors that Influnce Vocational Education Law-Making in the U. S. and TaiWan, Republic of China. Minnesota: Faculty of the Graduate School of the University of Minnesota: 136.

自身利益最大化的一种举措，同时也是推动立法完善的基础。但是，最后究竟是 H. R. 4955 还是 H. R. 3000 能够取胜，一切还要看院内不同利益主体的博弈与斗争。

（二）院内多元立法主体的多重博弈与法案的出台

递交到国会的职业教育提案还必须经过两道至关重要的审议程序，其一是众参两院专门委员会的审议，其二是众参两院全院的审议。

首先我们来看发生在众议院的利益博弈。进入提案审议阶段后，如预期所料，众议院教育和劳工委员会不得已对综合提案进行了拆分工作。拆分后的职业教育由一般常务小组委员会负责。从 1963 年 3 月 25 日起，一般常务小组委员会主席帕金斯主持了 H. R. 3000 和 H. R. 4955 共计 12 天的公众听证会。帕金斯不仅是职业教育的积极推动者，而且也是 H. R. 4955 的提交者，因此，帕金斯利用各种机会阐释职业教育的本质以及对国家发展的现实意义，呼吁议员推动法案的出台。帕金斯说：“应该对有特定需求的青年人开展培训，而不是对他们的要求置之不理。使人们获得新职位必需的新技术本身就是为未来准备的一种方式。我确信 H. R. 4955 能够提供这种培训机会，我恳求每个国会议员支持这个满足人们迫切需要的提案，促使其早日生效。”[1] 但是，作为 H. R. 3000 提交者的众议院国会劳工和教育委员会主席珀外尔（Powell）不仅自己支持 H. R. 3000 通过，还认为该提案理所当然应该得到劳工和教育委员会两党议员的支持。除了两位提案递交者不同的声音之外，在听证会上，各方围绕着联邦职业教育的资助方式、资助类别、资助额度、管理监督方式等也进行了激烈的辩论。比如，对联邦资助职业教育的方式，来自肯尼迪政府一方的代表支持 H. R. 3000，坚持对现存的以职业类别为基础的资助方式进行改革。其中，教育委员弗兰斯·克派尔（Francis Keppel）坚持：“当前职业教育条款中的职业分类已不能充分应对我国迅速改变的劳动力市场的需求。”众议院共和党议员古德尔（Goodell）也指出：“从各州职业教育发展的观点来看，创建更为弹性的职业教育分类方法更为有益。”[2] 以上观点得到了美国劳联——产联的支持，他们认为在必要的时候和必要的地方，联邦政府资助特定的职业类别能够较好地推动职业教育的发展，但是目前的经济发展阶段早已经不同以往。以美国职业协会为代表的另一方一开始就对这一提议非常不满，因此在听证会上，当协会主席、

---

①　Shu W N. 1996. A Comparison of Factors that Influnce Vocational Education Law-Making in the U. S. and TaiWan, Republic of China. Minnesota：Faculty of the Graduate School of the University of Minnesota：141.

②　Kliever D E. 1965. Vocational Education Act of 1963，A Case Study in Legislation. Washington DC：American Vocational Association：25.

明尼苏达大学的米罗·皮特森（Milo Peterson）博士被问及此事时，他直接表示："如果撤销先前创建的且一直在发挥作用的职业教育资助框架和结构，我们将面临职业教育的混乱和毁灭。"由于对 H. R. 3000 的许多条款都非常不满意，当民主党成员弗里林海森（Frelinghuysen）继续追问："与 H. R. 4955 提案相比，您更赞成 H. R. 3000 的哪一部分内容？"皮特森更是直率回答："没有。"①与美国职业协会的观点相一致，一些专门领域的组织机构，如美国商业部、劳工部代表，以及国家农场主协会、国家商业教育协会等的代表也从各自的利益出发，大多赞成保持现有联邦资助方式。对职业教育的管理和监督问题，来自政府方面的代表威尔伯·考赫（Wilbur Cohen）建议增加职业教育管理资金额度并创建职业教育咨询委员会，定期对职业教育项目进行周期性的再评估，以免职业教育落后于经济的发展，部分众议员、美国职业协会代表均对此建议表示积极的支持。来自各州首席学校官员理事会的代表，尽管其主要的利益并不在职业教育方面，但是为了阻止教育立法中的联邦控制，其代表不仅参加了听证会，同时还在听证会上反对给予联邦教育委员过多的权力。与此同时，与职业教育关系似乎不大密切的城市联盟和全国有色人种协进会等利益团体也参加了多场听证会，它们希望通过听证程序，以确保联邦资助的职业教育项目中没有与学校种族隔离相关的内容。

公众听证会以 H. R. 4955 力挫 H. R. 3000 结束后，在接下来的 15 场同样激烈且令人筋疲力尽的小组委员会内部会议期间，H. R. 4955 又被逐条评议并增删。比如，结合公众听证会上的建议以及 H. R. 3000 的部分条款，为 H. R. 4955 增加了 3% 的管理经费，增设职业教育咨询委员会和职业教育理事职位。进一步明确各州匹配资金的规定，同时对接下来的四个财政年度的拨款额度在高于 H. R. 3000、低于 H. R. 4955 的范围内进一步达成了妥协。在资金分配方式方面，会议最终还是决定以某一职业类别相关年龄段的人数为基础，而不再考虑各州人均收入的因素……可喜的是，与第 87 届议会不同，保守的民主党和南部议员如今已经不再主导议会，而第 88 届议会众议院教育和劳工委员会本身就是赞同教育改革的，加之其他各方面的努力，H. R. 4955 最终进入全院审议阶段。在该阶段，尽管共和党和民主党议员曾经为 H. R. 4955 是否应该增加反种族歧视附加条款而争议不休，但是 H. R. 4955 仍获得两党大多数支持，最终以 377：21 通过了表决。

从 1963 年 4 月 29 日至 6 月 27 日，与众议院听证程序相似，参议院劳工和公共福利委员会教育小组委员会也开始对 S. 580 进行听证。但是，与众议院立

---

① Kliever D E. 1965. Vocational Education Act of 1963，A Case Study in Legislation. Washington D C：American Vocational Association：25.

法环境不同的是，综合教育提案在参议院并没有面临被拆分的命运，因为参议院有通过某类一揽子提案的经历。参议院在差不多两个月的时间内共举行了 17 天的听证会，对综合教育提案的每一个细节都进行了讨论和修改，仅其听证记录就多达 7 卷 4429 页。当然参议院的听证会主要针对的是综合教育立法提案，因此，单独就 S. 580 第 5 章 A 款职业教育来说，最初其在提案中并没有什么特殊的位置。但是，6 月 19 日肯尼迪总统民权咨文中的一段话却出人意料地扭转了职业教育的不利地位。肯尼迪在咨文中提议："为了进一步扭转处于经济困境或不利地位的白人或黑人的培训、技术以及经济地位，应该推进该方面的立法并修订预算。"① 自此，职业教育立法在参议院的不利地位发生了戏剧性的转变。其变化突出表现在三大方面：首先，参议院在权衡众议院递交的 H. R. 4955 拨款额度的基础上，再度提高了年度职业教育拨款总额；其次，新增或增加原有职业教育的单项资助额度，特别是增加了对居住在贫民窟的青年或拥有较多辍学、失业青年的社区开展职业培训的资助力度；最后，参议院将重新修订过的缩微版的 S. 580 重新冠名为新的 H. R. 4955（包括 4 部分的内容，Part A-D），其中职业教育被置于第一部分（Part A）显著的位置。

1963 年 9 月 25 日，参议院劳工和公众福利委员会内部会议决定将新的 H. R. 4955Part A-C 部分与其他三个立法提案共同递交参议院全院审议。在参议院审议阶段，他们在某些项目方面达成了一致意见。首先，同意在 1964 年度及其之后的四年内，联邦职业教育资助总额在高于众议院 H. R. 4955 版本但又低于参议院新的 H. R. 4955 版本的基础上确定了一个新的额度。其次，对高中肄业或毕业生进入区域职业学校的资助比例，在各方协商的基础上，最后选取了 30%……但是，由于新的 H. R. 4955 是综合教育法案，其所要协调的利益差异远比众议院 H. R. 4955 要大得多，很快地，在工作—学习项目、居住地学校项目以及其资金分配模式等问题上，两党议员谁都不愿意再做出让步，直至参议院休会，统一意见也没有达成。肯尼迪总统遇刺后，约翰逊成为美国新总统。为了贯彻"向贫困宣战"的改革精神，1963 年 11 月 27 日，约翰逊在国会两院的联席会议上发表演讲，他强烈呼吁："采取有远见的行动，有力地促进一些悬而未决的教育法案的审议通过。"② 与此同时，约翰逊总统还充分发挥自己国会知情人的作用，利用各种渠道强调教育立法的迫切性，亲自接触持有不同意见的民主党议员……在约翰逊总统的努力下，12 月 3 日，参议院决定对 H. R. 4955 重新审议。经过艰苦的讨价还价，于 13 日，参议院最终以 82：4 通

---

① Kliever D E. 1965. Vocational Education Act of 1963, A Case Study in Legislation. Washington DC: American Vocational Association：39.

② Kliever D E. 1965. Vocational Education Act of 1963, A Case Study in Legislation. Washington DC: American Vocational Association：60.

过了新的 H. R. 4955。18 日，约翰逊总统签署该法案，1963 年《职业教育法》正式颁布。

四、1963 年《职业教育法》的内容与实施

1963 年《职业教育法》作为 1917 年《史密斯-休斯法案》和 1946 年《乔治-巴登法案》的修正案，是此时期出台的最重要的和专门的联邦职业技术教育立法。下面简要介绍其内容和实施情况。

（一）1963 年《职业教育法》的内容

首先，法案在清晰界定职业教育概念的基础上对立法的目的进行了描述。法案认为：在学校或在教室环境中（偶尔也在工作现场和实验室）进行的、由公众监督和控制的，或者通过与州或地方教育机构签订协议而举办的职业教育培训和再培训项目统称为职业教育。职业教育的目的是为了使个体成为掌握部分或完全技术的工人或技师，以最终获得社会认可的职业。职业教育包括任何为获得商业和办公室工作而进行的培训项目，任何可以得到 1946 年《乔治-巴登法案》及其修正法案提供的联邦资助的培训项目，但是需要专业人员认定、管理中也需要特定声明的专业性活动，或者授予学士学位或更高学位层次的培训项目不在此列。[①] 以上对职业教育概念的界定，已经明确地将中学和中学后职业教育（其中主要包括由社区学院或其他两年制学院承担的职业教育项目）囊括在内。这就表明，自 1862 年《莫雷尔法案》和 1917 年《史密斯-休斯法案》创建了联邦资助高等和中等职业技术教育的完整结构后，1963 年《职业教育法》已明确开始对两种层次的职业教育开始资助（当然，由于赠地学院的许多职业教育已经转变为授予学士学位的专业教育，社区学院及其他两年制学院因之成为联邦高等职业教育资助的主要接收者）。此外，法案在开篇还进一步明确了订立该法案的宗旨：为了保存、扩展和好转现存的职业教育项目，为了发展新的职业项目，为了给年轻人提供兼职的机会，因为这些年轻人需要用这些工作收入继续自己的职业教育培训。[②] 该目标在一定程度上体现出了国家商业教育协会努力的成果。与 1917 年《史密斯-休斯法案》及其后续的专门的和相关的职业教育立法相比，1963 年《职业教育法》最大的不同还体现在对资助目标人群的选择上。法案明确规定无论是在校中学生（由于社会对中学后职业技术教育需求的增加，法案同时要求总拨款中至少 1/3 的资金必须用于中学后职业教育的

---

① Calhoun C C，Finch A V. 1976. Vocational Education：Concepts and Operations. Belmont：Wadsworth Publishing Company of Califonia：38.

② Vocational Education Act of 1963. 1980. // Hillesheim J W, Merrill G D. Theory and Practice in the History of American Education：A Book of Readings. Washington DC：University Press of America：398.

开展），准备进入劳动力市场的中学毕业生或肄业生，或是已经就业但是希望更新自己原有的技术或学习新技术的在职人员，因学术、社会经济或其他缺陷无法在普通教育项目中取得进步的人员均可以获得资助。同时，法案还淡化了行业界限，规定只要教育培训与受训人员的需要、兴趣和能力水平相吻合且具有真正的或预期的就业机会即可获得联邦职业教育拨款，以保证其能够从培训和再培训活动中受益。正像美国职业协会执行秘书莫伯利所说："1963 年《职业教育法》除了表现出更加关注劳动力市场对于人才的需求之外，其资助范围还覆盖了学士学位以下的所有职业类型，同时，法案力图为所有能力层次的人服务，且力争在所有种类的教育机构中开展。"[1]

其次，法案不仅授权对职业技术教育进行永久性的资助，而且还具体化了拨款数额、资金匹配和分配的方法。法案规定，截至 1964 年 6 月 30 日之前的这一财政年度，国会授权各州职业教育的拨款数额为 6000 万美元；1964 年 7 月 1 日至 1965 年 6 月 30 日财政年度的拨款数额为 1.185 亿美元；1965 年 7 月 1 日至 1966 年 6 月 30 日财政年度的拨款数额为 1.75 亿美元；1966 年 7 月 1 日至 1967 年 6 月 30 日财政年度的拨款数额为 2.25 亿美元，之后每年联邦财政拨款稳定在 2.25 亿美元的水平。[2] 1963 年《职业教育法》标志着联邦政府对职业技术教育投资力度的增大，从其拨款的数额与先前法案的拨款数额的对比中就可见一斑：1963 年《职业教育法》的拨款数额是 1917 年《史密斯-休斯法案》拨款数额的 150 倍左右，是 1926 年《史密斯-休斯法案》修正案拨款数额的 8 倍多，是 1946 年《乔治-巴登法案》拨款数额的两倍多。[3] 在匹配资金方面，法案要求 1964 财政年度以及其后的每一个财政年度，联邦政府每提供 1 美元的拨款，各州或地方也需要拿出 1 美元的匹配资金。在资金的分配方面，法案规定 90% 的资金将根据各州不同年龄段需要接受职业教育的人口比例进行分配，同时也兼顾各州人均收入的实际水平，剩余 10% 的资金用于研究、实验或试验性项目的开展。对具体资金的分配原则，法案要求各州应该将所分配的 50% 的资金用于15～19岁的年龄群，20% 的资金用于 20～25 岁年龄群，15% 的资金用于 25～65 岁的人群，5% 的资金不必考虑学生年龄，可用于所有群体。

为了对特殊身份人群的职业教育有所偏重，法案首次规定了预留资金（Set-Asides）的方式，比如法案规定 1968 财政年度之前，各州必须拿出 1/3 的资金

① Mobley M D. 1964. A Review of Federal Vocational-Education Legislation, 1862-1963. Theory into Practice, The New Look in Vocational Education, 3 (5): 169.

② Hillesheim J W, Merrill G D. 1980. Theory and Practice in the History of American Education: A Book of Readings. Washington DC: University Press of America: 398

③ Calhoun C C, Finch A V. 1976. Vocational Education: Concepts and Operations. Belmont: Wadsworth Publishing Company of Califonia: 38.

用于已经离校的各类人员的职业准备培训或者用于区域职业学校的建设，1968 财政年度之后，各州应拿出 25％的资金用于以上目标。为了使由于各种原因无法在常规的职业教育项目中取得进步的残疾人等获得足够的关注，法案另外为这些人群的培训预留了一定比例的资金，同时法案还规定了对高辍学率和高失业地区的拨款应该有所偏重的原则。考虑到特定职业对某类人才的迫切需求，法案并没有完全取消依据职业类别进行资助的方式，法案第一次对商业和办公室职员的培训活动提供资助，同时为各州实习护士的培训活动提供永久拨款，此外，法案在 1958 年《国防教育法》所批准创建的"区域技术教育项目"（Area Technical-Education Program）的基础上授权对区域职业学校（Area Vocational Schools）建设以及一些实验和研究项目进行永久资助。法案规定：各州只要能够拿出对等的匹配基金，联邦资助可以用于区域职业学校设施的完善。[①] 1963 年《职业教育法》主要依据不同年龄段人口的比例来划拨资金，同时兼顾贫困地区和特殊人群的需求，此种做法较大程度地改变了 1917 年《史密斯-休斯法案》颁布以来所形成的以项目为单位进行资金划拨的方式，一方面避免了随着职业教育项目的增多而造成的联邦资金分配中的顾此失彼，另一方面又照顾到了不同区域和人群的现实需求。当然这种资金分配方式也不是十全十美的，其一些缺陷在法案实施中将会有所表现。为特定人群预留资金的方式也标志着联邦资助从单纯服务于职业技能培训的目标向服务于社会公平目标的转型。

再次，为了适应转变的资金划拨方法，并使下拨到各州的资金发挥最好的效果，法案规定了较为灵活的资金使用方法。法案对《乔治-巴登法案》《史密斯-休斯法案》和《国防教育法案》的部分条款进行了修订，使各州能够突破单个法案对各项资金的限制，在联邦认可的资助范围内，更加灵活地综合使用同一类别的联邦拨款。比如，分配给农业教育的资金不必仅用于农场和农场家庭，也不必用于直接与农业实践活动相挂钩的教育活动，农业教育资金可以用于与农业学科知识和技能传授相关的所有职业活动。这种较为弹性的资金使用方法，在实质上是与第二次世界大战以来出现的诸多新的产业形式相适应的。在联邦拨款具体资助的职业类别方面，法案不再进行明确地区分，而是允许各州将联邦拨款用于资助法案所批准的任何职业类别，而专业性的，或者为了获得学士学位所进行的教育不在资助之列。同时法案规定，只要能够提供州或地方的匹配资金，联邦拨款也可以用于校舍的建设和设备的购买。法案以上的规定，使 1963 年《职业教育法》突破了以往职业教育立法对资金使用的诸多局限，更好地适应了州和地方多样化的资金使用需求。

---

① Mobley M D. 1964. A Review of Federal Vocational-Education Legislation，1862-1963. Theory into Practice，The New Look in Vocational Education，3（5）：169.

最后，1963 年《职业教育法》也标志着联邦政府对职业技术教育管理控制程度的加深。根据 1962 年职业教育咨询委员会终期报告的精神，1963 年《职业教育法》要求教育部建立职业教育咨询委员会（Advisory Council）。法案规定咨询委员会的职责主要包括：为教育委员的日常管理活动、与职业教育法案相关的管理活动、对各州职业教育规划的审批活动等提出建设性意见。同时，为了强化联邦政府对各州职业教育的引导功能，法案沿袭了《史密斯-休斯法案》的精神，明确规定各州必须在法案颁布后递交本州职业教育的发展规划，只有与联邦法案精神一致的规划才能够获得联邦拨款。此外，法案还要求州和地方职业教育项目必须接受周期性的评估，以了解其项目的相关性与实施质量。职业教育咨询委员会每 5 年组织一次不超过 15 人的国家职业教育评估委员会来开展全国职业教育的评估活动，以了解其项目的相关性与实施质量。对职业咨询和指导工作，法案建议州和地方职业教育机构与公共就业组织密切合作，以更好地安排职业教育培训课程和职业咨询、指导活动。

（二）1963 年《职业教育法》的实施

1963 年《职业教育法》的实施一方面推动了美国职业教育的开展，与此同时，也暴露出了一些问题。总体来看，主要表现在以下五个方面。

第一，伴随着社会分工的进一步分化和细化，职业教育课程门类不断增加。据来自美国教育办公室 1969 年的数据显示，在职业类别词典（Dictionary of Occupational Titles）中有 22 000 种工作，经精简后成为 409 大类，其中 342 类被推荐为可以在中学水平开设的职业项目。[①] 单从职业课程的设置来看，从战后直至 20 世纪 80 年代中期，美国中等和中等层次以上的职业学校，所开设的课程门类已经从 20 世纪 60 年代的 100 多种发展到 400 多种。[②] 在内容方面，职业教育还在一定程度上扭转了与短期培训画上等号的弊端，职业教育的培养目标有所提高，在专业课中加大了现代科学技术的比重，增设了电子、自动化技术及电子计算机等课程。

第二，由于联邦支持力度的加大，接受职业技术教育的学生人数呈现不断增长之势。1961 年，接受联邦资助职业教育的学生人数占学生总数的 2.1%，1966 年上升到 3.1%。其中，在接受职业教育的所有年龄段的人口中，中学生的比例更高一些，如 1963～1964 年中学生所占的比例为 20%，1965～1966 年为 25%。[③] 另据资料显示：1964～1966 年，中学职业教育项目的注册人数比 1963

①　Strong M E. 1975. Developing the Nation's Work Force, Yearbook 5 of American Vocational Association. Washington DC：American Vocational Association：142.

②　天津职业技术师范学院等. 1985. 国外职业技术培训研究. 天津职业技术师范学院内部资料，3.

③　马骥雄. 1991. 战后美国教育研究. 南昌：江西教育出版社：131.

年《职业教育法》出台前增长了 43%。[①] 此外，从总人数来看，1964～1968 年接受职业教育的总人数几乎翻了一番，由 450 万增至 800 万。[②]

第三，1963 年《职业教育法》的实施，带动了相关职业技术教育机构的发展。当时两种层次的职业技术教育机构大概有 5 种，基本满足了各类人员的需求。其中包括地区职业教育中心，全日制职业高中，综合中学内设置的专门的职业部，为高中毕业生或中途辍学者创建的专门技术或职业类学校，经由各州职业教育委员会许可，在二年制学院、社区学院或大学中成立专门进行职业教育的系科或机构。法案的颁布还直接带动了职业类学校和学院数量的增长，资料显示：此时期，职业学校已经从 1965 年的 405 所增加到 1975 年的 2452 所。招收高中生的二年制技术学院和社区学院，由 1963 年的 701 所增加到 1977 年的 1944 所，增长 2.7 倍。[③] 同时，由于联邦政府的资助，中学和中学后地区职业教育中心发展迅速。1965～1966 年，联邦资助 45 个州创建、增加或翻新了区域职业中心[④]。截至 20 世纪 80 年代中期，由学区几所综合中学联办的地区职业教育中心已经发展到 1395 所，中学后层次的地区职业教育中心已经发展到 504 所。

第四，1963 年法案的实施，一定程度推动了社区学院职业化的进程。由于战后新科技革命的影响，航天技术、计算机、石油化工等新技术直接带动了新的产业形式的发展，社会对中学后层次的职业技术教育人才提出了更大的需求。在这种情况下，1963 年《职业教育法》专门要求拨款的 1/3 必须用于中学后职业项目。伴随着联邦拨款数额的增长，用于中学后职业技术项目的资助也随之增长。比如，从 1965 年到 1969 年，各级职业教育联邦资助的经费由 6.05 亿美元增长到 14 亿美元，其中就有更多的资金流入了中学后职业技术教育项目。除了联邦资助的增长引导了更多社区学院、初级学院学生选修职业课程之外，特别是在 1964 年，美国初级学院协会还邀请一些著名人士成立了全国初级学院顾问委员会。该委员会积极建议在社区学院和初级学院中加强职业教育，此举也在一定程度推动了社区学院的职业化进程。因此，20 世纪 60 年代后期，美国社区学院的职业教育迅速增长，主修职业技术专业的学生逐年增加，从 1963 年的 219 766 人增加到 1975 年的 1 380 516 人，职业学生占社区学院学生总数的比例从 1963 年的 26%，上升到 1975 年的 35%。[⑤]

---

① Manley R A. 2010. The Intended and Unintended Consequences of the 1990 Carl D. Perkins Vocational and Applied Technology Act within State Funding Formula Change: A Modified Policy Delphi Study. Blacksburg, VA: 31.

② 彭爽. 2006. 美国职业教育立法及其启示. 湖南经济管理干部学院学报, 17 (1): 90.

③ 教育部中等专业教育司. 1982. 技术教育与职业教育. 北京: 人民教育出版社: 89-90.

④ Manley R A. 2010. The Intended and Unintended Consequences of the 1990 Carl D. Perkins Vocational and Applied Technology Act within State Funding Formula Change: A Modified Policy Delphi Study. Blacksburg, VA: 31.

⑤ 毛澹然. 1989. 美国社区学院. 北京: 高等教育出版社: 69-70.

　　与以往职业教育立法相比，1963年法案虽然扩大了职业教育的对象，使包括弱势群体在内的所有年龄的公民都有机会接受职业培训和再培训，但是由于诸多原因，劳动力严重不足行业的职业教育，并未有任何明显的改善。如参加健康教育专业学习的人数一直很少，而获得联邦资助的对象仍以在校学生为主，成人的职业教育需求难以满足。另外，由于1963年《职业教育法》出台之后，辍学的或在常规的职业教育中无法取得进步的特殊类别的学生进入了联邦职业技术教育立法的视野，尽管联邦法案对于"处境不利"进行了定义，但是"文化方面的处境不利"却被大多数的州所忽略，同时由于地域和经济水平等的多样性，各州对于"学术方面和社会方面处境不利"的定义也五花八门，成为职业技术教育管理中最难以清晰把握的焦点问题。

　　第五，矛盾还体现在对职业技术教育的具体管理和实施方面。美国先前对情况特殊的个体，其职业培训和教育的责任主要由职业重建机构承担，1963年《职业教育法》出台后，要求教育机构来负责这些人群的教育培训，因此，职业重建机构和教育机构还存在相互协调的问题。另外，在具体的实施中，学校从一开始就面临着诸多的难题，他们不得不考虑：身有残疾的学生究竟需要什么特殊设备、师资和课程？如何才能使原本厌学的学术处境不利的学生喜欢学校？这些特殊学生未来会有什么样的就业岗位？……由于普遍存在着理解混乱、前后做法不一致，以及教育者和被教育者缺乏相互理解等问题，因此，1963年法案出台之后的最初几年内，特殊类学生的职业技术教育问题并没有达到联邦的预期，而此后的一些发展也并不尽如人意。一些资料显示，1972～1973年，处境不利学生注册学习职业技术教育的比例较前期下降1.69%，残疾学生虽然增加0.64%，但是其增长率却低于前期；1972～1973年，联邦、州、地方对弱势群体职业类学生的财政支出总额为318 694 933美元，比1972年之前286 786 154美元的支出有所提高，但其占弱势群体学生总支出的比例较前期有所下降，从10.8%下降到10.5%。为残疾类学生提供的财政支出为94 150 830美元，仅较前期66 138 395美元提高了0.6个百分点。[1]

第四节　体现1963年《职业教育法》精神的系列拓展法案

　　1963年《职业教育法》出台后，面对其实施中出现的新情况新问题，特别

　　[1]　Strong M E. 1975. Developing the Nation's Work Force，Yearbook 5 of American Vocational Association. Washington DC：American Vocational Association：202.

是在拨款即将到期的情况下，该法案于 1968 年、1972 年、1976 年等又经过了多次的修订。下面，我们将结合 1963 年之后美国国内的一些具体情况，挑选其中的两部法案进行简单的介绍，以期勾画联邦职业技术教育立法理念、关注焦点、目标人群、资助方法和管理手段等的变化，并从中更鲜明地体会到此时期职业技术教育立法更好地服务于个体平等与就业目标实现的倾向。

一、1968 年《职业教育修正案》

（一）国家职业教育咨询委员会 1968 年报告

1963 年《职业教育法》虽然在许多方面对职业教育进行了重新的定位，但是当工作世界以及与工作世界相关的所有环节都变得越来越复杂的时候，如何使职业教育顺应这种新的变化？并随时为所有公民提供唾手可得的职业培训机会？1967 年由约翰逊总统批准成立的职业教育咨询委员会在调查研究的基础上于 1968 年推出了承上启下的报告《架起劳动力与其工作之间的桥梁》（*The Bridge between Man and His Work*），该报告不仅在内容、方法、目标人群等的选择方面直接奠定了 1968 年《职业教育修正案》的基础，同时正因为该报告的推动，职业教育逐步向涵盖范围更广的生涯教育转型。

首先，1968 年报告主要讨论了广义的职业技术教育概念的问题。报告认为，职业教育并不是部分学科的代名词，它既是教育目标的基本成分，也是教育内容的基本因素。在当前情况下，继续将教育分为普通教育、学术教育和职业教育本身就是不现实的，所有类别和所有层次的教育都是为了人们成功的职业生涯而服务的。比如，说写之类的表达能力、计算能力、分析技能、正确的社会认知、个人角色的正确定位、人际交往技能等均可以服务于职业生涯的成功，而接受过良好教育，在以上方面拥有更高能力的个体无疑能够为市场提供更好的劳动力，也更具有职业竞争的实力。同时，报告借鉴科南特在美国中学调查报告的建议，提议每个人的正式教育经历中必须包含一定形式的职业准备活动，从而使个体在决定终止其学业的任何时候都具备就业的技能以及市场需要的就业技术，在个体计划追求进步和发展的任何时候，学校都能够为其提供继续教育的机会。同时，技术更新和补救性的教育活动也是非常必要的。调查报告对广义职业技术教育概念的理解，在一定程度上颠覆了 1917 年《史密斯-休斯法案》出台以来所固定化的为特定就业需求而进行特定的职业教育和培训的狭窄的社会效率职业教育观，为 20 世纪 80 年代以后新职业教育观的形成与普及进行了思想的奠基。

其次，该报告对各阶段、各层次、各类型职业教育活动的开展提出了详尽的立法建议。报告建议各阶段职业准备工作应该有不同的侧重点。报告认为，职业准备应该从小学阶段开始。此阶段职业教育的主要目标是使学生大致了解现实工作世界的图景，其目的在于使学生熟悉生活的世界，为其未来的职业定位奠定基础。初中阶段的职业教育从认识经济活动和产业系统开始，在熟悉商品和服务是如何被生产和分配的基础上，使学生认识全部的职业分类，并对其倾向选择的职业类别对从业者的要求和职业本身的优劣有所了解。高中阶段的职业准备虽然不应该局限于特定狭窄的职业门类，但是应该较先前更加明确，最好围绕着有更多就业机会的职业群或工业群进行选择。所有高等教育程度以下的课程都应该同时教给学生工作入门的技能和准备进入中学后职业技术教育机构学习的知识储备。即使是为升学而准备的课程也应该尽量借助由实践而获得知识的途径，为就业而准备的课程应该涵盖为未来提升职业技能或继续深造所必需的知识。所有在中学后教育机构开设的职业准备课程应该直接面向就业需要。伴随着更多接受过高等职业教育的人员进入劳动力市场，没有通过高等职业教育培训、学徒或工作现场培训等方式而获得高新技能的就业者将处于严峻的不利形势中，因此，报告建议延长公共教育的时限到 14 年，同时强调其终结性的职业目标。

　　报告提议更加关注部分时间制的职业技术教育。报告认为，除去以上为各阶段在校生开展的就业准备课程外，公立学校还应该为校外的成年人提供部分时间制（有时可以是全日制）的职业教育课程和培训，此项活动应该成为公立学校系统正常工作的一部分。同时，在成人职业课程和培训项目的开设方面，公立学校不应该仅仅只开设几门就业需求高且花费少的项目，其培训课程和项目的范围应该与培养在校生初次进入劳动力市场的培训范围一样广泛。

　　报告从提升职业技术教育拨款的使用效率和效益方面提出了许多的建议。比如，尽管报告认为任何增益于社会福利的职业虽然都应该包含在职业教育概念的范畴内，但是由于资源的制约，拨款时要优先考虑能够扩展就业机会的项目。在小学和初中，拨款时应该优先考虑就业机会多的职业群，这些职业群在教学活动时应该关注宽泛的职业原则、普通的操作技能、积极进取的工作态度等对未来就业有促进作用的因素。伴随着学生年级的升高，其教学活动的着眼点应该越来越集中到有社会和个人价值的特定职业门类。同时，报告认为教育培训活动不应该局限于教室、学校车间或实验室，而更应该在工作现场进行培训。这样做的益处颇多，它不仅能够避免设备的重复购置，还可以让学生体会到真实的环境和工作纪律的要求，同时学习者不仅能够获得一定的收益，而且原机构的管理者和其他雇员在顺便给予学生更多指导的同时，在一定程度上还能够促进其效率的提高。另外，报告还对补救性的职业教育活动、处境不利人群的职业教育活动、居住在人口稀少地区人群的职业教育活动等提出了具体的立法建议，而以上许多的立法建议均被 1968 年《职业教育修正案》所采纳。

(二) 1968 年《职业教育修正案》

吸纳职业教育咨询委员会 1968 年报告的精神，1968 年《职业教育修正案》对 1963 年《职业教育法》进行了多处的修正。可以这样认为，如果 1963 年《职业教育法》标志着联邦政府对职业技术教育全面干预和管理的开始，那么 1968 年《职业教育修正案》则强化了联邦政府对职业教育责无旁贷的责任。同时，正是始于 1968 年《职业教育修正案》，职业技术教育概念的内涵和外延均表现出了扩大化的倾向。

整体来看，1968 年《职业教育修正案》对先前职业教育法最主要的修正体现在以下三个方面。

首先，1968 年《职业教育修正案》再次拓展了职业教育的概念。1968 年修正案与 1963 年《职业教育法》在目标上是一致的，即都是为所有美国公民能够便利地接触到适合于自己的培训和再培训项目服务。但是，与 1963 年《职业教育法》不同的是，1968 年职业教育修正案已经明确提出了职业教育与普通教育融合的问题，同时开始强调就业与升学的双重目标，在职业教育的层次上也更加关注中学后职业教育的开展。

其次，修正案授权对职业教育追加几百万美元的拨款，但鉴于先前专门的和相关的职业教育立法对不同类别的职业教育资助的类别、年限等多有重复的问题，修正案授权教育委员对合并所有联邦教育拨款项目的可行性进行研究，并最终合并了除《史密斯-休斯法案》之外的所有专门和相关的职业教育拨款项目。在各州与地方匹配资金的提供方面，也与先前的法案有诸多的不同。自 1914 年《史密斯-利弗法案》开始要求接受拨款的各州提供匹配资金以来，此方法一直是联邦政府用以促进各州为职业技术教育投资的手段，但是在实施过程中，由于各种原因无法提供匹配资金的州不仅无权享有拨款，同时在事实上也造成了地方学区之间拨款数量的巨大差异，使理应得到更多资金扶持的学区甚至无法得到平均数量的拨款，针对这种状况，"1968 年《职业教育修正案》的出台，建立了指定匹配资金最高限额的制度，并同时要求，即使缺乏匹配资金，任何学区也不能被剥夺接受联邦职业技术教育拨款的权力"①。除了以上规定，1968 年修正案还设计了一些不需要，或很少需要各州提供匹配资金的短期项目，如示范项目、合作培训项目、实验性的社区居民学校、寝室贷款、课程发展、专业发展、处境不利人群职业发展项目等。

最后，1968 年修正案加强了联邦对职业教育的管理力度，同时对职业教育咨询工作也给予更多的重视。修正案将国家职业教育咨询委员会改为永久性机

---

①   Calhoun C C, Finch A V. 1976. Vocational Education: Concepts and Operations. Belmont: Wadsworth Publishing Company of Califonia: 73.

构，将其成员从 12 个增加到 21 个，任期为 3 年。修正案规定各州必需呈递更为详尽的、且参考各州职业教育咨询委员会意见的职业教育规划，同时各州拟定的规划在内容上必须符合以下的标准：规划必须涵盖各州对职业教育项目、服务和各种职业活动定期评估的信息，这些项目必须与市场对劳动力的需求以及所能够提供的工作机会相一致；规划必须涵盖对本州不同地理区域不同人群的职业教育需求的判断信息；规划中应该有地方社区对教育的整体支付能力的分析；规划中必须涵盖公众在听证会上对规划的讨论信息等。修正案在一定程度上体现了联邦政府对各州职业教育控制程度的加深。

另外，修正案分别讨论了处境不利人员、经济落后或高失业地区人们不同的职业教育需求，特别是一些残疾学生的中学后职业教育需求，同时还对职业教育的保障系统，如职业教育的课程发展、师资等进行了资助。1968 年《职业教育修正案》的出台，标志着联邦职业技术教育立法的一个不小的飞跃，因为经过几十年的发展，联邦职业技术教育立法逐步打破了 1917 年《史密斯-休斯法案》所营造的自我强化的倾向，开始在普通教育、职业教育以及学术教育之间建立起有机的联结。同时，在法案的推动下，所有层次类型的教育均服务于就业的思路，虽然在一定程度上预示了生涯教育理念的出现，但是其在一定范围内却导致了职业教育过于泛化的弊端，而这些弊端将有待于未来的职业技术教育立法的不断修正和完善。

二、1976 年《职业教育修正案》

尽管 1968 年《职业教育修正案》对职业教育的诸多方面都进行了补充和完善，但是由于诸多方面的原因，其实施情况并未如想象中的完美。在国会的敦促下，1974 年 12 月美国总会计署（United States General Accounting Office）向国会递交了《联邦政府资助职业教育的作用何在？》（*What is the Role of Federal Assistance to Vocational Education?*）的报告。该报告发现的问题以及其指出的修改完善建议对 1976 年《职业教育修正案》的出台和立法方向均产生了重大的影响。

（一）国家总会计署 1974 年报告

之所以国家总会计署会向国会提交职业教育方面的报告，重要的原因就是人们希望了解：伴随着职业教育资助规模的不断扩大和参与人员的不断攀升，联邦职业教育资助是否真的实现了其所希望达到的，即激励州和地方政府增加职业教育投入，确保所有年龄和所有社区的人最终都能接受真正的或有预期就业机会的职业培训和再培训，提高职业教育的参与率。因为从资助规模来看，1964 财政年度联邦职业教育拨款为 5500 万美元，而 1973 年已经达到 4.82 亿美元，同时期州和地方职业教育投资也从 2.78 亿美元攀升至 1973 年的 25 亿美元[1]；从注册入学人数来看，1973 年中学、中学后和成人三个层次职业教育项目注册学生总数为 1207 万之多，比 1968 年增加了 400 多万，与此同时，进入中学层次职业教育项目的人口占 15～19 岁年龄人口的 38%，注册进入中学后职业教育项目的人数占 20～24 岁人口的 8%。[2] 当然，作为联邦职业教育资助的直接管理者，美国健康教育和福利部下属美国教育办公室数据也显示：自 1963 年《职业教育法》颁布 10 多年来，州和地方支持职业教育的力度加大了，注册进入职业教育项目中的人数增多了，处境不利和残疾人的职业教育机会也增加了。美国教育办公室、州职业教育主管部门，以及国家职业教育咨询委员会大都将这一变化归功于联邦法案的资助。但是，联邦职业教育法案真的有如此神奇的效果吗？它的制定和执行过程真的无懈可击吗？在国会考虑修订职业教育立法的时候，作为第三方机构，国家总会计署的调查评估结果或许在国会更有说服力。

通过对 7 个获得较多联邦资助的样本州，即加利福尼亚州、肯塔基州、明尼苏达州、俄亥俄州、宾夕法尼亚州、德克萨斯州和华盛顿特区进行调查，国家总会计署发现尽管国内职业教育发展在许多方面都如教育办公室所说的那样，但是其存在的问题也是比较明显的，突出表现在以下五个方面。

第一，从职业教育管理的角度来看。1917 年《史密斯-休斯法案》创建了有意接受联邦资助的各州首先要向联邦职业教育管理机构提交州规划的管理方法，只有符合法案原则精神的州规划才能获得联邦资助。州规划以及其后出现的地方规划曾经在引导、激励、监督州与地方职业教育发展方面起到了非常好的效果，但是国家总会计署在调查中发现：一方面州和地方在创建规划时更多表现出对联邦法案的盲从，很少体现"规划"的真正含义，另一方面在实际使用资金方面，州和地方又常常不按照规划方案来办，这就导致联邦法案目标的偏离。另外，几乎所有层次的职业教育项目规划之间都缺乏有效的协调和沟通。因此，职业教育规划与其他相关教育规划往往都是孤立和分裂的。无论州还是地方规划往往关注已有项目，而满足预期人力资源需要的好转规划却非常缺乏。

第二，从联邦职业教育资助的分配、使用以及其激励州和地方投资的功效来看，联邦资助中的相当一部分并没有到达需要资助的地区和项目。导致这一

① United States General Accounting Office. What is the Role of Federal Assistance to Vocational Education? http：//babel. hathitrust. org/cgi/pt? id=uiug. 30112067574530；view=1up；seq=3：2. ［2014-6-9］.

② 彭爽. 2006. 美国职业教育立法及其启示. 湖南经济管理干部学院学报，17 (1)；United States General Accounting Office. What is the Role of Federal Assistance to Vocational Education? http：//babel. hathitrust. org/cgi/pt? id=uiug. 30112067574530；view=1up；seq=3：2. ［2014-6-9］.

现象出现的原因是非常复杂的，如从州的角度来看，许多州允许所有地方教育机构申请使用联邦职业教育资助，而没有将联邦资助专门用于选定的最需要的地方，一些州在授权地方教育机构使用联邦资助时也没有鉴别哪些项目相对来说更需要联邦资助，由此导致了有限的联邦资助到达不了应该资助的项目；从联邦政府本身来讲，由于联邦层次对国内职业教育资金划拨缺乏系统评估，国家教育办公室也没有能够提供丰富的指导以帮助国会实现期望的立法目标，由此也导致联邦资助经常被用于提供传统地方项目，而不是用于法案条款罗列的一些新项目；从联邦法案本身来讲，其并没有明确规定多大比例的资金可以用于州层次和地方层次，因此也出现了大量的联邦资助被截留在州层次以服务于州职业教育管理的需要。一些州职业教育主管甚至告诉总会计署研究人员，州之所以拥有强大的领导力，主要是由于联邦资助可以用于此目标，反之则不可能实现州的强有力的管理。另外，尽管几十年来联邦职业教育资助确实起到了调动州和地方职业教育投入的功效，如国家总会计署发现自 1970 年以来，一个国家平均水平的职业教育项目运转时，联邦每支付 1 美元，州和地方大概需要投入 5 美元。但是，由于 20 世纪 70 年代美国经济的低迷形势，特别是 1973 年10 月至 1974 年 3 月，阿拉伯国家的石油禁运，美国"付出 50 万就业、100 亿美元以上的国民生产总值和一个猖獗的通货膨胀的代价"[①]，州和地方再维持这一比例就非常困难，因此目前出现了为地方教育机构提供联邦资助时不再要求地方提供配套资金，以及为特定人群的职业教育筹集资金更加困难等情况。[②]

第三，从综合和有效利用现有职业教育资源的角度来看。在许多案例中，中学、社区学院和区域职业技术教育机构一般都能够较好地利用自己掌控的资源并探索共享其他机构或项目的资源，如共享联邦资助的其他人力资源项目、军事驻地、私人学校或者雇佣场所等所拥有的各类资源，但是还有许多因素制约着人们共享这些资源。比如，许多州和地方教育机构在使用目前的职业教育资源时不会考虑如何使目前的资源为更多的人提供教育训练机会，许多学校更情愿使用自己手中的资源，或者更看重创建新的职业教育设施，而不是使用其他机构的资源。一些机构的职业教育资源并没有明确的编目，不利于资源的共享。还有许多机构在使用职业教育资源时不会进行成本比较和分析，加之许多职业教育培训项目的时间安排缺乏弹性，以及交通工具的缺乏，致使资源共享效率低下。

第四，从特定人群的职业教育机会增加的角度来看。尽管处境不利的人的职业教育机会增多了，但是许多个体特殊的职业教育需要还是很少被高度优先

①　陈宝森 . 1988. 美国经济与政府政策——从罗斯福到里根 . 北京：世界知识出版社：348.

②　United States General Accounting Office. What is the Role of Federal Assistance to Vocational Education? http：//babel. hathitrust. org/cgi/pt？ id＝uiug. 30112067574530；view＝1up；seq＝3：II.［2014-6-9］.

考虑。此外，尽管最近十年，参与职业教育项目学习的学生总比例增长了，但是更多的资金必须用来购买职业教育设备以及用来好转现有职业教育的质量，因此参与职业教育项目学习的人数增长率与资金增长率之间并没有成比例增长。另外，总会计署在调查中还发现年龄、性别和入门要求依然会对职业教育训练和就业机会造成影响。总会计署的这一发现与同期不同部门对弱势群体在接受职业教育和就业方面的不平等现象的调查结果是一致的。比如，美国民权办公室递交国会的一份报告显示，众多学校对有助于改善性别不平等弊端的职业项目持消极态度，在其调查的 1400 所职业学校职业教育项目中，有超过 1000 所职业学校平均每校都有 5 门或更多的职业课程仅仅服务于一种性别的学生。1976年美国众议院教育和劳工委员会的一份报告也指出："目前美国有占适龄妇女总数 44％、数量上超过 3300 万的从业妇女，这些从业妇女大部分不得不去工作，因为她们中的 2/3 是单身、离婚、寡居、分居或与某男士组成了年收入少于7000 美元的家庭。目前，女性主导的家庭数量已经占所有家庭总数的 11％且比例继续在增加，其中少数族裔妇女在这样的家庭中的比例更高。此外，妇女大多集中于传统就很少有选择机会的低收入、低技能要求的工作岗位，其工资收入仅为男子的 60％。"[1] 所有这一切都要求国会在新的联邦职业技术教育立法中采取行动。

第五，从职业培训是否有利于就业的角度来看。尽管变化了的人力资源需求对中学和中学后职业教育机构的培训项目提出了新的要求，但是目前大多数学生仍然习惯于注册拥有较少就业机会的传统课程。造成这种现象的原因是多方面的。比如，州和地方常常缺乏对劳动力市场供求信息的完整或实际的评估，加之学校通常不负责学生工作安置，以及职业教育评估时很少或几乎不会综合考虑学校毕业率和就业率之间的关系，由此导致学校对职业指导的忽视以及个人已有的工作经历经常不能与职业课程相互融合的现象发生。

根据调查出来的问题，总会计署对国会修订法案提出了如下主要的立法建议：首先，从好转管理和资金分配的角度，允许州职业教育机构使用部分联邦资助以便好转州规划，同时，为了使更多的联邦资助不是被截留在州层次而能到达地方层次，联邦职业教育立法以及其他与职业教育相关的教育立法应该设定一个资金分配的上限，以便明确联邦资助最多能在州层次保留的比例。其次，明确要求联邦资助主要用于发展和好转现有职业教育项目以及拓展职业教育机会，而不是仅仅将有限的联邦资助用于维持现有的项目。同时，为了克服联邦职业教育项目之间的孤立状态，要求健康、教育和福利部与劳工部秘书联合制定一个详细规划，以便使中学职业教育机构能够与 1972 年教育修正案（Educa-

---

① Mertens D M. 1984. Federal Policy for Sex Equity in Vocational Education. Educational Evaluation and Policy Analysis，6（4）：402.

tion Amendments）和 1973 年综合雇佣和培训培训法案（Comprehensive Employment and Training Act）授权的州中学后职业教育委员会共同创建职业教育项目规划，以最终加强中学、中学后和成人所有层次职业教育之间的联系，同时加强职业教育资源的共享效率。最后，为了保障特定人群的职业教育需求，如果国会认为应该优先保障处境不利的人和残疾人职业教育的资金需求，那么为这些人提供项目和服务时可以采取一些方法，比如，要求州为这些人的联邦预留资金提供等额的匹配资金，用以确保州和地方也能够致力于好转这些人的职业教育境况，或者为特殊需要的职业项目分类增加预留资金的比例。在该报告的基础上，1976 年《职业教育修正案》及其后续职业技术教育法案在继续加大联邦政府对职业技术教育监督管理力度的同时，在许多方面，对先前职业技术教育发展中重视不够或忽略的部分进行了适当的弥补。

（二）1976 年《职业教育修正案》

1976 年《职业教育修正案》（*Vocational Education Amendments*）对 1963 年《职业教育法》再次进行了拓展和修正。综合来看，该修正案主要强调了以下三个方面的内容。

第一，伴随着职业技术教育成本的攀升，公众税收负担日益加重，职业技术教育投入与收益之间是否平衡的问题引发了公众更多的注意。1976 年《职业教育修正案》有意加强职业教育信息的收集、管理、评估力度，为此修正案为建立国家职业教育数据报告和分析系统提供了专项拨款，并要求此系统应尽可能地与职业信息数据系统密切合作。修正案规定该系统收集的信息应该包括：就业岗位的需求与参与职业技术教育培训的毕业生和肄业生接受教育或培训的相关度；雇主对这些毕业生和肄业生职业技能的优劣程度的评价结果两大项。在评估方面，法案规定的职业教育评估主要包括州和联邦两大层次。修正案认为，只要各州接受了联邦职业教育拨款，就应该对联邦负责。为此，修正案不仅详细规定了联邦拨款的使用程序，同时还要求各州必须遵循以下标准开展职业教育的评估："无论通过什么方式的数据收集、有效样本统计技术……各州均应该对所实施的项目进行评估。"[①] 在各州的评估之外，1976 年《职业教育修正案》指出，应该开展国家层面的职业技术教育评估，在国家教育协会监督下每 5 年对法案的实施情况开展一次评估。评估的重点主要在于检查州和地方对联邦职业教育立法的具体实施情况，同时对立法的修订补充提出进一步的建议。

第二，修正案更加关注五大人群的职业教育。这五大人群包括：残疾人，处境不利人群（非残疾），英语水平受限的人士，高中毕业或已经离校进入有组织的职业教育项目，并最终可以获得协士学位或其他证书，而不是学士学位或

---

① U. S. Department of Education Office of Vocational and Adult Education. Vocational-Technical Education: Major Reforms and Debates 1917—Present. http：//eric. ed. gov/? id＝ED369959：12.［2007-2-8］.

更高学位的人员，已经进入劳动力市场但却失业的人群。修正案为此扩大了预留资金的范围，将10％的联邦拨款（需要各州提供匹配资金）专门拨付给残疾学生，20％的联邦拨款必须服务于处境不利的学生（其中包括为双语学生的拨款），15％的拨款用于高中后职业教育项目。同时，法案还要求优先考虑经济欠发达地区、高失业率地区的项目申请，对一些区域还没有开展的新项目，或者为了满足新的劳动力需求和工作机会的项目也应该优先考虑。1976年修正案同时致力于取消性别歧视和性别偏见，要求在职业技术教育的各个环节都要将男女平等考虑在内。尽管1972年教育修正案第九部分（Title IX）首次提到在所有的联邦资助的项目中严禁性别歧视，但是1976年职业教育修正案却是联邦职业教育立法史上第一次要求接受联邦资助的各州设立性别平等全职专员，"采取积极措施"取消性别偏见、性别刻板印象和性别歧视的联邦法案，这在美国职业技术教育立法史上有着开创意义。另外，修正案还特别地提及了几百万来自母语为非英语国家的各类人员及其子女的职业教育问题。由于英语能力的不足，这些人员的职业技术教育机会被大打折扣。法案承认目前国内还非常缺乏对此类人进行教育的教师以及教材，为解决以上问题，修正案特意为这部分人的职业教育提供了拨款。

第三，其他一些资助项目。1976年修正案开始关注一些较新的方向。比如，为女性进入传统上仅对男性开放的职业领域进行培训，为接受职业教育的学生的子女提供日托服务，为婚姻解体而必须重新就业的家庭主妇提供帮助，为缺乏工作技能的一家之主开展培训，为希望获得全日制工作机会的兼职人员提供服务，为目前在传统女性领域工作，但是却希望在传统上不适宜女性工作的领域进行尝试的人，以及希望进入传统上女性工作领域进行尝试的男性提供帮助等。此外，接受能源危机的惨痛教训，从尼克松总统开始的历届联邦政府都十分关注能源教育。1976年修正案中也明确授权各州为中学后教育机构开展的能源教育拨款，以便为国家培训所需要的矿工、监管者、技师（特别是安全监理）、煤矿和煤矿技术领域的环境保护者、设备勘探人员等。法案继续实施对示范性和创新性项目的资助，其中包括：对市中心聚居的贫困、无技术和失业人群的培训项目，对人口稀少的农村地区以及从农村刚刚迁往城市的人群的培训项目，对英语水平受限人群的培训项目等。同时，法案提出对生涯教育项目和国家教育协会进行拨款，要求国家教育协会从服务项目、职业分类、目标人群、注册学生，以及教育和政府层面等开展职业教育资金分配模式研究。[①]另外，法案还要求更密切地与1973年《综合雇佣和训练法案》等合作，以便更好地满足

---

① National Insitution of Education. 1981. The Vocational Education Study：The Final Report. Washington DC：Vocational Education Study Publication No. 8. 20208：69.

职业教育和培训的需要。

三、生涯教育运动及其立法

伴随着美国经济持续高速发展时期的逐步结束，特别是深受 20 世纪 70 年代石油危机的影响，美国社会的就业和失业问题都比较严重，在这种情况下，作为未来劳动力的培养机构，受苏联卫星上天事件的影响，20 世纪 60 年代美国中小学校的课程改革却表现出了强烈的主智主义倾向。因此，从 60 年代末期开始，教科书的艰深问题、学生对理科课程的冷淡问题、辍学率升高问题、学校纪律问题、毕业或肄业生就业能力不足等问题逐步浮出水面，一时间社会上对学校课程偏重学术水平和认知能力培养，忽略青少年情感、道德和职业能力发展的批判声此起彼伏。1969 年 12 月，美国教育协会召集各领域教育专家开展了以 "70 年代以后的学校" 为主题的讨论。与会人员一致同意："今后 10 年，教育改革的主要目标是把学校办成更有人情味的机构。"① 也就是要求学校教育以儿童为主体，尊重儿童的个性，在课程方面增加人文学科的比重，将人性教育、价值观教育渗透进所有学科的教学中，并高度重视心理咨询、生活指导与社会体验等活动。与此同时，美国一些地区还出现了不分年级学校、无升学障碍学校、弹性课表、系统定位课程、计算机辅助教学等多种多样的教育教学改革尝试。此外，借鉴斯尼登、普罗瑟、杜威等的教育理论和实践经验，并吸收新出现的终身教育、回归教育的理念，1970 年美国教育委员艾伦第一次明确地提出了生涯教育（也译为生计教育）的概念，其继任者西德尼·马兰（Sidney P. Marland）在详细阐释这一概念之后又将其推而广之。马兰之后，在教育委员贝尔（T. H. Bell）和欧内斯特（Ernest Boyer）任期内，生涯教育还成为新成立不久的教育部重点推行的教育项目，其理念也被广泛应用到各种类型以及多种层次的教育实践中，成为全国教育工作者的行动指南。

尽管由于人们对生涯教育理解的差异，从为工作准备、维持生计的最狭窄理解到个体适应整个生活环境的最宽泛定义，生涯教育的概念几乎无所不包，但是生涯教育所强调的所有层次和类型的教育均服务于人们当前及未来的生活和就业的思想，却使生涯教育成为推动美国职业技术教育发展的一支重要力量，特别是随后相关的和专门的生涯教育立法更以法的形式固定化了这种倾向，使 1963 年《职业教育法》出台以来所强化的职业教育首先服务于人们（尤其是弱势群体）教育平等和就业需求的目标达到了其逻辑发展的高峰。

---

① 汪霞 . 2000. 课程改革与发展的比较研究 . 南京：江苏教育出版社：67.

（一）生涯教育运动

1971 年 1 月 23 日，新当选的教育委员马兰在国家中学校长协会的发言中指出了困扰美国公立教育的四大问题，即职业教育内容与时代同步的问题、普通教育与职业教育脱离的问题、学术教育与职业教育的分离问题，以及其他的中学教育的问题。针对以上问题，马兰在详细阐述生涯教育概念的基础上，认为生涯教育是解决以上问题的良方，而与马兰同期的许多教育界人士尽管对生涯教育概念的理解不同，但是他们对生涯教育的功能却持大致相同的看法。

首先，从纵向上来看，生涯教育所提倡的不同阶段的教育为学生未来的生活和就业准备的理念，有可能解决教育与工作世界脱节的弊端，同时使普通教育、职业教育与学术教育更为紧密地联系在一起。比如，在幼儿园和初等教育层次，生涯教育的任务主要是帮助学生形成工作世界的意识和价值观、认识自己作为社会成员的角色等；初中层次的生涯教育主要的目标是让学生接触到各种各样的职业群，了解各种职业群对未来从业人员的要求，以及学生可以利用的教育培训机会；高中层次的学生在探索特定职业群的基础上明确选择某一职业，并为离校后直接进入这一职业领域或者在高一级学校继续学习此领域的专业知识而准备；高等教育阶段的生涯教育应该更加强调所学习的内容与工作世界的联系，学生应该对所选择职业的就业要求有更加现实的理解，同时又能够利用各种机会强化生涯使命感。各阶段的教育与工作世界的紧密衔接，就可以带动普通教育、学术教育与职业教育的密切联合，使不论何时走出校门，学生都可以获得生活和工作的技能。

其次，从横向上来看，通过不同模式的生涯教育活动，使学校、社会和工厂等机构有机联系在一起，从而为不同年龄段、不同区域的成员获得满意的社会和职业生活提供帮助。1971 年美国教育部为生涯教育的四种试验性模式投资了 1500 万美元。① 这四种生涯教育模式分别是基于学校的模式（又称为综合生涯教育模式）、基于雇主的模式（后来又称为基于经验的模式）、基于家庭—社区的模式和基于特定区域的模式。这些模式立足于不同区域和不同情境，能够最大程度增加教育与工作世界的相关性，拓展生涯教育的目标人群，拓宽学校、企业、社区、地区的参与面，共同营造促进社会成员完美生活和完美就业的基础。

生涯教育理念与 20 世纪 70 年代的时代精神较为一致。在 1971 年生涯教育概念被马兰明确提出之前，其中包括新泽西州、亚利桑那州、马里兰州、俄亥

---

① Calhoun C C，Finch A V. 1976. Vocational Education：Concepts and Operations. Belmont：Wadsworth Publishing Company of Califonia：97.

俄州、北卡罗来纳州、威斯康星州、得克萨斯州、华盛顿特区、密歇根州、加利福尼亚州、路易斯安那州在内的许多州都已经有了生涯教育性质的各类活动。① 生涯教育概念明确提出之后，很快得到了上至总统下至许多国家机构和团体的支持。1972 年，尼克松总统在国情咨文中，专门强调生涯教育是由政府倡导的一个最有前途的教育事业，并号召全国中小学、高等学校，以及社会各界大力支持。1972 年国家教育协会成立时，生涯教育是协会重点强调的发展区域，同时协会还指导了生涯教育四种模式在全国的实施。1973 年，国家教育协会教育研究理事会（National Council on Educational Research）也认为在教育与工作世界建立联结应该成为联邦优先考虑的 5 个区域之一。特别是联邦生涯教育立法出台后，在美国教育部和以上多种团体的直接推动和促进下，生涯教育的推广活动在全国迅速展开，公立中小学校尤其成为实施生涯教育的主力。

（二）联邦生涯教育立法

正是在马兰等的倡议和努力下，联邦政府教育部门不仅在 20 世纪 70 年代初给予了生涯教育推广工作最初的推动，同时随后的多部联邦教育立法还对生涯教育的理念和做法给予了充分的肯定。其中《普通教育拨款法案》（General Education Provisions Act）、1974 年《教育修正案》（Education Amendments）和 1977 年《生涯教育激励法案》（Career Education Incentive Act）的推动作用较为突出。

在 1974 年《教育修正案》第四部分第 406 条款中，法案首次明确了生涯教育的三大基本原则，标志着联邦政府首次以法的形式承认了生涯教育的理念和行为：首先，修正案认为应该使每一个接受完中学教育的孩子都具备符合其能力、并可获得相应报酬的最大化的就业和参与社会工作的机会；其次，地方教育机构借助于地方学区，应该努力为所有孩子（其中包括残疾孩子和处境不利孩子）提供职业准备；最后，每个州和地方教育机构都应该创办一个生涯教育选择项目，其目标是为每一个孩子设计符合其能力的、并可获得相应报酬的最大化的就业和参与社会工作的机会。② 另外，1974 年《教育修正案》还强化了美国教育办公室在生涯教育运动中的领导地位。同时，根据这一法律在健康教育和福利部成立生涯教育办公室，负责向国会教育委员直接报告生涯教育发展的情况，同时成立国家生涯教育咨询委员会，主要负责对生涯教育运动的评估工作。

---

① Fuller J W，Whealon T O. 1979. Career Education：A Lifelong Process. Chicago：Nelson-Hall：17.

② Calhoun C C，Finch A V. 1976. Vocational Education：Concepts and Operations. Belmont：Wadsworth Publishing Company of Califonia：134.

1977 年颁布的《生涯教育激励法案》直接取代了 1974 年教育修正案。《生涯教育激励法案》的立法目标是：所有的教育者与受教育者均应该协助州、地方教育组织、高等教育机构，以及适宜的项目合作机构和组织，共同致力于使教育不仅成为工作的准备，成为工作价值与其他社会角色和社会选择（如家庭生活）之间联系的桥梁，同时通过不断地强化生涯意识、生涯探索、生涯决定、生涯规划，以及诸如此类的活动，消除人们根深蒂固的对不同种族、性别、年龄、经济地位、残疾等方面的偏见和陈规陋习，并促进生涯选择过程中的机会均等。[①] 法案规定自 1977 年起的 5 个财政年度内，为中小学生提供总额为 3.25 亿美元的拨款。[②] 1980 财政年度，联邦仅为 K-12 阶段的生涯教育拨款数就达到了 2000 万美元。

1977 年《生涯教育激励法案》在更大程度和范围内促进了生涯教育理念的推广，它和 1974 年《教育修正案》在一定程度上重塑了美国的教育，使为完美生活和完美就业服务的教育成为美国教育一个阶段的追求。在立法实施的过程中，生涯教育不仅得到了工业界、劳工组织、社区等机构团体和家长、学生个人的大力支持，而且 1978 年，美国健康教育和福利部还与 7 个专业组织，如美国健康联盟（American Alliance for Health），体育、娱乐与舞蹈协会（Physical Education，Recreation，and Dance），超常儿童理事会（Council for Exceptional Children）等签署了对教职员工进行生涯教育培训的协议。[③] 这些专业组织在一定程度上也促进了生涯教育运动的开展。1974 年秋，已经有 10 个州颁布法律正式接受联邦生涯教育拨款，8 个州正在考虑接受此项拨款，19 个州正在考虑本州的生涯教育规划。[④] 而国家教育协会在 1974 年中期报告中指出：几乎在国内所有的地区，包括生涯教育立法、拨款、规划、课程发展、学校-社区合作、教职人员发展等一系列的生涯教育活动正在进行。此外，在许多州的 K-12 教室中，生涯教育项目也都在筹划中。[⑤] 另据统计，1974 年，全国 1.7 万个学区中有 30％的学区实施了生涯教育。接受生涯教育的中学生比例，从 1972 年的 24％上升到 1977 年的 50％以上。[⑥] 与此同时，州和地方在生涯教育实践中也形成了各

---

① Calhoun C C，Finch A V. 1976. Vocational Education：Concepts and Operations. Belmont：Wadsworth Publishing Company of Califonia：134-135.

② 王桂 . 1995. 当代外国教育——教育改革的浪潮与趋势 . 北京：人民教育出版社：339.

③ Calhoun C C，Finch A V. 1976. Vocational Education：Concepts and Operations. Belmont：Wadsworth Publishing Company of Califonia：135.

④ Fuller J W，Whealon T O. 1979. Career Education：A Lifelong Process. Chicago：Nelson-Hall：16.

⑤ Fuller J W，Whealon T O. 1979. Career Education：A Lifelong Process. Chicago：Nelson-Hall：17.

⑥ 王桂 . 1995. 当代外国教育——教育改革的浪潮与趋势 . 北京：人民教育出版社：339.

具特色的模式。其中较为有名的是威斯康星模式、夏威夷模式、缅因州南波特兰模式等。其中，威斯康星模式注重将生涯指导行动融入课程，其模式又被称为以课程为中心的生涯发展模式。

当然，在生涯教育实施的过程中，对其理论和实践的批评也不绝于耳。其中，佛蒙特州大学的罗伯特．J. 纳什（Robert J. Nash）和拉塞尔．M. 安（Russell M. Agne）教授的批评较有代表性，其批评主要集中在以下三个方面：首先是生涯教育仅围绕着有市场需求的职业群进行，忽视了学生艺术、人文、宗教等直觉和精神方面的培养和熏陶；其次是理论家们所设计的生涯教育顺序、序列与学生个体差异之间的矛盾问题；最后是过分强调生涯教育的经济特征，忽视了教育内容本身及其隐藏的社会政治含义，不利于对事物全面的理解。[①] 同时，还有许多人指责生涯教育过分强调职业、劳动和实践经验，忽视了科学知识的系统学习，以及生涯教育过分的功利主义倾向不利于学生多种能力的均衡发展……由于生涯教育自身理论和实践方面存在的问题，使其最终没有成为一种教育制度在美国长期延续，在 20 世纪 70 年代后期掀起的返回基础运动以及 20 世纪 80 年代美国教育对高质量的追求中，生涯教育逐步走入低谷。

尽管如此，由于生涯教育运动的开展以及生涯教育立法的引导、促进和保障功能，却从以下两个方面推动了同期美国职业技术教育的开展。首先，1963 年《职业教育法》出台以来所形成的"职业技术教育以服务于个人就业为主"的倾向扩大化为"教育服务于就业"为主的目标。比如，马兰曾经说过，生涯教育设计的重点是为了"凡中学毕业的学生，包括即使中途退学者，都将掌握谋生的各种技能，以维持个人或家庭生活的需要"[②]。正是生涯教育与职业教育在就业目标方面的一致性，生涯教育立法成为职业技术教育立法逻辑发展的一个顶峰。其次，由于生涯教育在时间上涵盖了各级各类的教育、在区域上涵盖了学校、企业、家庭—社区、特定地区等不同范围，在目标人群方面包括了不同年龄的群体和阶层、在教育内容上体现了更强的综合性，在教育形式方面体现了更多的合作性，因此，生涯教育运动以更强的力量颠覆了自 1917 年《史密斯-休斯法案》出台以来所形成的职业技术教育自我强化的倾向，在一个层面预示了未来普通教育、职业教育与学术教育相互融合，学校、企业、家庭与社区共同努力推动职业技术教育发展方向的到来。

　　① Calhoun C C，Finch A V. 1976. Vocational Education：Concepts and Operations. Belmont：Wadsworth Publishing Company of Califonia；131-133.

　　② 王恩发．1993. 教育面向劳动世界——美国生计教育及其给我们的启示．国际观察，（5）：38.

第五节　1963～1984 年联邦职业技术教育立法的总体特征与实施效果

从 1963 年《职业教育法》颁布一直到 1984 年《卡尔·D. 帕金斯职业教育法案》（*Carl D. Pekins Vocational Education Act*）出台，联邦职业技术教育立法自我强化的特征不断弱化。与 1963 年之前的法案相比，此时期专门的或相关的联邦职业技术教育立法在立法理念、立法方向、资助对象、资助方式等方面也发生了诸多的变化。联邦职业技术教育立法整体倾向的变化使其在促进弱势群体教育平等、增加就业机会方面发挥了积极的作用。

一、1963～1984 年职业技术教育立法的总体特征

1963 年《职业教育法》的出台，标志着美国联邦职业技术教育立法制度从先前的国家利益至上向保障弱势群体平等教育需求方向的转型。此时期联邦职业技术教育立法制度之所以会发生如此重大的变化，主要与以下三个因素有关。第一，特殊的经济和政治环境。由于第二次世界大战在科技、人才方面的储备，美国在战后迅速演变成为第三次科技浪潮的发源地，加之东西方之间的冷战又强化了国家之间的竞争氛围，更在一定程度上加快了美国经济发展的步伐，推动着美国成为世界上最富裕的国家。当然，在这个过程中，由于科技进步和经济结构的调整，美国劳动、资本密集型企业加速衰落，知识密集型企业逐步成为企业的主要形式，以上这些都在强烈地呼唤整个国家为新型劳动力的教育和培训承担责任。此外，由于技术进步、经济发展还带来贫富差距拉大、社会不公加剧等现象，在系列民权运动和政府反贫困斗争的氛围中，确保弱势群体的平等利益需求也成为联邦政府必须面对的问题。所有这些又都决定了此时期联邦各类立法和相关政策的方向。第二，教育世界的现实要求。与美国社会同时存在着一个富裕美国和一个贫困的、不平等的美国一样，在美国的各级各类学校中也同样存在着被关注的一半和被忽略的另一半的现象。由于中学辍学、肄业的学生，与虽然中学毕业，但并没有学到生活与就业技能的学生依然是同龄中的大多数，如何保障他们的平等教育和就业需求也成为人们不得不考虑的现实问题。第三，经济理论和其他领域立法的奠基。此时期，舒尔茨系统化人力资本理论的诞生使世界各国对借助教育投资推动国家经济长远发展有了更强的信心，同时也使关注贫困地区、弱势人群职业技能提升，最终实现成功就业的人力资源开发政策成为 20 世纪 60 年代之后美国政府反贫困、对抗失业问题的主要手段之一。在系列人力资源立法以及同时期教育立法所营造的共同氛围中，在院内院外多种力量的博弈与斗争中，1963 年《职业教育法》成功地实现了整体立法方向的转型。

正是在多种因素的相互作用下，1963年《职业教育法》及其之后的系列立法与1963年之前职业技术教育法案相比有着不同的特征，其突出表现在以下四个方面。

首先，职业教育目标的转型。正如前文所述，由于深受社会效率职业教育观的影响，加之两次世界大战特殊的时代环境，《史密斯-休斯法案》最先考虑的是正常的14岁以上已经投身或准备投身特定职业范畴的人群的职业教育，《史密斯-休斯法案》之后虽然部分立法也涉及了两次世界大战之后伤残退伍人员的安置、经济萧条期贫困失业人口的救助等问题，但是综合来看，由于以上立法更多地贯穿着国家利益至上的理念，其立法保障弱势群体利益的出发点更多的是为了减轻社会负担、最大程度地提升社会经济运行效率，而对弱势群体是否能够获得一技之长或他们的利益能否得到最大化的关注明显不够。正是在20世纪60年代特殊的时代环境中，为不同年龄的、不同区域的、不同情况的人群（其中主要包括弱势群体）提供便利的职业技术教育和培训机会，在实现个人就业和人生价值实现的同时实现国家目标成为1963年《职业教育法》一个突出的主题。这种转变不仅在1968年、1976年《职业教育修正案》中有着更为充分的体现，而且在生涯教育立法的实践中更达到了其逻辑发展的高峰。比如，1968年修正案要求拨款时要优先考虑能够提供扩展的就业机会的项目，所有在中学后教育机构开设的职业准备课程应该直接面向就业，普通高中职业教育课程虽然不可能立即与市场需求衔接，但是应该与市场需求尽量接近等；1977年《生涯教育激励法案》则明确要求教育应该成为工作的预备，成为工作价值与其他社会角色和社会选择之间联系的桥梁等。这种转变从一个侧面验证了职业教育立法与美国政治经济的息息相关性，同时也表明1963年《职业教育法》及其系列拓展法案已经开启了联邦职业技术教育立法的另一个新时代。

其次，职业教育覆盖人群的不断扩大。早在1907年国家促进工业教育协会的公告中，人们就一致同意将所有的职业教育项目对所有的人群开放，性别、信仰、种族和国别等因素不应该成为阻止人们参与职业教育项目的理由。但是局限于当时国家的财力、人力以及民众意识等多种因素，这个目标一直没有实现。1917年《史密斯-休斯法案》以正常的14岁或以上的已经投身或准备投身特定职业活动的人群为目标，之后，伴随着两次世界大战之后伤残人员的安置、经济萧条期失业贫困人口的再就业等法案的颁布，职业教育的覆盖人群不断扩大，但是，职业技术教育首先服务于国家经济政治战略目标的取向，使该时期的立法并没有对弱势群体的利益和需求给予足够的重视。20世纪60年代特殊的时代环境，促使联邦政府更加关注教育平等。在1963年《职业教育法》中，国会已经明确地提出，无论居住在国内的哪些地区，无论其年龄大小，职业教育应该为所有的人提供平等的教育培训机会。随后的职业教育修正案和生涯教育立法更是在此基础上，不断扩大联邦职业技术教育资助的范围，致力于使职业教育成为每个公民都可以享受的福利待遇。

再次，职业教育资助方式的转变。1963年《职业教育法》改变了过去职业教育资助中更多以项目为单位划拨资金的方式，通过综合权衡各个年龄段人口的数量，具体规定对某一年龄段人口划拨资金的比例，并通过预留资金的方式，对特定项目和特定人员的职业培训进行倾斜。比如，1976年修正案在先前法案预留资金比例的基础上，将10％的联邦拨款（需要各州提供匹配资金）专门拨付给残疾学生，20％的联邦拨款必须服务于处境不利的学生（其中包括为双语学生的拨款），15％的拨款用于高中后职业教育项目，切实保障了弱势群体利益和国家亟需的职业类别、层次的发展需求。另外，此时期的法案还规定了在联邦认可的资助范围内，更加灵活、综合地使用同一类别的联邦拨款的弹性机制。比如，1968年《职业教育修正案》针对先前专门的和相关的职业教育立法对职业教育资助的类别、年限等多有重复的弊端，合并了除《史密斯-休斯法案》之外的所有专门和相关的职业教育拨款项目。当然，由于州和地方对新的资助资金分配方案理解、操作的差异，这也为联邦职业技术教育立法的具体实施和效果达成增加了许多难以预料的问题。

最后，职业教育管理评估责任机制的建立。伴随着职业技术教育成本的攀升，公众税收负担日益加重，职业技术教育投入与收益之间是否平衡的问题引发了公众更多的注意。1963年《职业教育法》的颁布标志着联邦政府对职业技术教育全面干预和管理的开始。该法案要求州和地方职业教育项目必须接受周期性的评估，以了解项目的相关性与实施质量，而国家层次的评估由每5年组织一次的专业委员会实施；1968年修正案则强化了联邦对各州职业教育的管理力度，规定各州必须呈递更为详尽的职业教育规划，同时各州拟定的规划在内容上必须符合特定的要求；1976年《职业教育修正案》不仅为建立国家职业教育数据报告和分析系统提供了专项拨款，并且要求从1977年开始，各州除了每5年递交一次职业教育长期规划外，同时各州每年还需递交职业教育的短期计划和责任报告。此外，各州应该对所实施的职业技术教育项目进行评估，并在国家教育协会监督下每5年对法案的实施情况开展一次国家评估等。此时期职业教育管理评估责任机制的建立，对及时了解职业教育法案实施的效果和不足，规范各州职业教育拨款的使用和程序，强化联邦对职业教育的引导功能，以及为下阶段的立法提供借鉴和参考信息等都起到了积极的促进作用。

二、1963～1984年职业技术教育立法的实施效果

1963年《职业教育法》及其系列修正案和生涯教育立法等的出台，极大地提升了各层次职业技术教育的投入力度，国内职业技术教育投入资金总额已经

从 1973 年 2.84 亿美元攀升到 1984 年的 70 多亿美元，而同期州和地方的投入又远超过了联邦投入。[①] 职业技术教育投入的巨大增长促进了其更为快速的发展，1965 年美国职业技术教育各类在校人数达到 1650 万，美国公民中每 37 人中就有 1 人接受过某种职业教育，到 1979～1980 学年，这一比例又提升到每 17 人中就有 1 人接受过某种职业技术教育。[②] 另外，从职业技术教育机构的发展来看，截至 20 世纪 80 年代中期，美国拥有中等和中等以上各类职业学校达到 19 298 所，其中开设 6 门以上职业课程的综合中学有 4878 所、专门的职业中学有 225 所、中等层次和高等层次的地区职业教育中心共有 1899 所、社区学院 720 所、高等专门技术学院 162 所。专业课程门类从 20 世纪 60 年代的 100 多种发展到 400 多种。各专业在校生中除了参与农业教育的人数基本保持不变以外，其他专业学生数量均有明显增长。具体请参看表 3-2。

表 3-2　1965～1980 年美国职业教育各专业在校学生人数统计表 （单位：人）

职业教育专业名称	在校学生	
	1965 年	1980 年
农业职业教育	887 000	878 529
商品分配教育	333 000	961 018
保健职业教育	67 000	834 296
普通家政教育	2 098 000	3 385 000
家政职业教育	不详	551 862
办公事务教育	731 000	3 400 057
技术教育	226 000	499 305
工商业教育	1 088 000	3 215 987
总数	5 430 000	13 726 790

资料来源：杨之岭，林冰，美雷锋.1985. 职业教育：在科技现代化社会中前景宽广——美国职业教育的新发展//国外职业技术培训研究.天津：天津职业技术师范学院：3

　　同时，由于 20 世纪 60 年代及其之后法案的导向作用，1650 万职业技术教育在校生中包括了不同年龄、种族、性别、不同学术能力和不同社会经济背景的学生，其中 1000 万人是 18 岁以下的中学生，650 万人是 18 岁以上的成年人，40 万人患有各种生理和心理疾患。男性占 48.4%，女性占 51.6%，24% 的学生是少数民族，30% 的学生来自贫困阶层，12% 来自经济地位最高的阶层。在中等以上职业学校就读的学生中，有 25% 的学生曾经接受过不同程度和类别的高等教育。[③] 从质量提升的角度来看，该时期的职业技术教育在一定程度上扭转了

---

①　House of Representatives，98th Congress，Second Session. Vocational-Technical Education Amendments of 1984. http：//eric. ed. gov/? id＝ED245114：4.［2014-6-21］.

②　天津职业技术师范学院.1985. 国外职业技术培训研究.天津：天津职业技术师范学院，2.

③　天津职业技术师范学院.1985. 国外职业技术培训研究.天津：天津职业技术师范学院，2-3.

先前与短期培训划上等号的弊端，更加注重学生的文化基础学习。比如，中学层次的职业教育最少拿出一半的课时安排学生学习普通文化课程，同时职业理论课与实践课的学时比例一般也在 1：2。中学后职业教育机构对学生的普通文化课程和职业理论课程的学分也有着不同的要求。

1965 年后还有许多研究者对职业技术教育的社会功用进行了系列定量化的研究，其中 1970 年俄亥俄州立大学社会学教授温朗利（Wen Lang Li）对全国范围内 13 729 名 18～29 岁的高中文化程度职业类毕业生的抽样调查较有代表性（该调查以女性、黑人和移民等人群为重点考察对象），其调查结果从一个侧面说明了推动职业技术教育发展的联邦职业技术教育立法对提高学生的就业率、收入水平以及推动社会公平目标的实现等均有一定积极的影响。

温朗利调查发现，高中生参与各类职业技术教育学习的比例为 27.6%。[①] 从就业情况来看，75.9% 的高中职业类毕业生在劳动力市场中发现了就业机会，而非职业类毕业生仅有 66.5% 发现了就业机会，职业类毕业生的就业机会高于其他类毕业生 9.4%；同时，职业类毕业生的失业率为 4.9%，而非职业类毕业生的这一比例是 6.3%；职业教育对毕业生毕业 2～5 年后的长期影响更为显著。

职业教育对美国社会的性别平等具有促进作用，其对女性就业机会的影响大于男性。在已经就业的人群中，职业类毕业生每周的工作时间较非职业类毕业生长，同时职业培训能够增加人们获得全职工作的机会，特别对于黑人女性尤其如此。多元回归分析显示，职业培训对黑人和白人的就业安全有正向的轻微影响，但是对于黑人男性就业机会的影响并不显著。[②]

从收入方面来看，高中职业教育类毕业生的平均收入为 4837 美元，非职业类毕业生收入为 4281 美元，职业类毕业生的收入高于非职业类毕业生 13%（约556 美元）；不同群体毕业生的收入表现出明显的差异，其中白人职业教育类毕业生的收入高于黑人，女性职业教育毕业生的收入高于男性，移民毕业生的收入高于本地出生的毕业生；同一职业类别内的从业人员，职业教育类毕业生的收入较高。比如在服务类、较复杂的体力劳动行业内，职业教育毕业生比非职业类毕业生收入高 40% 和 20%；与白人和女性黑人职业教育毕业生相比，职业教育对黑人男性毕业生收入的影响并不显著；控制经历、性别、种族等相关变量，经多元回归分析，职业教育单独对毕业生年收入的影响仍然具有统计意义，其大约能够增加高中毕业生年平均收入 265 美元。[③]

从成本收益的角度来看，20 世纪 70 年代左右职业技术教育毕业生的边际培

---

① Wen L L. 1981. Vocational Education and Social Inequality in the United States. Washington DC：University Press of America：21.

② Wen L L. 1981. Vocational Education and Social Inequality in the United States. Washington DC：University Press of America：45.

③ Wen L L. 1981. Vocational Education and Social Inequality in the United States. Washington DC：University Press of America：78-79.

养成本为 600 美元/生，高于非职业类教育学生培养成本 200 美元/生。剔除 7.5％的损耗率，职业类学生接受 11 年教育后的平均收益为 26 399 美元，而普通类毕业生的平均收益为 19 669 美元。经计算，每向职业教育投入 1 美元，其平均收益为 11.2 美元。20 世纪 70 年代左右职业教育的年收益率为 21％。但是，职业教育却无助于黑人男性的收益，统计数据呈现负相关。[①]

从实现社会公平的角度来讲，收入不均很少发生在职业教育类毕业生当中。职业类毕业生收入不平等的基尼指数为 37.5％，低于非职业类毕业生 40.1％的指数 2.6 个百分点，同时职业类毕业生比普通类毕业生更少依赖社会救济和福利，职业教育能够在一定程度上降低白人和黑人青年之间的收入差距。[②]

尽管以上的调查结果表明 1963 年及其之后的职业教育立法在促进学生就业、推进社会公平、提高学生收入等方面发挥了一定的积极影响。但是，由于诸多复杂的原因，从整体来看，1963 年《职业教育法》及其修正法案本身还存在诸多不尽如人意的地方，法案预期的目标在很大程度上还没有能够实现。这一点从国家教育协会 1981 年主要针对 1976 年《职业教育修正案》实施效果进行评估的报告：《职业教育研究——终期报告》（*The Vocational Education Study：The Final Report*）就可以看出。鉴于该报告奠定了 1984 年《卡尔·D. 帕金斯职业教育法案》立法的基础，同时该报告更多的是从立法本身对 1976 年《职业教育修正案》进行的分析且其对 1984 年《卡尔·D. 帕金斯职业教育法案》的立法原则、立法方向等有着直接的影响，笔者将把该报告放在下一章法案出台前各种力量的汇聚一节进行详细评述。

---

①　Wen L L. 1981. Vocational Education and Social Inequality in the United States. Washington DC：University Press of America：95-96.

②　Wen L L. 1981. Vocational Education and Social Inequality in the United States. Washington DC：University Press of America：113-114.

第四章

美国联邦职业技术教育立法制度对于质量与效率的持续关注（1984 年以来）

1984 年《卡尔·D. 帕金斯职业教育法案》及其系列修正案与 1963 年《职业教育法》及其系列修正案相比，在继承原有法案主要特征的基础上又有重大的创新。所谓的继承就是指：首先，1984 年法案继承了 1963 年《职业教育法》对弱势群体平等教育需求的关注，将满足个人（特别是弱势群体）就业目标作为立法首要的目标，进而才是国家目标的实现；其次，为了促进学生终身持续的发展，而不仅仅是为了满足其终结性的就业需求，此时期的职业技术教育立法又表现出对高质量高效率职业技术教育的持续关注。导致这种倾向出现的原因是复杂的。首先，1984 年帕金斯法案及其修正案是在美国经济更为倚重知识信息的生产、分配和使用的环境中出台的，知识经济对人的知识、能力和综合素质的更高要求在一定程度上为 1984 年及其之后的职业教育法案更加关注学生的知识基础和学术能力奠定了时代的基础。其次，20 世纪 80 年代美国国力相对下降所激发起的民众对于各层次各类型教育质量的反省也是不可不考虑的因素。当此之时，苏联、西欧和日本经济在战后 30 多年来基本保持了比美国更快的增长率，因此与 1957 年苏联卫星上天时期一样，美国民众更多的是从教育的角度反省国内的问题，这种倾向在一定程度上推动了美国教育的钟摆从追求平等转向了追求卓越的轨道，而职业技术教育作为美国教育的有机组成部分，也逐步抛弃了盛行大半个世纪的狭隘的社会效率职业教育观，走上了不断提升职业技术教育的学术和技能标准，在力促学术与职业教育、中学和中学后教育、学校职业教育与真实场景职业教育相互融合的基础上，推动个体学术、职业、就业等诸多能力终身、持续发展的轨道。再次，该时期美国职业技术教育立法之所以表现出更加关注法案实施效率的倾向，其原因主要可以归结到世界范围内政府公共管理思想的转型及体现新公共管理思想精髓的新联邦主义制度改革方面。

可以这样认为：自 1984 年《卡尔·D. 帕金斯职业教育法案》开始，联邦职业技术教育立法所表现出来的分权、放权、开放、弹性、责任、竞争、市场等管理特征正是这种趋势的体现。为了更好地把握以上变化及其变化的原因和影响，笔者将从多个角度对此进行更为全面和深刻的分析。

第一节　知识经济时代美国职业教育钟摆的再次调整

一、知识经济时代的迫近与新的劳动力培训需求

作为第三次科技革命的策源地，战后以原子能、电子计算机和空间技术的广泛应用为主要标志的第三次科技革命不仅为美国人的生产、生活带来了巨大的变革，而且以计算机技术为载体的知识和信息产业在经济生活中逐步发挥着日益重大的作用。1992 年，美国总统候选人克林顿率先提出创建"信息高速公路"的设想，次年，美国政府正式开始实施"信息高速公路"计划。自此，以数字化、网络化和信息化为特征的知识经济（又称为新经济或智力经济等）浪潮开始席卷全球。对照知识经济时代经济活动的特征及其特定的人才需求，可以说至少在 20 世纪 80 年代，美国已经为这种新的经济形态的出现和繁荣奠定了良好的基础。

按照 1996 年国际经济合作与发展组织（Organization for Economic Co-operation and Development）《以知识为基础的经济》（*The Knowledge-Based Economy*）报告的说法，所谓的知识经济就是"直接依据知识和信息的生产、分配和使用"的经济。[①] 与农业或工业社会主要依靠劳动者与有形的生产资料通过某种方式的结合来推动经济发展的方式不同，在知识经济时代，"传统的'生产要素'——土地（即自然资源）、劳动力、资本——没有消失，但它们已成为次要的了，知识是今天唯一有意义的资源，正规的知识被视作关键的个人资源和关键的经济资源……知识才是获得社会效益和经济效益的手段"[②]。由于真正推动个人发展、社会进步的是蕴藏在生产力和技术创新中的知识，从产业发展的角度来看，只有那些渗透更多创新性知识的行业（如计算机、电子和航空航天等高新技术产业）及知识密集型的服务行业（如教育、通讯和信息产业）才是用人最多、收入最高且国民财富贡献率最大的行业，而以资源消耗、简单或重复劳动为特征的行业无疑处于逐步衰微的地位。这一点也可以从《以知识为基础的经济》报告中得到印证。比如，1970～1993 年，与传统低技术的纺织或食

---

① Organization for Economic Co-operation and Development. The Knowledge-Based Economy. http：//www. oecd. org/science/sci-tech/1913021. pdf：7.［2014-5-8］.

② 彼得·德鲁克 . 1998. 后资本主义社会 . 张星岩译 . 上海：上海译文出版社：45.

品加工业相比，经济合作与发展组织国家中可以划归到高技术的、以科学知识为基础的行业的工作机会和收入都在增长，且在主要经济合作与发展组织国家中，超过 50% 的国民生产总值均来自这些立足于知识基础上的产业。① 此外，知识经济时代国家经济竞争的方式和内容也有着不同以往的特征，比如在工业经济时代，国家之间的经济竞争主要表现在生产和价格方面的竞争，当任何国家都能以相同或更少的资源生产出更高价值的商品和更多服务的时候，这个国家无疑在某些方面已经具备了竞争的优势。但是，在知识经济时代，人力资本、智力资源才是经济发展的第一要素，只有运用人的知识和智力对自然资源进行科学、合理、综合、集约的配置，才能克服工业时代过分依赖自然资源的弊端，并以创新、质量、应时上市和成本取得国际竞争的优势。另外，信息技术能够在瞬间带给全球所有国家提高劳动生产率和改进产品质量的无限潜能，因此它也为经济生活注入了足够的灵活性和意想不到的风险性。面对已经联结成一体的世界市场，不断分化的消费者口味以及可能存在的未知领域的竞争和风险，国家之间经济竞争的优势不仅依赖于各国的生产能力而且更加依赖于产品的质量、多样性，以及按要求定制、便利和及时等非生产性要素。

有鉴于知识经济时代社会物质和精神财富生产，以及国家之间经济竞争的新特点，20 世纪 80 年代中后期以来，以美国为首的许多经济合作与发展组织国家的政府部门和社会团体纷纷对究竟什么样的人才是符合当前时代要求的人才进行了诸多的研究。比如，1990 年美国劳工部的一个委员会在其报告《工作世界对于学校教育的新要求》（*What Work Requires of Schools*）中明确地提出了未来世界的工人应该具备三种基础素质，即坚实的读写和计算能力、能够将知识转换为工作技能的思维能力，能够激励员工努力工作并使其保持对公司忠诚的良好的个人素质。此外，还要拥有五种工作能力，即管理资源的能力、与他人高效合作工作的能力、获取和使用信息的能力、掌控复杂系统的能力，各种各样的技术操作能力。② 美国劳动力技能委员会在其报告《美国的选择：高技能或者低收入》（*America's Choice：High Skill or Low Wages*）中明确提出了目前70% 没有接受过高等教育的工人和不打算上大学的青年人，将难以适应快速来临的以高技术和服务定位为特征的岗位要求，因为新技术的高效使用将要求人们具备规划、判断、协作和分析复杂系统的能力。③ 美国培训和发展协会

① Organisation for Economic Co-operation and Development. The Knowledge-Based Economy. http：// www. oecd. org/science/sci-tech/1913021. pdf：10. ［2014-5-8］.

② Secretary's Commission on Achieving Necessary Skills. What Work Requires of Schools. http：// tech. worlded. org/docs/maththing/ny1p9. htm. ［2014-3-25］.

③ The Commission on the Skills of the American Workforce. 1990. America's Choice：High Skill or Low Wages. National Center on Education and the Economy：36.

（American Society for Training and Development）《工作能力基础：雇主希望的
基本技能》（*Workplace Basics：The Essential Skills Employers Want*）报告则
提出了 16 种对美国经济发展至关重要的技能，如学习如何去学习的能力、读写
算的基本能力、高效聆听和表达的沟通技能、问题解决和批判性思维能力、管
理员工和专业成长的发展技能、与他人一起工作的高效团队合作技能、影响能
力等。[①] 考虑到知识经济时代对劳动力全面素质的新要求，《以知识为基础的经
济》报告显示：1970～1993 年，经济合作与发展组织国家在研究方面的投资已
经达到国民生产总值的 2.3％，其中政府 12％的投入都用在教育方面，而投资于
与工作相关的培训方面的花费大约占到这些国家国民生产总值的 2.5％。[②] 此外，
由于知识经济时代的就业已经不再像工业时代那样稳定，为了有效应对可能存
在的失业风险，此时期主要经济合作与发展组织国家的职业教育和劳动力培训
都开始关注学生扎实的读、写、算基础，以及合作、共赢、创新等品质的培养。
同时，为了使所学到的知识技能具备适当的迁移能力，包括职业技术教育在内
的各类型各层次的教育活动还更加重视学生的学术基础，而较高层次的中学后
教育也得到了较快的发展。再者，为了应对社会生活前所未有的挑战，在本质
上能够为新型劳动力培养提供持续支撑的终身教育思想在此期间也得到了人们
更多的关注。20 世纪 80 年代后，在许多国家和国际机构的立法和报告中，终身
教育已经成为这些机构、团体改革和发展的战略重点。比如，日本政府中央教
育机构在 20 世纪 80 年代的多个报告和政府教育文件中已经将终身教育（或终身
学习）作为 21 世纪教育改革的基本目标。1983 年，美国高质量教育委员会发表
的《国家处在危险之中：教育改革势在必行》的报告也呼吁教育改革应该以开
创一个学习化社会为目标，同时为了寻找教育问题的答案，必须致力于"终身
教育"[③] 的思想。

　　对照以上经济合作与发展组织在报告中描述的知识经济时代的特征，从各
方面的发展数据来看，20 世纪 80 年代的美国正在向知识经济靠近。首先，此时
期美国知识和技术密集型的第三产业有了迅猛的发展。比如，1973～1986 年，
美国的农业产值基本上保持着上升的势头，但其在 GDP 中的比重却从 4.1％下
降到 2.2％。工业产值从 4079 亿美元增加到 11 175 亿美元，增长了 2 倍多，但
是其在国民生产总值中所占的比重从 31.2％下降到 26.4％，下降了 4.8 个百分
点。与之相对的第三产业，此期间产值增长了 3 倍多，绝对数值增加了 21 000 多

---

　　① Carnevale A P，Gainer L J，Meltzer A S. 1990. Workplace Basics：The Essential Skills Employers
Want. San Francisco，Oxford：Jossey-Bass Publishers.

　　② Organisation for Economic Co-operation and Development. The Knowledge-Based Economy. http：//www.
oecd. org/science/sci-tech/1913021. pdf：10.［2014-5-8］．

　　③ 单中惠 . 1996. 西方教育思想史 . 太原：山西人民出版社：935.

亿美元，其在国民生产总值中所占的比重 1975 年为 65.5%，1985 年升至 69.3%，1986 年已经达到 70.6%。① 其次，从不同产业对劳动力的需求来看，第一产业在总就业人数中所占比重从 1970 年的 4.4% 下降到 1986 年的 2.9%，第二产业劳动力占总就业人数的比例 1970 年为 33.2%，1980 年为 29.3%，1985 年为 26.9%，1986 年进一步下降到 26.6%②，而第三产业的劳动就业人数及其占社会劳动力总比值都呈明显上升的趋势。此时期的一项数据还显示：20 世纪 80 年代美国十大增长最快的行业全都属于第三产业。③ 再次，从产业内部来看，除了传统工业门类继续进行产业转型升级之外，美国电子、电气产业更是发展迅速。比如，电子工业 1977~1988 年的生产增加值从 49.3 亿美元增加到 263.68 亿美元。1984 年年底，美国大型企业和公司个人电脑普及率已达到了 100%，雇员少于 20 人的小企业，使用个人电脑的占 51%。整个 20 世纪 80 年代，仅电脑软件销售额就年递增 30%~40%。④ 此外，为了增加美国企业的整体竞争能力，1980 年当选的里根总统还采取了"新保守主义"的国家经济政策，一改大萧条以来美国政府所采取的大量增加政府开支、扩大国内需求来拉动经济的方法，转而通过大量减税，减少政府干预，以"刺激"个人的"积极性"和"创造性"。国家经济干预的侧重点已经转移到了刺激个人的经济投资兴趣上，因此，此时期不仅美国企业固定资本投资出现了较大增长，而且还出现了不同于 20 世纪 60 年代较大规模的同一行业或业务接近的行业的兼并现象，如仅 1984 年行业兼并就发生 2543 起，金额达 1220 亿美元。⑤ 相同或相近行业的兼并为技术的更新换代和提升某行业的竞争能力奠定了一定的物质基础。

与此同时，根据即将到来的知识经济时代经济竞争的特征和人才需求的特点，当时已经有更多的美国人意识到投资于知识经济的基础，尤其是教育、培训和科学研究，以确保美国公司获得他们所需要的技术人才应该是优先考虑的事情。此时期，在美国国防计划的拉动下，美国政府与非政府组织继续加大科研经费投入，从 1977 年到 1987 年，美国政府对基础科学研究和发展的经费投入年平均实际增长率高达 5%，截至 20 世纪 80 年代末，美国国家和私人的研究与发展费用支出每年达 1200 亿美元以上，大大高于其他西方发达国家，是号称"技术立国"的日本科研经费的 2.5 倍以上。⑥ 较为充足的经费为美国科学技术的腾飞注入了新的活力，不仅使此时期美国高科技产业发展迅速，而且对美国

① 韩毅 . 1992. 历史嬗变的轨迹：美国工业现代化的进程 . 北京：经济科学出版社：360-361.
② 韩毅 . 1992. 历史嬗变的轨迹：美国工业现代化的进程 . 北京：经济科学出版社：359-360.
③ Carey M. 1981. Occupational Employment Growth through 1990. Monthly Labor Review, (8)：48.
④ 韩毅 . 1992. 历史嬗变的轨迹：美国工业现代化的进程 . 北京：经济科学出版社：356.
⑤ 杨生茂，路镜生 . 1990. 美国史新编：1492—1989. 北京：中国人民大学出版社：540.
⑥ 韩毅 . 1992. 历史嬗变的轨迹：美国工业现代化的进程 . 北京：经济科学出版社：349.

产业结构从劳动密集型向知识密集型的转型也起到了巨大的推动作用。此外，20 世纪 80 年代以来美国各层次各类型教育也呈现出对学生"较高层次"学习能力、学术基础，以及广博知识技能问题的普遍关注。比如，1981 年美国大学入学考试委员会组织了 200 多名高中和大学教师参与讨论，在《进入大学的学术准备》报告中，人们形成了这样的共识，即所有打算进入大学的学生都必须具有读、写、说、听、数学、推理，以及研究的才能；1983 年 9 月，卡内基教学基金会研究报告《高中》也建议，在文学、艺术、外语、历史、公民、科学、数学、技术和健康等必修课之外，高中应该通过书面和口头语言帮助学生发展批判性思维能力和有效的交际能力，与此同时，要通过加强与社区、商业和工业，以及大学的联系来扩大学习环境。这份报告还建议进行一种新的"学生成绩和咨询测试（SAAT）"，这种测试将评价学习成绩并帮助学生对未来做出更明智的决策。1984 年，由全国中学校长协会和全国私立学校协会的教育问题委员会推出的报告《贺拉斯的妥协：美国高中的困境》（*Horace's Compromise：the Dilemma of the American High School*）则建议学校采取能够培养学生更高级的推理、想象、分析和综合等逻辑思维能力的教学方式。[①] 此外，此时期的中学后教育也得到了更快的发展，资料显示：1982～1990 年，美国中学注册进入学院准备项目的学生人数增加了 10%。1991 年的高中毕业生中，63% 进入了高校，而与之对比的 1980 年的数据是 49%。[②] 同时，受终身教育理念的影响，已经在美国的生涯教育运动等实践中体现其精髓的终身教育思想，在 20 世纪 80 年代以后更加成为指导美国各种类型教育及教育立法的主导思想之一，而联邦职业技术教育立法目标、理念、时间、空间、思想、内容和方法等方面的全方位扩展也鲜明地体现了这种影响。

二、美国国际竞争地位的相对下降与新职业教育观的出现

除了迫近的知识经济时代对美国未来劳动力培养潜移默化的影响之外，进入 20 世纪 80 年代后，对美国国际竞争地位相对下降的担忧还引发了美国如苏联卫星上天时期一样对教育的全方位反思，伴随着美国教育的钟摆从 20 世纪六七十年代以追求平等为主转向了以追求卓越为主的方向，如何让孩子获得全方位高质量的教育成为一个时代的追求。正是在这一潮流中，美国各种政府、非政府机构团体，以及个人对现存的职业教育理念、目标、内容、方式及培养培训质量等问题也开展了深刻的反思。这种反思不仅彻底颠覆了 1917 年《史密斯-休斯法案》颁布以来所盛行的社会效率职业教育观，也为新职业主义理论的出

① 东北地区信息交流处 . 1990. 全国性的教育报告：比较分析//瞿葆奎 . 教育学文集——美国教育改革 . 北京：人民教育出版社：666-680.

② Dow J L. 2002. The New Vocationalism：A Deweyan Analysis. University of Florida：24.

现扫清了障碍。

推动美国教育钟摆改变的力量来自于 20 世纪 80 年代初美国社会所感受到的深深的忧虑。当此之时，美国经济总量尽管仍高居世界首位，且其社会主义阵营的主要对手苏联在全力对外扩张后，经济出现了停滞局面，加之领导层的老化，自身已无暇他顾，遂在冷战中采取了守势，但是，美国昔日的盟友——日本和西欧在经历了几十年较快的发展后，在 20 世纪 70 年代初已经成为新的世界经济体，到了 80 年代，西欧和日本更成了美国强劲的竞争对手。比如，虽然第二次世界大战曾经使日本满目疮痍，但是在美国援助和朝鲜战争"特需"订单的拉动下，1951 年日本的国民生产总值恢复到战前水平，之后其经济又经历了近 30 年的高速或低速增长时期，1967 年日本国民生产总值超过英国和法国，1968 年超过联邦德国，经济实力跃居西方世界第二位。至 1988 年，日本的人均国民生产总值达 23 358 美元，并连续两年超过美国。① 从 1948 年 4 月到 1952 年 6 月，美国通过"马歇尔计划"共向西欧拨款 131.5 亿美元，其中贷款约 1/10，其余部分为赠与。② 美国的援助不仅奠定了战后美欧关系的基础，而且极大地促进了西欧经济的恢复和发展，仅联邦德国从"马歇尔"项目获得的贷款就将近 40 亿美元。联邦德国仅用不到两年的时间即恢复到战前水平，在 20 世纪 50 年代其经济平均增长率将近 8%，60 年代经济平均增长率将近 5%③，尽管 70 年代后联邦德国经济增长率有所下降，但是其依然是西欧经济体的中坚力量。伴随着欧洲经济的恢复与发展，欧洲各国希望在经济上联合互动、在政治上采取"整体态度、用一个声音讲话"的愿望日趋强烈，1965 年成立的欧盟（European Communities）就是这种联合的成果。由于欧盟成员国数量的不断扩大和相互联系的不断加深，截至 1979 年，欧盟九国的国内生产总值第一次超过美国，对外贸易 3 倍于美国，成为世界头号贸易集团，其黄金外汇储备也超过了美、苏、日三国之和。④ 由于日本和西欧的崛起，美国工业产品占世界工业产品的比重，长期呈现下降的趋势，从 1948 年的 53.9% 下降到 1958 年的 46.1%，1961 年为 44.3%，1970 年下降到 40.9%，而西欧和日本在此方面的比重却一直稳步上升，1958 年以后长期保持在 35% 左右⑤；在贸易领域，1971 年，美国首次出现贸易逆差，1987 年贸易逆差已高达 1703 亿美元，而日本、联邦德国贸易顺差却不断上升；在国际金融领域，布雷顿森林体系的瓦解使美国丧失了头号金融

---

① 刘鉴如，柳长生 .1991. 战后日本经济腾飞之谜 . 天津：天津科技翻译出版公司；15.
② 冯特君 .2005. 当代世界经济与政治（第 3 版）. 北京：经济管理出版社；38.
③ 宋坚 .2003. 德国经济与市场 . 北京：中国商务出版社；7.
④ 冯特君 .2005. 当代世界经济与政治（第 3 版）. 北京：经济管理出版社；9.
⑤ A. 基尔萨诺夫 .1978. 美国与西欧——第二次世界大战以后的经济关系 . 朱洪译 . 北京：商务印书馆；117.

大国的地位，1985年，美国还从最大的债权国变成了最大的债务国，而与此相对照，日本则一跃成为世界上最大的债权国，当时世界最大的10家商业银行，已被日本全部占领。[①] 除了以上来自西欧和日本的挑战之外，亚洲"四小龙"、拉丁美洲的巴西、墨西哥、阿根廷、智利等第三世界的一些新兴工业国家和地区也在不断地涌现并迅速发展，所有这些都使美国人感到了前所未有的压力。

　　正是在意识到美国霸主地位相对危机的严峻形势下，对比日本、德国等国家快速发展的经验，美国社会各界采取了与苏联卫星上天时期同样的做法——从更深更广层面检讨了美国教育对其经济和科技发展的支撑作用。20世纪80年代的教育改革遂拉开了序幕。纵观此时期的教育改革，有两大显著的特征。首先就是联邦政府不再是教育改革的主要发起者和实施者，各州和地方更多地承担起改革教育的重担。据美国教育理事会统计，20世纪80年代美国"至少有275个地方政府成立了专门的工作小组，研究本地区的教改问题"，而各州政府对教育改革的经费投入也呈逐年增加之势，"从1983年到1987年，各州投入教育方面的实际费用平均增加21％左右"[②]。其次，此次改革紧密围绕全面提升各级各类教育质量这一核心，致力于使美国教育切实起到维护其在世界政治经济舞台上大国地位的目标。我们仅从该时期出台的一大批调查报告的名称中就可窥见一斑。比如，《国家处在危机之中：教育改革势在必行》《提高高等学校质量的67条建议》《投身学习：发挥美国高等教育的潜力》《进入大学前的学术准备——学生应该掌握什么知识和具备什么能力》《学院——美国本科生教育的经验》《为高质量而行动——一项改进我们国家学校工作的全面计划》《美国的竞争性挑战——全国应作出反应》……从此时期教育改革的内容来看，几乎所有的教育改革都涉及了如何夯实教育基础、提升教育标准、提高管理效率、强化激励措施等问题，如《国家处在危险之中：教育改革势在必行》报告站在全球竞争的高度，认为美国一度在商业、工业、科学和技术领域的领先地位正被世界其他国家的竞争者所超越。报告指出：由于知识、学问、信息和熟练人才是信息时代任何国家、任何地区取得国际经济竞争优势地位的决定因素，而美国之所以会在国际经济竞争中地位相对下降，最主要的原因还在于美国教育一直受到平庸化潮流的主导，由此造成目前美国教育质量堪忧。比如，从教学内容方面来看，委员会认为美国中学的课程设计很容易使学生把正餐前的开胃品和餐后甜点误认为是主菜。委员会将1964～1969年与1976～1981年的学生课程选择模式进行了对比，研究发现1964年有12％的学生，而1979年有42％的学生都选择"普通途径"的课程，这些学生之所以避重就轻，既不选修职业课程，

---

① 冯特君.2005.当代世界经济与政治（第3版）.北京：经济管理出版社：43-44.
② 王桂.1995.当代外国教育——教育改革的浪潮和趋势.北京：人民教育出版社：361.

也不选修大学预科课程，仅仅是因为"普通途径"课程中 25% 的学分是一些体育和卫生、校外工作经验等较为轻松的课程！委员会还发现最近的毕业生中只有 31% 读完中级代数，13% 读完法语 I，16% 上完地理课，6% 读完微积分课程……[①]在对学校教育标准的调查中，委员会看到，无论是教材内容的难易程度还是课程开设、中学毕业标准、高校录取标准等，美国的中学都面临着标准降低的弊病。在对美国学生平均学习时间的调查中，委员会发现，"英国和其他工业化国家的中学生每天在校学习 8 小时，一个学年上学 220 天不足为奇。美国则大不相同，典型的学校工作是 6 小时，一个学年的学习日共计 180 天。在很多学校里，在取得高中文凭时，学习烹调和开车的时间与学习数学、英语、化学、美国史或生物学所花的时间是一样……"[②]，而教师方面存在的问题也不少。针对以上问题，委员会在报告中要求凡取得高中毕业文凭的学生最低限度应该学习 4 年英语，3 年数学、科学、社会方面的课程和半年计算机科学 5 门新基础课；建议学校、学院和大学对学生的学业成绩和品德采取更严格的可测量的标准，提出更高的要求；建议学生把更多的时间用于学习"新基础课"，应该更有效地使用现在的在校日，同时使学生每天在学校学习的时间长一些或者延长学年长度；建议改进培养师资的工作，把教学变为更值得从事的和受人尊敬的职业；教育管理者要采取各种办法推动教育改革，确保必要的财政资助和改革的稳定性等。在 1984 年 10 月美国高质量高等教育研究小组的报告《投身学习：发挥美国高等教育的潜力》中，研究小组在充分肯定美国高等教育的优势之外，对制约美国高等教育质量的诸多问题进行了分析。报告敦促学校要为学生营造投身学习的环境，同时提出严格的学业要求，增加学士学位的含金量，此外，为了使学生及时了解学习情况，教学评价和反馈也是必需的。1986 年 5 月，卡内基教育和经济论坛工作组报告《国家为培养 21 世纪的教师作准备》在分析了当前美国教师供求和培养状况后得出结论：美国教师不仅数量匮乏，而且质量堪忧！为此，报告认为必须处理好以下三方面的问题：必须提高教师聘用的标准；必须千方百计留住学校所需的水平较高的教师，并且把校外这样的人才也吸收进来；必须重新设计教育体制的结构……[③]

在全方位反省美国教育质量的背景中，人们也注意到职业教育质量与人们期望值之间的巨大差异。1980 年，第一次国家职业教育评估报告最早引起了人

---

① 美国高质量教育委员会.2004.国家处在危险之中：教育改革势在必行//吕达，周满生.当代外国教育改革著名文献（美国卷.第一册）.北京：人民教育出版社：10.

② 美国高质量教育委员会.2004.国家处在危险之中：教育改革势在必行//吕达，周满生.当代外国教育改革著名文献（美国卷.第一册）.北京：人民教育出版社：12.

③ 卡内基教育和经济论坛"教育作为一种专门职业"工作组.2004.国家为培养 21 世纪的教师作准备//吕达，周满生.当代外国教育改革著名文献（美国卷.第一册）.北京：人民教育出版社：252.

们的注意。报告发现：联邦政府总是试图用太少的资源做太多的事情，弱势群体在生涯就业机会项目中的比例仍然过低。① 此外，在 20 世纪 80 年代放松经济管制的氛围中，较大规模的公司合并也造成了自 20 世纪 30 年代经济危机以来最为严重的大量一线工人和中层管理者的失业现象，而最令人担忧的是面对强劲的国际竞争对手，许多工商业组织发现美国工人缺乏在新的高技术环境中竞争的意愿、技术及学术知识。不仅如此，一些学者在对中学职业教育项目进行评价时还发现参与这些项目在事实上对大多数学生的就业并没有多大益处，而1983 年 4 月"商业—高等教育论坛"最终报告《美国的竞争性挑战》更明确地指出：在下一个 10 年里，1500 万名新工人将进入劳动力市场，而目前被雇佣的1 亿多个劳动力将需要再培训，以便适应不断变化的工作要求，但是美国的学校对于这些挑战尚未做好充分的准备……②1983 年，受美国成人和职业教育办公室（U. S. Office of Adult and Vocational Education）委托，位于俄亥俄州立大学的国家职业教育研究中心（National Center for Research in Vocational Education）组建了国家中学职业教育委员会（National Commission on Secondary Vocational Education），开展了一项在社会变迁和国家呼唤教育改革的背景下中学职业教育应该承担何种角色的研究。经过 7 个月的调查走访，1984 年，一份被誉为美国新职业主义第一份宣言的报告《未完成的使命》（*The Unfinished Agenda*）出版。报告的许多观点彻底颠覆了本世纪初以来一直颇有影响的社会效率论职业观，对推动美国职业教育质量的全面提升有着较大的影响力。报告在开头提出在新的社会环境中，职业教育的关键不仅仅是为学生的工作进行准备，或者是教给他们普通或专业知识，而是两者必须要结合。比如，要想在一些高技术或高技能的职业领域获得就业机会，学生首先要获得一个坚实的普通教育基础，之后才是一个专门化的问题。对许多在某专业领域有兴趣的学生来说，专业化应建立在中学后教育的层次。在充分考量当前社会对中学职业教育的要求之后，报告进一步明确了中学职业教育应该致力于培养学生五大方面的能力：个体技术和态度、通信和计算机技能及技术素养、就业技能、广泛的和特定的职业技能和知识、为生涯规划和终身学习奠定基础。③ 报告同时指出了制约该目标实现的多方面因素，如职业教育观念、职业教育的可接近性、平等、课程、教师教育和入职、评估标准和责任系统、职业教育机构之间的联系、社区的参与、基于场景的学习（包括合作教育）等。之后报告对以上问题进行了一一的分析，比如从观念层面来看，职业教育经常被认为是引导学生获得低层

---

① 　Dow J L. 2002. The New Vocationalism: A Deweyan Analysis. University of Florida: 24.

② 　瞿葆奎. 1990. 教育学文集——美国教育改革. 北京：人民教育出版社：680.

③ 　National Commission on Secondary Vocational Education. The Unfinished Agenda. http://files. eric. ed. gov/fulltext/ED251622. pdf：11. ［2014-5-23］.

次的、蓝领之类工作的教育，因此家长、学校管理者经常视职业教育为能力低下学生的收容站。报告认为之所以会出现这种情况，主要是由于人们对职业教育性质和功能的误解。报告指出，职业教育不仅能从方法论的角度改变美国中学教学方法单调的弊端，使更多学生留在学校，而且职业教育还能帮助学生提升问题解决能力和分析能力，而一些小组学习活动还能增强学生的沟通能力和人际交往技能，此外，职业教育还能够起到将学生各方面的知识融会贯通的作用，它是整个学校教育理想的途径和支撑；通过对职业教育可接近性的考察，委员会发现受国家提升中学生毕业标准等多种因素的影响，目前选择职业教育课程学生的数量已经有了明显的下滑，这已经极大地影响了中学职业教育的规模；尽管 20 世纪 60 年代以来，中学职业教育一直以追求教育平等为目标，但是却很少成功。目前来看，残疾的或英语水平受限的学生在职业教育项目中的比例仍然偏低，且不同性别的学生对不同职业类别的偏好依然存在，另外，郊区高中和贫困市区或农村高中的职业培训质量也差别较大；从课程方面来看，委员会发现随着教育钟摆轨迹的改变，目前出现的学生偏重选修学术性课程的做法很可能无论对学术性向的学生还是对职业性向的学生来说都不是完美的。报告举例说：说和写的教学一般被认为是学术课程，但其在本质上也是律师或教师职业技能的一部分，同理，植物生理学和细胞生物学也可以划归到职业范畴，因为从温室大棚或农民的视野来看，它也是非常有用的。报告认为在高质量的学术和职业类课程之间取得某种平衡，而不是仅仅局促于一隅或者以数量取胜，这种做法对学生未来的发展有着重要的意义。以上观点明显已经与先前社会效率职业教育观所主张的为未来特定的职业教授学生特定课程的做法有了天壤之别；除了主张学术和职业课程之间的融合之外，该报告还提出了与社会效率职业教育观创设独立的职业教育机构相反的建议，即主张中学职业教育机构与垂直层次和水平层次的各类机构之间要加强联系。报告认为：中学职业教育并没有从中学开始并在此终结，而是在此之前和之后仍在进行，因此高质量的职业教育必须将垂直层次的小学、初中、中学后教育机构紧密连接。从水平层次来看，学校与工商业机构之间的相互合作对学生实际操作能力的提高和就业技能的培养至关重要。为此报告还推荐了一种基于实际场景学习（Field-Based Learning）的方法。报告认为发挥教育机构和工商企业积极作用的"合作教育"是最能体现这一精神的做法；针对中学职业教师收入过低和准备不足的问题，报告提出了完善教师入职与职前教育、规范职业教师证书颁发标准，以及强化职中教育等措施；从管理的角度，报告认为先前的职业教育质量标准和责任系统是含糊的，并没有对职业教育教学质量和学生成就进行有效的评价，因此进一步细化评价和责任系统也是非常必需的……

除了《未完成的使命》报告对职业教育全方位的反思之外，曾经在 20 世前 20 年备受冷落的杜威的职业教育观再一次引起了学者、商业领袖和教育政策制定者的注意，他们发现杜威的许多观点和当前人们对职业教育的许多期待非常吻合。比如，国家职业教育研究中心的哈蒙德（Linda Darling Hammond）（1997）提出：只要增加计算机，杜威关于 20 世纪教育的愿景与 21 世纪的学校教育场景实际上是相同的。[①] 该中心的许多成员还如杜威一样主张职业教育应该在知识融合和社区建设的基础上开展，民主的教育不仅必须为所有学生提供高质量的具备古典学术和当代职业知识和技能的教师和课程，同时也要为学生提供最大化的选择机会和不断发展的希望和可能性。此外，政府或工商业组织对劳动者综合素质的关注不仅在上一节所列举的《工作世界对于学校教育的新要求》《美国的选择：高技能或者低收入》《工作能力基础：雇主希望的基本技能》等报告中有所体现，而且他们还直接或间接地游说学校改变课程，力争使课程与学生的生活更加相关，并极力主张应用性的学习及宽领域的知识覆盖等。与此同时，在意识到新经济体中的高收入工作将要求更多的技术培训或学院准备时，公众对中学后职业教育的关注度也增强了。1992 年国家职业教育研究中心主管查尔斯·本森（Charles Benson）第一次明确提出了新职业主义（New Vocationalism）的概念，在本森所勾画的新职业主义的愿景里，职业教育应该建立在三个新的相关领域融合的基础上，即通过生涯吸引力学校（Career Magnet Schools）或生涯学术（Career Academies）将学术和职业教育进行融合，通过技术准备项目将中学和中学后教育项目进行融合，通过青年学徒（Youth Apprenticeship）和工业所有层面项目（All Aspects of the Industry）将教育和工作世界进行融合。尽管本森所勾画的具体融合或连接方案是可以再商榷的，但是本森所提及的新职业主义的精神不仅在 1984 年《卡尔·D. 帕金斯职业教育法案》中有所体现，而且 20 世纪 90 年代之后的帕金斯职业教育系列修正案还将继续延续这种精神。此外，始自 1973 年《综合教育和培训法案》，同期系列人力资源开发立法也体现了同样的精神。可以这样说，1994 年国会人力资源开发法案《从学校到工作机会法案》（*School-to-Work Opportunities Act*）几乎就是本森观点的现实版。

三、新公共管理思想的传播与联邦职业教育管理思想的转变

在奠定 1984 年《卡尔·D. 帕金斯职业教育法案》立法倾向的诸多因素里面，除了 20 世纪 80 年代初开始在美国掀起的各层次、各类型的教育对高质量追求的氛围之外，联邦政府公共行政管理思想的转变也从另一个角度促成了联邦职业技术教育立法管理理念和方式的变迁。以下我们将在"新公共管理"思想

---

① Dow J L. 2002. The New Vocationalism: A Deweyan Analysis. University of Florida: 8.

出现及其在 20 世纪 70 年代以后取代传统的政府公共管理思想的大背景中，具体描述里根总统上台后推行的具有新公共管理思想特征的教育改革如何为 20 世纪最后 20 年和 21 世纪最初几年的教育政策定下基调，并从中分析其对美国联邦职业技术教育立法管理方法和手段的影响作用。

近代以来，在以亚当·斯密为代表的古典主义经济理论"大市场、小政府"思想的影响下，19 世纪 70 年代之前，世界绝大多数国家的中央政府主要处理诸如国防、社会治安、基础教育等基本的事务，而很少介入经济的运行过程。19 世纪 70 年代以后，迫于完善社会管理的需要，世界主要国家政府行政管理的范围逐步扩大，主要涵盖了如下一些方面：投资基础设施的建设，保护自然资源、减少环境污染，对通讯、金融、信贷和公共卫生实施管理，对农业提供补贴和支持，提供养老金和保险，投资于教育科研事业等。此外，伴随着政府行政管理事务的扩大，主要以德国社会学家、社会哲学家韦伯科层管理理论，以美国行政学教授、前总统威尔逊的政治与行政二分法为基础的政府官僚组织体制和行政管理方法应运而生，直接奠定了世界各国（尤其是西方国家）政府机构组织和公共管理的基础。韦伯认为管理意味着在知识的基础上，而不是在传统的权力或神授权力的基础上行使控制。韦伯所设计的科层管理组织体系包括七个要素：明确规定每一个公职人员的权力和责任、各种公职或职位按权力等级组织起来形成一个指挥链、所有担任公职的人都是任命的、行政管理人员领取固定的"薪金"、行政管理人员不是他所管辖的那个企业的所有者、行政管理人员在任何情况下都必须遵守严格的规则、纪律和制约。[①] 韦伯认为，科层管理组织是一种建立在权威和理性基础上的最有效的组织形式，是对人进行绝对必要控制的最合理的手段。在精确性、稳定性、严格的纪律性和可靠性等方面，它比任何其他组织形式都要优越。除了韦伯的科层管理理论，1886 年，威尔逊总统还提出了行政与政治严格分离、政策制定与政策执行的任务严格分离的行政—政治两分法理论。在两分法的框架下，政府行政处在特定的"政治"范围之外，政治也不允许操纵行政事务，公共行政就是细致、系统地执行公共政策和法律。在以上主要思想的广泛影响下，西方国家成功地将科层体制、文官、专门技能和绩效评估等引入了政府公共管理体制中。

1929～1932 年世界范围内的经济危机，动摇了古典主义经济学说所提倡的"看不见的手"对经济秩序自动修复的理念。伴随着凯恩斯经济理论的出台，西方国家政府干预经济生活以矫正市场失灵的热情空前高涨，加之 20 世纪四五十年代大规模的国有化运动，西方政府已经广泛且深入地参与到了国家的经济、政治、社会事务的管理之中，特别是自第二次世界大战直到 20 世纪 70 年代，政

---

① 丹尼尔 A·雷恩 . 2000. 管理思想的演变 . 北京：中国社会科学出版社：257.

府行政对各方面社会事务的干预几乎达到了发展的顶峰，其中一些国家还出现了行政权超越法权（政治权）的反常现象。比如，"1939 年和 1949 年美国的行政改革法案，赋予行政权以制定法律的实际权力，从而为行政权的强化提供了极大的可能性……"① 伴随着西方国家政府各项行政管理权力的无限扩大，政府机构日益臃肿和膨胀，同时政府公共行政也普遍出现了人浮于事、效益低下、政策失效，乃至政府失灵等问题，尤其是经济领域内高失业、高通胀、低增长的"滞胀"现象长期存在的事实，使 20 世纪 70 年代末以来西方各国政府普遍面临着日益严峻的财政危机、管理危机和信任危机。

20 世纪 70 年代兴起的新公共管理（New Public Management）运动直接的目的就是帮助政府走出管理危机、信任危机的困境，这一目标恰好契合了当时西方国家变革和重构政府部门的需要，因而受到了许多政治家、学者和社会人士的广泛欢迎。该运动最早出现在新西兰、澳大利亚和英国，这三个国家也被公认为是新公共管理改革成功的典范。新公共管理运动有着许多不同的称谓，如"管理主义""以市场为基础的公共行政""新公共管理""后官僚制典范""企业型政府"等，其中尤以"新公共管理"概念获得世人的认可。尽管该运动在世界各国有着不同的运作方式，但是其却建构在相同的经济学和管理学等理论基础上。其中，美国经济学家布坎南的公共选择理论、很早就在企业界盛行的委托代理理论，以及弗里德里克·W. 泰罗科学管理思想和梅奥的人际关系理论等都对该运动进行了理论奠基。比如，20 世纪 60 年代美国经济学家布坎南第一次将"经济人假设"引入到了政府制度的分析中去。他认为现实中的政府远不是一个自动追求全民利益最大化的虚拟的"人"，而是由各种追求自我利益最大化的经济人组成。在政府公共事务的决策上，政府难于避免受某些经济人或经济人组成的利益集团的影响，最后作出某种偏袒特殊利益集团的决策。有鉴于此，布坎南提出：政府的活动范围应大大地缩小，并被限制在古典经济学所提出的三个基本职能上，而绝大部分公共事务应该交由公众自己投票来作出决策，而不是由政府代为决策。布坎南的公共选择理论为各国缩小政府规模、精减行政人员、扩大公众参与公共事务的权利提供了理论的基础。除了布坎南的公共选择理论之外，20 世纪 60 年代末 70 年代初一些经济学家在深入研究企业内部信息不对称和激励问题时提出的委托代理理论也对政府公共行政管理职能的转变产生了巨大的影响。所谓的委托代理，其内容核心就是主张企业所有权与经营权的分离。常见的做法是一些企业所有人通过签订合同或契约，将企业的经营权委托给某些专业人士来做，并相应地授予经营者某些决策权。② 这种关

① 奥斯特罗姆. 1994. 美国行政管理危机. 江峰等译，北京：北京工业大学出版社：116.
② 阮艳平. 2007. 基于委托代理理论的公立高校经营者激励与约束机制研究. 江西师范大学：9.

系的形成有助于企业所有人规避不完全信息造成的决策失误和经济损失。借用这种做法,20 世纪 70 年代后许多国家的政府公共行政管理部门也通过合同和契约,将许多过去一直由政府公共部门承担的管理责任和公共产品供给职能转交给了专业的社会团体或者私营企业来提供,以最大程度地避免在信息不充分的条件下政府决策所带来的失误。此外,新公共管理运动最核心的特征就是在政府公共管理的过程中引入市场竞争机制和工商企业的管理方法,以最终提高政府的管理水平,因此泰罗的科学管理理论、用来促进企业人际关系改善的人际关系理论,以及许多工商企业部门经常采用的一些管理方法,如人力资源管理、战略管理、目标管理、全面质量管理、绩效管理和评估等也被运用于提升政府公共管理水平的实践中。正因为建构在相同的理论基础上,世界范围内的"新公共管理"运动不仅表现出了有别于传统政府行政重法律规制、轻绩效管理的特征,而且其出现后政府的公共管理职责被限定在市场力量无法公平高效提供的服务方面,政府主要的职能就是创造公平竞争的环境,以挑选合适的代理人,并对代理人的活动绩效进行及时的评估。这种管理方式,不仅最大程度地压缩了政府官僚体制的规模并最大程度地发挥了市场的力量,同时由于财政控制、成本核算、绩效评估、目标管理、货币价值、客户导向等管理手段的运用,也极大地提高了政府公共管理的效率和效益。

新公共管理思潮在美国有着自己的表现形式。面对 20 世纪 60 年代联邦政府开支和资助规模的空前扩大,1969 年 8 月尼克松总统在全国性广播电视讲话中,正式提出了新联邦主义的改革口号,旨在扭转联邦政府集权的趋势,同时改革运转不灵、反应迟钝、效率低下的庞大官僚机构。之后,1978 年卡特政府的"文官制度改革法案",以及 20 世纪 80 年代里根总统上台后所实施的一系列削减联邦政府规模、收缩公共服务范围的改革举措,均是世界新公共管理思潮在美国特有的表现形式。里根总统上台之时,美国除了拥有一个权力日益膨胀的联邦政府之外,国内还有着两位数的通货膨胀率、较高的失业率及创冷战以来最高纪录的 21.5% 最高利率。与布坎南的观点类似,里根也把政府比作一种对金钱贪得无厌的生物体,除非对其实行饥饿治疗,否则它的这种天性将会无限地发展下去。里根在总统就职演说中说道:"在目前的危机中,政府不能解决问题,政府本身就是问题……一些迹象表明,政府的权力已经膨胀到超出了被统治者所同意的限度,因此我们现在必须制止并扭转这种趋势。我的意图是限制联邦机构的规模和影响,承认联邦政府权力与州政府或人民保留的权力之间的区别……"① 因此,其在当选不久便与顾问们一起制定了一个三年内全面降低 30% 的联邦税率,同时通过了裁减不必要的部门、机构和计划来削减几十亿美

---

① 罗纳德·里根.1991.里根自传——一个美国人的生活.北京:东方出版社:202.

元联邦开支的计划。其中，削减就业训练、交通运输、教育、能源研究和发展、自然资源和环境保护等福利计划，对国计民生的影响尤为直接。

里根总统新联邦主义的改革也涉及了教育改革。在里根总统的观念里，教育主要应该是州的责任，联邦政府过分插手国内教育本身就是不正常的。在里根看来："为了满足教育、培训、就业和社会服务的需要，联邦立法授权的有限资助金应该局限于特定的联邦政府必须承担其责任的区域，同时这些区域应该有足够的证据证明自己有优先获得联邦资助的必要性。"① 因此，自始至终他不仅极力主张削减联邦教育预算，而且在 1980 年的竞选中，他还明确地提出了三项教育建议：取消卡特政府刚刚成立的教育部，向私立学校学生家长实行教育退税（Tuition Tax Credits），恢复祷告在公立学校的重要地位等。② 在里根看来，削减联邦教育预算、取消教育部并不是联邦政府不重视教育，而是将投资和管理教育的责任更多地交还给各州和地方。给予支付私立学校学费的家长教育退税的权利或者采取教育券制度，增加经济并不宽裕的父母为孩子选择上私立或教会学校的机会，这不仅有利于学生个人的发展，无形之中也会为公立学校带来市场竞争的压力，有利于公立、私立学校之间的优胜劣汰。此外，公立学校的祷告对学校纪律的保持、尊重精神的回归和学习动机的激发也有许多益处。尽管公立学校长期以来现实主义的氛围，恢复公立学校祷告的努力以失败告终，另外，由于首任教育部长特瑞尔·贝尔（Terrel Bell）的极力争取，加之《国家处在危机中》所掀起的重视教育的热潮，联邦教育部虽然没能被取消，但是里根总统任期内联邦教育预算却有了绝对的下降，其中有几个年度的教育预算竟然比前任低 1/3，此外还出现了一个违反常规的现象，即里根政府连年递交给国会的联邦政府教育预算远低于国会最后批准的当年教育拨款数额，而一般的做法往往与此相反。比如，1981 年里根政府的教育预算为 135 亿美元，国会 1981 年批准的预算比里根政府预算多了 13 亿美元。1982 年里根政府的教育预算比国会批准的额度低了 16％，1984 年低了 14.5％，1986 年又低了 18％……③ 尽管里根总统的教育预算削减直接影响到了部分教育项目，如双语教育项目资助在里根任期内被削减了 54％，为贫困儿童设置的强迫教育项目资助被削减了 25％，但是从整体来看，由于 20 世纪 80 年代特殊的教育环境、联邦政府 K-12 公立教育经费依然比 70 年代上升了 0.2 个百分点，而此时期州政府的教育投入

① Shu W N. 1996. A Comparison of Factors that Influnce Vocational Education Law-Making in the U. S. and TaiWan, Republic of China. Minnesota：Faculty of the Graduate School of the University of Minnesota：149.

② 韦恩·厄本，杰宁斯·瓦格纳. 2009. 美国教育，一部历史档案（第三版）. 周晟，谢爱磊译. 北京：中国人民大学出版社：474.

③ Berube M R. 1991. American Presidents and Education. New York, London：Greenwood Press：90-91.

则增加了 3.4 个百分点。① 对这一结果，作为美国联邦资助中小学教育最主要的游说集团之一，美国教育协会加利福尼亚教师分会（California Teachers Association）表示："尽管里根政府对初中等教育的资助非出己愿，但是在整体上还是令人满意的。"② 正如里根总统的国内改革影响了 20 世纪后半期并持续影响 21 世纪的美国政治一样，里根总统的教育改革理念和做法也将继续影响其继任者教育改革的方向。

　　受世界范围内新公共管理思想和里根政府新联邦主义改革的影响，同时考虑到先前联邦职业技术教育立法本身及其执行中的问题，20 世纪 80 年代及其之后的美国联邦职业技术教育立法在管理思想、方法等方面也出现了与先前法案诸多不同的地方。比如，法案逐步地将先前由联邦政府负责的对各州与地方规划的审批权更多地下放到了各州，联邦政府主要负责全国范围内职业技术教育信息的收集与国家评估，各州主要分担联邦政府的管理责任，地方则是项目实施的主体；在项目管理中，通过细化各项评估指标，并主要借助联邦与各州、各州与地方层层签订协议的方法，制定各层次所能够达到的实施标准，在给予各州和地方最大弹性的基础上，奖优罚劣，使新公共管理的目标管理、绩效管理的理念渗透到联邦职业技术教育的管理中；逐步强化与私立工商等部门的联系，并在项目管理中引入市场竞争机制。伴随着政府公共管理思想的转变，先前主要由政府公共部门提供的诸多职业技术教育培训和服务项目，逐步通过竞争机制向私立工商业部门、非盈利性的高等教育机构转移，这种倾向不仅有利于职业技术教育项目实施质量的提高，同时私立部门的参与也使职业技术教育类学生的就业有了便捷的通道。此外，为节约管理成本、提高管理效率，1984年《卡尔·D. 帕金斯职业教育法案》及其之后的系列职业技术教育修正案和人力资源立法还较多地采用了一揽子资助的方式。比如，1977 年签署的《生涯教育激励法案》（Career Education Incentive Act）的许多资助项目在 1982 年 7 月就被纳入里根政府的教育一揽子资助系统（Educational Block Grant System），因此生涯教育作为一个单独分类的联邦教育项目就停止了。

第二节　同期人力资源开发法案和相关教育立法对于质量和效率问题的关注

　　受时代精神的影响，作为专门的联邦职业技术教育立法的补充，在 1984 年《卡尔·D. 帕金斯职业教育法案》颁布之前，1973 年《综合教育和培训法案》、

---

①　崔玉平 . 2000. 美国教育财政的理论与实践 . 海口：海南出版社：71.

②　Berube M R. 1991. American Presidents and Education. New York, London：Greenwood Press：93.

1982 年《工作培训合作法案》（*Job Training Partnership Act* ）等美国系列人力资源开发立法，就致力于减少联邦政府的干预，推动以放权、分权为特征的更为融合、开放、弹性、责任、竞争、市场等新公共管理方法和手段的运用，这种浓厚的对项目实施效率和实施质量的关注，在其后的 1994 年《从学校到工作机会法案》（*Shool-to-Work Opportunities Act*）和 1998 年《劳动力投资法案》（*The Workforce Investment Act*）等中也有明显的体现。与此同时，在新职业主义思潮的影响下，特别是从 1994 年《从学校到工作机会法案》开始，美国系列人力资源开发立法也开始通过倡导学术和职业教育、中学与中学后教育、学校教育与劳动力市场的联结，为学生最终顺利进入高技术和高工资的职业生涯或者进入 4 年制学院和大学继续深造奠定基础，表现出了更为高远的目标。以上人力资源立法和同期的教育立法均表现出了大致相同的立法倾向，它们与同时期的联邦职业技术教育立法共同营造了关注质量和效率的时代精神。当然，尽管一些人力资源立法和教育立法是在 1984 年《卡尔·D. 帕金斯职业教育法案》出台之后颁布的，但是为了表达的需要，笔者还是将其放置在一起共同阐述，以期更为集中地描述这种倾向。

一、相关人力资源开发法案对于以上倾向的肯定

（一）1973 年《综合教育和培训法案》

1973 年《综合教育和培训法案》是一个承上启下的法案。沿袭 20 世纪 60 年代人力资源开发法案的精神，《综合教育和培训法案》同样将目标人群定位于经济地位低下人群、社会福利救济人群和贫困青年。在法案的授权下，州和地方可以为这类人群设置就业咨询、支持性服务、以课堂教学为依托的教育和职业技能培训、工作现场培训、工作体验活动、过渡期的公共服务等人力资源开发项目。其中的过渡期公共服务项目是最引人争议的项目。尽管该类项目一直存在着职业技术培训不足、救济成分过重的问题，但是该类项目能够快速应对社会危机、降低失业率，因此美国联邦政府在 20 世纪 30 年代应对经济危机、60 年代对抗结构性失业时已经普遍采用了这种做法。面对 20 世纪 70 年代经济发展低迷加之能源危机所导致的经济困境，法案同样启动了临时性就业计划，安置失业 15 天以上的劳工或者用完个人失业保险的劳工，让他们主要从事保健、教育、娱乐设施、污染控制和资源保护等方面的工作。

此外，由于受 20 世纪 60 年代美国特殊时代环境的影响，当时美国各类职业训练和人力培训计划一直呈不断拓展之势。到尼克松总统执政时期，联邦各类职业培训和人力培训计划开支已经高达 10 亿美元。同时，联邦政府所采取的事无巨细的管理方式，从计划立项到项目的具体实施，各个环节均由联邦机构负

责，因此联邦政府深陷于具体的管理环节无暇他顾，而州和地方政府又无权参与决策，因此其参与管理和监督的积极性均不强，由此造成了项目实施效率不高、漏洞百出。另外，从法案本身来看，由于人为的割裂和分化，如有的法案是针对处境不利的年轻人的、有的是针对中老年失业者的，还有的是面向社会救助人群的，法案之间缺乏联系、法律权限界定困难，由此导致了许多功能交叉的现象，各项立法成了"混乱和浪费交织的一团乱麻"①。受新联邦主义的影响，1973 年《综合教育和培训法案》在一定程度上克服了以上的弊端。法案提出了"首要承办者"（Prime Sponsors）的概念，规定人口在 10 万或 10 万以上且就业负担较重的工业区可由该城市或县的政府申请"首要承办者"资格，人口不到 10 万且就业负担较重的工业区，可以由州政府或以地方政府联合体的方式申请。劳工部在批准"首要承办者"立项的时候，需要向承办者说明项目需要达到的目标、监督措施、评价标准等，而培训计划的决策权、执行权和资金使用权则属于首要承办者。这一新的管理方式，使联邦管理机构除了直接负责少数民族、农业季节工人、部分青年和老年人的培训服务，以及工作团队计划等事务外，其他管理职能大部分向地方和州"首要承办者"转移。尽管法案授权的许多培训项目本身并不新鲜，但是对州和地方来说，首要承办者的资格却可以使它们第一次在没有联邦插手的情况下，根据当地实际情况，自行决定当地人力资源培训项目的设置和资金划拨、使用、评估等具体事务，在一定程度上整合了先前法案混乱的资金分配模式，同时突出了州和地方作为人力资源培训规划者主体的地位，更好地适应了不同地区人力资源培训的不同需求，充分调动了各州和地方人力培训工作的积极性。关于以上改革，尼克松总统在法案签署当日曾经说过："1973 年《综合教育和培训法案》是他本年度签署的最好的法案之一，它结束了自 20 世纪 60 年代早期人力资源立法出现以来的单项的、严格的且分类的拼接式立法模式，为各州和地方灵活使用联邦拨款提供了较为宽松的氛围。"② 此外，根据时代的变迁，法案在机构组成上还进行了一些完善。比如，设计了一个地方咨询委员会，以确保联邦项目计划更加符合地方公众的利益需求。同时，在地方管理机构人员的组成上，私人公司、团体的代表与教育和劳工组织代表同样被赋予了进入管理委员会的资格，并承担相应的义务和责任。

作为承上启下的一个法案，1973 年《综合教育和培训法案》在继承 20 世纪 60 年代以来人力资源立法资助主题的基础上，开启了其后人力资源开发立法和职业技术教育立法对项目实施效率和质量问题关注的先河。其法案实施后，在

---

① 刘然 . 2000. 理查德·尼克松的"新联邦主义"述评 . 江西行政学院学报，（4）：24.

② Nixon R. Statement on Signing the Comprehensive Employment and Training Act of 1973. http：//www. presidency. ucsb. edu/ws/index. php? pid＝4088. ［2007-8-24］.

主要由新闻记者，而不是由经济学家来评判的法案 11 项实施效果中，可以清晰地发现该法案带给部分人群的积极效果，然而，法案的不足也是非常明显的。首先，法案对男性的影响不太明显，在就业机会和收入增长方面没有发现有统计意义的变化，但是法案对女性的影响却是积极和巨大的；其次，工作现场培训的效果要优于在教室中的培训；最后，法案的影响范围过于宽泛。① 由于解决联邦人力资源立法目标驳杂、职能重叠等问题不能毕其功于一役，因此，1973～1982年，仅《综合教育和培训法案》就被修订了 8 次之多并同时增加了 12 个相互分离的拨款条款，加之严重的资金不稳定，法案的连续性极差，在此情况下，人们期盼着更为稳定和成熟的新立法的出台。1982 年 10 月 3 日《工作培训合作法案》最终取代了《综合教育和培训法案》的地位。

（二）1982 年《工作培训合作法案》

在 1982 年《工作培训合作法案》出台之时，美国知识经济时代的特征已经开始显现。据美国劳工部估计，从 1981 年到 1986 年，无论是经济扩张还是经济萧条，由经济转型或者技术更新导致的每年工作变动的人数将达到 220 万，其中仅"16～24 岁的年轻人中，就有 2/5 处在失业大军之中"②。同时，至少 2000万美国工人的技术在随后的 20 年内都将过时，解决这些人员及其他社会弱势群体的再培训再就业问题，均需要联邦政府的引导和支持。《工作培训合作法案》最主要的目标是为了鼓励私立工商业部门与州、地方政府密切合作，开展对处境不利或工作频繁变动工人的培训，以促进其在私立工商业部门重新就业。法案授权为 1983 财政年度及其后的每一个财政年度为成人、青年人培训项目，联邦直接管理的项目，夏季青年人就业及培训项目共 5 个领域提供拨款。从法案生效到 1986 年 6 月 30 日，该法案共计下拨了 6.5 亿美元的联邦资金，为占劳工总数 7％的符合条件者开展了各种各样的职业技能培训。与先前的人力资源开发法案相比，该法案在许多方面均有所突破。

首先，该法案在继承并完善 1973 年《综合雇佣和训练法案》分权精神的原则上，最大程度地协调了联邦、州和地方的关系。比如，1982 年《工作培训合作法案》规定联邦直接管理的项目拨款额度不超过总拨款的 7％（其中 5％用于退伍军人的就业项目），这种安排减轻了联邦政府事无巨细的直接管理责任，将联邦政府的职能主要定位于宏观管理方面。在州层次，根据 1973 年《综合雇佣和训练法案》"首要承办者"原则，州政府和地方政府在申请联邦拨款方面具有

---

① Leary C J. 2004. Job Training Policy in the United States. Michigan：W. E. Upjohn Institute for Employment Research Kalamazoo：8-9.

② Reagan R. Remarks on Signing the Job Training Partnership Act. http：//www. presidency. ucsb. edu/ws/index. php？pid＝43121.［2007-11-10］.

平等的法权，但是由于法案同时又规定州政府享有对地方"首要承办者"申请计划的复审权和推荐权，为解决以上矛盾，1982 年法案放弃了 1973 年法案所规定的州政府根据人口地理特征与地方政府分权的关系，而让州政府更多地来分担联邦政府的具体管理职能。比如，法案规定各州有权根据自己州内不同区域的情况自行决定资金分配的原则、负责设定拨款的区域、批准地方规划、实施财政控制、管理项目实施、执行项目标准和协调项目开展等任务，而具体项目的设计和规划管理则由地方一级的政府和工商业组织联合体共同组织实施。这种管理结构和管理方法，在一定程度上对其后的人力资源开发法案和专门的职业技术教育立法均有较大的示范和启迪作用。

其次，以法的形式再次肯定了私立工商业团体在人力资源培训决策上平等的权力。自 20 世纪 30 年代以来，联邦政府在积极开展福利救济的基础上，试图通过以工代赈计划等大规模的公共就业计划来缓解失业和就业的压力并有效应对经济危机，然而通过长期的研究与对比，联邦政府逐步认识到大型公共服务工程尽管花费颇多，其最终促进劳工就业方面的效率却非常低。据统计，到"20 世纪 70 年代末，此类工程支出已经占据联邦人力资源培训和就业支出的 2/3 以上，而参加该项目计划的劳工最后在私有企业的就业率最高不超过 34%"。同时，公共服务就业计划每创造一个就业岗位，在 1971～1976 年人均年支出是 7800 美元，之后为 7200 美元。然而，1977 年卡特政府在私有企业的就业试验表明，其人均年支出低于 5200 美元。[①] 在认识到公共服务就业计划并不是解决社会失业问题的高效方法，只有私有工商企业才能提供具有稳定前景和收益的就业机会的前提下，1978 年《综合雇佣和训练法案》修正案第 7 条款（Title Ⅶ）提出设立"私有工业委员会"，作为地方和州"首要承办者"的合作伙伴参与联邦资助培训项目的设计、管理和实施，同时还要求"私有工业委员会"必须动员更多的企业参与政府的培训计划。但是由于第 7 条款在整个拨款中仅仅占据相当小的比重，在工商业界人士看来这种努力还远远无法改变私立企业被动参与联邦各类培训计划的角色。在 1982 年法案的立法过程中，关于设立私立工商业理事会（Private Industry Council）的提议获得了两院一致的同意并最终体现在立法中。法案要求每一个接受联邦拨款的项目区域都必须建立一个私立工商业委员会，委员会建立后，劳工部将为其直接划拨资金，以确保委员会能够与地方政府平等自由地协商，法案的这种安排在更大程度上给予了工商业组织平等的参与权和决策权。

第三，法案在一定程度上克服了公共服务就业计划救济有余、培训不足的弊端，要求有更大比例的公共资金用于职业技术培训。与 20 世纪 30 年代以工代

---

① 梁茂信 . 2007. 美国人力培训与就业政策机制（1971～1982）. 历史研究，（1）：163.

赈的思路一脉相承，70 年代人力资源开发立法在采取大型公共服务就业计划的时候，也将过多的资金用于非培训的目的。比如，《1971 年紧急时刻雇佣法案》将 85％的资金用于受雇者的薪金，5％作为管理费用，其余的作为预留资金，主要用于那些失业率连续 3 个月高于 6％的地区。另外，战后历届政府都将公共服务就业计划作为有效应对失业问题的快速反应机制，因此，政府公共服务就业计划的开支一路攀升。比如，1976 财政年度国会对《综合雇佣和训练法案》的拨款攀升到 25 亿美元，虽然创造的就业岗位增加到了 33.7 万个，但是美国的通货膨胀和失业率依然未见缓解。1978 年法案修订时，公共服务就业计划的拨款又提高了一倍多，为 20 世纪 70 年代之最。鉴于以上状况，1982 年《工作培训合作法案》在立法之时计划取消公共服务支出条款，但是由于其支持者的努力和争取，最后法案达成妥协。法案规定除夏季青年人培训项目及特殊情况之外，原则上用于受雇人员的工资、福利和相关的管理和支持性服务的支出最高不能超过总支出的 30％，至少 70％的资金均用于各类人员的职业技术培训。[1] 法案在一定程度上既集中使用了资金，同时也使地方获得了一定程度的资金使用弹性。该法案的出台标志着美国人力资源开发立法从福利救济性的公共服务转到了职业技术培训的方向上来。

　　另外，鉴于先前人力资源开发法案资助不稳定性的弊端，1982 年《工作培训合作法案》包括了一个为人力资源开发提供永久拨款的授权，避免了先前法案不断更新的需要，同时该法案正式的拨款时间从项目实施时开始计算，而不是从收到分配资金的时候就开始计算，在一定程度上给予项目实施者更多的回旋余地。在项目评估方面，该法案更加重视对项目实施标准的评估，而不再将更多的注意力集中在项目实施的程序方面，所有这些都标志着 1982 年《工作培训合作法案》较先前的人力资源立法有了实质性的进步。

　　（三）1994 年《从学校到工作机会法案》

　　与同期出台的专门的职业技术教育法案一样，1994 年 5 月 4 日《从学校到工作机会法案》出台之时，由于知识经济时代的特征更为明显，将近 90％的工作岗位需要从业者具备中学后层次的教育水平，但是实际情况却是 3/4 的美国高中毕业生在没有获得学士学位时就直接进入了劳动力市场，而且高中辍学的学生人数也非常多。仅 1992 年，大约有 340 万的 16～24 岁的年轻人没有完成高中学业而辍学，其数量约占同一年龄段学生数量的 11％[2]，在辍学者之中，尤其

① Guttman R. 1983. Job Training Partnership Act: New Help for the Unemployed. http://www.bls.gov/opub/mlr/1983/03/art1full.pdf. [2007-11-9].

② Shool-to-Work Opportunities Act. http://www.ed.gov/pubs/Biennial/95-96/ eval/410-97.pdf: 5. [2007-10-25].

是那些来自不同民族、种族、文化背景的学生或者身有残疾学生的辍学率远远高于主流学生。针对这种情况，1993 年 9 月初，克林顿总统曾亲自到特拉华州发表演说，他希望美国社会重视这些高中毕业或肄业的身无一技之长，难以从事高收入和有前途职业的二十来岁的年轻人，克林顿总统形象地把他们称作"被遗忘的一半"。如何阻止更多的辍学现象？如何改变学生的学术和职业技能准备不足的弊端？如何使更多的学生认为留在学校学得更多更好比过早工作更有价值和前景？如何为美国未来的经济储备更多的不会失业的合格的人力资源？以上诸多问题成为困扰教育立法者的主要问题。根据历史悠久的传统学徒制的特点，并借鉴其他国家，尤其是德国双元制职业技术教育培训的经验，美国更多的立法者认为：在真实的而不是在抽象的场景中学生将学得更多并保持得更好。真实的场景将能促进学生抽象知识与实践知识之间的有效连结，在唤醒学生的兴趣、强化技术的获得、发展积极的工作态度、为学生进入高技术和高工资的生涯做准备方面具有不可多得的优势，因此，解决美国目前劳动力供需之间的矛盾的主要方法在于建立一个综合、连贯的系统。

根据以上思路，1994 年《从学校到工作机会法案》将立法目标主要定位于借助联邦种子基金，创建一个国家层面的从学校到工作机会系统。这一系统作为教育综合改革的一部分，不仅应该与《美国 2000 年教育目标法案》（*Goals 2000：Educate America Act*）及《国家技术标准法案》（*National Skill Standards Act*）所创建的系统相互兼容，同时还应该与 1990 年《卡尔·D. 帕金斯职业与应用技术教育法案》所追求的学术教育和职业教育、基于学校场景的学习与基于工作场景的学习、中学教育和中学后教育相互融合的特征尽量一致。为此，法案致力于三个方面的努力。

首先，为所有在校学生提供参与实践项目教育培训的机会，使在工作场所直接的和直观的教育培训成为学生学校教育经历的有机组成部分，同时为基于工作情景学习的学生配备现场指导教师并制定相应的促进其发展的项目规划，以利于学生能够将学校的知识和工作现场的经验连接在一起。通过以上两种努力，帮助学生达到较高的学术和职业标准，使学生在拥有更广泛的生涯选择机会的基础上，选择适合于自己兴趣、目标、能力和学力的生涯目标，并最终顺利进入高技术和高工资的职业生涯或者进入 4 年制学院和大学继续深造。

其次，建立广泛和普遍的学习与工作世界之间的联系，努力在中学、中学后教育机构、私立工商业、公共事业组织、劳工组织、政府、以社区为依托的机构、父母、学生、各州与地方的教育机构、培训组织和人力资源服务机构之间建立更为密切的合作关系，以最终服务于共同目标的实现。

最后，创建和进一步推动有广泛就业前景的学校与工作相互联结的教育培训活动，比如，技术准备教育（Tech-Prep Education）、生涯学园、学校与学徒合作项目、合作制教育、青年徒工项目、校办企业（School-Sponsored Enterprises）、工商业教育联合体等，将基于学校与基于工作场所的学习联系起来，使所有的青年人，包括那些学业成绩不佳者、辍学者、残疾者都能够留在学校或返回学校追求成功。

为了达到这一目标，法案规定，从 1995 年起，在 5 年的期限内，联邦政府每年拨款 3 亿美元用于实现以上目标。各州只有在规定的时间内向联邦政府递交了符合要求的书面申请，同时将联邦拨款用于推进学校到工作机会系统的一些具体行动，否则联邦政府将取消各州的拨款。这些具体项目包括：各州确定或建立一个符合法案要求的适宜的策略规划机构；确保中学或中学后机构目前实施的或法案生效后即将实施的项目符合本法案的要求；创建一种雇主、劳工、教育者、政府、社区组织、父母等共同参与项目设计、开发和管理的机制；促进中小型工商企业参与项目的规划、发展和实施……此外，法案同时还为在教育培训和就业方面一直处于不利地位的土著印第安年轻人以及贫困程度较高地区的人口分别提供了单独的拨款。联邦层次的工作主要定位在三个方面：负责国家对该法案的评估、与州合作创建对项目实施情况进行监控的评估系统、创建学习和信息中心（Learning and Information Center）为项目实施提供支持性的服务。

从法案颁布到项目申请截止日期为止，共有 37 个州成功地申请到了一次性的 5 年期从学校到工作系统拨款。自 1996 年 8 月起，20 个州组建了专门的团队开始致力于促进多方面相互合作的努力。此外，国家学习和信息中心还创建了一个拥有 40 多家相关链接的工作网站，根据不同服务提供商提供服务的能力，精选了 141 家技术协助供应商组成了资源库，通过这个资源库，每个州都能够定制并获得自己所需要的技术帮助。表 4-1 是 1996～1998 年从学校到工作项目主要的拨款和签署的协议数量。[①]

表 4-1　1996～1998 年从学校到工作项目主要的拨款和签署的协议数量

授权拨款项目		1996 年*	1997 年*	1998 年**
各州规划发展项目		15	0	0
各州实施项目	新项目	10	15	0
	继续原有的项目	27	37	52
	平均对该项目拨款的数量	$ 7 260 000	$ 6 260 000	$ 6 270 000
地方合作项目	新项目	29	0	0
	继续原有的项目	0	0	0
	平均对该项目拨款的数量	$ 482 760	0	0

---

① Archived Information：School-to-Work Opportunities Act（CFDA No. 84. 278）．http：//www. ed. gov/pubs/Biennial/95-96/eval/410-97. pdf：2-3.［2007-11-12］.

续表

授权拨款项目		1996 年*	1997 年*	1998 年**
针对城市/农村的项目	新项目	25	20	0
	继续原有的项目	53	78	98
	平均对该项目拨款的数量	$ 448 720	$ 408 160	$ 408 160
	针对边远地区的项目	7	7	7
	平均对该项目拨款的数量	$ 200 000	$ 200 000	$ 200 000
针对年轻印第安人的项目	新项目	8	5	0
	继续原有的项目	18	26	31
	平均对该项目拨款的数量	$ 69 230	$ 64 520	$ 61 290
	国家评估	1	1	1
学习和信息中心		1	1	1

＊以上数据反映的是向教育部和劳工部的拨款；＊＊1998 财政年度的拨款规划是根据项目管理预算的要求来进行的

资料来源：Archived information：School-to-Work Opportunities Act（CFDA No. 84. 278）［J/OL］http：//www. ed. gov/pubs/Biennial/95-96/eval/410-97. pdf：2-3.［2007-11-12］

根据 1995 年州报告，联邦政府每向《从学校到工作机会法案》项目投资 1 美元，来自州公共和私立机构的补充投资将达到 1～2 美元。同时，根据 1996 年一些组织机构的报告，10％的中学生参与了与学校教学相关的工作现场的学习，26％的中学生在学校的学习体现了学术性与职业性相互融合的特征；而从雇主的角度来看，19％的雇主至少参与其中的一项为高中和中学后层次学生设置的实习、指导、合作教育、工作见习、注册学徒、青年学徒等项目。但是，一些数据也显示，学生参与的有深度的、综合性更强的学校到工作项目还不多，且法案还没有能够吸引足够多的雇主为学生提供有深度的基于工作场景的学习机会。[1]

（四）1998 年《劳动力投资法案》

如果说自 1973 年《综合教育和培训法案》出台以来，人力资源开发立法已经呈现出了多种因素相互融合、协调一致促进高质量高效率人力资源项目出现的趋势，那么 1998 年 8 月 7 日，克林顿总统签署的《劳动力投资法案》则在更大程度上体现了这种趋势。该法案通过创造一个新的、以消费者为中心的综合的劳动力投资系统，使美国的劳动力教育培训在即将到来的新世纪迈上了新台阶。

《劳动力投资法案》包括五部分的内容，其中第一部分劳动力投资系统是法案的核心。在这一部分里，法案清晰地界定了其所希望达到的目标：通过创建州和地方劳动力投资系统，开发劳动力资源，增加参与者的就业机会、工作保

---

[1] Archived Information：School-to-Work Opportunities Act（CFDA No. 84. 278）. http：//www. ed. gov/pubs/Biennial/95-96/eval/410-97. pdf：3-4.［2007-11-12］.

有率和收入水平，并通过劳动力职业技能的好转，降低劳动力对国家福利救济制度的依赖性，提高生产能力和国际竞争能力。另外，在目标人群方面，法案第 112（b）条款规定各州应该为工作陷入混乱而需要就业和培训服务的工人（包括家庭主妇变换工作）、低收入的个体（包括公共福利的接受者）、为进入非传统就业领域的各类人员、就业路上障碍重重的人（包括老年人和残疾人）提供各类服务；第 136（d）条款指出法案将为公共福利的接受者、走出校园的年轻人、退伍老兵、残疾人、工作发生变化的家庭主妇、老年人等提供拨款。

从整体来看，与先前的人力资源立法相比，"1998 年《劳动力投资法案》体现了 7 大原则，即简化的服务体系、授予个体更多的权力、更多的人普遍能够接触到的服务、增加责任评估管理力度、强调地方和私立部门的责任、强化州和地方的弹性管理、促进青年项目的好转"[1]。下面我们将结合第一部分"劳动力投资系统"的创建，大致阐释这些主要的原则精神。

首先，法案第一部分第 121～123 条款，专门讨论了"劳动力投资活动提供者"的问题。法案通过简化的教育培训服务系统的创建，使《劳动力投资法案》在更大程度上体现了综合集约的原则。法案借鉴商业组织终极商店模式（One-Stop-Shop。该系统是指将原来由多个部门售卖的多种商品集中到一个部门售卖的模式），提出各地劳动力投资机构应该寻找一个终极服务系统（One-Stop Service Delivery System）合作者，以便根据地方劳动力市场的需求，将先前由多个法案管理资助的各自分离的人力资源开发项目，比如，工作服务项目、成人教育和文化基本功项目、职业重建项目、《保障社会安全临时救助有需要的家庭法案》项目（*Social Security and Temporary Assistance for Needy Families*）、老年人就业项目、《卡尔·D. 帕金斯应用技术教育法案》项目、退伍老兵项目、社区服务一揽子就业和培训资助项目、由房屋管理部门和城市发展部门实施的就业和训练项目、由州失业和救济法所授权的项目[2]等，转变成由一个法案管理的多个人力资源开发项目，使接受不同法案服务的个体能够在一个平台上接受培训、就业和其他人力资源开发相关的服务。该系统的创建，以及与之配套的个人培训账户（Individual Training Accounts）的设置，在多个机构合作的广阔平台上扩大了消费者所能接触到的各类信息量，增加了消费者选择和利用有用信息的机会，雇主们也从终极服务系统中获得了明显的好处。尤其是对残疾人来说，这一系统的创建更有着特殊的意义。该法案要求所有的服务项目都尽可能在相互融合的背景中进行，因此能够最大程度地避免残疾人在接受

①　Overview：Principles of the Workforce Investment Act System. http：//www. afop. org/ PrinciplesWo9. pdf. ［2007-9-17］.

②　Youth with Disabilities and the Workforce Investment Act of 1998. http：//www. ncset. org/publications/policy/2002 _ 12. asp. ［2007-11-17］.

分离的教育培训系统服务时心理上可能产生的不良感觉，使残疾人相对容易地融入就业培训活动中，并在一定程度上促进了社会的融合。

其次，法案与同时期的职业技术教育法案同样体现了监督管理力度加大和弹性管理的特征。法案要求各州在创制劳动力投资规划的时候，除了要具体描述各州的劳动力投资活动计划如何开展外，还应该确立一个项目基准，其中应包括参与培训人员的工作安置率和收入水平等信息。另外，收到《劳动力投资法案》拨款的各州每年必须准备和递交各州实施项目情况的报告，报告应该体现各州达到项目实施标准的程度信息以及消费者满意度信息。当各州达不到联邦要求的实施标准的时候，可以在技术助手的协助下制定一个项目好转的实施规划，如果再次达不到实施的标准，各州所获得的联邦拨款将减少5％（或低于5％）。地方在实施过程中达不到基本标准的时候，经过技术助手的帮助仍然不能满足标准，将由新的地方项目实施者取而代之。法案为州和地方不同的项目，如19～21岁的成人项目、14～18岁的青年项目，对终极服务提供者的服务功效等均分别制定了不同的项目标准。

再次，为了好转实施效果，法案鼓励更多机构、人员参与到法案的监督管理结构中，特别是鼓励工商业、私立团体的合作与参与。比如，法案授权在州和地方层次建立州、地方和青年理事会三个劳动力投资规划和监督机构。要求各州劳动力投资机构中应包括来自不同机构的人员，其中必须包括政府官员、各州参众议员各一名，工商业和劳工组织、青年团体、专门从事劳动力投资活动的团体、被推选出来的公务员、残疾人代表（或者专门从事残疾人服务的机构和团体代表）。地方劳动力投资部门的人员构成基本与州相同，但是法案尤其规定地方机构的大部分成员必须来自工商业团体。对地方青年理事会（Youth Council），法案要求该理事会成员由地方劳动力投资机构中具备青年知识的专家、青年服务机构代表、地方公共住房机构专家、符合条件的青年人的父母、工作团队成员、在青年人活动中有经验的机构代表组成。该机构的功能是设计开发一定比例的青年服务项目、推荐合格的青年项目服务提供商并对其活动进行监督、协调开展法案第129款授权的相关青年活动等。总之，通过以上监督管理结构的创设，扩大了社会参与面，特别是工商业、私立部门等代表占据很大的比重，体现了法案致力于使劳动力投资项目在本质上更加符合当地劳动力市场的需求，促进劳动力在私立工商业部门就业的倾向。

最后，法案非常重视青年劳动力投资活动的开展，体现了从贫困失业的主要源头上解决问题的倾向。法案不仅单独建立了青年理事会，同时法案还非常关注青年人劳动力投资项目的开展。其中，法案特别规定用于非在校生的项目资金最少应达到此类拨款总量的30％。法案认定的"青年人"包括14～21岁的人群，而法案的"成年人"服务项目始于 18 岁，因此对于 18 岁以上 21 岁以下的人群来说，他们可以任意选择参加青年项目和成人项目，或者同时参加两种项目。法案第 129 款还规定了地方青年人培训项目的目标：创建好转教育和技能、与雇主进行有效联系的活动。确保负有使命的成年人为青年提供现场辅导、培训的机会，提供赏识青年的机会或者为其所获得的成就提供激励，为合乎要求的青年人发挥领导才能和各种潜能、参与市民和社区服务等活动提供机会。法案同时明确要求在为每一个参与者设计服务策略的时候，应该综合权衡不同的就业目标、成就目标等因素，同时鼓励青年项目的参与者积极接受中学后教育、鼓励在学术和职业学习之间建立密切联系、促进项目参与者与劳动力市场和地方（区域）雇主之间的密切联系，为参与者最终进入非补助性的职业领域而服务。除了以上鼓励青年人进入非补助性的职业领域的项目外，法案还规定建立独立的且由国家力量支持的"工作团队"。工作团队的参加者必须是低收入的个体，同时还应该至少满足以下 1 个条件：基本技能的缺失者、学校辍学者、无家可归者、流浪者、被收养的孩子、单亲父母者等。工作团队参加者的年龄必须在 16～21 岁，但是也有一些项目规定 20％的人员年龄可以在 22～24 岁。工作团队参加者一般在团队最长的时间不能超过两年。团队为参加者提供接受监管的教育项目、职业培训、工作经历、娱乐活动等，同时该项目也要接受评估。

综合来看，自 1973 年《综合教育和培训法案》开启人力资源立法关注项目实施效率和质量的先河之后，几十年来的系列人力资源立法继续沿着这一方向，通过促进多种力量的合作，致力于创设高质高效的人力资源培训项目，旨在推动各类劳动力学术基础和职业素质提升，为扩大就业、降低社会福利救济水平，增强美国社会的竞争实力而努力。可以说，人力资源立法所努力追求的，在一定意义上也正是职业技术教育立法所着力寻求的。作为专门的职业技术教育立法的一种补充形式，人力资源系列立法在职业技术教育立法顾及不到、关注不够的地方，推动着联邦教育培训事业的开展，同时它也对同期的职业技术教育立法有着较好的启迪、促进、补充和强化作用，它们与联邦职业技术教育立法一道，共同规约了美国职业技术教育发展的方向。

二、同期教育政策和教育立法对于此倾向的强化

除了系列人力资源开发立法之外，自 1983 年《国家处在危险之中：教育改革势在必行》报告出台后，美国国会和政府还颁布了诸多的教育政策和教育立法文件，如 1991 年《美国 2000 年：教育战略》（*America* 2000：*Education Strategy*）、1994 年《2000 年目标：美国教育法》（*Goals* 2000：*Educate America Act*）、2002 年《不让一个儿童掉队法》（*No Child Left Behind*）等，这些教

育政策或教育立法均把夯实教育基础、提升教育标准、提高管理效率、强化激励措施等作为重要的立法目标，体现出了对项目实施质量和效率共同关注的时代精神。

由当时的教育部长起草、1991 年布什总统签署的《美国 2000 年：教育战略》可以说是 20 世纪最后十年美国教育发展的纲领性文件，它也为新千年美国教育的发展指明了前进的方向。《美国 2000 年：教育战略》体现出鲜明地对高质量高效率教育的期盼，这一点从其 6 项教育目标和 4 大努力方向中就可以看出。比如，它将 1990 年 2 月布什总统和各州州长在弗吉尼亚大学高级教育官员会议上提出的"六项教育目标"作为 2000 年之前美国教育为之奋斗的目标。这 6 项目标包括：①所有的美国儿童入学时乐意学习。②中学毕业率将至少提高到 90%。③美国学生在 4 年级、8 年级、12 年级离校时，业已证明有能力在英语、数学、自然科学、历史和地理学科内容方面应对挑战；美国的每所学校都要保证所有的儿童学会合理用脑，以便为他们做有责任感的公民、进一步的学习，以及在我们现代经济中谋取富有成效的职业做好准备。④美国学生在自然科学和数学方面的成绩居世界首位。⑤每个成年美国人都能读书识字，并将掌握在全球经济竞争以及行使公民的各种权力和责任所必需的知识和技能。⑥每所美国学校将没有毒品和暴力，并将提供一个秩序井然的、益于学习的环境。① 为了实现以上目标，该战略计划围绕着 4 大方向来努力。第一，为了今日的学生，将 110 000 所学校办得更好并成为更负责任的学校；第二，为了明日的学生，在 1996 年之前创办 535 所新一代的美国学校；第三，创建全民学习之邦（也就是鼓励昨天的学生、今天已经进入劳动力行列的人继续学习）；第四，寻求社区支持，使社区也成为可以进行学习的地方。与以上教育目标和努力方向配套的一些具体措施也强化了共同的倾向，如确立学生应该掌握的英语、数学、自然科学、历史和地理五门核心学科内容的"新的世界标准"（New World Standards），创建与标准配套的"美国学生学业成绩测试"系统（American Achievement Tests），对测试成绩优异的学生颁发"总统优异成绩奖"（Presidential Citations for Educational Excellence）和"总统成就奖学金"（Presidential Achievement Scholarships）。为了把学校办得更好，建立州长负责、专门培训学校校长和其他领导人的"学校领导学院"，以及专门提升核心学科教师素质的"教师学院"等。

在《美国 2000 年：教育战略》的基础上，1994 年由克林顿总统签署的《2000 年目标：美国教育法》与《美国 2000 年：教育战略》拥有同样的假设，

---

① America 2000：Education Strategy. http：//eric. ed. gov/? id＝ED327009.［2014-07-17］.

即当对学生有更高的期望时，他们将能够达到更高的学业标准。[①] 为此，该法案以法的形式正式将《美国 2000 年：教育战略》中的 6 项教育目标确立为美国 2000 年之前为之奋斗的教育目标。为了力促该目标的实现，法案确定了国家层次教育改革的领导机构、国家层次的学业标准和学业评估体系，并要求州和地方教育机构以及父母等都要配合这一改革要求。比如，在国家层次设国家教育标准和改进理事会（National Education Standards and Improvement），由该机构编订供各地自愿采用的课程标准，其中涵盖国家课程内容标准（National Content Standards）和国家学生操行评价标准（National Student Performance Standards），以明确在每一个学科领域里，所有的学生必须掌握的知识技能以及如何对学生的掌握程度进行评价；设立国家教育标准和改进理事会（National Skill Standards Board）以推动技能标准（Skill Standards）、职业标准（Occupational Standards）的编订，以便该标准与已施行的证书制度一起确保美国工人能够享有世界最好的培训。在州和地方层次，通过引导各州创建和编订综合性的教育改革计划，或者通过为各地学区和学校以及高教研究机构提供经费等方法和手段推动州和地方层次的教育体系的完善。此外，通过创设父母信息和资源中心，丰富父母在养育儿童方面的知识，提升其自信心，同时推动父母和专业人员之间的合作。

2002 年由布什总统签署的《不让一个孩子掉队法》修订了 1965 年《初中等教育法案》的部分条款。尽管该法同样将处境不利学生的平等教育需求置于首要的位置，但是正像其第一部分（Title I）标题"好转处境不利学生的学业成就"所展现的：该法首要的目标是确保所有的孩子都能够公正、平等和有意义地享有高质量的教育机会，且最起码能够在具有挑战性的州学业成就标准和国家学术评估中达到熟练掌握的程度。为了实现这一目标，该法案旨在通过创建责任系统，采取弹性管理手段，培训招聘高质量的教师和校长，对英语熟练程度受限、移民学生提供语言指导，以及强化父母的择校选择权等手段消弭学生学业之间的差距，最终不让一个孩子掉队。法案的核心是要求各州在其递交的州规划中要明确什么叫做具有挑战性的州学业成就标准，同时要求各州创建自己的州问责系统（State Accountability System）以便高效推动所有地方教育机构、公立中小学校都能实现"年度充分进步"（Adequate Yearly Progress）。法案明确指出要对满足或超过州学业成就标准的学校给予奖励，同时对那些连续 5～6 年都没有实现"年度适度进步"的公立学校，法案要求其必须进行"重组"，也就是更换或调整学校人员或者由外部的某些组织代为管理学校等。

① Summary of Goals 2000: Educate America Act. http://www.ncrel.org/sdrs/areas/issues/envrnmnt/stw/sw0goals.htm. [2014-5-15].

与人力资源开发立法一样，以上美国诸多的教育政策、教育立法也表现出鲜明的对教育质量和效率问题的关注，它们所指明的前进方向、所营造的氛围同样也会在同时期的联邦职业技术教育立法身上有所体现。下面，笔者重点将对体现以上原则精神的 1984 年《卡尔·D. 帕金斯职业教育法案》的出台过程、内容和影响等进行追述。

第三节　多种力量的汇聚与 1984 年《卡尔·D. 帕金斯职业教育法案》的颁布

进入 20 世纪 80 年代，在新的国际竞争和劳动力培训需求的大环境中，美国联邦职业技术教育立法究竟该如何完善才能有效地应对挑战？当这一时代命题摆在人们面前的时候，多种力量都在为下一阶段的立法做出自己应有的努力。这其中，1981 年国家教育协会主要针对 1976 年《职业教育修正案》实施情况的评估报告：《职业教育研究——终期报告》不仅是对 20 世纪 70 年代职业技术教育立法的一个回顾，更是对即将到来的新的职业教育立法的指导，可谓是 1984 年《卡尔·D. 帕金斯职业教育法案》立法的基础。除此之外，与职业技术教育相关的多种机构和团体也在加紧活动，以便使新的职业技术教育立法能最大程度地满足各自的利益需求。从国会本身来讲，其对于重新进行联邦资助职业技术教育立法的必要性也有着清醒的认识，因此在刚刚进入 20 世纪 80 年代，国会就为了新的职业教育法的产生组织了 30 多次听证会。1983 年 10 月 19 日，众议员帕金斯向国会众议院教育和劳工委员会递交了 1963 年《职业教育法》的修正案——《职业技术教育修正案》（*Vocational-Technical Education Amendments*），其在众议院的编号为 H. R. 4164。1984 年 2 月 27 日，与 H. R. 4164 体现共同原则精神的 S. 2348 由来自印第安纳州的年轻议员詹姆斯·D. 奎勒（James Danforth Quayle）递交参议院劳工和人力资源小组委员会审议。1984 年 10 月 4 日，在参众两院都通过该议案后，《卡尔·D. 帕金斯职业教育法案》由总统签署实施。

一、1981 年国家教育协会《职业教育研究——终期报告》

1976 年《职业教育修正案》规定国家教育协会有义务开展职业教育项目和联邦教育政策研究，同时其研究成果必须向国会和总统提交。在 1981 年出版的国家教育协会《职业教育研究——终期报告》中，国家教育协会在研究中发现：尽管 1976 年法案期望达到 4 个主要目标，即在职业培训和再培训项目中好转州规划；为缺乏资源的地区提供资助以满足其职业教育需要；为具有特定需要的人口的职业教育项目预留一定比例的资金；为鼓励职业教育机构的好转提供资金。但是法案的实施效果与这 4 个目标之间的差距仍非常明显。

首先，1980 年许多州的职业教育办公室在报告中仍然声称州规划的制定是为了契合联邦法案的要求，真正意义上由州筹备和规划的职业教育项目与递交给联邦职业教育管理部门的州规划依然是两码事。[1] 这种情况与 1974 年国家总会计署调查中的发现几乎如出一辙。

其次，从联邦资助是否到达了资源缺乏的地区和特定需要的人群的情况来看，其实施效果也并不理想。比如，尽管预留资金的方式能够真正影响目标人群（残疾、贫困或英语能力受限人口）接收联邦资助的比例，但是由于许多州并没有为目标人群预留足够的资金且其实际预留资金的数额仅仅在联邦要求的最低值附近徘徊，这样就造成预留资金总量不足或没有能够发挥对弱势群体较好的资助效果。特别是对一些残疾和贫困学生来说更是如此，因为残疾和贫困学生在中学职业教育项目中的比例低于非少数族裔的学生，在获得预留资助的比例整体偏低的情况下，这种情况更说明残疾或贫困学生在职业教育资助中受益的程度不高。[2] 此外，各州对联邦资助是否优先用于落后地区或目标人群所持有不同的态度，因此州际之间的联邦资助划拨数额差异巨大。比如，加利福尼亚等州在资金分配中一直会将目标人群作为优先考虑的因素，即便联邦法案没有指定将这些资金用于特定的人口，这些州也会优先考虑对那些拥有较多残疾和贫困人口的地区实施资助。但是，目前仍有 26 个州和所有的联邦托管地的报告显示其对目标人群的资助额度没有超过法案条款的最低要求。[1] 尽管 1976 年修正案特别重视取消联邦职业教育项目中的性别歧视和性别偏见，但是调查显示：1979 年克服性别偏见和性别歧视的联邦资助仅占总资助的 0.9%。此外，尽管22% 的中学学区和大约 40% 的中学后教育机构声称他们花费了一些资金用于性别平等的努力，但是整体来看，其平均的花费比例非常低。[3] 在中学和中学后项目中，妇女的注册比例往往低于男性，而且她们更多地选择书记和秘书之类的导向低收入的项目。关于这一点，其他来源的调查结果也证实这一现象。比如，有调查发现，尽管 50 个州都报告它们在 1979 财政年度将部分联邦职业教育拨款用于州性别平等专员促进性别平等的努力，但是其中 24 个州的支出少于法案要求的 5 万美元。根据 1979 年 VEDS 数据，4 个促进性别平等的分类项目仅仅获

[1] National Insitution of Education. 1981. The Vocational Education Study: The Final Report. Washington DC : Vocational Education Study Publication No. 8. 20208：351

[2] National Insitution of Education. 1981. The Vocational Education Study: The Final Report. Washington DC：Vocational Education Study Publication No. 8. 20208：165.

[3] National Insitution of Education. 1981. The Vocational Education Study: The Final Report. Washington DC：Vocational Education Study Publication No. 8. 20208：167.

得了联邦资助的 1.3％和各州 0.2％的配套资金。①

此外，在财政收紧的情况下，维持原有项目的运行成为主要的目标，让州将联邦的资助用来发展新的项目几乎是不可能的，当然在中学后层次用于项目好转和拓展方面的支出会比中学机构要多一些。② 关于这一点可以从各类项目的注册情况窥见一斑。调查发现：国内目前中学、中学后和成人职业教育项目大概有 120 个左右，在中学层次有大约 1/3 的学生，其中大部分为女性，往往会集中在 12 种传统的职业，如农业生产、杂货售卖、会计和计算、文档整理与办公机械等。调查分析这可能与中学层次普遍设置了传统职业教育类型而较少有新的职业类型有关。尽管中学后职业教育项目的技术含量比中学层次要高一些，同时与新出现的职业的联系也较为紧密，但是中学后层次也出现了与中学层次类似的情况，即 1/3 的学生会集中于传统的房地产、护理、监督和管理、电子技术、会计和计算机操作、速记、秘书等职业类型。当然，在中学后层次，不同性别在职业教育类型选择方面已经有了较大分化，比如，加利福尼亚州的女性最多参与的是房地产和会计，伊利诺伊州是护理和图书管理员，科罗拉多州则是监督和管理专业以及会计等。在中学后层次，族裔和种族因素不影响人们的职业项目选择。③ 从成人项目来看，消防员训练（一般在农村地区主要培训志愿者）以及办公室职员培训是最主要的培训项目，被人们接纳的新类型的职业培训项目还不多。

在对法案目标之所以没有实现的分析中，报告主要从立法技术和立法资金分配模式等角度深入探讨了以往职业技术教育立法存在的问题。

首先，联邦立法技术方面的问题。许多联邦职业教育立法语言模棱两可、内容相互冲突的现象时有发生，致使法案立法目标发生偏移。联邦法案条款并没有明确界定与资金分配相关的一些至关重要词汇的含义，如什么叫经济贫困地区（Economically Depressed Areas）、什么叫做新项目（New Programs）、什么是优先考虑（Give Priority）等。由于缺乏清晰的界定，仅经济贫困地区这一概念，一些州采用了商业部的定义，而许多州则根据自己的理解来划定，这样就造成了不同州不同情况的发生。此外，联邦立法的一些概念之间的相互冲突也是导致目标偏移的主要原因。比如，在工业占主导地位的州，如果在职业教育项目评估的条款中增加要求该州考虑人力资源需要的条款，将有可能消弭"失业率"因素对法案已有条款效力的影响，还有一些条款在联邦资助分配时增

① Mertens D M. 1984. Federal Policy for Sex Equity in Vocational Education. Educational Evaluation and Policy Analysis，6（4）：404.

② National Insitution of Education. 1981. The Vocational Education Study：The Final Report. Washington DC：Vocational Education Study Publication No. 8. 20208：6.

③ National Insitution of Education. 1981. The Vocational Education Study：The Final Report. Washington DC：Vocational Education Study Publication No. 8. 20208：153-156.

加了要求各州考虑"其他因素"的含糊条款，这也有可能消弭已有法律条款的效力。除了以上原因之外，由于联邦立法缺乏对条款应该达到的目标标准的设定，而实施中州和地方又缺乏这样的技术知识，加之在项目评估时，联邦职业教育管理者仅仅要求州和地方举出一些联邦法案目标实现的例子，如描述资金如何在贫困和富裕学区进行分配等，这就导致了州和地方常常选择那些达到联邦立法目标要求的案例来展示自己的成果，但是这种做法对州内大多数地区却是无效的。

其次，从联邦资助的分配模式来看。自 1963 年《职业教育法》颁布以来，联邦立法要求资金的分配应根据各年龄段的人口数据，而不再根据某职业教育项目的注册人数进行分配，但是由于大多数州自 1917 年以来都是按照职业教育项目注册人数或其他相关数据进行资金分配的，加之国内各州中学及中学后职业教育项目的注册人数比例差异非常大。比如，加利福尼亚州的注册率为每千人 19 名、印第安纳州每千人 20 名，而威斯康星州和新泽西州则达到每千人 80 名。中学后职业教育机构的注册率差异也非常大，如怀俄明州州每千人仅有 4 名学生注册，哥伦比亚特区则达到每千人 70 名学生注册。在这种情况下，各州的联邦资助款项如果平均到每个合格的学生身上或者平均到每个学生所注册的特定的职业教育项目上就会有非常大的差距[1]，经常看到的现象就是职业教育项目注册学生比例较低的州却可能比那些学生注册率较高的州拥有更高的生均资助比例。此外，尽管 1976 年职业教育修正案要求联邦资金主要资助相对财政能力（Relative Financial Ability）较弱的地区、高失业率的地区，以及低收入家庭高度集中的地区，但是由于相关财政能力的估算方法非常复杂，特别是那些学区和行政区划边际并不一致的地区更难估算，多种因素的相互影响致使各州资金分配结果五花八门。比如，通过对 12 个州的调查发现，9 个州中财产税较少的中学社区收到的联邦生均学生资助高于财产税较多的学区，特别是在科罗拉多州、南达科特州、犹他州和华盛顿特区，财产税较少的学区收到的生均学生资助比富裕学区最少相差 80%。但是在纽约和宾夕法尼亚两个州，富裕学区收到的资助却比贫困学区多。[2] 通过对 6 个州中学后机构资金分配情况的调查发现：在 4 个州，最为富裕的学区平均所得到的联邦职业教育资助比最贫困学区所得到的资助要高一些，仅堪萨斯州的情况与之相反。[3] 此外，通过对联邦资金

---

[1] National Insitution of Education. 1981. The Vocational Education Study：The Final Report. Washington DC：Vocational Education Study Publication No. 8. 20208：116.

[2] National Insitution of Education. 1981. The Vocational Education Study：The Final Report. Washington DC：Vocational Education Study Publication No. 8. 20208：86.

[3] National Insitution of Education. 1981. The Vocational Education Study：The Final Report. Washington DC：Vocational Education Study Publication No. 8. 20208：89.

是否优先考虑了贫困地区和高失业率地区进行考察发现：由于学区并不掌握失业率数据，而各县的失业率数据又不是以学区为单位来统计的，因此出现了 11 个被调查的州，仅有 1 个州的失业率数据对联邦中学层次的资金分配有独立和系统的影响，而其他 10 个州，其失业率对联邦资助的分配模式没有影响。中学后教育机构的情况稍好一些，研究发现 4 个州中有两个州的中学后职业教育资助在分配时考虑了失业率。

此外，从州的角度来看，由于美国根深蒂固的州权意识，联邦政府尽管以有限的联邦资助交换了对各州职业教育发展的引导权和部分管理权限，但是由于联邦资助的总额太少，加之其分配模式存在问题，几乎每一项职业项目获得的联邦资助的规模都太小不仅不能实现联邦法案的多项目标，而且也很难对全国职业教育的整体发展造成影响。比如，报告举例 1979 财政年度联邦资助各州职业教育的资金共计 5.65 亿，同一年度州和地方报告其花费了差不多 60 亿美元在职业教育项目上，也就是说联邦每花费 1 美元，州和地方大致要花费 10 美元。[①] 在各州与地方职业教育投入比例远远高于联邦投入的时候，州与地方在规划职业教育发展方面就具有更大的主动权，而联邦立法所要求的责任和评估系统一般仅对各州和地方使用联邦拨款的部分有效。特别是由于 1976 年修正案第一次要求各州支付 50% 的职业教育管理成本，这一举措对联邦法案的执行已经产生了更为不利的影响。国家教育协会在调查中也发现了这种非常普遍存在的现象，即州在使用联邦资助时更多地从自己的经济、社会、人口等因素出发来分配和使用资助，对联邦法律采取了阳奉阴违的态度。比如，西弗吉尼亚州更多地从降低本州的中学辍学率出发来分配联邦资助，伊利诺伊州、罗德岛州和新罕布什尔州则更多地从项目质量和效率方面考虑资金分配，麻州、内布拉斯加州以及新罕布什尔州更多地从性别平等角度考虑资金分配等。加上不少的州允许所有的地方学区都可以申请使用联邦资助，这就导致了有限的资助没有集中到联邦法案预设的那些最需要资助的目标地理区域和目标人群，导致联邦职业教育目标的偏离。

《职业教育研究——终期报告》从宏观整体的高度揭示了联邦职业技术教育法案在内容、实施方法等方面存在的缺陷和不足，从一个角度说明了进一步完善联邦职业技术教育立法的迫切性和必要性，为联邦职业教育立法进一步的完善和修订奠定了思想和实践的基础。

二、来自一些社会团体的支持与努力

与其他联邦职业技术教育法案的出台过程一样，职业技术教育相关专业和

---

① National Insitution of Education. 1981. The Vocational Education Study：The Final Report. Washington DC：Vocational Education Study Publication No. 8. 20208：60-61.

社会团体也是推动 1984 年《卡尔·D. 帕金斯职业教育法案》出台的主要力量。这些机构和团体主要包括：美国职业协会（American Vocational Association）、美国社区和初级学院协会（American Association of Community and Junior Colleges）、美国学校管理者协会（American Association of School Administrators）、美国商业理事会（Chamber of Commerce of the U. S.）和美国劳联和产联、国家平等合作联盟（National Alliance for Partnerships in Equity）等。正是在它们的协助下，1984 年《卡尔·D. 帕金斯职业教育法案》才有了文本的形式。也正是由于它们的献计献策、据理力争，该法案才有了更为广泛的民众基础，而且也在更高的程度上达到了一种均衡。综合来看，以上机构和团体的支持和努力集中在以下三个方面。

首先，参与法案的起草。1983 年 10 月 19 日由帕金斯递交众议院的《职业技术教育修正案》是以修订 1963 年《职业教育法》的面貌出现的。法案最初的草稿并不是由帕金斯先生草拟的。作为曾经的律师和国会卓越的教育和劳工委员会主席，尽管帕金斯也有起草立法的能力，但是他非常清楚尺有所短寸有所长的道理，并且他具有擅长借力于各种专业团体的能力。他发起的最多的教育立法都是由他的委员会中的律师议员或者教育游说团体起草或者是双方合作的结晶。1984 年《卡尔·D. 帕金斯职业教育法案》最初的草稿主要是由几十年来对美国职业技术教育立法发挥巨大影响作用的社会团体——美国职业协会和代表中学后职业技术教育机构利益的美国社区和初级学院协会，以及各州职业教育管理者国家协会共同起草的。根据美国职业协会成员的观点，新起草的法案应该继承现有立法的主导精神，而不应该取而代之[①]。新的法案应该超越仅仅维持现状的水平，其所进行的职业技术教育规划应该能够满足国家未来 10 年发展的需要，此外职业教育立法应该有助于联邦政府与国内所有职业技术教育机构的合作，推动职业技术教育项目向国家重点关注的区域发展……正是在以上观点的指导下，美国职业协会与其他两家机构通力合作，使递交到国会众议院的职业教育提案与先前出台的职业教育类法案相比，具有如下一些特征：职业教育概念更为宽泛、规划更具弹性、为有特殊需求的年轻人分别提供拨款、职业技术教育立法与促进就业之类相关的立法积极配合、强调中学后和成人职业教育项目等。

其次，对未来职业教育的立法目标、关注焦点等提出了详尽的立法建议。比如，美国职业协会的博特姆（Bottoms）从协会的利益出发，在众议院 1983 年 11 月举办的听证会上陈词，他认为，在职业教育方面，联邦政府应该承担如

---

①　Shu W N. 1996. A Comparison of Factors that Influnce Vocational Education Law-Making in the U. S. and TaiWan, Republic of China. Minnesota: Faculty of the Graduate School of the University of Minnesota: 158.

下的责任：第一，为那些接受职业教育的人员提供现代职业教育项目，以满足雇主的要求；第二，为特定人口提供特殊的服务；第三，好转职业教育类学生的学术基础；第四，满足成人职业教育的需要；第五，延续已有法案资助经济落后社区的职业教育活动①。博特姆的观点最终体现在 1984 年《卡尔·D. 帕金斯职业教育法案》第 2 部分立法目标的陈述中。美国职业协会成员埃文斯（Evans）对职业教育项目中的性别平等非常感兴趣，她在听证会上也明确表示："呼吁州和地方在职业技术教育的规划中，体现如何使联邦资助更好地实现联邦既定的目标，其中也应该包括性别平等的目标。"② 1981 年 11 月，国会为消费和家政教育举办了两场听证会，麦克法登博士（McFadden）的发言及博特姆随后通过信件向议员帕金斯表达的意见均体现在《卡尔·D. 帕金斯职业教育法案》第 3 个主题上：将家政和消费者教育拨款单列，准许将这两项资金同时用于一些支持性的服务中。在 1976 年《职业教育修正案》规定建立国家职业教育数据报告和分析系统（National Vocational Education Data System）的基础上，美国职业协会哈里斯博士（Harris）在听证会上提出未来该系统应该注意的问题：数据收集的成本、数据的使用，以及数据的精确性等，这些建议均体现在《卡尔·D. 帕金斯职业教育法案》第 4 个主题中。

为了使法案更加关注社区和初级学院的利益，在 1983 年 11 月份的听证会上，帕奈尔（Parnell）代表美国社区和初级学院协会指出，由于缺乏足够的师资、丰富的器材，以及必要的资金，许多社区、技术或初级学院无法开设多样的课程，或开设新的技术培训项目。因此，帕奈尔认为，联邦职业技术教育拨款应该向中学后教育机构倾斜。1983 年 3 月，皮尔士先生（Mr Prerce）在听证会上更是代表美国社区和初级学院协会大声呼吁：要充分肯定社区、技术和初级学院在职业技术教育活动中的作用，为中学后职业技术教育的预留资金应该占到总资金的 30％等。1982 年 7 月，威尔森先生（Mr Wilson）代表美国社区和初级学院也极力强调应该给予社区学院和技术学院同等的地位等。社区和初级学院协会成员的其他建议，如增加成年工人、失业工人或走出校门的青年人再培训、技能更新、交叉培训的拨款，职业技术教育咨询委员会 50％的成员应该从商业、劳工组织和农业组织中挑选等，均被法案所采纳。

1980 年 6 月，普拉克先生（Mr Plucker）代表美国学校管理者协会在听证

---

① Shu W N. 1996. A Comparison of Factors that Influnce Vocational Education Law-Making in the U. S. and TaiWan，Republic of China. Minnesota：Faculty of the Graduate School of the University of Minnesota：154.

② Shu W N. 1996. A Comparison of Factors that Influnce Vocational Education Law-Making in the U. S. and TaiWan，Republic of China. Minnesota：Faculty of the Graduate School of the University of Minnesota：155.

会上陈述，他认为新的立法应该在肯定地方学区现有的组织架构下有效解决地方学区的问题。该协会的其他成员在听证会上也极力呼吁地方学区应该在职业技术教育的管理中发挥更大作用，同时他们还就进一步明确职业技术教育资助的方向、丰富资助的项目、建立一种及时回应大城市或农村地区特殊需要的新的管理机制，以及各州建立统一的职业技术教育评估标准等提出了详尽的立法建议。

美国商业理事会从工商业人士的利益出发，提出职业教育系统是国家劳动力培养的主要机构，新的职业技术教育立法应该借助于一些设计好的培训项目，增加技术工人的数量、努力吸引所有层次有能力的青年人和成年人来学习，最终降低年轻人的失业现象。美国商业理事会还就扭转职业技术教育的质量，设置更为清晰的项目实施评估标准，在项目规划和实施中加强与雇主的联系，各州职业教育理事会成员应该包括工、商、农业、劳工组织的代表等事宜提出了具体的建议。

在影响、推动 H. R. 4164 议案出台的力量之中，也有来自美国劳联和产联的作用。在国会辩论期间，邓尼森（Mr Denison）作为劳联和产联的代表专门写信给众议员帕金斯表达了该组织的观点。邓尼森认为，新的立法应该更多地考虑中学的各种教育问题，H. R. 4164 仅关注中学生学术技能的培养，这是不合适的。另外，职业技术教育的评估应该基于对项目本身的回顾，而不应该像 H. R. 4164 所认为的基于这些项目所能够提供的就业机会。美国劳联和产联支持 H. R. 4164 为高技术职业培训、成人培训和就业服务提供资助，同时还力促参议院的议案中包含以上内容。劳联和产联还就加强职业教育与私人企业之间的联系，联邦政府对职业教育的领导作用、有效回应青年人的失业问题，为新的职业技术教育设备、技术拨款，关注职业教育的性别平等等问题提出了建议，以上建议均体现了劳联和产联对未来职业技术教育发展的负责态度。

由于存在于不同性别之间的经济机会的差距要远大于存在于主流人群与少数族裔之间或者主流人群与残疾或贫困人口之间经济机会的差距[①]，自 20 世纪 70 年代起，美国促进性别平等、取消性别歧视的诉讼就非常多。此外，此时期还有许多促进性别平等的机构和组织，如国家平等合作联盟、妇女教育项目国家咨询委员会（National Advisory Council on Women 's Educational Programs）等在致力于推进性别平等和取消性别偏见的努力，其中较为典型的是妇女教育项目国家咨询委员会。在 1981 年国会职业教育听证会上，该委员会就向各界代

---

① National Insitution of Education. 1981. The Vocational Education Study: The Final Report. Washington DC: Vocational Education Study Publication No. 8. 20208: 169.

表展示了令人触目惊心的性别不平等现象：1979 年将近 2/3 在职妇女或者是单身、寡妇、离婚或分居，或者其与丈夫的年总收入低于 1 万美元。女性工人即使在同样出满勤、全年都工作的情况下，其收入与男性工人相比仍然偏低，男性每赚 1 美元，女性工人仅能赚 39 美分；在 1979 年，将近一半的美国贫困家庭由妇女来支撑，而 1969 年这一数据是 1/3；与全部工人或单独与男性或女性的平均失业率相比，黑人青少年女性的失业率最高，西班牙裔女性有着最低的平均收入。[1] 与此同时，该委员会还指出：由于 1976 年立法对于性别平等的强调，自 1972～1978 年全国所有职业类培训项目的注册人数比原来增加了 44％，其中学生数量大约增加 300 多万。在这些增加的学生中间，女生增加了 180 万、男生增加了 140 万（分别比 1972 年这类项目中女生和男生比例各增加了 60％和32％），此外，国内女性在传统职业项目中的比例增加了 723 700 人，而女学生的比例却降低了 9 个百分点，即从 65％下降到 56％。[2] 所有这些数据都说明先前促进性别平等的努力还是有一定的积极意义的。妇女教育项目国家咨询委员会的数据为 1984 年法案继续关注女性权益，专门为单亲父母和家庭主妇等的职业教育设定预留资金奠定了基础。

　　最后，采用多种方法、多种手段推动法案的顺利通过。这方面比较典型的是美国职业协会。作为较早成立的协会，该协会很早就形成了成熟且多样的向国会游说、施压的策略。比如，除了与国会成员建立起密切的联系、参与职业教育议案起草之外，特别地当某些职业教育议案有被推翻的危险的时候，美国职业协会就会采用自《史密斯-休斯法案》起就一直沿用的方法，分头通知各州和地方的协会成员，告诉他们国会正在讨论的议题，以及某些国会成员对这一议题的具体态度，然后动员地方协会成员与当地的国会议员接触，再次向国会提交同一个职业教育的议题。在这个过程中，美国职业协会会向地方成员提供参众议员名单、草拟发送给国会众参议员的电报范本，同时还会帮助地方筹划一些职业教育听证会，邀请地方教育工作者、工商界人士、公共部门官员、退伍老兵，以及其他相关人士出席，随后再将听证会材料递交地方参众议员考虑。除了动用协会各地人力资源以外，协会还充分利用职业教育年会大力宣传，利用职业教育时事通报、公报及月刊《美国职业教育》等多种渠道向国会成员施加影响。[3] 在 1984 年法案的审议过程中，为了增加其通过的机率，自 1983 年起

　　① Hearings on Reauthorization of the Vocational Education Act of 1963. http：www.//books.google.com/books/about/Hearings_on_Reauthorization_of_the_Vocat.html? id＝rq．［2014-03-27］．

　　② Hearings on Reauthorization of the Vocational Education Act of 1963. http：www.//books.google.com/books/about/Hearings_on_Reauthorization_of_the_Vocat.html? id＝rq．［2014-03-27］．

　　③ Kantor H，Tyack D B．1982. Work，Youth，and Schooling，Historical Perspectives on Vocationalism in American Education．Stanford：Stanford University Press；60-61.

美国职业教育协会就动议其成员向国会写信，表达对 H. R. 4164 以及与之相似的 S. 2348 的支持，力促议案在两院的通过。

三、帕金斯及其他国会成员的努力、斗争与法案的出台

当然，国会才是立法的主要战场。1983年，主要有4个与职业技术教育立法相关的提案被递交到国会参众两院。其中，来自艾奥瓦州的共和党参议员查尔斯·格拉斯利（Charles Grassley）递交的《国内税收法》修正案（*Internal Revenue Code*）旨在鼓励向中学后职业教育项目捐赠设备，为那些虽被临时雇佣但却从事全职职业教育的教师提供补偿；由密歇根州民主党议员戴尔·科尔德（Dale Kildee）递交的1963年《职业教育法》修正案，提出为州和地方教育机构提供综合性的职业指导服务；由康涅狄格州的共和党议员威廉姆·拉齐（William Ratch）递交的1963年《职业教育法》修正案，旨在让老年人也可以获得联邦职业教育资助，同时为老年学习者创建联邦资助的职业教育示范中心（Model Centers）。以上3个提案由于各种各样的原因都没能在国会两院顺利通过。唯一获得通过的是 H. R. 4164 和 S. 2348。H. R. 4164 的立法目标是：强化并拓展国家的经济基础、发展人力资源、降低结构性失业、提高生产能力，通过帮助各州拓展、好转和更新高质量的职业教育项目，强化国家防御能力等。其之所以能够在众议院力挫群雄顺利通过，且最终以帕金斯先生的名字冠名为《卡尔·D. 帕金斯职业教育法案》，恰如来自宾夕法尼亚州的众议员顾德岭（William F. Goodling）所说："这部法案将成为已故帕金斯先生的一座活的纪念碑和永久的纪念。在将职业技术教育带入国家议事日程方面，帕金斯做出了常人难以企及的贡献。"①

帕金斯生于1912年肯塔基东南山区的诺特县。他的母亲是教师，父亲是当地有名的律师和政界代表。帕金斯曾经做过一个只有两间教室的学校教师，后来他申请进入肯塔基路易斯维尔的杰弗逊法律学校，1935年从该校毕业后进入律师事务所，1937年因竞选县律师的职位跨入政界。早期的竞选经历使他认识到只有关注民众生活且了解他们关心的议题才是政治上取胜的法宝。1948年，帕金斯被肯塔基第七选区推选为国会议员，终其任期（1948～1984年）他都牢记这一宝贵的政治经验，并为他的选区和选民尽可能谋取最大的福利。由于帕金斯的选区位于国内经济最贫弱的阿帕拉契山脉地区，其人均收入低于国家平均水平，如1968年该地区人均收入为1322美元，肯塔基州的人均收入为2614

---

①　Shu W N. 1996. A Comparison of Factors that Influnce Vocational Education Law-Making in the U. S. and TaiWan, Republic of China. Minnesota：Faculty of the Graduate School of the University of Minnesota：168.

美元，而全国的人均收入为 3159 美元。[①] 与此同时，与国内其他区域人口数量下降的趋势不同，该选区自 1960～1980 年经历了人口数量不断上升的压力，且与当时国内平均 26％的农村人口比例相比，该区 80％的人口被划归为农村居民（其中 11.8％的人口又是非裔和其他少数族裔），远高于国内平均水平。[②] 作为众议院教育和劳工委员，他深知联邦教育资助对贫困地区的人们，特别对他的选区众多贫困的选民意味着什么，这使他能够超越党派利益之争，更多地从事物本身出发来判断是非曲直，他是少有的几个为 1964 年《民权法案》投票的南部民主党议员，甚至在他成为教育和劳工委员会主席之前，他已经为 1963 年《职业教育法案》、1965 年《初中等教育法案》《高等教育法案》等资助贫困地区及人口的教育以及相关劳工法案付出了许多的努力，也正是由于他的工作，肯塔基州与国内其他州相比收到了数量更多的联邦教育和人力资源拨款，如该州获得的高等教育贷款和资助在国内名列第 5，教师团队资助名列第 7，初中等教育资助名列第 9，职业教育资助名列第 13。[③] 特别值得一提的是，也正是由于他的努力和坚守，H. R. 4164 在《国家处在危机中》等报告所改变的教育风向标和里根总统削减教育资助的不利氛围中，继续坚持并尽量加大了联邦对残疾、弱势群体等的资助。在 1984 年 2 月 29 日国会众议院教育和劳工委员会审议并以 32：4 通过的 H. R. 4164 中，在"如此的资助"条款下，授权对提案所有组成部分实施资助并使这些授权永久化。其中，提案在先前法律条款对残疾人、处境不利和英语能力受限人员等的"基本资助"的基础上，增加新的授权，即 5％的基本资助必须用于克服性别偏见的努力或者为妇女参与职业教育提供支持性的服务，保障了弱势群体的利益。由于 1981 年《职业教育研究——终期报告》中所提及的联邦资助在分配时并没有权衡各职业教育项目注册人数，导致资金分配中的不平衡现象，H. R. 4164 对此也进行了回应，明确提出各州在分配联邦资助时，应确保更多资助能高效地到达经济贫困地区或高失业地区，为残疾或处境不利人口的预留资金应该根据地方职业教育项目注册学生的人数来分配。为了解决报告中提及的州规划方面的问题，H. R. 4164 要求各州每两年递交州规划和使用资金申请才能得到资助。州规划和申请必须描述各州职业教育目标和如何恰当使用保障资金，地方联邦资助的获得者，包括地方教育机构和中学后职业教育机构也必须向州递交两年一次

① Gardner J. 1972. Carl D. Perkins：The Poor are Always with Him. National Journal，January 8：73-74.

② Damron D R. 1990. The Contributions of Carl D. Perkins on Higher Education Legislation，1948～1984，Unpublished Dissertation，Middle Tennessee State University：57.

③ U. S. Bureau of the Census. 1969. Statistical Abstract of the United States：1969. 90thed. Washington DC：GPO：331.

的规划才能收到资助。

帕金斯之所以拥有这般神奇的力量，除了他的选区位于国内最贫困地区的事实之外，还有他的个性、人格魅力和高超的政治策略。与他的前任善于在公众面前极力表现不同，帕金斯给人的印象是憨厚、真诚和坚忍不拔的。一位先前的教育和劳工委员曾经精辟地说到帕金斯的性格就像是笨手笨脚的办公室成员，而正是他的笨拙反倒成为他的力量源泉，教育和劳工委员会成员经常会像去挽救帕金斯的生命一样给予他所想要的一切。除了以上性格之外，他尊重每一个委员，他不会拒绝委员会成员要求召开听证会的要求，同时他也尽量给予每一个出席听证会的人以说话的机会，甚至许多时候他会使他的委员和工作人员误认为这样的听证会将永远结束不了。① 除了以上个性之外，帕金斯的坚忍顽强和高超的政治策略也是决定 H. R. 4164 立法方向的一个伟大力量。尽管该提案递交国会时，美国国家的注意力并不在贫困、弱势人群身上，加之里根政府施政方针的负面影响，由教育和劳工委员会批准资助的一些项目将会被取消或其预算被严重削减，在这种情况下，帕金斯不仅主导了委员会对处境不利人群的关注，而且还竭力将其资助额度保持在适当的水平上。在这方面，他一般的做法是把委员会的工作向媒体，特别是电视新闻摄像机开放。他是第一个将委员会的议事会议向媒体公开的主席，而正是他的斗争策略，公众在意识到国会正在做什么或者政府打算削减什么项目时，强大的民意不仅影响到了委员们的议事日程，同时也对联邦资助贫困地区、弱势群体法案的出台和资金分配模式产生了有力的影响。此外，他还通过各种手段，寻求多方支持，如写信给多地的教师协会，动议他们帮助"教育界的朋友——国会议员 XXX"。在包括 H. R. 4164 在内的许多案例中，他采取了情感投入的手段，如他会亲自跑到有可能投反对票的委员的选区对其进行游说，这一做法通常会使该委员感觉自己就是国会中最卓越的人，之后通常会毫不犹豫地为帕金斯投上珍贵的一票。此外，在国会投票表决的关键时候，他还经常会环顾四周，冲到打算投反对票的人身边，用胳膊搂住这个人，这一行为往往使那些打算投的反对票变成了赞成票……总之，正像他的儿子对帕金斯的描述："他代表了不屈不挠的力量，他从来不接受'不'！你能打败他但是你却不能使他停下来"②。

当然，由于联邦职业教育资助的总额度是有限的，帕金斯对贫困或处境不利人群的重视必然会引起对于其他领域的忽视，这种情况必然引起其他委员的

---

① Reeves A E. 1989. Barden to Powell to Perkins: Leadership and Evolution of the U. S. House of Representatives Committee on Education and Labor，1951-1984. Rice University：445.

② Reeves A E. 1989. Barden to Powell to Perkins: Leadership and Evolution of the U. S. House of Representatives Committee on Education and Labor，1951-1984. Rice University：449.

不满。尽管做了很多的工作，H.R.4164 在小组表决的时候仍然有 4 个人投了反对票，其中来自新泽西州的议员玛吉·劳克马（Marge Roukema）之所以投反对票，其原因就涉及了 H.R.4164 对特定人群的资助侵占了本应该向中学后职业教育项目和其他促进经济发展和就业率提升项目的资助。玛吉是从企业和私立部门最大程度参与职业教育项目的角度谈到上述问题的。她说目前职业教育立法最关键的地方应该是增加现有职业教育项目和工作场所要求的真正技能之间的关联性，而企业和其他私立部门的最大程度参与是实现这种关联性的最好手段，况且两年前出台的《工作培训合作法案》已经肯定了这一做法。玛吉认为订单式的工作现场培训是最理想的两者关联的例子，即员工在工作中就能受到雇主资助的教育，反过来，培训者在成功地完成其培训任务时也能够获得企业的雇佣机会。她进一步指出：相似的订单培训形式还涉及一些州和地方经济发展机构与雇主之间的合作，如一些在一个地区生产或者打算搬到别的地区生产的企业主，经常会面临由于生产规模的拓展或项目的丰富和精确而培训新员工的需要，这就需要州、地方政府组织，以及商业和企业之间的密切合作。玛吉举例说：最近在艾奥瓦州，其他州的一家矿业公司的焊接车间急需搬到这个州，私人工业理事会（Private Industry Council）、州教育部门，以及公司本身共同分担了培训的成本，目前公司已经在艾奥瓦州创建了分厂并有 28 个人接受了培训。玛吉接着指出，之所以举这个例子，是想说明，国会需要做的并不是去指挥州和地方职业教育项目的设计或课程安排，而是应该通过一些科学的政策来激励以上行为。她提出由于成人和中学后项目是促进以上合作以及促进州和地方经济发展和就业的关键环节，因此对 H.R.4164 进行如下修正：第一，将州基本的联邦资助项目中对成人和中学后项目的资助额度从 15％提高到 30％；第二，以上对成人和中学后项目的资助必须用于资助促进州和地方经济发展和就业的培训项目，为此玛吉还列举了 9 种满足以上需求的培训类型。玛吉的以上意见尽管获得了两党的支持，且美国职业协会也认可她的修正意见，但是由于必须确保特定人口的职业教育需要，原本希望成人和中学后项目能够获得的30％的资助比例被降到了 20％以下，且 H.R.4164 虽然认可州和地方咨询委员会是企业或私立部门发表意见的场所，同时其 Parts D 和 Parts E 两部分还为私立和公立机构合作进行职业培训创立了独立的授权资助条款，但不幸的是这些项目全部依靠拨款委员会来最终决定哪些项目应该享有优先拨款的权力，因此以上项目能否真正收到资助仍然是很值得怀疑的，此外，尽管为了保障特定人口能够更便利地接近职业教育类项目，法案已经做出了许多的努力，但是在何种职业教育类项目才能更好地服务这些人口，法案却没有明确的方向。因此，玛吉认为 H.R.4164 在维持现状方面的努力要远比其致力于革新方面要多得多。除了对玛吉的以上反对意见表示赞同之外，伊利诺伊州议员约翰N·厄伦伯恩

(John N. Erlenborn)、德克萨斯州议员斯蒂夫·巴特利特（Steve Bartlett）、犹他州议员霍华德C·尼尔森（Howard C. Nillson）三位投反对票的议员还提到了反对 H. R. 4164 永久授权的问题。他们认为：国会必须承担监督如此重要和复杂的项目的责任，最长 5 年的授权期将能够满足项目继续发展和周期性评估的需要。

　　当然，除了来自以上 4 位投反对票议员的意见，一些尽管投了赞成票的议员也认为 H. R. 4164 并不是完美的。比如，议员顾德岭就认为给予联邦资助永久授权而不是 5 年授权是值得继续讨论的。此外，面对国内迅速发展的对于中学后职业教育的需求，委员会也认为仅仅给予其最小量的 15％的资金比例确实不高。但是顾德岭话锋一转，他考虑到预留资金已经保障了残疾、贫困、英语能力受限人群和妇女的权利，这些人同时也可以进入中学后的职业教育项目进行学习，划拨给中学后职业教育机构的资金比例就是恰当的。顾德岭专门指出：事实上，国内促进性别平等目标实现的最好的项目是佛罗里达社区学院设计的专门为了使妇女能够在高技术领域就业的职业技能培训项目，该项目就是协调两者矛盾的最好的例证。顾德岭也针锋相对地指出，一些批评者批评 H. R. 4164 过于强调维持现有职业教育项目，忽略了时代对职业教育新的要求，这本身也是不公平的。顾德岭认为 H. R. 4164 已经为州和地方职业教育管理者创建自己本州或本地优先发展的项目留下了足够的弹性和空间，因此其表面的弊端在实质上并不是弊端。顾德岭专门指出所有议案的通过都是不同党派和利益集团之间的一种平衡，他认为 H. R. 4164 已经在某些非常重视特定人群项目的可接近性的议员和非常强调职业教育项目现代化的议员之间谋得了某种平衡，如 H. R. 4164 已经决定将州可以获得的一半联邦资助用于职业教育项目的现代化，其余的一半用于处境不利人群职业教育可接近性目标的实现。此外，委员会还对职业教育立法与其他联邦人力资源培训项目，如《工作培训合作法案》（*Job Training Partnership Act*）之间的合作方法进行了修订并试图在该提案的资助额度与《工作培训合作法案》和里根政府认可的资助额度（即上一年度里根政府递交国会的职业教育预算）之间谋求某种平衡，因此，顾德岭相信联邦政府能够采取关键的步骤对下一个十年美国职业技术培训和结构优化发挥更好的领导和指引作用，他明确表示支持该议案的通过并在国会辩论中继续为好转该议案而努力。

　　1984 年 2 月 27 日，与 H. R. 4164 体现共同原则精神的 S. 2348 由来自印第安纳州、曾经成功提交《工作培训合作法案》而享有盛誉的年轻参议员詹姆斯·D. 奎勒递交参议院劳工和人力资源小组委员会审议。经过几乎同样艰苦的努力、妥协与斗争，在两院都通过后，法案最终于 1984 年 10 月 19 日由里根总统签署实施。

四、1984 年《卡尔·D. 帕金斯职业教育法案》的内容与实施

(一) 1984 年《卡尔·D. 帕金斯职业教育法案》的主要内容

1984 年《卡尔·D. 帕金斯职业教育法案》，开启了美国联邦职业技术教育立法的又一个新时代。在追求教育卓越的时代氛围中，职业技术教育立法第一次把高质量的劳动力培养作为追求的目标，法案明确规定：联邦拨款主要是为了协助各州扩展、好转、更新原有的职业技术教育项目，通过高质量职业技术教育的开展最终满足国家当前和未来对劳动力的需求，当然这些劳动力应该具备市场需求的技术、能够促进社会生产能力的提高和经济的增长。[①] 围绕着高质量职业技术教育的开展，法案为 1985~1989 年每个财政年度各项职业技术教育项目共计拨款 8.353 亿美元，同时，在传承先前法案诸多原则、方法的基础上，在拨款的理念、资金的分配和管理方法等方面均体现了新的时代精神。

首先，法案继承 1963 年以来职业技术教育立法的原则精神，继续扩大弱势群体的范围，确保弱势群体接受职业技术教育的机会。1984 年《卡尔·D. 帕金斯职业教育法案》在第 3 部分 "对特定项目资助" 的条款中，具体讨论了对弱势群体的资助问题。法案划定的弱势群体包括：残疾人、在非传统职业内就业的人群、希望在新技术领域内就业但需要接受职业培训和再培训的失业和半失业人群、单亲父母或者家庭主妇、英语水平受限者、劳教机构人员等，同时法案致力于提升贫困地区人员的就业和职业技能，取消性别歧视和性别偏见的努力等。与先前法案相比，法案在继续资助残障人员、失业人员等弱势群体的基础上，将单亲父母、英语水平受限人员、劳教人员等也纳入了联邦资助的范畴。法案规定各州可以将 57% 的联邦拨款用于维持以上人员的职业技术教育培训，其中 10% 的资金用于各类残疾人，22% 用于处境不利的个体，12% 的资金用于各类需要培训和再培训服务的成年人，8.5% 用于单亲父母和主妇，3.5% 用于取消职业技术教育中的性别歧视和性别偏见的努力，剩余的 1% 用于劳教机构人员的职业技术教育。其余 43% 的联邦拨款被要求用于项目的好转方面，也就是说该资助将不被用于维持已有的项目，而是必须用于项目创新方面。

其次，法案鼓励通过加强教育与劳动力市场的衔接，强化职业教育类学生的学术基础，为高质量的劳动力培养奠定基础。法案支持公共和私立部门的密切合作，通过职业教育与劳动力市场的密切衔接，提升职业技术教育的质量，最终促进个体就业目标的实现。为了满足市场的要求，使新技术（包括计算机）能够更加快速地应用于生产过程，法案专门提及了职业技术教育类学生的学术

---

① Public Law 98-524—OCT. 19，1984// United States Statutes at Large（Part 3）. Washington：United States Government Printing Office，1986：Sec. 521.

基础问题。为了更好地实现以上立法思路，法案特别规定了各州可以将 43％的资金用于职业技术教育项目的好转、更新和扩展的目标。法案列举了 24 种用于扩展、更新、好转职业技术教育的各类活动，其中涉及了好转职业技术教育的质量，更新职业技术教育的设备，引进新的职业技术教育项目，对不同区域、人员职业技术教育的关注，合作职业技术教育项目，各种职业技术教育服务活动等。由于各州好转、扩展、更新职业技术教育活动的差异，法案规定各州可以按照适合于自己的方式使用此部分联邦拨款。

再次，法案规定了各州在职业技术教育管理活动中应该承担主要的责任，同时，为了使各州职业技术教育管理工作更加规范和高效，法案还对一些机构设置程序的问题提出了明确的要求。比如，法案规定，州职业教育委员会继续作为各州唯一的职业技术教育管理机构，在州职业教育理事会的指导下，负责各州职业技术教育的规划、项目评估、服务、报告递交和项目实施等协调工作，或者根据需要组织必要的会议，与其他机构开展合作等。法案特别提出建立各州职业教育理事会的问题，规定各州职业教育理事会应该由 13 名代表组成，其中 7 名代表来自私立机构，6 名代表来自各州中学和中学后职业技术教育机构、生涯咨询和指导组织或弱势群体等。理事会的建立也是各州获得联邦拨款的一个条件。法案要求各州在制定职业技术教育规划的时候，应该举办听证会，尽量邀请各阶层的人士参加，倾听民生民情。听证会上各派的意见和建议应该和州职业技术教育规划一起上报国家职业技术教育领导机构，同时各州的职业技术教育规划应该尽量与《工作培训合作法案》、《成人教育法案》、1965 年《初中等教育法案》等多部法案的条款相互衔接等。

最后，法案体现了新公共管理的原则精神，将联邦政府负责的国家教育项目主要定位在职业技术教育的研究、评估、示范项目、职业教育专业信息数据系统、国家职业教育咨询委员会、双语职业技术教育培训等方面。比如，法案要求通过独立的国家教育协会对国内职业技术教育开展的情况，包括接受职业技术教育的对象、职业技术教育项目的现代化、职业技术教育满足国家人力资源需求的程度、职业技术教育与就业训练和经济发展的协调性、职业技术教育对学生学术和就业能力的影响程度、双语职业技术教育的效果等指标进行研究和分析。法案要求国家教育统计中心（National Center for Education Statistics）同时负责收集各州参与职业技术教育的学生信息（其中包括学生的种族、性别和是否残疾等信息）、各地开展的职业技术教育的项目信息、项目完成者和中途离开者的信息、项目布局相关信息、项目指导者信息、项目设施情况信息、与实现法案主要目标相关的花费信息等。法案还要求成立国家职业信息协调委员会（National Occupational Information Coordinating Committee），而各州也要建立相应的机构，使国家、州和地方对各种职业门类、各类人才的供需情况一目了然。

（二）1984 年《卡尔·D. 帕金斯职业技术教育法案》的实施

根据 1984 年《卡尔·D. 帕金斯职业技术教育法案》（Section 403 ［a]）关于开展国家评估的要求，1989 年，拉那·D. 穆拉斯金（Lana D. Muraskin）、约翰·G. 沃特（John G. Wirt）等专门对法案的实施情况和实施成效进行了新一轮的国家评估。其评估结果显示：法案在增加弱势群体进入高质量职业教育项目的机会以及好转整个职业技术教育的质量方面取得了不菲的成效，但是从整体来看，法案实施情况仍然很难达到法案预定的目标。[①] 除此之外，国家总会计署（U. S. General Accounting Office）也对国家职业教育评估报告忽略的地方进行了再次评估。尽管总会计署的报告对法案实施有利于法案目标的实现持有更为积极的态度，但是该报告也指出了州和地方在法案实施中存在的一些问题。以下，笔者将结合两份报告内容，对 1984 年法案实施情况和实施成效进行简要的描述：

1. 从联邦资助在州和地方的分配和使用情况来看

首先，国家职业教育评估报告发现 1984 年法案拨款在州际之间和州内不同职业教育机构之间的分配极为不均衡。比如，通过对 1989 财政年度各州 9 年级、12 年级及两年制的中学后教育机构生均所能够收到的法案基础拨款进行比较就可以发现：哥伦比亚特区生均职业教育拨款达到 178 美元，而加利福尼亚州，其生均拨款仅仅是 31 美元，最低与最高值几乎相差 6 倍。此外，这种不均衡的状况也出现在中学后教育机构和中学机构身上。从数据统计结果来看，各州中学后机构获得的拨款额占拨款总额的比例从 8%～100% 都有，而中学后教育机构和地区职业学校获得的资助额度往往超过该州生均所能够获得的资助额。与此同时，联邦职业教育资助一般会流向较为贫困的地方而不是少数族裔人口比例稍高的地方。[②]

其次，国家职业教育评估报告发现从大多数学区所能够获得的联邦资助的总量来看，1/2 的学区收到的资助总量为 7910 美元或更少，3/4 的学区收到了 25 000 美元或更少，不充足的资金即便去支付一个在职的教师工资都很难，更谈不上去支持任何有一定规模的新的职业教育改革！情况稍好一点的是区域职业学校和中学后机构，它们收到的资助每个机构平均超过 90 000 美元。

① Wirt J G, Muraskin L D, Goodwin D A, et al. 1989. Summary of Findings and Recommendations. National Assessment of Vocational Education Final Report，Volume I. http：//eric. ed. gov/? id＝ED317659：vii. ［2014-06-08］.

② Muraskin L D. 1989. National Assessment of Vocational Education Final Report，Volume II：The Implementation of the Carl D. Perkins Act. http：//eric. ed. gov/? id＝ED317660：6-8. ［2014-07-05］.

再次，国家职业教育评估报告发现从法案对弱势群体预留资金的分配情况来看，只有当一个学区同时拥有较高的贫困率时，其弱势学生（其中包括残疾学生）才能够收到比其他学区稍高的生均资助。与此同时，调查发现：由于1984 年法案沿袭了 1963 年《职业教育法》对不同人群进行资金分配的方法，各州在分配联邦资助或提供相关服务时很少采用权衡学生数量或项目本身特征的系统的方法，一些学区不清楚本学区有多少符合法案要求的可以接收资助的学生，而一些学区甚至不知道它们究竟服务了多少学生。国家总会计署在调查中也发现类似的情况，即一些州将经济相对富裕的地区作为经济贫弱地区来看待，致使向这些地区的生均职业教育拨款高于那些真正贫弱地区的拨款。此外，分配给处境不利人群的部分资助之所以会从贫困的地区流向更加富裕的地区，还有一个原因是其分配模式将非贫困的处于学术不利地位的学生也归为处境不利人口。①

国家职业教育评估机构发现，帕金斯法案为残疾学生提供的预留资金在中学主要用于为残疾学生支付与正常学生一起或在独立环境中接受职业教育的成本。一般来说，无论是在哪一类教育机构，大多数残疾学生都是与正常学生一起接受教育的。此类资助在中学后教育层次主要用于资助进入中学后职业教育项目的在生理上具有缺陷的学生或者认知能力受损的学生。从各州对促进性别平等资金的分配来看，中学一般会将此项资助用于在职培训、招聘和咨询活动，区域职业学校除了将很少一部分资助用于在职培训或者更多地将资助作为教学补助外，其分配模式与中学类似，中学后教育机构则将大部分此项资助用于招生、研讨会、讲座、咨询等活动，仅将少量的资助用于直接对此类学生的财政资助。另外，调查发现联邦对单亲父母和家庭主妇的预留资金很少能流向学区，大部分资金流向了区域职业学校。同时，调查显示，此项资助主要用于青少年时期就已经成为父母人群的职业教育。该类资助还特别地用于咨询活动，仅仅部分地区将此项资助用于教学服务。

最后，国家职业教育评估报告发现，由于 1984 年法案要求 43％的资金用于职业技术教育项目的好转、更新和扩展领域，因此该领域资金的科学使用将直接制约着未来职业教育的发展方向。从调查来看，大部分用于项目好转的资金一般会用于州层次促进普通职业技能发展的课程建设或者用于职业和学术融合的现代课程建设，也有部分资金用于创建和维持区域资源中心的建设。留给地方符合法案要求的资助金会有一半或一半稍多一些流向区域职业学校。初步估计区域职业学校获得的此类资助平均会比学区多 2.5 倍，而中学后机构获得的

① Manley R A. 2010. The Intended and Unintended Consequences of the 1990 Carl D. Perkins Vocational and Applied Technology Act within State Funding Formula Change: A Modified Policy Delphi Study. Blacksburg, VA: 41.

资助又是区域职业学校的 2 倍。在中学和中学后层次，大部分用于项目好转的资助一般被用于设备购买方面。案例研究显示：学区更可能将此类资助用于购买计算机，区域职业学校和中学后机构更可能用于购买专门的技术设备。一些州禁止将此类资助用于购买设备，因此这些州一般会将这类资助用于开发体现新技术原理的课程，或用于资助学生团体的活动或者资助在职培训。国家总会计署的报告也指出州层次主要将拨款用于职业教育项目的好转和现代化，其一般的做法是借助于发展新的课程、课程的现代化或者教师培训等方式来进行。地方一般是借助于为特定人口创设一些职业教育项目或提供一些服务来推进项目的好转。当然，国家总会计署的报告也指出：1984 年帕金斯法案的资金分配模式有利于拨款向富裕的社区而不是向贫困的社区流动，特别地，经济贫弱地区的职业学生很少能够像其他地区的学生一样获得更多的生均拨款用于项目好转和现代化。①

2. 从学生参与中学层次职业教育的情况来看

国家职业教育评估报告用"普遍参与"一词来形容美国中学生对职业教育的态度。同时，评估机构还惊奇地发现：尽管从理论上来分析，倾向就业的学生应该是中学职业教育的主要参与者，但现实情况却是：以升学为导向的学生选修了大量一般性的、非入门性质的、非消费类教育的，以及非家政类的职业教育课程。另据深入了解，1982 年，那些有继续深造意愿的学生获得的职业课程学分几乎占所有学生职业课程学分的 3/4。此时期的其他一些调查也验证了这一结论：当时 98％的中学毕业生至少学习一门职业类课程，90％的毕业生至少学习一门特定的就业准备课程，大约 3/4 修完一门或多门普通劳动力市场准备课程，几乎一半的职业课程学习者学习家政课程。② 由于中学职业教育参与者的广泛性，国家评估机构认为中学机构要继续修订和重建职业课程，以便职业教育在满足那些打算学习特定的职业技能、毕业后立即就业的学生需求的同时更好地满足那些虽选学职业教育课程却打算继续深造的学生的需求。通过回顾近 14 年来美国中学课程的变化，国家职业教育评估机构认为中学目前已经发生的两大变化已清楚地表明其一直都在应对这种挑战，即提高毕业生毕业时所必须达到的最低学分标准，目前中学毕业生所需要的学分已经从 1975～1978 年平均 20.86 个学分，增加到 1987 年 22.84 个学分。1982 年之前中学选修职业课程的人数一直呈平稳增长态势，但是此后，选修中学学术课程的学生人数进入了主

① Manley R A. 2010. The Intended and Unintended Consequences of the 1990 Carl D. Perkins Vocational and Applied Technology Act within State Funding Formula Change: A Modified Policy Delphi Study. Blacksburg, VA: 41.

② U. S. Department of Education Office of Educatonal Research and Improvement. 1992. Vocational Education in the United States: 1969-1990. Washington: U. S. Government Printing Office: XX.

要增长期，与之相对应的是中学数学、科学和外语类学术课程的学分获得量有了较大增长。

通过对弱势群体参与中学职业教育的情况进行研究，国家职业教育评估报告发现，在学术方面处境不利的学生和身有残疾的学生不仅会比学业优异的学生和正常学生选学更多的职业课程，且其所选的职业课程往往属于专业性较强的特定职业门类，这种情况特别在区域职业学校更加明显。与此同时，在区域职业学校，此类学生还能够获得更多的合作教育和其他多种形式的基于工作场景课程教学的学分。调查显示：基于工作场景的职业教育对学生今后的就业非常有利。除了以上情况之外，最突出的问题发生在残疾女学生和处于学术不利处境的女学生身上，因为她们所获得的大约一半的职业课程学分均属于低层次的服务领域或者与消费教育和家政教育相关。此外，如果从广度和深度两个维度比较不同类型学校所提供的职业课程，可以发现：拥有较多学术不利的学生且同时处于经济贫弱地区的学校与拥有较多学业成绩优异学生且处于经济发达地区的学校相比，两者选修职业课程的学生人数比例以及职业教育质量均存在巨大差异。这种情况似乎在提醒人们，为了提高学校职业教育的整体效率，今后的职业教育立法应促使联邦资助更加关注性别平等以及向处于不利地位的学校倾斜。

除此之外，国家职业教育评估机构还指出：自 20 世纪 80 年代早期以来，人们非常关注学生的学术基础问题，职业教育类课程不是妨碍而是有助于学生学术性知识的掌握。比如，根据对 1982 年 11 年级、12 年级全国范围样本的分析，职业性的应用数学课程（如商业数学、职业数学）以及许多的职业课程（如电子、制图和会计、农业科学）均包含着相当多的数学的内容，而与数学相关的一些课程（如化学和物理）也有助于学生数学的熟练掌握。国家职业教育评估机构认为，职业教育工作者如果希望在实践的背景中同时促进学生学术性知识的熟练掌握，就需要对当前的职业课程做大量的修改和提升，促进高中学术和职业课程的融合。

为了提升中学职业教育的管理效率，根据调查结论，国家职业教育评估机构建议向各州放权，一方面要赋予各州拥有可以因地制宜地为实现帕金斯法案目标而采取措施的权力，另一方面也要求各州创建自己的绩效指标，而联邦资助今后将根据各州职业教育机构和项目的实施绩效来分配。该绩效指标主要是为了了解不同学生群体的职业教育成效以便于进一步推动职业教育改革。绩效指标应该包括学业成就、职业和专业技术获得情况、就业和收入情况、在中学和中学后连续学习的情况等。建议法案为州层次划拨 20％的基本拨款，用于创建绩效指标和实施改革规划，70％的基本拨款直接划归地方，让那些拥有较多处境不利的学生且有意提升其职业教育水平的学校通过竞争方式来争取这些拨款；同时，规定规模较小学校每年获得的此类拨款不低于 5 万美元，规模较大的学校不低于 10 万美元。

3. 从学生参与中学后层次职业教育的情况来看

国家职业教育评估报告发现，过去 20 多年，注册进入中学后层次职业教育学习的学生数量有了巨大的增长。目前，社区学院、两年制技术学院、公立职业技术学院或私立专业学院共有 430 万职业类别的学生，约占这些机构总人数的 3/4。其中，社区学院是中学后职业教育的主要阵地，社区学院学生所获得的职业课程学分占所有中学后层次职业课程学分获得量的 62%。由于开门办学、离家较近且学费低廉等原因，两年制的中学后教育机构比四年制学院更容易吸引年龄较大、不同种族、不同社会背景、不同能力层次的学生入学，但是，随之而来的一个难以解决的问题是：长久以来，中学后职业教育项目的完成率偏低且这些学生学习的课程数量有限。比如，调查显示仅有 19% 的高中毕业生在毕业后不久进入社区学院职业教育项目学习且其在高中毕业后四年内能够获得职业证书或职业类协士学位。一般来说，获得某种职业证书至少必须拥有 30 个学术课程和职业课程的学分，而获得一个协士学位至少要求有 60 个学分，但是 1/3 的中学后学生获得的职业课程学分少于 12 分，50% 的学生获得的职业课程学分少于 24 分。与此同时，黑人学生在职业课程学分、职业证书或学位获得方面均劣于白人学生。因此，如何吸引这些学生在学校待得更久一些，以便使他们有更多的机会接触到更高层次的培训是困扰当前中学后职业教育机构的难题。

国家职业教育评估调查显示：目前学生选学的大约 58% 的中学后职业课程与其后来得到的工作是有联系的。此外，研究还表明，如果学生在其主要学习的职业领域获得 30 个学分的话，他们的失业率将比那些仅仅在某一职业领域获得 1~12 个学分的学生降低 28%，其所获得的工作机会相应提高 14%，且每小时的收入可能达到 7.25 美元，而对比组的收入是每小时 6.59 美元。对于这种情况，国家职业教育评估机构认为：今后应该协助学生选择好一个职业领域，同时创建一个序列的课程，以便帮助学生学完某一领域的课程或项目，并寻找与之相关的工作。

国家职业教育评估调查显示：尽管帕金斯法案对中学后教育的资助数额是有限的，但是来自其他来源的资助却起到了很好的补充作用。比如，帕金斯法案直接为社区学院、技术学院和职业技术教育机构提供的资助是 3.2 亿美元，而联邦学生资助和贷款项目能够为学生提供 40 亿美元的资助。在这些资助中，大约有 28 亿美元、约占总量 71% 的资金流向了私立专业学院的学生，这些学生约占私立专业学院学生总数的 14%，另有总量为 8.53 亿的联邦学生资助流向了公立社区和技术学院的学生，这些学生约占社区学院和技术学院学生总量的 83%。国家职业教育评估机构认为，这些来自其他来源的资金对激励学生入学、提高学生在校的保有率起到了很好的作用。同时评估机构也指出：有限的帕金斯法案资助只有用到最关键的地方才能发挥更好的作用，建议其最好用于好转职业教育项目的完成率和学生的就业率，为处于危机中的、最难完成学业的学生提供特定的资助，好转从中学到中学后职业教育的过渡，促进学生获得更连贯和有深度的培训等。

此外，为了提升职业教育的管理效率，国家职业教育评估机构建议州要创建州层次的绩效指标，对参与中学后层次职业教育项目学习的学生的就业率和收入情况、获得州层次的证书等学业完成情况、获得证书或学位的学生进入高一级别的教育机构学习的情况进行评估。同时设置相应的向特定人口倾斜的评估政策，鼓励其各方面的进步。此外，建议每一阶段的实施周期为 4 年。在前两年，州主要创建自己的绩效指标，下一个两年主要用来形成稳定的绩效基金运作模式。在第 4 年，联邦资金将根据州所确定的不同机构的绩效指标完成情况进行分配。

以上国家职业教育评估报告和总会计署报告不仅是对 1984 年帕金斯法案实施情况和实施成效的总结，而且国会认为以上评估报告为联邦政府好转中学和中学后职业教育提出了切实的建议，因此国会对该报告的意见非常看重，报告对 1984 年之后颁布的系列帕金斯法案的立法方向将起到明显的导引作用。

第四节 系列修正案对 1984 年法案的深化和拓展

1984 年《卡尔·D. 帕金斯职业教育法案》系列修正案在沿袭 1984 年法案特征的基础上，表现出了更大、更广和更高的融合性，同时在资助对象、资助方法、管理重点、管理手段等方面表现出了更为弹性和开放的特征。下面，我们将根据系列修正案颁布的时间顺序，在分析每部法案内容的基础上，对这种倾向进行整体的把握。

一、1990 年《卡尔·D. 帕金斯职业与应用技术教育法案》

如果说在 20 世纪 80 年代美国教育追求高质量的氛围中，1984 年《卡尔·D. 帕金斯职业教育法案》更加注重职业教育与劳动力市场的衔接，注重职业类学生的学术基础的话，那么，面对知识经济时代更多工作岗位需要从业者具备中学后层次的教育水平，"在美国出现的 89％的工作将要求入职者具备中学后教育层次的文化基础知识和计算能力，但是进入市场的劳动力之中，仅有一半能够达到这个要求"[①]。与此同时，受过更多教育与受教育程度较低的人在就业前

---

① Critical Issue：Improving School-to-work Transition for all Students. http：//www. ncrel. org/sdrs/areas/issues/envrnmnt/stw/sw0. htm. ［2007-9-13］.

景和收入水平方面也呈现不断拉大的现象，如"从 1975 年到 1989 年，年龄在 25 岁以下的美国高中毕业生，薪水下降了 40%，高中辍学者的薪水下降幅度更大"①。如果想改变美国从国外引进技术工人或者将技术要求更高的工作让渡给国外供应商的局面，拓展和提升当前和未来美国工人的就业前景和工资水平，美国必须在职业技术教育的培养目标、内容和方法等方面做出积极的回应。

在这种情境中，1990 年 9 月 25 日由布什总统签署的《卡尔·D. 帕金斯职业与应用技术教育法案》（*Carl D. Perkins Vocational and Applied Technology Education Act*，Parkins Ⅱ，PL 101-392）在更大范围和更高程度上扭转了职业技术教育与普通教育（其中包括学术教育）相互分离的状态，使职业技术教育与学术教育、中学职业技术教育与中学后职业技术教育、学校职业技术教育与工商业和劳工组织职业技术教育逐步走上了相互融合、密切合作的新时期。

首先，法案在立法目标上体现出了重大进展。法案第 2 款规定："本法案的目标是通过促进所有公民学术和职业技能的充分发展，最终提升美国在国际经济市场上的竞争能力。本法案主要借助的手段是：集中所有的教育资源好转各类教育项目，使受教育者获得在一个技术日益进步的社会中工作所必须具备的学术和职业技术能力。"② 在联邦职业技术教育立法的历史上，职业技术类学生的学术和职业技能不仅首次赢得了同等重要的位置，而且正是职业教育与学术教育的融合，美国的职业技术教育立法自《史密斯-休斯法案》以来几乎走过了一个完整的循环。根据 20 世纪 80 年代中后期出台的诸多报告的精神，1990 年法案关于学生"学术能力"的概念同时还具备更多新的内涵，即"学术能力"应该从较为狭窄的范畴扩展到涵盖学术和一般能力、普通技术和特定的工作技能、人际交往能力、行为品质（其中包括动机）等多种因素。

其次，法案第一次提出了中学与中学后职业技术教育联合创办"技术准备"项目的建议。法案认为"技术准备"作为"联结中学和中学后教育机构的项目：①最终可以获得一个两年的协士学位或证书；②技术准备项目至少应该涵盖如下领域：工程技术、应用性科学、机械、工业或实用工艺和贸易、农业、健康或商业；③通过一个研究性的课程系列（同时包括一个应用性的学术课程系列），使学生获得数学、科学、信息知识；④直接导向就业"③。根据郝尔（Hall）和帕内尔（Parnell）对"技术准备"更为简洁的定义，我们可以将此概

---

① 王桂．1995. 当代外国教育——教育改革的浪潮和趋势．北京：人民教育出版社：373-374.

② U. S. Department of Education Office of Vocational and Adult Education. Vocational-Technical Education：Major Reforms and Debates 1917-Present. http：//eric. ed. gov/? id＝ED369959：24. ［2007-2-8］．

③ U. S. Department of Education Office of Vocational and Adult Education. Vocational-Technical Education：Major Reforms and Debates 1917-Present. ［http：//eric. ed. gov/? id＝ED369959：28. ［2007-2-8］．

念理解为："一个认真规划的课程系列，使高中学生通过 4 年的学习（两年高中＋两年中学后学习）或者 6 年的学习（4 年高中＋两年中学后的学习）获得从事技术性的职业生涯所要求的知识、技能和价值观。"① 其中，高中阶段学习的主要目标是为了建立一个厚实的学术和职业基础，而中学后的学习则主要致力于进一步的技术课程学习，并最终获得协士学位。法案特别提出只有高中与社区学院密切合作才有资格申请到项目规划和实施资金，因此，该项目的出台，不仅打破了先前中学和中学后教育机构相互争夺联邦职业技术教育拨款的局面，同时技术准备项目避免了课程设置上的重复现象，使学生在高中阶段就可以获得中学后机构的学分，节约了学生的学习时间和成本；另外，技术准备项目能够在教育资金相对减少的情况下，一定程度上提高在校高中生的保有率、降低中学后教育机构对学生进行补偿性教育支出的成本。但是，由于人们对法案理解的差异，尽管法案规定技术准备项目包括中学的后两年和社区学院阶段，但是在实施的过程中，仍有部分中学和中学后机构将此拨款用于中学前一阶段，甚至运用到初等教育机构。

当城市化和工业化使更多的年轻人无法理解不同工作的本性，仅靠兼职获得的工作经验远远无法满足未来职业的多方面需求，又由于学校和工作之间联结的匮乏，教师也不知道学生该掌握哪些、掌握多少科学知识才能在未来高度复杂的工作中获得成功，因此，1990 年《卡尔·D. 帕金斯职业与应用技术教育法案》（Section 113（a）（3）（B））强调了在学校教育与工作世界之间建立密切联系的问题，提出了准备进入某一行业的学生必须达到的基本素质标准：应该对准备进入的行业有着丰富的经历，能够理解未来即将从事的行业所有层面的知识，包括规划、管理、财政、技术、劳工、组织、健康、安全和工作环境等情况。法案以上的规定，不仅对进入某一领域的创业者具有特殊的含义，同时对普通的求职者来说，在了解和掌握以上知识的基础上，将会对该职业的社会意义有着更为清醒的认识，也更容易对未来从事的职业产生更多的责任感和使命感。法案推荐的学校和工作之间合作的活动包括青年学徒项目、体系化的工作经历、合作教育、基于学校学习和基于企业学习之间的联合等活动。以上活动的开展，将有利于学生及早建立自己的生涯身份，鼓励他们从目前的学习中找到更多的目的感和归属感，尤其当学生感到自己学习的是没有过时的知识和技能，且理论知识立刻就能够解决现实中存在的问题的时候，其对学校教育的促进作用是无限的。另外，当一个学校与受众人尊敬的雇主进行联合的时候，该联合也将在无形中为职业教育带来更多的社会地位。

---

① U. S. Department of Education Office of Vocational and Adult Education. Vocational-Technical Education: Major Reforms and Debates 1917-Present. http：//eric. ed. gov/? id＝ED369959：27．［2007-2-8］．

　　除了以上立法方向上的创新以外，1990 年《卡尔·D. 帕金斯职业与应用技术教育法案》在项目资金的管理和分配上也体现了许多与先前法案不同的地方。考虑到国家职业教育评估委员会、美国管理和预算办公室（U. S. Office of Management and Budget）、美国总会计署等机构对 1984 年《卡尔·D. 帕金斯职业教育法案》资金分配中存在问题的分析，如联邦拨款习惯上被分割成许多特定的项目和种类，且自 1963 年《职业教育法》开始采用预留资金的方式，所有这些相互分离、难以协调的力量导致联邦资金的分配模式异常复杂，也降低了其资金使用的效果。尽管先前法案对所资助的目标人群进行了清晰地界定，但是联邦拨款却很少能够真正到达最需要资金的地区、学校和人员手中……针对以上情况，法案第 102 条款降低了各州可以支配的资金总量，规定 25% 的基本拨款可以用于各州监督管理的项目，但是 75% 以上的联邦拨款必须直接拨付给地方教育机构。同时，法案还取消了大部分为特定人口预留资金的方式，第一次将所有人口作为法案的目标人群。但是为了使特定人员能够继续接受高质量的职业技术教育，法案同时要求拨付给地方的款项主要面对低收入、残疾或处境不利学生人数较多的地区。为了保证到达拨款接受者手中的资金能够发挥应有的效力，法案规定向中学最小的拨款数量不低于 15 000 美元/每校，中学后教育机构的拨款数量不低于 50 000 美元/每校。另外，为了促进法案所提出的学术教育与职业教育的相互融合，法案第一次提出联邦职业技术教育拨款可以用于非职业性的教育活动，只要这些教育活动能够促进学术教育和职业教育有效的联结。

　　1990 年《卡尔·D. 帕金斯职业与应用技术教育法案》的责任评估系统也较有特色。法案明确要求各州创建项目标准和开展项目评估。为了配合法案立法方向上的创新，法案采纳 1989 年国家职业教育评估报告的建议，要求评估系统至少应该涵盖两大方面的内容：首先，评估系统主要根据学生的各项成就数据（其中包括学术成就）来评估项目实施效果；其次，这一系统至少应该评估 4 个方面的内容：职业技能、就业技术、学生在校保有率、进入更高一级院校学习或进入军事机构或直接就业的人员比率。法案还着重指出，评估系统要赋予各州和地方最大的弹性，以便它们能够根据当地情况对项目指标进行适当的调整，同时评估体系中还应该包含有适当的激励措施，以鼓励地方为特定人群提供更好的服务。尽管法案并没有将评估结果作为拨款数量的标准，但是，如果一个项目的实施效果非常差，那么在法案扩展时期该项目就有被取缔的可能。如果项目实施效果连续 3 年都低于最低标准，项目实施者必须与各州重新商议地方项目好转规划。新的责任模式激励人们重新思考联邦、州与地方在职业技术教育项目开展中的角色定位问题。正像黑尔（Hill）在 1991 年所指出的："高效的项目实施信息系统必须在满足地方用户的需要方面有着关键意义，而不是主要为了满足联邦和州的政策制定者的需求。"①

　　进入20世纪90年代，在新的时代精神的感召下，美国联邦职业技术教育立法彻底打破了先前横亘在学术和职业教育之间、中学与中学后教育层次之间、学校与工作现场教育之间的壁垒，以学术能力和职业技能的双赢作为立法的主导目标，以技术准备项目作为联系中学与中学后职业技术教育的桥梁，以多种多样的学校与工作现场合作办学的方式，致力于以最少的投入获取最大的收获，以分权与放权的管理、监督、保障机制促进法案更好的实施。可以说，1990年职业技术教育立法表现出了更为全面、开放、融合的特征，使当代职业技术教育在回到最初与普通教育融合、与工作现场融合的状态时实现了自身的超越。

二、1998年《卡尔·D. 帕金斯职业技术教育法案》

　　20世纪90年代以来，伴随着计算机技术、光纤、网络等现代通讯技术的突飞猛进，新经济的特征更加明显，经济扩张与全球化几乎成了同义语，且国际贸易、国际品牌、跨国公司、国际信托，以及国际财政等几乎成为使用频率最高的词汇。在知识经济特征日益彰显的情况下，社会对劳动力的需求更显示出了与以往不同的特征。据美国胡德森研究所统计，1991～2000年，在外国人拥有的公司或附属机构就业的人员增长了32%，总数将近650万；1998～2002年，据称因为进口产品的冲击或者因为公司搬迁到海外，15.7万的工人失业。但是，仅1990～2000年，美国就从海外引进了超过1300万的技术工人。② 可以说，正是知识经济时代社会变动不居的现实，引发了联邦职业技术教育立法者对于学生学术基础、职业与技术能力等多方面终身应变素质纵深的思考，使1998年《卡尔·D. 帕金斯职业技术教育法案》在1990年法案的基础上不仅彻底颠覆了职业技术教育作为一种终结性教育的特征，明确了职业技术教育服务于就业与继续深造的双重目标，同时，在资助对象、资助数额、管理手段、管理方法等方面也彰显了许多与以往不同的特征。

　　首先，与1990年Parkins Ⅱ相比，1998年10月签署的《卡尔·D. 帕金斯职业技术教育法案》（Public Law 105—332，简称 Parkins Ⅲ）在继承1990年法案所倡导的促进学术和职业技术教育、中学和中学后教育、学校与工作现场教育之间的三大联结之外，更进一步将1990年法案的"职业与应用技术教育"概念转变为"职业技术教育"。职业和技术教育被联结成一个更完

　　① U. S. Department of Education Office of Vocational and Adult Education. Vocational-Technical Education：Major Reforms and Debates 1917-Present. http：//eric. ed. gov/? id=ED369959；35. ［2007-2-8］.

　　② Heet J A. Beyond Workforce 2020：The Coming (and Present) International Market for Labor. http：//irlcjr. hudson. org/files/publications/workforce _ international _ mkt _ labor. pdf；2. ［2007-12-25］.

整的系列，标志着法案更加致力于"使参与中学和中学后职业和技术教育项目的学生更充分地发展其学术的、职业的和技术的能力"①。同时，法案还进一步明确了职业技术教育服务于就业与继续深造的双重目标。比如，法案将"职业技术教育"概念界定为："职业技术教育是为受教育者提供学术、技术知识以及技能的教育，其目的是为受教育者当前和未来的继续学习，或者从事不要求受教育者拥有学士学位（或学士学位以上）的职业生涯提供服务。其中包括基于能力的应用性知识的学习，可以使学习者获得学术知识、高层次的推理和问题解决能力、良好的工作态度、一般的就业技能、技术能力和特定的专业技能。"② 法案概念本身的变化，使学士学位以下的职业技术教育与普通教育表现出了更多的一致性，同时法案致力于服务就业和继续深造的双重目标，也使职业技术教育与学士学位或以上的专业教育，或者与终身教育之间有了更为密切的联系。

其次，1998 年法案与 1990 年法案相比，突出了地方和州作为职业技术教育活动主体的地位。法案规定 1999 财政年度的拨款总额为 11.5 亿美元，截至 2005 财政年度，拨款将增至 13.26 亿美元，增长率为 14.9％。为了突出地方和州作为职业技术教育活动主体的地位，ParkinsⅢ不仅将 ParkinsⅡ规定的州与地方分享联邦拨款 25％：75％的比例改变为 15％的法案拨款可以用于州层次，85％的联邦拨款必须直接拨付给地方，更加突出了地方在职业技术教育活动中的重要地位。为了尽量减少联邦政府对职业技术教育的直接插手，1998 年法案还将先前法案设置的，由联邦直接管理的取消性别歧视、罪犯改造等类别的预留资金全部拨付给各州，而法案列举的 12 个允许各州使用拨款的地方，其数量则是 ParkinsⅡ项目的两倍。与此同时，法案还规定了各州和地方管理资金的最高限额，如各州可以将 5％的资金（不超过 25 万）作为各州的管理资金，地方层次的管理成本必须降到 5％以下。另外，无论是地方还是各州层次，管理资金不能侵占项目资金。以上规定，均体现了美国联邦政府不断优化项目资金管理能力、提高有限资金使用效率的努力。

再次，法案强化了原有的责任评估系统，将联邦层次的责任主要集中于职业技术教育信息的收集和对全国职业技术教育的评估方面。沿袭先前法案的精神，联邦层次的职业技术教育责任主要包括：收集职业技术教育信息；从有代表性的国家样本——职业技术教育类学生那里搜集评估信息；承担由教育部单独主持的

---

① Skinner R R，Apling R N. The Carl D Perkins Vocational and Technical Education Act of 1998：Background and Implementation. http：//www. ccsso. org/content/pdfs/ Perkins _ CRS _ Report. pdf：12. ［2007-11-23］.

② The Carl D Perkins Vocational and Technical Education Act of 1998. http：//frwebgate. access. gpo. gov/cgi-bin/getdoc. cgi? dbname＝105 _ cong _ public _ laws&docid＝f：publ332. 105. pdf：8. ［2007-10-15］.

一般项目的研究、开发、信息发布、评估、评价等规划活动；承担法案要求的独立评估和评价活动；收集和发布各州项目实施情况的信息；创建从事职业技术教育研究的国家中心；创设示范项目并宣传先进的经验。由于教育部先前的统计数据显示：在 1998 年法案出台之前，有 20 个州没有评估中学职业类学生的在校保有率和学业完成率，32 个州没有统计中学后职业技术教育类学生的保有率和完成率。① 为了克服以上弊端，与近几十年来世界范围内公共管理思想的转型一脉相承，1998 年法案力求通过"对各州范围内的所有职业技术教育项目实施评估，以便使联邦职业技术教育拨款获得最好的回报"。为此，1998 年法案强化了 1990 年法案的责任评估系统。比如法案规定，项目的"核心评估指标"应该包括对学生各方面的能力进步、证书获得情况、工作安置和保有情况、参与和完成非传统项目的比率 4 个方面进行评估，各州和联邦教育部长协商后的评估标准称为"调整后的项目实施水平"。法案第 123 款提出，当各州没有达到调整后的水平，必须制定和创建项目好转规划。各州对地方参与者的评估基于调整后的项目实施水平，如果没有达到标准，地方实体需要提供项目好转规划，如果仍然没有实在的进步，教育部长将撤销该州此类拨款的授权。为了与 ParkingⅢ的这项规定相配合，1998 年《劳动力投资法案》（第 1 部分和第 2 部分）还授权为各州超过项目实施标准的劳动力培训、成人教育、基本知识项目，以及帕金斯法案项目提供激励性的拨款。2001 年，共有 12 个州获得了激励拨款，2002 年增至 16 个州。当然，法案最大程度地允许各州选择最适合实现各州目标，且能与现存的州项目评估方法相融合的方法，因此在一定程度上也导致了各州对职业技术教育评估指标多种多样的定义，致使在各州之间进行横向比较是相当困难的。

最后，边远贫困地区和弱势群体的职业技术教育依然是联邦政府关注的问题，但是已经不是法案关注的首要问题。比如，法案在第Ⅲ（a）（1）条款中开门见山规定：联邦机构在资金拨付时，应该从各州可以支配的 10％的项目资金中，为边远地区预留 0.2％的资金，为印第安人预留 1.25％的资金，为夏威夷土著预留 0.25％的资金，为 2000～2003 财政年度《劳动力投资法案》第 503 款授权的项目拨付 0.54％的资金。其余的资金根据各州三个年龄段人口的比例分配给 50 个州（另外包括哥伦比亚特区、波多黎各和维尔京群岛）。其中，85％的联邦拨款直接面向地方层次的职业技术教育机构。法案同时规定：至少 76.5％的资金将根据州内正常的资金分配模式进行分配，而不超过 8.5％的资金将预留给各州的农村和其他地区。所谓的州内资金的分配模式是指：由州决定分配给中学和中学后教育机构的基本拨款数额。对中学机构，其中 70％的资金必须面

---

① Skinner R R，Apling R N. The Carl D Perkins Vocational and Technical Education Act of 1998：Background and Implementation. http：//www. ccsso. org/content/pdfs/ Perkins ＿ CRS ＿ Report. pdf：12.
[2007-11-23] ．

向 15～19 岁的低收入的青年，30％的资金应该面向地方 15～19 岁的所有青年；对中学后教育机构，其资金拨付中有很大一块也必须直接面对农村地区、职业技术类学生比例较高的地区，职业技术教育类学生数量较多的地区，遭遇州层次以下的一级分配模式消极影响的社区的中学后教育机构。另外，与以前的职业技术教育立法不同，1998 年法案在弱势群体职业技术教育资金拨付方面，与先前法案在措词上使用的"要求"为特定人口使用的拨款提法不同，1998 年 ParkinsⅢ中，法案在措词上已经将其变成了"允许使用"。法案措辞的变化，表明弱势群体已经从 20 世纪 60 年代立法优先考虑的目标人群转变成了法案兼顾的目标，从中可以明显感觉到联邦政府优先关注焦点的转变。

从整体上来看，1998 年法案在继承 1990 年法案原则精神的基础上，继续深化职业教育、普通教育与学术教育之间的联系，同时由于法案目标的变化，职业技术教育与学士学位及其之上的专业教育或者终身教育之间也有了密切的关系。在职业技术教育的管理方面，继续减少了各州直接支配的资金比例，将更多的资金直接拨付给了地方，突出了地方作为职业技术教育主要实施机构的主体地位；联邦与州的管理责任更加明确，其管理方法和手段更富弹性和灵活性，以便在最大程度发挥地方主动精神的基础上，力争职业技术教育的快速发展。

三、2006 年《卡尔·D. 帕金斯生涯技术教育好转法案》

2006 年 8 月 12 日布什总统签署了《卡尔·D. 帕金斯生涯技术教育好转法案》（*Carl D. Perkins Career and Technical Education Improvement Act*，Perkins Ⅳ）。首先，从该法案的名字上来看，1998 年法案的核心概念"职业技术教育"已经转变成"生涯技术教育"。"生涯技术教育"与"职业技术教育"同样是通过一个课程系列来实现的，因此该法案也主要是从课程系列的内容、目标等几个方面来限定概念的内涵与外延的，"一个课程系列，能够为个体提供连续的、严格的且具有挑战性的学术标准和相关的技术知识和技能，为个体当前或未来的继续教育和生涯发展做好准备；学习者最终不仅精通某些技术技能，同时还可以获得工商业界认可的证书、资格或协士学位；这一课程系列应该涵盖基于能力的学习，可以使个体获得学术知识、高层次的推理和问题解决能力、工作态度、一般的就业技能、技术能力和特定行业的职业技能、某一行业所有层面的知识（包括企业家个体的知识）等"①。与先前的法案相比，Perkins IV 在概念界定方面，不仅将 1998 年 PerkinsⅢ提出的创建挑战性的学术标准变为学术和技术标准都要具备挑战性，同时要求学生获得的知

---

① Carl D. Perkins Career and Technical Education Improvement Act of 2006. http：//www. acteonline. org/policy/legislative＿issues/upload/Perkins＿Changes＿Summary. doc.［2007-11-26］.

识和技能的面更大更广，且最终服务的目标更长远和更高，即不仅为学生未来的继续教育服务，同时也为学生当前或未来进入高技术、高工资或者高要求的行业做好准备。因此，可以说，生涯技术教育概念的提出，整体上使美国的职业技术教育表现出了融合面更广、要求更高、灵活性更强、达到的目标更大的特征。

其次，贫困地区和弱势群体的利益依然是联邦法案关注的焦点之一。与先前法案一样，Perkins IV 授权为边远、贫困地区和土著美国人等的生涯技术教育项目预留一定比例的资金，其中法案第 115 款要求为关岛、帕劳群岛等边远地区的生涯技术教育项目预留 0.13％的资金，第 116 款要求为阿拉斯加、印第安和夏威夷等地的土著居民生涯技术发展项目预留 1.50％的资金，116（b）款为印第安部落或部落机构、阿拉斯加土著居民预留的资金是 1.25％，116（h）款为夏威夷土著居民预留的资金是 0.25％。法案规定，除以上预留的资金外，剩余的资金将按照州内三个年龄段人口的比例进行分配。Perkins IV 保留了 Perkins III 对州与地方拨款的比例，其中 85％的资金必须面向地方中学和中学后教育机构，各州可以获得 10％的资金用于各类项目支出，5％（或者不超过 25 万美元）用以支付各州的管理成本。在地方使用的资金中特别要求为农村地区、参与生涯技术教育学习学生比例较高地区、参与生涯技术教育学习学生数量较多的地区预留一定比例的资金。同时，资金分配时也要考虑不同地区的人均收入水平进行合理的加权分配。

再次，继承先前法案的立法精神，2006 年法案依然将实施的重心放在地方层次，同时细化评估标准，继续完善联邦和各州的监督管理责任。法案第 114 款明确规定联邦主要承担宏观的信息收集和评估责任。为了使联邦和州的评估有据可循，法案采纳了参议院议案中提出的分别建立中学和中学后项目实施的核心指标同时还应该将这些指标细化为各层次学生所应掌握的学术内容和学术成就标准的建议。在联邦和州的监督管理责任方面，法案规定教育部长必须与接受联邦拨款的各州签署一个两年期的各州所能达到的核心指标协议，这个协议可以称为调整后的项目指标水平。如果有意外情况发生，各州还可以与联邦协商变更以上标准。联邦教育部无权确定各州或地方学术和生涯技术教育的内容和成就标准，这些权力将最大程度地赋予各州。法案同时规定任何一个州如果拒绝申请帕金斯法案的拨款，相应地也没有向教育部长递交州生涯技术教育规划，那么这个州将被取消申请教育部管理的其他拨款项目的资格。为了及时评估州和地方联邦资助接受者在项目实施中取得的进步，促进联邦生涯技术教育拨款发挥最大的效果，法案更加注重州和地方责任系统的创建，要求每一个地方层次的联邦拨款接受者还必须与各州签署协议，具体阐释地方在项目实施的第一个两年期内所能够达到的标准。如果各州没有达到调整后的任何一个核心指标90%的标准，各州必须创建项目好转规划，项目好转规划实施的两年期内，各州如果仍然达不到核心指标90%的标准，教育部长可以授权部分或完全取缔各州该项目获得的资金或管理资金，然后用这些取缔的资金帮助各州创办项目好转规划或其他好转活动。地方与州之间的项目管理也可以采取与以上类似的做法。层层签订的项目指标和层层监督的管理机制，在最大程度上给予了州和地方自主性的同时，也使各层级的责任更加明确、目标更为具体，也更容易形成推动职业技术教育发展的合力。

最后，与先前法案一样，Perkins IV 的技术准备项目在继承先前法案主要立法原则的基础上，更加突出了责任明确、管理简单化的倾向，同时继续扩大可以申请该项目的机构数额。比如，法案改变了先前技术准备项目与各地职业技术教育项目分别申请的模式，第 202 款明确提出，各州可以选择将全部或部分技术准备项目与各州基本项目联合起来申请，然后将申请到的拨款根据州内资金分配的模式统一分配。另外，法案扩大了先前技术准备项目申请机构的数量，允许非盈利性的高等教育机构（主要针对私立高等院校）申请技术准备项目资助。比如，Perkins IV 限定的合格的项目申请机构至少应该涵盖以下 2～3 个机构：地方教育机构、教育中介机构、教育服务机构、区域生涯技术教育机构、由印第安事务局支持的中学机构、非盈利性的高等教育机构（其中包括提供两年协士学位或两年证书项目的机构或者提供与中学教育直接相连的两年学徒项目的机构）。根据 2006 年法案的总体精神，技术准备项目联合体在递交项目申请报告的时候，应该特别考虑：为学生提供高效的就业机会或转入学士学位授予机构或高一级的机构深造的机会；与工商业机构、劳工组织的密切合作；强调有效降低辍学率和提升学生重新进入学校学习的比率以及满足特定人口需要的程度；为劳动力短缺区域或领域提供教育和培训的机会；论证技术准备项目如何提升学生的学术和就业能力的可能等。鉴于教育技术的发展，法案特别规定技术准备的一些服务项目可以充分利用州和地方区域内外的各种资源，借助先进的教育技术手段和远程教育手段来提高教育培训的质量。同时，技术准备项目资金的申请者也需要与法案规定的机构签订项目实施标准协议，并递交年报，严格责任评估系统。

2006 年《卡尔·D. 帕金斯生涯技术教育好转法案》在先前法案的基础上，不仅在立法目标上体现了更高更大更长远的特征，而且法案因地制宜，通过联邦、州、地方层层签订的项目指标协议，在增加州和地方管理灵活性的同时，集中体现了联邦政府对职业技术教育弹性管理、目标管理的原则。另外，法案致力于强化更多机构之间的合作，也体现了更强的开放性。

第五节　1984 年法案颁布以来联邦职业技术教育立法的总体特征与实施效果

一、总体特征

伴随着国内外形势的变化，1984 年《卡尔·D. 帕金斯职业教育法案》及其之后的系列修正案与先前的职业技术教育立法相比有了很大的不同。如果说 1963 年《职业教育法》及其系列修正案开启了联邦职业技术教育立法更为关注弱势群体平等教育需求的新时代，那么，1984 年《卡尔·D. 帕金斯职业教育法案》及其系列修正案则跨入了对职业技术教育质量和效率持续关注的新阶段。这种关注一方面体现在不断提升职业技术教育的学术和技能标准，促进个体学术、职业、就业等诸多能力终身、持续的发展上，另一方面也体现在分权、放权、开放、弹性、责任、竞争、市场等管理特征上。正是以上倾向的出现，使帕金斯系列法案彻底改变了 1917 年《史密斯-休斯法案》出台之后所形成的职业教育、普通教育、学术教育相互分离，职业教育与实际工作场景教育分离，中学职业教育与中学后技术教育相互分离，职业技术教育与专业教育相互脱节等的现象，美国职业技术教育立法在推动职业技术教育回归最初与普通教育融合、与工作现场教育融合、与社区和生活教育融合的状态时也实现了自身的超越。

我们仍然可以结合 20 世纪 80 年代及其之后整体的时代环境变迁来探讨系列帕金斯法案立法倾向改变的深层次原因。首先，伴随着 20 世纪 80 年代以后美国知识经济时代特征的逐步显现，知识经济对劳动力的基本素质、职业技能、创新能力等提出了更高的要求，当此之时，更多的美国人认为投资于知识经济的基础，尤其是教育、培训和科学技术研究，重视学生的职业技能与学术基础的共同提高，应该成为美国教育努力的方向。加之此时期，世界终身教育的思潮已经进入了许多国家和国际机构的立法文件和报告中，可以说建立学习化社会、关注人的"终身"发展已经成为世界各国政府普遍关注的问题。而正是在这种背景中，已经在美国的生涯教育运动中彰显这一特征，其在 20 世纪 80 年代以后更成为指导职业教育立法的重要原则。其次，由于与美国的西方盟友相比，此时期美国在世界舞台上的地位有了相对的下降，正是在意识到美国有可能在国际竞争中丧失所有优势的严峻形势下，与苏联卫星上天时期同样，美国社会更多地从各级各类教育对经济和科技发展的支撑能力来考虑这一问题，而正是美国举国上下检讨和反省教育的氛围，在一定程度上扭转了之前各类教育平庸的倾向，促成了美国社会对高质量教育（其中包括高质量职业技术教育）的重视，职业技术教育也一改 1917 年《史密斯-休斯法案》出台以来一直秉持的社会效率职业教育观，走上了职业教育、普通教育、学术教育相互融合、协调统一、共同发展的轨道。再次，20 世纪 70 年代之后世界范围内兴起的"新公共管理运动"也为帕金斯系列法案提供了新的管理理念和管理方法。"新公共管理运动"主要是在政府公共管理的过程中引入市场竞争机制与工商企业管理方法，以最终提高政府的管理水平并实现政府公共管理的经济、效率和效益的 3E 目标。在新公共管理思想的影响下，从尼克松总统开始，体现新公共管理思想精髓的"新联邦主义"已经成为美国联邦政府的主要管理思想。联邦政府在职业技术教育法案的管理中重新调整了联邦、州与地方的关系，在给予州和地方最大管理主权的基础上，奖优罚劣，使新公共管理的目标管理、绩效管理的理念渗透到了职业技术教育的管理中。

正是在以上时代背景中，帕金斯系列法案与先前法案相比在以下 4 个方面有了明显的改变。

首先，法案立法目标的转型。在 20 世纪 60 年代及其之后的特殊环境中，1963 年《职业教育法》及其系列修正案改变了先前职业教育立法中鲜明的国家利益至上的倾向，在民权运动和人力资本理论营造的大氛围中，系列职业技术教育立法与系列民权立法、系列人力资源开发立法、系列普通教育立法一道共同致力于对"人"，特别是对那些长期被忽略的弱势群体平等教育权利的关注，将保障他们的权利平等、能力发挥、就业需求作为立法的首要目标，进而才是国家战略目标的实现。进入 20 世纪 80 年代，当知识经济、信息时代的浪潮给予人们更多发展机会的同时，也使社会上更多职业的就业门槛变高，使所有有技术和无技术的人均面临着更为频繁的职业变迁问题，在这种情况下，1984 年《卡尔·D. 帕金斯职业教育法案》及其系列修正案从重点关注弱势群体的平等教育需求转而持续关注职业技术教育的质量和效率。法案在不断提升职业技术教育的学术和技能标准的同时树立了更为宏大的目标，即将促进个体高质量的学术、职业、就业等诸多能力终身、持续发展作为立法的首要目标，在实现人的全方位持续发展的基础上促进国家整体目标的实现。除此之外，借鉴新公共管理原则，此时期法案还非常关注职业技术教育的实施效率问题，力求使有限的联邦资助发挥最大的效益。

其次，促进学术与职业教育、中学和中学后教育、学校教育与工作世界的联结与融合。这一特征是在 1984 年帕金斯法案中初露端倪的。1984 年法案受上一阶段法案重视弱势群体教育培训就业需求的影响，仅仅提出了加强教育与劳动力市场的衔接、强化职业教育类学生的学术基础等问题，但并没有明确提出联结的思想。在此基础上，1990 年《卡尔·D. 帕金斯职业与应用技术教育法案》第一次明确地提出了促进三大方面的联结与融合问题，不仅使职业技术类学生的学术基础首次赢得了和职业技能同等重要的位置，而且法案所推荐的中学与中学后职业技术教育联结项目——技术准备项目除了能有效增加学生在校的保有率，降低辍学率之外，还能有效地预防两大层次教育机构对联邦拨款争夺的局面，使更多的学生、教育机构和社区深受其益；而青年学徒项目、体系化的工作经历、合作教育、基于学校学习和基于企业学习融合的学习方式，更有利于学生及早确立生涯身份，使他们在学校学习时就能找到更多的目的感和归属感。在1990年法案的基础上，1998年法案更是将1990年法案的关键词"职业与应用技术教育"概念转变成"职业技术教育"，将中学职业教育和中学后技术教育联结成统一的整体，并明确地提出职业技术教育服务于就业与继续教育的双重目标。2006年，法案在继续先前法案立法倾向的基础上，将职业技术教育的概念进一步扩展为"生涯继续教育"，同时鼓励地方和各州创建具有挑战性的学术和技术标准，为学生当前或未来进入高技术、高工资或者高要求的行业做好准备。同时期的人力资源立法和普通教育法案也强化、推进、补充了这种倾向，这一点，我们仅从不同时期人力资源立法名称的变换上就可见一斑。

再次，与法案以上的倾向相配合，法案在管理方法、技术与策略等方面也体现了更强的开放性，即允许有更多人员和机构参与到法案的制订和实施过程中来。比如，为了使各州和地方的职业技术教育规划更加符合各州和各地的实际，几乎每部帕金斯法案都要求州与地方的规划机构尽量吸纳各个阶层与领域的代表，在给予这些代表最大的参与决策权力的同时，通过听证会广集民意，使各州与地方的职业技术教育规划得到更多方面的认可，为其顺利实施奠定制度的基础。该时期的法案还注意运用各种开放性的方法和手段，如通过网络实施远程开放式教学和培训、通过网络主页的创办，加快各种信息的交流和传播等。2006年帕金斯法案特别要求技术准备项目联合体在递交项目申请报告的时候要注意与工商业机构、劳工组织密切合作，要充分利用州和地方区域内外的各种资源，借助先进的教育技术手段和远程教育手段来提高教育培训的质量。当然，这种开放性在同期的人力资源开发法案和普通教育法案身上也有鲜明的体现。比如，1994年《从学校到工作机会法案》建立了最高限额贷款项目制度，通过精选141家合格的技术服务商组成资源库，使每个州都能够定制并获得自己所需要的技术帮助。1998年《劳动力投资法案》则借鉴商业模式，组建终极服务系统，通过与之配套的个人消费账户等措施，在多个机构合作的广阔平台上扩大了消费者接触的各类信息量，增加了消费者选择和利用有用信息的机会等。

最后，重心下移、弹性管理的特征。深受20世纪70年代之后世界范围内政府公共管理思想转型的影响，1984年之后的职业技术教育法案（相关人力资源立法和普通教育法案也有相同的倾向）在管理体制上表现出了重心下移、弹性管理的特征。我们可以从联邦、州与地方权力分配的角度清楚地看到这一原则，目前，州与地方，特别是地方已经成为职业技术教育当之无愧的主要承担者，联邦政府早已经从事无巨细地对州与地方职业技术教育项目的直接管理中抽出身来，主要负责三项事宜，即审批各州的职业技术教育规划、收集整理职业技术教育信息、对职业技术教育进行综合评估；在州层次，针对先前联邦职业技术教育拨款被州截留的情况，从 1990 年法案开始，法案降低了各州可以支配的基础拨款资金数量，如 Parkins Ⅱ 规定州与地方分享联邦资金的比例为 25% 和 75%，Parkins Ⅲ 规定 85% 的联邦资金必须直接拨付给地方，15% 的法案拨款可以用于州层次；州教育管理机构主要分担联邦政府先前的管理责任，在监督地方目标责任完成的基础上，直接参与一些旨在取消性别歧视之类的项目以及罪犯改造之类的项目等。伴随着地方成为法案的实施主体和主要责任承担者，联邦职业技术教育立法在管理方法上也体现出了更多弹性的原则。这一点我们可以从细化了的州与地方责任评估的指标体系，以及联邦与州，州与地方层层签署的责任协议中深切地体会到这种变化。

二、实施效果

在 1984 年帕金斯法案及其系列修正案的引导下，经过几十年的发展，从目前各方面的统计数据来看，美国职业技术教育已经发生了天翻地覆的变化。

第一，这种变化表现在职业技术教育的普及性和人人可接近性方面。美国目前至少有 11 000 所高中（占国内同类学校的 2/3），其中大约包括 9500 所综合高中（特许学校也在其中），1000 所职业高中和 800 所地区或区域职业学校开设了一门以上的职业课程。其中，89.2% 的中学职业教育在综合高中开设，4.6% 在职业高中开设，6.2% 在区域职业中心开设，另外也有极少部分在初中开设。由于中学职业技术教育的普及性，几乎所有美国公立学校的高中生在毕业时都获得了一定数量的职业课程学分。[①] 特别需要指出的是：尽管自 1982 年以来，由于对中学生学术能力的强调，加之受大环境的影响，中学生进入高一级院校深造的愿望普遍增强，职业课程集中学习者（主要指在任何一个单独的职业门类至少获得 3 个学分的学生[②]）的数量在 1982~1992 年有所下降，但是 1992 年以后则平稳保持在一定的水平。而自 1982 年以来的 15 年内，职业投资

① Silverberg M，Warner E，Goodwin D，et al. 2004. National Assessment of Vocational Education Final Report to Congress. http：//www. ed. gov/rschstat/ eval/sectech/n ave/reports. html：59. ［2007-03-05］.

② Skinner R R，Apling R N. The Carl D Perkins Vocational and Technical Education Act of 1998：Background and Implementation. http：//www. ccsso. org/content/pdfs/ Perkins _ CRS _ Report. pdf：12. ［2007-11-23］.

者（至少获得 3 个职业课程学分的学生被称为职业投资者）的数量长期稳定在
42%～46.2%。我们以 2000 年美国教育统计数据为例来加以说明。2000 年，美
国 12 年级学生共有 2 799 484 人，而职业投资者的数量是 1 245 770 人，相比较
而言，职业集中学习者的数量为 727 899 人；从中学后教育层次来看，以社区学
院和技术学院为主，包括工商业协会、劳工组织和盈利性教育机构所开展的职
业技术教育培训，通过多种途径为全美 1/3 的大学生提供时间不等的学分类或
非学分类职业课程[①]；与 20 世纪 80 年代相比，90 年代有更高比例的中学职业课
程集中学习者进入中学后层次的职业技术教育机构学习，这一比例已经从 1982
年的 41.5% 提高到 1992 年的 54.7%。[②] 此外，从 1989～1996 年，中学职业类
毕业生协士学位项目申请比例增加了 27%，学士学位申请比例也从 1996 年的
1.1% 上升到 2000 年的 5.1%。[③]

　　第二，由于系列帕金斯职业教育法案和普通教育法案对学生学术基础的强
调，目前全美中学毕业生获得的职业类课程学分比 20 世纪 80 年代稍有下降，其
获得的学术类课程学分却从 1990 年的 14.3 分上升到 2000 年的 18.8 分。2000
年，每个毕业生比 1990 年的毕业生平均多获得 1 个学术类课程的学分。[④] 我们
以职业课程集中学习者为例就可以清晰地看到这种变化：2000 年，职业课程集
中学习者与非集中者所获得的学术课程学分之间的差距已经从 1.8 分降到 1.0
分。[⑤] 当然，从整体来看，高中毕业生所获得的职业类课程学分依然高于其获得
的数学、科学或社会科学课程的学分，并且与英语类课程所获学分基本持平。[⑥]
此外，从学生在中学或中学后机构注册学习的职业教育领域来看，隶属于新经
济职业教育类别的学生人数远高于传统职业课程的学生人数，如目前全美大约
29% 的学生在社区学院注册学习的是商业、22% 在健康职业、12% 在工程和科

---

　　① Silverberg M，Warner E，Goodwin D，et al. 2002. National Assessment of Vocational Education In-
terim Report to Congress，2002. U. S. Department of Education Office of the Under Secretary Policy and
Program Studies Service：XXI.

　　② Silverberg M，Warner E，Goodwin D，et al. 2004. National Assessment of Vocational Education
Final Report to Congress. http：//www. ed. gov/rschstat/ eval/sectech/n ave/reports. html：144. ［2007-
03-05］.

　　③ Silverberg M，Warner E，Goodwin D，et al. 2004. National Assessment of Vocational Education
Final Report to Congress. http：//www. ed. gov/rschstat/ eval/sectech/n ave/reports. html：185. ［2007-
03-05］.

　　④ Silverberg M，Warner E，Goodwin D，et al. 2004. National Assessment of Vocational Education Final Re-
port to Congress. http：//www. ed. gov/rschstat/ eval/sectech/n ave/reports. html：135. ［2007-03-05］.

　　⑤ Silverberg M，Warner E，Goodwin D，et al. 2004. National Assessment of Vocational Education Fi-
nal Report to Congress. http：//www. ed. gov/rschstat/ eval/sectech/n ave/reports. html：133. ［2007-03-
05］.

　　⑥ Silverberg M，Warner E，Goodwin D，et al. 2004. National Assessment of Vocational Education Final Re-
port to Congress. http：//www. ed. gov/rschstat/ eval/sectech/n ave/reports. html：65. ［2007-03-05］.

学技术、5%在计算机和数据处理，而传统职业领域，如农业、家政经济、市场营销、贸易、工业等注册的学生不超过 12%。① 此外，由于社区学院对学生的学术能力而非手工操作能力有着更高的要求，因此，社区学院致力于为学生提供专业或半专业性的训练，而不再以培养蓝领工人为目标。由此，在一些专业领域，学生从社区学院转学到四年制本科的比例比那些从学术领域转学出来的学生比例要高。

第三，目前美国教育界出现了更多促进三大融合的努力。比如，从促进职业与学术内容融合的角度来看，美国各州平均将 20%的管理基金用于促进学术教育和职业教育的融合。② 许多州或者采取强化中学职业课程的学术内容或者帮助学术课程教师采用更加实用的教学方法，或者采取帮助学生发展批判性思维和问题解决技巧，或者做出其他努力来促进这种融合；许多中学后教育机构有的致力于开发学术和职业内容相互融合的课程，有的则通过设计新的证书项目促进学术和职业教育的融合。此外，在一些综合高中还出现了多种多样的旨在推动学术与职业教育、工作场景和学校学习之间联结的新的课程联合体，如生涯学术联合体、职业群等。所谓的生涯学术联合体是由几个不同学科教师和一群学生在几年的时间内围绕着一个横跨 3～4 个学科的项目或问题展开研究，而职业群是一些学校为 10 年级左右的学生设置 2～3 年的职业群课程，这些课程尽量与真实场景的问题挂钩，有助于学生多种能力的培养。

从强化中学和中学后职业教育联结的角度来看。在系列《卡尔·D. 帕金斯职业教育法案》和人力资源法案的影响下，联结中学和中学后职业教育的"技术准备项目"和"技术准备示范项目"逐渐增多。其中，联结协议和双重学籍（高中生同时在中学和大学注册，获得双重学分）的做法在高中较为普遍。目前，美国拥有 1000 多家联结中学和中学后职业课程的技术准备项目联合体，大约 70%的中学学区加入了至少一个联合体。2001 年，10%左右的 9～12 年级学生参与了技术准备联合体，而中学后机构参与技术准备联合体的比例为 4.6%。③

此外，学校教育与工作世界的联结也在一定程度上受到重视。比如，从中小学课程设置的角度来看，一般学校都会在普通课程和职业课程之外安排一些

---

① Jacobs J, Grubb W N. 2003. lmplementing The "Education Consensus": The Federal Role in Supporting Vocational-Technical Education. http://www. ed. gov/offices/OVAE/HS/jacobs. doc: 10. [2008-5-12].

② Silverberg M, Warner E, Goodwin D, et al. 2004. National Assessment of Vocational Education Final Report to Congress. http://www. ed. gov/rschstat/ eval/sectech/n ave/reports. html: 88. [2007-03-05].

③ Silverberg M, Warner E, Goodwin D, et al. 2004. National Assessment of Vocational Education Final Report to Congress. http://www. ed. gov/rschstat/ eval/sectech/n ave/reports. html: 218. [2007-03-05].

实习课，到 20 世纪 90 年代，大约每年都会有略少于 1/3 的高中毕业生在中学阶段选修一些实习课[①]；从教师与工作世界的联系来看，教师往往会通过多种方式向企业主推荐毕业生、邀请企业人士来校讲课、带领学生参观企业等。调查显示：职业高中和区域职业中心的职业类教师往往与企业有着更多的联系，而普通高中职业课程教师往往比学术课程教师与企业联系得更多；从企业方面来看，企业人士对本区域职业教育的影响往往是通过参与区域职业咨询委员会的工作来实现的。2001 年，57.5％的职业课程教师表示"曾经"与企业人士在咨询委员会一同工作过，23.8％的职业教师表示"经常"与企业人士一同工作。[②]

第四，从不同群体参与职业技术教育的情况来看。1998 年，残疾学生占高中毕业生总数的 2.8％，既是残疾学生，又是职业课程集中学习者的比例为 4.2％。来自低收入背景学校的学生、来自农村地区的学生、非裔美国学生、英语水平受限的学生与其他主流学生相比也获得了更多的职业类课程的学分。[③] 作为美国社会应对全球化、知识经济挑战，以及实施终身教育的工具，美国中学后职业教育吸引了不同年龄、学历层次和类型的学生就读。据统计，美国大约一半的中学后职业类学生是在高中毕业几年后才注册入学的，而其余的一半平均年龄在 23 岁以上；21.1％的学生家庭年均收入低于 2 万美元或处于学术不利处境，另有 30.4％的学生入校前已经拥有不同种类的中学后学位证书或资格证书（主要是资格证书）。[④] 由于学生来源的复杂性，68.3％的中学后职业类学生会在完成一年或不足一年的课程后离开学校。为了能够提升中学后此类学生的毕业率，同时避免中学后机构培养出来的学生的入门技能与企业所要求的技术之间可能存在的巨大偏差现象，目前美国已经出现了多种力量推动的教育机构与企业合作创建面向就业的课程的做法。

第五，从提高职业技术教育参与者的收入方面来看。尽管调查发现中学层次的职业技术教育在降低辍学率方面效果并不明显，但是，从收入方面来看，

① Silverberg M，Warner E，Goodwin D，et al. 2004. National Assessment of Vocational Education Final Report to Congress. http：//www. ed. gov/rschstat/ eval/sectech/n ave/reports. html：74. ［2007-03-05］．

② Silverberg M，Warner E，Goodwin D，et al. 2004. National Assessment of Vocational Education Final Report to Congress. http：//www. ed. gov/rschstat/ eval/sectech/n ave/reports. html：110. ［2007-03-05］．

③ Silverberg M，Warner E，Goodwin D，et al. 2004. National Assessment of Vocational Education Final Report to Congress. http：//www. ed. gov/rschstat/ eval/sectech/n ave/reports. html：79-80. ［2007-03-05］．

④ Silverberg M，Warner E，Goodwin D，et al. 2004. National Assessment of Vocational Education Final Report to Congress. http：//www. ed. gov/rschstat/ eval/sectech/n ave/reports. html：155. ［2007-03-05］．

1992 年的高中毕业生，如果学习过一门职业课程，其收入可以增加 3.2%（相当于 207 美元）。对经济上或教育上处境不利或者身有残疾的学生而言，无论男女，中学职业课程均能够提高其短期的收入。2000 年，在中学后教育机构学习的男性，即使最终没有获得证书或学位，仍然每年比男性高中毕业生多收入 8.0%。① 另有调查显示：从 1986～2000 年，无论男女，协士学位毕业证书的重要性都增加了。2000 年，女性协士学位毕业生比女性高中毕业生收入提高 47.0%，女性中学后职业证书获得者比女性高中毕业生收入多 16.3%，男性职业类协士学位毕业生收入比未获得学位证书的高 30.2%。②

① Silverberg M, Warner E, Goodwin D, et al. 2004. National Assessment of Vocational Education Final Report to Congress. http：//www. ed. gov/rschstat/ eval/sectech/n ave/reports. html：204. ［2007-03-05］.

② Silverberg M, Warner E, Goodwin D, et al. 2004. National Assessment of Vocational Education Final Report to Congress. http：//www. ed. gov/rschstat/ eval/sectech/n ave/reports. html：204-206. ［2007-03-05］.

第五章

150 多年来美国联邦职业技术术教育立法制度发展变化的内在规律及其启示

　　正像著名人类学家 F. 博厄斯所认为的，人类的历史证明，一个社会集团，其文化的进步往往取决于它是否有机会吸取临近社会集团的经验。[①] 工业革命兴起后，伴随着能源、交通、工具等的不断改进，世界各国相互交往的机会逐渐增多、程度不断加深，人类用不足 300 年的时间跨越了曾经一万多年巍然屹立的农业文明。[②] 伴随着工业文明的出现，世界各国无一例外地处于日趋广泛、深入和持久的相互影响、相互竞争的态势中。而正是在这一历史洪流的推动下，由民族国家资助管理的学校形态的职业技术教育逐步取代了由行会组织管理的传统形态的学徒制，并日益成为民族国家发展本国经济、提升国际竞争能力的重要手段。因此，从这个意义上来看，150 多年来美国联邦职业技术教育立法制度发展、变化的历程，在本质上就是一个存在于国家竞争、由于竞争和为着竞争的过程。可以说，在每一个重要阶段，联邦职业技术教育立法，都是在有感于美国国际竞争地位受到威胁的情况下产生的，而立法产生后，其服务于美国国家经济实力增长、国际竞争地位提升的目的也是非常明确的。

　　当然，除了服务于国家竞争的目标，伴随着 20 世纪以来世界范围内科学技术的发展、经济形态的变化，以及政治民主化程度的不断加深，教育现代化、民主化的历程也在深刻地改变着美国联邦职业技术教育立法制度的外在形态。1862 年《莫雷尔法案》的出台标志着美国高等职业技术教育立法制度的创建，1917 年《史密斯-休斯法案》的出台标志着中等职业技术教育立法制度的产生，与这个过程自始至终相伴相生的是联邦职业技术教育立法覆盖领域的不断扩大、

---

　　① 斯塔夫里阿诺斯.1992. 全球通史——1500 年以后的世界. 吴象婴，梁赤民译. 上海：上海社会科学院出版社：6.

　　② 阿尔文·托夫勒.1996. 第三次浪潮. 朱志焱等译. 北京：新华出版社：4.

目标人群的不断增加、质量标准的不断提升、管理手段的不断完善，乃至到了知识经济的时代，当美国联邦职业技术教育立法的概念向生涯技术教育立法转变的时候，职业技术教育立法已经与全民教育、终身教育等有了更多内在的一致性。总而言之，150多年来美国联邦职业技术教育立法制度发展变化的历程，不仅是美国政治、经济、文化变迁的一个缩影，同时也是一个立法制度不断完善自身的一个动态过程。探究该立法制度变迁背后多种因素的相互作用，揭示其发展变化的规律，不仅能够更为深刻地理解美国联邦职业技术教育立法制度内在的本质，而且对完善中国职业技术教育立法制度也有极强的借鉴价值。

第一节　多种职业技术教育目标共同服务于美国国家目标的实现

复杂和熟练的劳动力是制约国家竞争能力的一个关键要素。自国家形态的职业技术教育立法产生以来，作为促进劳动力培养、提升国家竞争能力的一种法律制度，职业技术教育立法的目标不容置疑地是为着国家的整体利益和目标服务的。此外，在教育分权制的美国，各州事实上掌握着职业技术教育发展的管理权和决策权，因此，美国联邦职业技术教育立法除了服务于国家的整体目标，还需要更好地兼顾各州的利益和个人的职业教育需求。150多年来的美国联邦职业技术教育立法制度发展变化的历程，首先就是一个协调多种利益和目标，促进美国国家目标的实现过程，换句话说，150多年来的联邦职业技术教育立法制度，以美国国家目标的实现为核心，同时致力于其他多种目标的实现。

一、联邦职业技术教育立法目标与国家目标的一致性

作为一个相对较大的社会集团，自国家出现以来，世界各国的政治学家、经济学家和社会学家对"国家目标"的概念都曾经有过不同的看法。借用新制度经济学家道格拉斯·C.诺斯关于国家目标较为"世俗"和较为"赤裸裸"的解释，国家作为一个理性的经济人，其存在的基本目标有两个：一是规定竞争和合作的基本规则，以便为统治者的所得最大化提供一个所有权结构；二是在第一个目标的框架内，减少交易费用，以便促进社会产出的最大化，从而增加国家的税收。[①] 虽然以上两大目标存在着一定的矛盾性，突出表现在国家在实现社会（公众）利益最大化目标的过程中往往受统治者自身利益最大化的掣肘，而国家统治者在追求自身利益最大化的过程中也必须权衡社会（公众）的利益。尽管以上基本目标之间存在着一定的矛盾性，但是如果将国家放置在世界各国

①　吕中楼.2005.新制度经济学研究.北京：中国经济出版社：256-257.

日趋激烈的关于实力、安全、发展等的竞争大舞台的时候，我们完全有理由认为，国家经济人追求自身利益和社会利益最大化的目标完全是可以相互协调、共同服务于全方位的竞争目标的。当然，由于国家利益的多元性，仅仅通过制度经济学"国家利益"或"社会利益"的视角来考察国家目标的内涵依然是非常片面的，因此，在这里，我们还可以首先分析"国家职能"的概念，在考察国家所拥有的各项职能的基础上，较为准确地把握与国家职能密切相关的国家目标所应该涵盖的内容。

何谓国家职能？在古典主义经济学的代表人物亚当·斯密那里，他提出应该尽可能地将社会经济发展的事情交给"看不见的手"——市场去自动调节，而君主或国家应该仅仅在市场力量达不到的地方进行有效弥补。在《国富论》中，他明确列举并深入分析了君主（或国家）所应该担负的三大职能（有的书中翻译为"职责"）：保护社会免受其他独立社会的暴行与侵略的职责；尽可能保护社会的每一个成员免于其他成员的不公正和压迫行为伤害的职责（也就是建立一种严格的司法行政的职责）；建立和维持公共机构和公共工程，便利社会的商业和促进人民教育的职责。① 概括来说，亚当·斯密所认为的君主（或国家）主要有保障国家安全、维护社会公正和服务公众利益的职能。马克思主义者尽管与亚当·斯密分析问题的视角不同，但是也明确提出：任何国家都是通过对内与对外两大相互统一职能的发挥来实现国家的目标的。所谓国家的对内职能主要指对被统治者实施专制和对人民进行管理，如负责水利工程、通讯联络、交通运输等全国性的事务，组织发展文化教育、卫生事业等；国家的对外职能主要是防御外来侵略，保卫本国安全，但是有时也可能会主动发动战争。除了以上的观点之外，在20世纪30年代世界经济大萧条的背景中，英国经济学家凯恩斯（John Maynard Keynes，1883～1946年）提出了与亚当·斯密古典主义经济学理论迥异的观点，即主张抛弃经济方面的自由放任，在市场这只"看不见的手"之外充分发挥国家"看得见的手"的功能。尽管凯恩斯经济学是以疗救经济危机为主要目的的，但是它却在一定程度上拓展了国家职能的概念，即在先前国家的职能之外又增加了国家经济干预的职能。综合以上各派学者的论述，我们完全可以认为：保障国家和人民的安全、促进社会经济的发展、保障社会的公平公正是国家的三大主要职能，而实现这些职能就意味着国家目标的实现。

在以上我们对国家目标梳理的基础上，结合150多年来联邦职业技术教育立法发生发展的过程，我们可以发现：作为培养国家未来合格劳动力、促进现有劳动力素质提高的一种法律制度，各阶段的美国职业技术教育立法也都在致

---

① 亚当·斯密.1999.国富论（下）.杨敬年译.西安：陕西人民出版社，1999：759-790.

力于保障国家和人民的安全、促进社会经济的发展、保障社会的公平公正三大主要职能目标的实现。当然，只是由于不同时期特殊的国情，各个阶段美国联邦职业技术教育立法致力于这些国家目标实现的侧重点又有所不同，如图 5-1 所示。

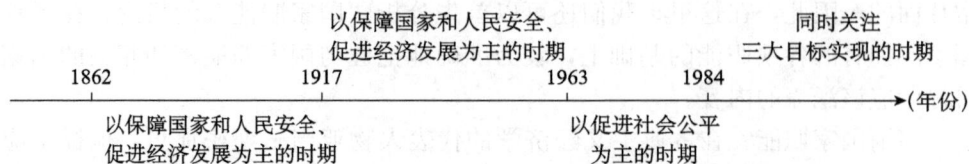

图 5-1　各阶段职业技术教育立法致力于不同侧重点的国家目标的实现

　　先来看 1917 年之前这段时间内的美国联邦职业技术教育立法。虽然 1862 年《莫雷尔法案》出现在南北战争时期，面对美国工农业发展的实际，提升工农业发展的水平、促进国内经济发展成为创办农工赠地学院的直接诉求，但是，《莫雷尔法案》出现背后的一个强大的不可忽略的因素就是 1851 年伦敦世博会及其之后的系列世博会所强化的世界主要国家工农业生产的比拼和竞争情绪。如果没有这种担心美国在竞争中落后、担心美国国家安全受到威胁的心理，恐怕人们向国会提交农工赠地学院的提案会向后推迟很多年。1917 年《史密斯-休斯法案》颁布于第一次世界大战在欧洲战场打响之际，当美国参战似乎已经成为必然的时候，为了使直接参战的士兵能够掌握先进武器的使用方法，为了能够直接提供服务于战争的技术人员，以及为庞大的军工生产准备即刻用得上的劳动力成为立法的首要目标，因此，该时期的立法与前期一样体现了对国家和人民安全和对经济发展主题的关注。20 世纪 30 年代世界范围内的经济大萧条，凯恩斯经济理论的出现，使借助于国家力量的干预，以大型工程带动就业并刺激国家经济复苏的理念成为该时期的主导思想。但是，此时期联邦政府促进就业的初衷与 20 世纪 60 年代之后促进就业的初衷是不同的，弱势群体的平等就业需求在这一时期仅仅是国家刺激经济复苏、走出危机的一个手段，而不是最终的目的。然而，在轰轰烈烈的民权运动和向贫困开战的大环境中，加之系统化人力资本理论的出台，20 世纪 60 年代及其之后职业技术教育立法首先服务于经济贫困地区、弱势群体等的就业需求，以这部分人的充分就业促进国家公平公正目标的实现，同时拉动经济发展成为此时期立法的指导思想，所有这些都标志着 20 世纪 60 年代职业技术教育立法步入了一个新的发展时期。20 世纪 80 年代之后，1984 年《卡尔·D. 帕金斯职业教育法案》及其系列修正案在 1963 年《职业教育法》及其系列修正案保障弱势群体平等教育需求的基础上，根据知识经济时代经济发展以及国家竞争的新特征，转而更为关注职业技术教育的实施质量和实施效率，以立法保障受教育者的终身、持续发展能力的形成成为法案追求的一个重要目标。因此，此时期的职业技术教育立法又表现出了同时关注国家安全、经济发展、促进社会公平三大主题。

二、州、地方职业技术教育立法目标与国家目标的一致性

包括职业技术教育立法在内的所有联邦立法面对的基本问题就是如何处理联邦、州与地方之间的权力关系问题。原因很简单，美国联邦政府仅仅拥有铸币、规定度量衡、管理各州之间的商业、制订统一的归化法律、接纳新州、设立邮局和宣战等一些明示的或默示的权力。[①] 联邦宪法将大多数的权力保留给了各州。加之宪法第10修正案又明确规定："凡本宪法未授与合众国也未禁止各州行使之权力，皆由各州或人民保留之。"[②] 由于州的基本权力大致等同于政府对公民的一般性"治安权"，因此美国社会生活的基本组成部分——家庭、商业关系、对伤害行为的民事和刑事责任、土地使用管理和财产所有权转移……相当多的事情都是由州的而不是由联邦的法律来调整的。同时，在州层次以下，美国还有着数量庞大的地方政府，据统计，在美国"一个全国性政府和50个州政府，再加上地方政府，造就了一个总共超过87 500个的庞大政府总数"[③]。美国浓厚的地方自治传统，更多地表现在州及其之下的地方社区和特别区域所拥有的权力。虽然联邦制一方面保持了州的传统和地方权力，同时又建立了一个能够处理公共问题的强大的全国性政府，但是联邦、州与地方在相互合作的过程中，尤其是在权力相互冲突时，仍然面临着如何规约三方的权力关系问题。在这方面，联邦宪法第6条第2款"优先条款"起着举足轻重的作用。该条款对联邦与州权力的规定如下：本宪法与依照本宪法制定之合众国法律及以合众国名义缔结或将缔结之条约，均为全国之最高法律，即使其与任何州之宪法或法律相抵触，各州法官均应遵守之。[④] 也就是说除非各州得到国会明确的批准，各州不能以任何方式向联邦政府征税或者管理联邦政府。或者，虽然各州可以一般性地对为联邦政府服务的个人或公司征税和实行管理，但行使这种权力时，州不得实质性地妨碍联邦政府实施各种计划。当然，尽管以上谈及的是联邦、州与地方政府可能存在的冲突以及如何协调的问题，但是，在一般情况下，三方利益或称为目标的一致性却是最经常和最主要的状态，这其中就包括三方在职业技术教育方面利益或目标的一致性。

在1862年《莫雷尔法案》颁布之前，美国许多州也有着多种类型层次的职业技术教育，但是由于大多呈零星、分散的一种存在，其发展过程不仅随意性

① 施密特，谢利，巴迪斯.2005.美国政府与政治.梅然译.北京：北京大学出版社：53.

② 高军.公民基本权利宪法保障论纲.http：//article.chinalawinfo.com/article/user/article_display.asp? ArticleID=41822.［2007-12-15］.

③ 施密特，谢利，巴迪斯.2005.美国政府与政治.梅然译.北京：北京大学出版社：49.

④ 宋冰.1998.读本：美国与德国的司法制度及司法程序.北京：中国政法大学出版社：59.

很大，且形不成一定的规模，对美国工农业生产的推动作用并不大。正是在意识到美国工农业生产与欧洲国家存在巨大差距的情况下，以莫雷尔为代表的一批人才开始在国会层次推动由联邦资助的农工高等教育机构的创建。立足于联邦与州在职业技术教育方面利益一致的基础上，1862 年《莫雷尔法案》创建了联邦与州合作关系的基本准则：只要各州的立法机构批准接受联邦赠地，各州必须按照联邦法案的具体规定来做，否则各州将受到相应的惩罚。在《莫雷尔法案》的基础上，1917 年《史密斯-休斯法案》增设了州规划的管理程序，进一步完善了以上的合作原则。从此，联邦政府从事无巨细的管理中抽出身来，主要负责监督检查州规划的实施，而各州也改变了原先被动服从的角色，不仅拥有了规划、推动和管理本州职业教育具体发展事宜的实质权力，同时还必须为达不到州规划的预期而承担相应的责任。这一变化，基本上达到了州权和联邦权利的平衡。伴随着此管理方法的下移，《史密斯-休斯法案》还成为州与地方政府真正合作关系的开始。联邦、州与地方三方合作关系的形成和匹配资金方法的使用，使汇聚到国内职业技术教育领域的资金至少是原来的 3 倍，此举极大地推动了美国职业技术教育事业的系统化和规模化发展。有鉴于州规划对各州职业技术教育发展的引导性，联邦政府在事实上还形成了对各州职业教育发展方向上的引导机制，不仅各州职业技术教育立法目标与联邦职业技术教育立法目标表现出了更大的一致性，而且各州之间的职业技术教育立法目标也表现出了更多的统一性。州与联邦共同努力推动国内职业技术教育发展的机制已经形成。

当然，三方合作推动国内职业技术教育发展的机制形成后，该机制作为联邦、州与地方共同推动国内职业技术教育发展的行为准则，在其后的 150 多年里基本没有发生重大的改变。但是，一个不容忽视的现象是，由于宏观上受不同阶段联邦政府与各州政府在处理具体国内事务方面不同管理理念的影响，美国联邦职业技术教育立法介入各州、地方职业技术教育的程度和方法又表现出了不同的特色。

按照有关学者的研究，南北战争后联邦与州之间的关系至少经历了 3 个不同的阶段：二元联邦主义阶段、合作联邦主义阶段和新联邦主义阶段。[①] 所谓二元联邦主义阶段是指自南北战争至 20 世纪 30 年代经济大萧条之前，联邦与各州在权力区分上，普遍表现出各州行使自己的治安权来管理境内事务，联邦政府管理宪法规定的国家事务，联邦政府基本不介入到纯属地方性的事务中；20 世纪 30 年代大萧条至尼克松总统执政之前为合作联邦主义时期。大萧条的困境使更多的美国人寄希望于联邦政府。以罗斯福总统推行的新政为标志，此时期的

---

① 施密特，谢利，巴迪斯 . 2005. 美国政府与政治 . 梅然译 . 北京：北京大学出版社：61.

联邦政府与各州政府往往采取广泛的联合行动，一般的模式是联邦向各州提供拨款，以帮助偿付公共工程项目、住宅援助、福利计划、失业补助和其他计划的开支，而各州则被要求推行这些计划，至少负担其中的部分费用。此时期联邦权力得到了极大的提升；尼克松总统上台后至今是新联邦主义时期。其主要的标志是联邦政府将原本属于州的一些权利归还各州。"权力下放"成为此时期的流行词汇。新联邦主义惯用的方法是将一些联邦专项资助合在一个广义的名目之下，也就是所谓的一揽子资助。联邦资助下拨时，对各州和地方政府的附加限制更少，给予了各州和地方使用资金更大的灵活度和弹性。与以上不同时期联邦、州权力关系的不同形态基本一致，150 多年来，联邦职业技术教育立法介入各州和地方职业技术教育事务的程度也是不同的，如图 5-2 表示。

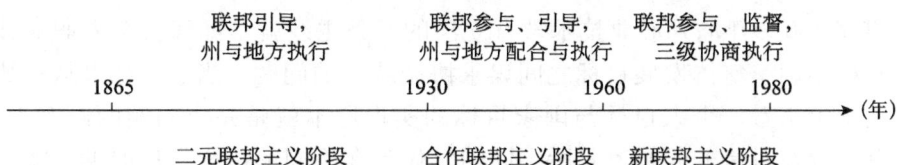

图 5-2　不同阶段联邦介入州、地方职业技术教育的程度和方法

　　从上图可以看出，在联邦职业技术教育立法出现的早期，也就是处于典型的二元联邦主义阶段的时候，由于农工赠地学院以及中等职业技术教育机构的发展符合国家利益，因此联邦政府主要负责以赠地（或拨款）作为手段，引导州与地方创建或开设符合法案要求的农工学院或中等职业技术教育。这个过程中，联邦政府作为立法主导者、州与地方作为立法实施主体的身份第一次得以确立。此时期联邦政府和各州基本上都在自己的职责范围内活动，还没有出现联邦政府僭越自身的权力范畴直接创办职业技术教育机构的事情。20 世纪 30 年代大萧条的困境是联邦职业技术教育立法管理思想转折的关键阶段。在凯恩斯经济学的指引下，根据《全国工业复兴法》，美国全国公共工程署、民政工程署、工程进展署等机构成立，开创了以国家力量牵头建设大型公共工程、安置失业人员、开展就业培训的做法，联邦政府在国内事务的管理中，自身角色也逐步经历了从主导者转变成为主导者＋主体者身份的过程。如果说 20 世纪 30 年代标志着这种转变的开始，那么在 20 世纪 60 年代系统化人力资本理论的强化下，这种转变有了更为明确的形式。比如，1964 年《经济机会法》是专门的职业技术教育立法的补充，其在很大程度上就继承了 20 世纪 30 年代以工代赈等的做法。该法为各类弱势群体开办了多种层次的联邦职业技术教育培训项目，其中较为有名的是联邦政府组建的众多一年期的工作团队和其所制定的激励失业人员参与的工作激励计划等。除了人力资源立法以上的做法之外，此时期的联邦职业技术教育立法也表现出了联邦政府不断加大对国内职业技术教育的投入，同时其干预、监督各州职业技术教育的力度也有进一步增大的趋势。自 20 世纪

70年代以来，伴随着体现新公共管理理念精神实质的"新联邦主义"浮出水面，联邦政府职业技术教育立法的管理理念再次发生了重大转型。除了继续以拨款为手段鼓励各州、地方积极开展职业技术教育活动之外，联邦职业技术教育立法采用了更具弹性和更为灵活的管理方法和策略，专注于宏观管理职能的发挥。其中，主要采取了层层协商、共同商议的办法，分级确定州与地方所能够达到的项目实施水平，并通过一揽子拨款方式、个人帐户、终极服务者等形式，对各州和地方的职业技术教育活动进行宏观的调控和监督，更加注重法律实施的效率。

三、个人职业技术教育目标与国家目标的辩证统一

贯穿150多年联邦职业技术教育立法的一条主线就是如何在个人职业技术教育目标与国家整体发展目标之间谋求协调统一的问题。当然，如果从法律的价值追求上来看，个人目标与国家目标的实现原本就是一个问题的两个方面，根本就不存在对峙的问题，其所不同的仅仅是在不同的历史发展时期，哪一个目标应该优先考虑，哪一个目标应该放在第二的位置。

正像功利主义经济学家吉米·边沁所认为的："法律的所有功能可以被归结在这四项之下：提供生计、产生富裕、促进平等、保证安全……生计和安全一起处于一个更高水平；富裕和平等则显然只具有较低的重要性。"[①] 法律作为人的行为的一种秩序[②]，其成功实现以上功能的过程，也就是促进个人目标与国家目标均衡发展的过程。这一点我们可以从法律（此处法律的概念是指自然法之外的法）的产生发展和其所追求的价值两个方面来分析这种协调一致性。

首先，从法律自身的产生发展来看，个人目标与国家目标是相辅相成的。近代学者对法律产生之前人们在自然状态下的生存状况有着不同的看法。比如，霍布斯认为人性天生的恶与人天生的平等格格不入，因此自然状态是一个人人自相为战的永久战争状态，充满了敌对、恶意、暴力和相互残杀等。洛克笔下的自然状态虽然不像霍布斯所说的那样可怕，但是也并不是完全自由、平等、善意、互助、互爱和安全的，它也存在着敌对的情形。而卢梭关于自然状态的看法与洛克相似，他认为目前社会中的一切不平等，乃是违背自然状态的结果。无论是霍布斯、洛克还是卢梭，在阐释国家法律之所以出现的问题上，观点基本上是一致的，即他们都认为，当作为理性体现的自然法不足以规约人们非理性行为的时候，为了保护人们所拥有的自然权利，人们相互之间就订立了契约，组成了政治社会，把自然权利交给社会，让社会成为仲裁人，用明确的法规公

---

① 吉米·边沁.2004.立法理论.李贵方等译.北京：中国人民公安大学出版社：120-122.
② 凯尔森.1996.法与国家的一般理论.沈宗灵译.北京：中国大百科全书出版社：3.

正和平等地对待一切人，于是就产生了成文法、执法机关以及国家。从霍布斯、洛克和卢梭的观点来看，国家（包括法律）本身就是人们让渡了自己的部分权利而组成的，其创建和最终服务的目标正是为了切实保障人们的自然权利。

其次，从法律所追求的终极价值来看，国家目标与个体目标也是一致的。按照目前学者的观点，人类的法治（根据亚里士多德的解释，法治应包含两重意义：已成立的法律获得普遍的服从，而大家所服从的法律本身应该是制订得良好的法律。① 法治可以看作法律的一种完成状态）经历了整体主义价值观向个体主义价值观的演变过程。② 比如在古希腊人那里，法治并不是终极价值，它只是实现城邦公共的善的手段。这一点我们可以从亚里士多德的著作中鲜明地看到这一点。亚里士多德的法治观念里隐藏着最高和最低两个目标："最高目标就是一种善治或说正义的统治……通过法治，城邦国家的公民群体和公民个人，无论是作为法律的制定者还是法律的遵守者，可以使自己的政治活动具有价值意义，实现自己在道德方面的升华，成为善和正义的体现者……而最低目标则是城邦或任何政体必须依规则办事，不允许统治者的任意行为。"③ 伴随着人类文明的不断进步，文艺复兴之后，在世界范围内，人作为宗教、神明或者人间统治者的奴婢的观念逐步被打破，近代法治更多地体现了基于个体主义价值观来判断是非曲直的倾向。"虽然它的目标之一依然是公共权利依规则办事，但终极价值已经不再是公共的正义，而是个人自由的实现。④ 从法律终极价值观的演变过程，我们可以看到，尽管在人类发展的不同时期，法治优先考虑的价值问题是不一样的，如古代社会通过法治来实现公共的善，近代社会则要通过法治实现个人的自由，但是在客观效果上，法律所追求的个人或国家利益的价值倾向是无法分割的。这一点，我们还可以从美国著名法学家、社会法学派的代表人物庞德在《通过法律的社会控制、法律的任务》一书的论述中获得更为清晰的认识。庞德认为，法律的任务就是调整各种相互冲突的利益，减少人们之间的相互摩擦和不必要的牺牲，以期最大限度地满足人们的利益需要。关于利益的界定问题，庞德认为，"利益分为三类：个人利益、公共利益和社会利益。"⑤ 其中，庞德所称的公共利益又可分为两类：国家作为法人的利益和国家作为社

---

① 金钟一．浅论"法治"与"法律权威"．http：//www.law-lib.com/lw/lw _ view.asp? no＝2760．[2007-12-15]．

② 房震．2003．近现代西方民主法治与宪政发展及相互关系的梳理//张文显．法学理论前沿论坛：第一卷．北京：科学出版社：112-113．

③ 吴玉章．2000．古代西方的法治观念//王焱等．自由主义与当代世界．北京：生活·读书·新知三联书店．

④ 房震．2003．近现代西方民主法治与宪政发展及相互关系的梳理//张文显．法学理论前沿论坛（第一卷）．北京：科学出版社：113．

⑤ 庞德．1984．通过法律的社会控制、法律的任务．北京：商务印书馆：37．

会利益捍卫者的利益。尽管庞德是从个人、国家和社会三方面利益的角度来考虑法律问题的，但是如果考虑到国家利益和国家目标的一致性、个人利益和个人目标的一致性，那么，庞德关于法律功能的看法仍然能够给予我们最有力的支持。

可以说，150 多年来，美国联邦职业技术教育立法为我们提供了一个典型的个人职业技术教育目标与国家职业技术教育目标辩证发展、协调一致的有力例证，如图 5-3 所示。

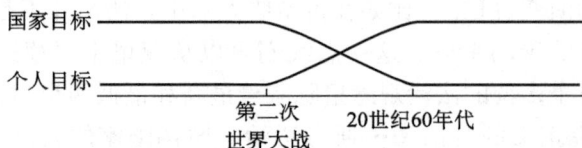

图 5-3　联邦职业技术教育立法所展示的国家目标与个人目标的辩证关系

从图 5-3 可以看到，150 多年来，联邦职业技术教育立法在致力于实现个人职业技术教育目标与国家目标协调发展的过程中，形成了一个先平行再交叉再平行的结构。我们可以按照时间线索来理解这个结构。首先，1862 年《莫雷尔法案》是在国际政治、经济竞争的大形势下，美国国内大力推动农工生产的背景中出台的，在其出台之前，参众议员曾经在究竟是采取赠地还是售地等方面进行了针锋相对的斗争，但是即便在以上问题上人们的观点截然不同，但是促进国家财富增长的目标几乎是所有辩论者首先权衡的问题。1917 年《史密斯-休斯法案》出台于第一次世界大战在欧洲爆发之际，当此之时，为美国的即将参战准备战备物资和技术人才成为压倒一切的首要目标。20 世纪 30 年代，世界范围内经济大萧条的困境，迫使美国职业技术教育关注失业、贫困人员的再教育和再就业等，但是其职业技术教育立法首先保障国家目标实现的趋势并没有根本改变，而此后为第二次世界大战准备的《国家训练法案》《乔治-巴登法案》等也鲜明地体现了国家利益、国家目标至上的倾向。其次，第二次世界大战之后，在美国经济长期稳定发展的情况下，贫富差距继续拉大，包括黑人在内的弱势群体的利益成为国家政策关注的焦点，加之此时期影响深远的舒尔茨人力资本理论的出台和人力资源开发系列立法的奠基作用，从战后到 20 世纪 60 年代短短的 10 多年间，联邦职业技术教育立法在价值基点上发生了转型，由首先考虑国家目标的实现转向通过个人的平等教育和就业目标的实现来达到国家目标的方向。特别是 20 世纪 70 年代全国范围内推广的生涯职业技术教育的实践，更是将联邦职业技术教育服务于个人生涯目标推向了更高的阶段。最后，进入 20 世纪 80 年代，联邦职业技术教育立法在继续保持 20 世纪 60 年代所确立的基调的基础上，强基固本，继续扩大职业技术教育概念的内涵，推动个人综合素质、能力的全面终身发展，在推进个人职业技术教育目标实现的基础上促进国家综合目标的实现。

第二节　推动美国联邦职业技术教育立法制度创立及其发展的内外因素分析

孟德斯鸠曾经在他的《论法的精神》一书中提出，人们应该从法律与其他事物的普遍联系中探寻法律的精神实质。他认为法律不仅与国家政体、自由、气候、土壤、民族精神、风俗习惯、贸易、货币、人口、宗教等有关系，同时，法律与法律及与它们之间的渊源、立法者的目的，以及作为法律建立的基础的各种事物的秩序也有关系，而把这些关系综合起来就是法律的精神。所以，孟德斯鸠说："从最广泛的意义上来说，法是由事物的性质产生出来的必然关系。在这个意义上，一切存在物都有它们的法。"[①] 包括卢梭在内的许多近代学者在这一法律问题上同孟德斯鸠有着同样的看法。[②] 为了对联邦职业技术教育立法制度150多年的历史有一个更为清晰的看法和更为中肯的评价，以下我们将从影响联邦职业技术教育立法的国内外政治、经济、立法制度等多种宏观和微观因素出发，系统分析联邦职业技术教育立法制度之所以呈现如此风貌的原因，以期更好地把握职业技术教育立法的精神所在。当然为了更为清晰和条理地展现影响联邦职业技术教育立法制度发展变迁的纷繁复杂的因素，我们从法本身出发，将国内外影响立法制度产生的政治、经济等因素统称为外部因素，而将影响立法过程、制约立法效果的立法制度本身的因素统称为内部因素。

一、外部因素分析

（一）国际竞争形势与其他国家或地区职业技术教育立法制度的影响

从整体来看，150多年来，对联邦职业技术教育立法影响最为深远的因素可以归结为两点：国际竞争的形势，其他国家或地区职业技术教育立法制度的影响。

1. 存在于竞争、由于竞争和为着竞争

用一句话来形容联邦职业技术教育立法150多年来发展变化的过程，可以说是一个"存在于国际竞争、由于国际竞争和为着国际竞争"的历史。

首先，联邦职业技术教育立法存在于国际竞争的背景中。伴随着工业革命的兴起，人类交往的程度和范围呈不断加深的趋势。但是，由于国家风俗习惯、历史传统、人口、民族、技术、资源、地理等相关因素的影响，任何时候世界

---

① 孟德斯鸠.1982.论法的精神（上册）.张雁深译.北京：商务印书馆：1.
② 周旺生.1986.西方法学名著评介.沈阳：辽宁人民出版社：120.

各国由生产力和生产关系矛盾运动所构成的经济基础的发展程度都是不均衡的，加之经济基础之上的政治体制、意识形态的差异，因此可以说，历史上已经存在的强国和弱国的区分在当代社会仍然是一种长期的存在。另外，自工业革命以来，随着交通、运输、能源等关键技术和工具的好转，世界经济全球化的趋势逐步增强，强国为了获得更多的利益、弱国为了保全自己的利益，在强国与强国之间、强国与弱国之间或弱国和弱国之间为了各种利益而展开的竞争、争夺不仅大量增加，而且呈日趋激烈的态势。正是在这样的国际形势下，与国家劳动力培养、国家经济发展乃至国家安全密切相关的职业技术教育甚至先于强迫义务教育制度成为统治者关注的事情。也正是从这个意义上来说，150 多年来美国联邦职业技术教育立法制度发展变迁的过程，就是存在于国与国相互竞争环境中的一个过程。

其次，我们还可以认为，在国际竞争背景中存在的美国联邦职业技术教育立法，其本身就是一个由于国际竞争而催生的事物，这一点，我们可以从职业技术教育对国家经济发展的促动作用来论证。当前，按照美国研究企业和国家竞争问题的专家迈克尔·波特（Michael E. Porter）的理解，"从国家的层面来考虑时，'竞争力'的唯一意义就是国家生产力"①。而人的因素无疑属于国家生产力中最活跃的要素。波特关于"复杂和熟练的劳动力"属于国家竞争力的高级要素的观点，与马克思主义政治经济学说关于劳动力是促进社会生产力发展的最革命的因素，以及与以舒尔茨人力资本理论等有着异曲同工之妙。职业技术教育不仅与熟练劳动力的培养有着直接的相关性，进而还是实现美国国家竞争优势的有力手段，因此，150 多年来，在不同时期根据美国国家竞争力的需要推出的不同的联邦职业技术教育立法，其本身就显示了与国家竞争能力息息相关的特性。

最后，联邦职业技术教育立法同时又服务于美国国家竞争的需要。我们可以选取 1917 年《史密斯-休斯法案》的出台来分析这一特征。1917 年《史密斯-休斯法案》出台之时，美国工农业生产的效率很低，据当时的统计资料，"1907年，德国农民在 4300 万的土地上共生产了 30 亿蒲式耳的大麦、小麦、黑麦、燕麦、马铃薯等农作物，而美国农民在 8850 万英亩的土地上种植如此作物，仅收获了 18.75 亿蒲式耳的农产品……"② 相同的数据也出现在与法国的对比中。同期，工业生产方面的对比数据大致如此。正是看到工业化后起之秀德国借助于科学、教育、地方行政和军事制度等的优越性，不仅比所有其他欧洲国家更轻松地挑起了"军备重担"，而且能够迅速动员和装备数百万后备役士兵。在这种国际对比、竞争乃至战争的形势下，《史密斯-休斯法案》挑起了为迫在眉睫的

---

① 迈克尔·波特. 2002. 国家竞争优势. 李明轩，邱如美译. 北京：华夏出版社：1.

② Page C S. 1912. Vocational Education. Washington：Government Printing office：39-40.

战争和未来美国经济发展提供更多合格劳动力的重任。从这个意义上来说，《史密斯-休斯法案》正是为了美国的国际竞争能力而生的。《史密斯-休斯法案》之前或之后的其他联邦职业技术教育立法（其中也包括相关人力资源开发法案和其他教育立法），其保障国家安全、服务经济发展，进而提升国家在国际舞台上的竞争能力的意图也都是非常明显的。

2. 其他国家或地区职业技术教育立法制度的影响

从宏观和整体的角度来看，美国联邦职业技术教育立法制度 150 多年来发生发展的历史，除了受国际竞争大环境的影响之外，其他国家或地区（其中也包括美国殖民地时期或美国建国后的各州）职业技术教育立法的实践，也对其颁布以及发展变迁产生了深远的影响。这一点，我们可以从美国与世界主要国家或地区之间的交往，美国与其他国家职业技术教育立法时间的接近性，以及立法主导思想和目标的一致性中看到这种相互影响。

首先，美国与世界其他主要国家或地区之间的人员往来、思想交流为联邦职业技术教育立法的出现奠定了思想和实践的基础。其实早在 1862 年《莫雷尔法案》颁布之前的 20 年左右，关于创建如欧洲国家一样的农业学校的建议几乎被连续不断地递交给了国会。这其中就有一位曾经的德国巴伐利亚州皇家农业学校毕业生，在其递交给国会的备忘录中，不仅描述了欧洲农业学校的课程，而且还强调了该类学校作为化学及其他自然科学实验基地的发展状况，以及这些学校经常获得政府资助的事实，而莫雷尔本人在谈及其赠地学院思想产生的来源时，也谈到了他早已知晓欧洲此类学校的存在。在《史密斯-休斯法案》的颁布过程中，德国为那些已经完成八年制义务教育并参加工作的 14～17 岁的孩子所创办的强制性的补习学校的做法通过各种渠道传到美国，特别是其创始人凯兴斯泰纳还亲自访问美国并到处演讲，所有这些都加速了美国此类学校的出现，并最终影响了联邦立法的方向和进程。此外，从美国殖民地时期以及美国建国后各州职业技术教育立法对联邦立法影响的角度来看，这种影响作用也是清晰可见的。比如 1917 年《史密斯-休斯法案》颁布之前，各州立法资助哪一类机构开展职业技术教育，其教学、课程、师资、管理机构等的设置与安排等，都已经在各个方面为联邦职业技术教育立法的出现奠定了坚实的基础，联邦职业技术教育立法仅仅是强化、固定或统一了各州的做法。

其次，美国联邦职业技术教育立法与其他国家或地区立法时间的一致性。伴随着世界各国相互交往、相互联系的加强，特别是世界博览会的出现，一国发生的事情很容易就可以越过界限，对其他国家产生影响。因此，从不同时期美国职业技术教育立法与世界其他国家立法的时间上来看，除了初期由于各国工业革命时间发生的先后，其职业技术教育立法的时间稍有出入外，自 20 世纪以来，各国职业技术教育立法在时间上有着大致的平衡。比如，1906～1912 年，美国各州职业技术教育立法开始出现，1917年《史密斯-休斯法案》的出台，标志着国家对中等层次职业技术教育资助的开始；法国也有着类似时间点，如1880年之后，法国出现了许多国家资助的职业技术类学校，1892年，法国财政法的其中一个条款又催生了另一种新类型的学校，即由工商业大臣直接管理的工商实业学校；而同期英国1889年《技术教育法》、1890年《地方税收法》、1913年《技术学校条例》等的出台，也强化了国家对职业技术教育的资助。可以说，在世界各国之间的相互影响下，第一次世界大战前，尽管德国、法国、美国、英国等世界主要国家职业技术教育立法的关注点有所不同，但是这些国家基本上已经形成了国家资助职业技术教育的体系。这种立法时间的大致一致性在战后同样有着鲜明的表现。

最后，立法主导思想和立法目标的一致性。由于职业技术教育与国家的经济发展有着密切的相关性，世界各主要国家借助职业技术教育立法，实现国家的安全稳定、经济繁荣和民族平等的愿望又都是共通的。比如，1871年德国各邦统一后，在俾斯麦强有力的领导下，建设强大的工业化国家成为德国上下为之奋斗的目标，此期的职业技术教育成为德国实现工业化，赶超先进国家的工具；而英国之所以在1851年伦敦世界博览会之后开始资助职业技术教育，其出发点也是看到德国、法国等国家的工业发展有超过英国的势头，因此想要保住英国世界工业老大的地位。现代以来，在职业技术教育与终生教育、普通教育相互融合的环境中，各国的职业技术教育在立法目标、立法手段和监督管理等方面更体现了这种共同的趋势。

（二）美国政治、经济、文化、教育等因素对立法的影响

1. 政治、经济、文化、教育制度等与法之间的辩证关系

法是调整社会关系的普遍性规范，它不是孤立存在的社会现象，它总是与特定文化和传统中的社会经济、国家、政治、民主、道德、文化、教育、科学技术、宗教等因素相互影响、相互作用、相辅相成，共同构成一个有机的社会系统。当我们判断一部或多部法之所以在社会发展的某个阶段出现，并之所以呈现如此风貌的原因的时候，首先必须了解的就是该国的立法制度在整个国家的政治制度、历史和文化传统中所处的位置，明确社会背景因素与立法之间的作用与反作用力，也只有这样，我们才能准确地把握该国法律的精神所在。

首先，法作为社会上层建筑的构成要素，其形态主要由国家的经济基础决定。正像恩格斯所指出的："……每一时代的社会经济结构形成现实基础，每一个历史时期由法律设施和政治设施以及宗教的、哲学的和其他的观点所构成的全部上层建筑，归根到底都应由这个基础来说明的。"[①] "一切政府，甚至最专制

---

① 赵震江.1985.法律与社会.北京：时事出版社：16.

的政府，归根到底都只不过是本国状况所产生的经济必然性的执行者。它们可以通过各种方式——好的、坏的或不好不坏的——来执行；它们可以加速或延缓经济发展及其政治和法律的结果，可是最终它们还是要遵循这种发展。"① 经济基础是社会存在的基础，决定着法的性质、内容和形态，如奴隶社会有奴隶社会的法、资本主义国家有资本主义国家的法……但是，经济基础并不是影响法的性质和形态的唯一因素，因为如果是这样的话，我们就无法解释处在同一历史发展阶段，有着同一种类型的经济基础的国家的法却呈现不同特点的原因。除了以上特点外，法还对经济基础有着能动的反作用力。法可以用国家强制力确保其所支持的生产力和生产关系得到发展和巩固，但是也可以用国家强制力颠覆落后的社会生产关系。

其次，关于法与上层建筑之间的关系问题。任何国家建构在经济基础上的上层建筑均可以分为政治上层建筑和思想或意识形态上层建筑。毫无疑问的是，法与国家、政治、民主、法律体系等政治上层建筑之间，或者法与社会的道德因素、风俗习惯、文化教育、社会心理、宗教伦理等意识形态之间都存在着作用与反作用。比如，在法与国家之间，法具有国家意志性，它以国家为依托和后盾，同时又必须确保国家的合法性存在；在法与政治体制之间，法以其自身的特殊方式作用于政治体制的运行和发展，而政治体制则影响着法的本质、发展进程和实现方式；现代民主引导着法的价值取向，保证了法律公正、公平、平等功能的发挥，而法则以国家强制力确保着民主的实现；单个的法与法律体系的关系表现为，法律体系的特点和规则制约着单个的法的形态和规则，单个的法也强化、补充或扩展了相应法系的特征；在思想意识形态与法之间，道德、风俗、习惯、传统、心理等作为一种潜在的社会规则，可以通过舆论等方式，促进或阻碍法律的形成和作用的发挥，而法律作为国家的强制力，则可以强制推行或保护与国家利益（包括统治者利益）相一致的意识形态的传播或推广，甚至在某种情况下，直接赋予某种道德或习惯等意识形态以法律的效力。

2. 美国政治、经济、文化、教育等对职业技术教育立法的影响

通过以上对政治、经济、文化、教育制度等与法之间辩证关系的分析，我们可以认为：由生产力与生产关系矛盾运动构成的美国国家的经济基础决定着美国政治和思想上层建筑的内容和形态，其中立法作为政治上层建筑的一部分，不仅受制于美国的经济基础，同时也与美国的政治、民主、思想、文化、教育等有着密切的联系。概括总结150多年来联邦职业技术教育立法发生发展的历

① 中共中央马克思恩格斯列宁斯大林著作编译局.1995.马克思恩格斯选集（第四卷）.北京：人民出版社：495.

程，我们可以将美国政治、经济、文化、法律等与职业技术教育立法发展变化的息息相关性，简约地以图 5-4 来表示。

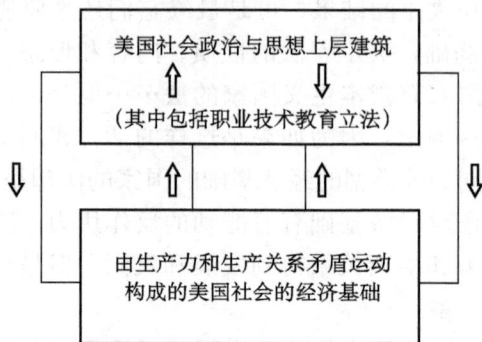

图 5-4　美国联邦职业技术教育立法与美国社会政治、经济、文化和教育的关系图

从图 5-4 就可以看到：美国国家的经济发展状况，决定了各个时期联邦职业技术教育立法关注的焦点问题，也决定了其立法的内容和形态。比如，美国实行联邦制，联邦与各州都有自己独立的法律体系，在这种状态下，联邦职业技术教育立法如果想达到引领全国职业技术教育发展的方向，采用强制性的、硬性规定的方式绝对是行不通的，而通过向各州赠地或拨款来引导发展方向的效果则要好得多；美国的民主制度，决定了规模庞大的利益集团和游说团体的存在，而联邦职业技术教育立法本身的博弈机制也是其国家民主制度的一种体现。此外，美国的法律制度整体属于英美法系，英美法系注重判例法的特征决定了联邦职业技术教育立法能够根据各个时期的焦点问题，灵活及时地采取立法行动，而不必受限于法律体系的完整和统一……总之，联邦职业技术教育立法作为美国法律制度的一部分，是有机地存在于美国由经济基础决定着的上层建筑所构成的庞大的社会系统之中的，它的存在方式是由美国政治、经济、文化、教育等制度共同决定着的，同时联邦职业技术教育立法也以自身的存在给予美国政治、经济、文化、教育等制度一定的影响。

二、内部因素分析

（一）联邦职业技术教育立法的主体

根据我国学者周旺生的观点，所谓的立法主体是指："在立法活动中具有一定职权、职责的立法活动参与者，以及虽不具有这样的职权、职责却能对立法起实质性作用或能对立法产生重要影响的实体。"[①] 从参与和影响立法两方面来

---

① 周旺生 . 1994. 立法论 . 北京：北京大学出版社：288.

考察联邦职业技术教育 150 多年来的立法主体，我们必须同时注意到美国三权分立的政治现实以及规模庞大的利益集团两大因素，换句话说，也就是美国的院内与院外参与及影响立法的力量。

首先，从美国院内参与立法的主体来看。由于美国三权分立、相互制衡的政治体制，其立法权属于国会两院共同拥有，国会允许任何一名议员提出议案，但同时总统也拥有实质性的建议立法权，且有权否决立法。反过来，即使是总统的提案，怎样处理还得由国会做主，两院又可以通过 2/3 多数推翻总统的否决。另外，根据最高法院在 1902 年的一项裁决：如果政府的行动不符合带有权威性的立法，法院有权加以制止，从而确立了法院对政府的决定拥有的司法复审权。[①] 自美国建国以来，虽然三大机构不断强化自身参与立法的权力，但是由于政治经济环境以及国内外形势的影响，三大机构所拥有的立法权力经历过多次的起伏。比如，在杰斐逊年代里，由于国会遵照杰斐逊的学说拒绝依靠行政部门拟定立法，国会各专门委员会的立法职责非常重要。自威尔逊总统开始，国会倾向于期望总统通过立法方案和预算提案来安排国会的议事日程，然后国会再对此作出反应。自 1970 年以来，国会在立法过程中又重新确立了自己的领头地位。从以上分析我们可以看到，联邦职业技术教育立法的出台过程，从参与立法的角度来讲，尽管国会、总统和最高法院的立法权力时有强弱，但是，由于三权分立体制本身所拥有的分权与制衡的机制，每一部联邦职业技术教育立法的形成与颁布，无不与参众两院议员、总统和最高法院的共同努力有着密切的关系。这一点，我们不仅可以从多部职业技术教育法案的名称上窥见众多议员的努力，同时从联邦职业技术教育立法出台的过程来看，国会、总统在各个时期的法案形成过程中尤其发挥着巨大的作用。

从院外影响立法出台的因素来看，利益集团也是当之无愧的联邦职业技术教育立法的主体。所谓的利益集团，有学者认为："举凡其目标系保护、抵御和促进成员自我利益者称之为利益团体（Interest-Groups）。"[②] 也有学者认为利益集团是一种由具有相同目标，并积极试图影响各级政府决策者的个人组成的有组织群体。[③] 无论从哪个角度来理解利益集团，其作为有组织、有目标的机构团体的身份是不变的。虽然在大多数分权制国家都存在着代表不同机构、组织和个人的利益集团，但是，正像阿列克西·托克维尔在 1834 年在其代表作《美国的民主》一书中写道的："结社原则在世界上的任何国家都没有像在美国那样，被更成功地运用或应用于更广泛的目标。"[④] 正因为美国将利益集团作为民主社

---

① 史蒂文·凯尔曼. 1990. 制定公共政策. 商正译. 北京：商务印书馆：99.

② Grant A. 1996. 美国政府与政治（第五版）. 刘世忠译. 台北：五南图书出版有限公司：196.

③ 施密特，谢利，巴迪斯. 2005. 美国政府与政治. 梅然译. 北京：北京大学出版社：167.

④ Tocqueville A D. 1980. Democracy in America, Vol. 1. New York：Knopf：191.

会表达自由的合法手段，因此，调查显示：美国有10万多个组织，全体美国人中超过2/3的人至少属于一个团体或组织。[①] 在这些数量庞大、形形色色的利益团体中，最主要的是那些代表经济生活主要部门利益的商业、农业、政府和劳工团体等，同时也包括一些在社会性质、意识形态方面为了非常具体的事务而建立的特殊利益集团。这些利益集团在美国地方、县、州和全国的各项活动中都十分活跃，它们往往借助于灵活的游说技巧和策略对美国各项政策、制度的形成和发展产生重大的影响。对联邦职业技术教育立法来说，除了国会、总统、法院三大院内立法主体之外，院外利益集团的作用也是非常巨大的。比如，以《史密斯-休斯法案》的出台为例，当时拥有13 500名会员且生产全国3/4工业输出品的国家制造商协会、美国劳工联盟、国家促进工业教育协会等都对该法案的出台和立法方向产生重大的影响，而在1963年《职业教育法》出台的过程中，美国职业协会、国家商业教育协会与美国首席教育官员理事会等机构团体的努力和支持对法案的出台和法案的内容等都产生较大的影响。

此外，无论是美国联邦职业技术教育立法的院内还是院外立法主体，其多元特征都是非常明显的。这种多元性一方面是指立法主体所代表的多元利益。从院内立法集团来说，根据美国宪法的原则精神，虽然国会两院是法定且重要的立法机构，但是国会两院并不是唯一的立法机构，美国总统和最高法院同时分有部分立法权，且无论是国会、总统所代表的行政力量还是法院代表的司法力量，其本身也都是多元利益的集合体。在国会内部，由于参众议员来自不同的州，他们分别代表了各州不同的利益，又由于参众议员来自不同的渠道，因此，其所代表的利益群体也是不同的。由于美国属于两党轮流执政的国家，民主党和共和党分别控制国会一院，党派之间的利益差别也是非常巨大的。因此，院内立法集团立法主体本身就体现了多元利益的特征。美国形形色色的利益集团是其利益多元的社会现实催生出来的现象，各个时期联邦职业教育立法本身就是不同来源的利益集团展现自己观点和意见的舞台。

另一方面，美国联邦职业教育多元立法主体发挥作用的方式也是多元的。作为民主国家的代表，美国宪法及其相关法案仅仅为包括职业技术教育法案在内的所有联邦法案设定了其立法主体发挥作用必须遵循的原则，即只要是不违背法律，各立法主体可以采用多样化的手段来推进立法的进程，这一点在院外集团身上表现得最为明显。比如，它们或者与院内议员保持密切接触，或者积极提议立法并为职业技术教育立法营造支持性环境，或者积极参与职业技术教育提案的起草工作，再或者在国会举办的立法听证会上陈述观点……可以说每一部联邦职业技术教育立法的出台都离不开院外集团多管齐下的积极推动。

---

① 施密特，谢利，巴迪斯.2005.美国政府与政治.梅然译.北京：北京大学出版社：168.

（二）联邦职业技术教育立法的程序

立法权是国家拥有的一项重要权力。世界各国的立法权一般都是由一系列的程序来保证的，其中普遍包括立法预测、立法规划、立法起草、提案递交、议案审议、通过立法、立法颁布等多个具体的步骤。关于以上具体的立法步骤（立法程序），世界各国一般都会在宪法、立法标准法（或专门的立法程序法）、立法机关的议事规则中加以规定。整体来看，立法程序的健全、科学和民主，不仅是立法权从抽象走向现实的必要途径，同时由于立法程序预先为立法活动设置了一套公正、民主、科学的程序性规则，"权力寓于程序之中"，立法机关依照法定的步骤、方式行使职权，任何违反法定程序的立法行为将更容易被发现，因此在一定意义上，程序控制比实体制约更为重要。包括美国联邦职业技术教育立法在内的所有联邦立法，其立法程序一般会包括完整的 5 个步骤。

第一是外界推动。这一点集中体现在立法议题进入联邦视野前的阶段。由于一个国家的事情多种多样，究竟哪些事情能够进入国会、总统、最高法院的视野，并首先获得通过，这不仅涉及国际国内的具体形势，同时还与这个国家不同的利益团体、政党及社会舆论的努力有关。美国社会众多的利益集团往往主动参与国家的政治生活，那些希望从立法中得到点什么的人必须自己去要求和争取，在这种背景中，美国众多的法案往往在最初都是由于外界力量的推动才进入立法主体的视野的，否则再多的议题和议案只能搁在委员会"休息"。这一点，我们从各阶段最主要的职业技术教育立法议题进入国会、总统等立法主体视野的过程也可以清晰地看到这一点。

第二是科学调查。科学调查是一些立法议题进入联邦视野后所采取的初步行动。由于现代生活的复杂性，进入总统、国会、法院视野中的议题的范围和专业程度在不断的加大和加深，但是这些问题是真问题还是假问题，是否值得国家订立法案进行规制，解决这一问题是所有的议题成为正式国会提案的基础。为了判断这些议题的真实性和价值所在，美国国会（也包括联邦政府）往往专门成立或委派其他专门的机构对这些议题展开调查。比如，1914 年，在国内开展职业教育的呼声中，众参两院共同组建了国家资助职业教育委员会，以真正调查国民对联邦资助职业教育需求的程度。在不足 60 天的时间内，提交了超过 500 页的报告，报告内容涉及了职业教育的方方面面，其最后一章"立法建议"直接成为《史密斯-休斯法案》的蓝本，而《教育为改变的工作世界服务》的报告，也直接奠定了 1963 年《职业教育法》的基础。

第三是递交提案。递交提案是某一方面的职业教育议题正式进入国会立法程序的开始。由于美国国会分为参众两院，因此提案需要参众两院的议员分别依照各自的方式向两院递交。按照国会众议院的相关规定，"在众议院例会期间的任何时候，众议院的任何议员、来自波多黎各的居民专员或代表均可以递交提案。这些被递交的提案只需投放到众议院的讲坛为此目的而专门设置的一个被称为"hopper"的木箱子（通常意译为"法案箱"）内即可"①。在参议院，参议员通常以在议长办公室将提案呈送给一名书记员的方式递交提案。与联邦层次的众多法案一样，为了表彰某些参众议员在递交提案和推动议案审议等过程中所做的贡献，美国联邦层次的许多职业教育法案都以议员的名字直接命名，比如《史密斯-利弗法案》《史密斯-休斯法案》《卡尔·D. 帕金斯职业教育法案》等。

第四是国会审议。递交到国会的职业教育提案还必须经过两道至关重要的审议程序。其一是委员会的审议，其二是众参两院全院的审议。由于美国参议院和众议院总共设有 250 多个不同性质的委员会和小组委员会，它们分别负责处理来自不同领域的提案。大多数委员会成员来自专业领域，因此，递交到委员会或委员会小组的提案会被这些专家仔细研究和辩论，如果委员会不赞成该项议题时，这项提案就不会再被审议，其寿命就在这里结束了；如果该议题有足够的重要性，委员会可以通过举行公共听证会，来了解正反两方对这一议题的意见，之后，委员会的投票结果将决定该议案能否进入下一步全院审议的程序。得到委员会多数赞成通过的提案将被送到众议院审议、辩论和投票，在众议院全院表决通过后的议案，将送到参议院审议。只有在两院都获得通过的情况下才能最终递交总统签署。

第五是总统签署法案。美国总统拥有使法案最终生效的权力。在美国联邦职业教育立法一个半世纪的历程中，只有第 15 位总统布坎南拒绝在两院首次通过的职业教育法案上签字，其结果是直接导致促进赠地学院出现的法案被推翻。布坎南总统之后，在美国历史发展的诸多关键时刻，当职业教育的发展与国家的繁荣富强表现出更大相关性的时候，多位美国总统不仅积极在两院通过的职业教育法案上签字，而且还借助于国情咨文或个人影响力等方式建议国会认真考虑职业教育与国家发展的关系，及时颁布新的职业教育法案。比如 1916 年，正是看到职业教育对国家工业和国防安全的重要意义，威尔逊总统连续给国会发出三封国情咨文，强调了开展职业教育的迫切性。肯尼迪当选总统后，一直将职业教育作为促进国家经济发展的重要力量，1963 年《职业教育法》的颁布与肯尼迪总统的努力密不可分。

包括职业技术教育立法在内的诸多美国联邦立法的程序都具有典型的民主、博弈和拖延的特征。所谓程序的民主主要指由于以上程序以及听证程序等的设计，尽可能地让更多不同利益的个人或集团参与进来，使立法最终成为多种利益的均衡解。美国政治学家史蒂文·凯尔曼曾经说过：正式的权力分享的人越

---

① 蔡定剑，杜钢建. 2002. 国外议会及其立法程序. 北京：中国检察出版社：263.

多,一项决定就越难作出,因为需要有更多方面的同意……正式的权力越是集中,局外人越难影响决策过程。① 不同层次立法听证程序的实施,不仅可以为国会、总统、法院三大院内机构提供展示、辩论各自观点的舞台,同时也可以最大程度地使院外压力集团施展自己的影响力。此外,贯穿150年联邦职业技术教育立法程序最大的特征就是充分博弈机制的建立。由于联邦立法主体利益的高度分散甚至对抗性,在国会中,一项提案从提出到可能制订成法律要经历一百多个具体的步骤。在这个连续过程的任何一个关口,该项提案都有可能遭到拖延、挫败或修改。正是不同利益集团矛盾斗争的客观性,只有建立多数联盟,才能把提案推进到立法程序的下一步骤,而这些往往需要不同利益集团之间的讨价还价和相互博弈。可以说,正是联邦立法博弈机制的形成,使包括联邦职业技术教育立法在内的联邦法案在致力于实现国家目标的同时最大程度地兼顾了不同团体、机构和人员的利益。当然,事情都是一分为二的,由于立法博弈机制的存在,也使美国联邦立法呈现出效率和民主之间的矛盾,比如对于一些有争议的提案,可能需要长达四年、六年,甚至更多的时间才能通过。这一点我们仅从1917年《史密斯-休斯法案》等职业技术教育法案的出台过程就可以强烈地感受到。但是从整体来看,立法博弈机制其利是远远大于其弊的。

(三) 联邦职业技术教育立法的实施

如果用一句话来总结联邦职业技术教育立法150多年来的实施机制,那么用"诱致性制度变迁的典型"来形容就是较为合适的。

我们知道,作为"人们有意识建立起来的并以正式方式加以确定的各种制度安排,包括政治规则、经济规则和契约,以及由这一系列的规则构成的一种等级结构,从宪法到成文法和不成文法,到特殊的细则,最后到个别契约都属于正式制度的范畴"。② 而联邦职业技术教育立法作为成文法,无疑属于正式制度的一种。在正式制度实施的过程中,人们一般会采取两种方式,即强制性制度变迁和诱致性制度变迁的方式。所谓的强制性制度变迁一般是由政府命令等国家强制力来保证,它是一种自上而下、从外向内的制度变迁方式,一般会在较短的时间内促成某种制度的实施,但是由于此种制度变迁往往缺乏制度订立主体的深思熟虑和不同利益集团的充分博弈,在制度实施中往往表现出惊人的盲目性和低效率,良好的意愿和努力并非一定能够带来好的结果。而诱致性制度变迁却与此不同,它是个人或群体,在响应获利机会时自发倡导、组织和实行的。它的最基本特征就是:盈利性、自发性和渐进性。③ 也就是说,当实施某

---

① 史蒂文·凯尔曼.1990.制定公共政策.商正译.北京:商务印书馆:14.

② 卢现祥.2004.新制度经济学.武汉:武汉大学出版社:118.

③ 王杰,蒋亚东等.1997.制度、制度变迁与经济发展.北京:经济日报出版社:30.

项制度的收入预期大于其所付出的成本的时候，相关的个人或群体就会自发响应，而不需要外力的强制就可以顺利推进某种制度的实施。当然，诱致性制度实施机制是一种自下而上、从局部到整体的制度变迁过程，其制度的转换、替代、扩散都需要时间，不可能一蹴而就。美国联邦职业技术教育立法制度的实施机制无疑属于后者。

美国联邦职业技术教育立法之所以会采用诱致性制度变迁的机制，主要是由于美国是先有州而后才有国家的，美国国家体系的建立是自下而上完成的，从《独立宣言》发表到 1787 年的费城制宪会议，依据《邦联条例》设立的合众国的权力很小，在这种状况下，为了能够引导全国教育朝向联邦所希望的方向发展，满足美国国际竞争的需求，联邦政府从宪法的普遍福利条款中找到了为教育事业向各州征税和拨款的理由，从联邦商业条款及其司法判例中找到了规范管理各州教育的方法，从法院的司法判例中找到了用教育来确保个体权利和自由的法律根据。[①] 在找到以上联邦干预全国教育发展的法理依据后，究竟是采取强制性制度变迁的方式还是采取诱致性制度变迁的方式效果更加明显，结合美国联邦与各州权力分割的现状，答案是不言自明的。借鉴殖民地各州原有的一些赠地拨款兴学的方法，1785 年联邦《土地法令》首次为新开拓地带的教育预留了第 16 区的土地，而 1862 年《莫雷尔法案》更是开创了以赠地方式资助各州创建农工学院的传统……联邦通过向各州赠地或提供一定期限的拨款的方式，交换一定范围内联邦对全国教育的管辖权，诱致性制度变迁的机制由此而产生。

诱致性制度变迁机制的组成要素一般包括游戏规则的制订、游戏规则的实施和游戏规则正常运行的保障机制三方面的内容。所谓制订游戏规则无非就是制订出一套通过划拨手中的土地资源或资金来引导各州创办职业教育机构开展职业教育活动的方法和措施；所谓实施游戏规则主要指各州有权根据自己的实际情况，权衡利弊后主动做出选择或者放弃某一获利的机会。当然，如果各州主动选择了该获利的机会，那么它在获利的同时就必须遵照该规则的要求创办某类职业教育机构开展职业教育活动。反之，如果选择了放弃该获利的机会，那么，该规则与某一州将不发生任何的联系。此外，由于诱致性制度变迁的最典型的程式是："如果你同意我对这个问题的观点和要求，我一定给你……或者，如果你不遵从我的意见，我就不给你……"[②] 也就是说，从正向和反向两个角度，诱致性制度变迁规则的制定者可以采取两种手段：奖赏或惩罚来确保规则的实施。所谓的奖赏，也就是给予主动实施某种制度的主体一些精神上的或物质上的奖励，使其自觉自愿地承认或积极响应某种变迁。而惩罚性的手段可

---

① Alexander K, Alexander M D. 2001. American Public School Law, 5th ed. Littleton：Wadsworth Group：62-72.

② 史蒂文·凯尔曼. 1990. 制定公共政策. 商正译. 北京：商务印书馆：27.

以是剥夺某些奖励或权利，或者是"使其受苦、致残或死亡"以及"限制活动"①。对于联邦职业技术教育立法来说，其主要采取的是通过赠地和拨款等激励方式来促进全国职业技术教育的开展，而采取取消其获得联邦资助的资格或追缴已经下拨的拨款等手段实施惩罚。

美国联邦职业教育法案诱致性制度变迁机制自创立以来，一直处于不断发展完善的过程中。从时间的维度来看，1862年《莫雷尔法案》的出台标志着该机制的形成。《莫雷尔法案》不仅初步确立了联邦赠地的原则，而且还为该机制的正常运转建立了诸多的保障条件，如土地勘定和售卖原则、资金的保值增值方法、监督与年报制度等；从第二《莫雷尔法案》到《史密斯-休斯法案》的颁布是该机制的基本完善阶段。在前一阶段做法的基础上，1890年第二莫雷尔法案采取了每年由国库拨款资助赠地学院的新方法，1914年《史密斯-利弗法案》第一次提出了匹配资金的概念，1917年《史密斯-休斯法案》又增设了要求各州递交州规划的程序，所有这些管理措施的使用，其目的都是为了使诱致性制度变迁的运行更为顺畅、作用发挥更大；《史密斯-休斯法案》之后系列立法的颁布标志着该机制进入了稳步实施阶段。在社会生活日趋复杂的情况下，沿用先前的管理措施，联邦职业技术教育立法通过不断细化对州规划项目种类的要求、增加资金拨付方式的多样性和资金使用的灵活性、不断创新联邦管理与监督的方式等进一步完善了该机制。

（四）联邦职业技术教育立法的监督

正如孟德斯鸠所认为的："一切有权力的人都容易滥用权力，这是万古不变的一条经验。"② 对于国家权力，尤其是对处于国家权力中心的立法权进行有效的监督，不仅是现代民主政治和国家管理的基本要求，同时也是现代国家法律目标实现的有力保障。所谓的立法监督，可以从广义和狭义的角度进行理解。"广义的法律监督泛指一切国家机关、社会团体和组织、公民对各种法律活动的合法性所进行的检查、监督、督促和指导以及由此而形成的法律制度；狭义的法律监督专指有关国家机关依照法定的权限和程序，对法的创制和实施的合法性所进行的检查、监察、督促以及由此而形成的法律制度。"③ 作为法治国家，美国联邦职业技术教育法律的监督，较好地体现了广狭义结合的特征。

比如，从广义的角度来看美国联邦职业技术教育法律监督的主体，其主要包括：三大权力机关、州与地方、院外集团，以及公民个人对职业技术教育法律的监督。美国实行的是立法、行政、司法三权分立、相互制衡的政治体制。

---

① 史蒂文·凯尔曼.1990.制定公共政策.商正译.北京：商务印书馆：27.
② 孟德斯鸠.1959.论法的精神（上卷）.张雁深译，北京：商务印书馆：184.
③ 孙国华，朱景文.1999.法理学.北京：中国人民大学出版社：391.

对包括联邦职业技术教育法案在内所有的联邦法案来说，其出台阶段在国会就要经历 100 多个具体的步骤，要承受参众两院无数次小组委员会和专门委员会的审议，加之总统和法院的制衡，可以说，院内多主体的参与过程本身就是一种很好的监督。从各州监督的角度来看，国会议员原本就是各州在联邦的代表，因此，每一部联邦职业技术教育法律在制定过程中，代表各州利益的议员肯定会力阻侵害本州利益的法律出台。在法律实施的过程中，只有首先符合各州和地方利益的联邦教育法案才能顺利实施，美国联邦职业技术教育法案的这种运行方式，在本质上来讲也是一种充分发挥州与地方对联邦教育法律监督功能的一种方式。由于美国文化将利益集团作为民主社会表达自由的合法手段，院外集团参与或影响立法的过程也是对法律的一种监督。而立法听证程序的实施，也可以最大程度地为院外压力集团、公民个人施展自己的影响力提供机会。

从狭义的角度来看，法律的监督主体主要指专业评估机构、团体等对法律的监督。这种监督始于 20 世纪 60 年代，当美国联邦政府全面干预国家职业技术教育发展的机制逐步形成之后，依照法案要求成立的职业技术教育专业评估机构和团体便发挥着对法律监督的功能，如 1963 年《职业教育法》规定建立职业教育咨询委员会，对职业教育法律的制定和实施进行全程监督。另外，法案还要求州和地方职业教育项目必须接受周期性的评估，以了解其项目的相关性与实施质量，而国家层次的评估由每 5 年组织一次的专业委员会实施。1976 年《职业教育修正案》明确提出组建国家层次的职业教育评估机构，在国家教育协会的监督下每 5 年对法案的实施情况开展一次评估，评估的重点主要在于检查州和地方对联邦职业教育立法的具体实施情况，同时对立法的修订补充提出进一步的建议。

美国联邦职业技术教育立法监督主体主要通过机制上的相互制衡、程序上的相互博弈、时间上的不断更新来发挥监督的功能。

从机制上的相互制衡来看。由于绝对的权力导致绝对的腐败，为了防止少数人专权所导致的民主制度向专制制度转变的危险，当年参加制宪会议的代表们采纳了孟德斯鸠等欧洲思想家的天才设想，构建了联邦立法、行政和司法权力相互分立、相互制衡的权力结构。在这一设计中，首先，总统不对立法机关负直接政治责任，但是总统也不能确保得到立法机关的支持；其次，在两院之间，由于民主党和共和党分别控制一院，不仅两院之间常常呈现出对立与统一的矛盾状态，同时在两党内部，由于考虑到选民的意愿、议员的良知以及对某一委员会的忠诚等因素，即使两党内部也难以形成半数以上的党员一致支持某项议案的局面；另外，由于参众两院立法系统分工的细密，处理各领域具体事务的责任全都被分散到了参众两院众多委员会和小组委员会手里，由于各委员会所担负责任的重叠和不连贯等问题，关于管辖权方面的争执也是层出不穷。

权力机制上的相互制衡，使任何一个机构都很难左右立法，所有的联邦提案只有经受住立法、行政、司法机关共同的审查与监督，才能够成为法律。而"美国国会中每年大约95％的提案未能成为法案"①也是一件非常正常的事情。联邦权力机制上的相互制衡，在联邦职业技术教育法律出台的过程中，有着许多典型的表现。比如，1857年参议员莫雷尔递交了《莫雷尔法案》的提案后，虽然在两院获得了通过，但是却遭到了当时的总统布坎南的否决，面对总统的否决，由于国会两院分别缺少2/3的票数来驳回总统的否决，因此，否决获得成功；而1963年《职业教育法》之所以能够迅速出台，与肯尼迪总统与约翰逊总统的大力支持是分不开的。此外，州与州之间的相互制衡、利益集团之间的相互制衡，以及公民个人之间的相互制衡，也都在强化这种监督。

程序上的相互博弈。整体来看，立法程序的健全、科学和民主，不仅是立法权从抽象走向现实的必要途径，同时由于"权力寓于程序之中"，任何违反法定程序的立法行为将更容易被发现，因此在一定意义上，程序控制比实体制约更为重要。在美国，包括职业技术教育提案在内的所有联邦提案，在递交国会后，首先要转交给相应的委员会，接着再转交到小组委员会，期间，通常还要征求多个行政部门和机构的意见。在小组委员会讨论通过并"审理完毕"的提案，然后被递交到参众两院进行审议。两院审议均通过后，再提交给总统审议并签署后才能变成法律。在上述连续过程的任何一个关口，代表不同利益的多种力量均可以方便地参与这一过程，因此，任何提案在没有建立多数联盟的情况下，很难进入下一个审议步骤。而为了达到多数人的共识，这往往需要不同团体或个体之间艰难的讨价还价。因此，从这个角度说，包括联邦职业技术教育立法在内的所有联邦法案的这种讨价还价的博弈机制，在本质上也是一种重要的法律监督方式。

时间上的不断更新。立法时限的规定在一定意义上也是一种有效的监督方式。相对于大陆法系国家法典内容的完整、清晰、系统和确定性，英美法系的国家虽然并不缺乏完备的法典，但是人们往往认为法律仅仅起到一种辅助的作用，重要的是法官能够根据现实生活的生动性与复杂性重新解释法律。同时，英美法系国家的法律往往以社会需求为导向，就事论事，事情解决了，法律效力也随之而中止。美国联邦职业技术教育立法鲜明地体现了英美法系的这一灵活特点。每一部联邦职业技术教育法案均有拨款的时限规定，到了一定的期限，问题如果还没有很好地解决，各方就重新坐下来商议修正法案和继续拨款的问题，因此每一部联邦职业技术教育法案的修正案都是拨款期限已满，重新审议并再次拨款的结果。联邦职业技术教育法案的这种时限性，在一定意义上也是

---

① 施密特，谢利，巴迪斯．2005．美国政府与政治．梅然译．北京：北京大学出版社：168．

一种重要的法律监督方式，因为到了一定时限的法案，其在实施的几年时间之中是否达到了立法的预期目的，哪些方面还存在着明显的缺陷，哪方面还需要继续充实与完善，所有这些都为继续修正法案或撤销法案提供了现实的依据。

150 多年来，伴随着联邦政府对各州职业技术教育管理理念和管理手段的变化，美国联邦职业技术教育立法监督管理机制也实现了从简单到复杂、从硬性向弹性演变的历程。比如，1862～1960 年，可以划归为联邦立法较为简单的监督管理阶段。这一时期的联邦法案规定：接受联邦资助的各州要向联邦专门机构递交年报，同时法案要求各州要建立高效的公众监督与管理机制，对各州职业教育的实施进行全方位的监督。进入 20 世纪 60 年代，为了使迅猛增加的职业技术教育拨款发挥最大的效益，联邦政府全面介入了职业技术教育的监督管理过程，其突出特征就是除了各州继续在规定期限内向联邦政府报告区域职业教育开展的情况外，还创建了专门的机构对职业技术教育进行研究并定期评估。受新公共管理运动和美国新联邦主义改革的影响，19 世纪 80 年代以来美国联邦职业技术教育立法的监督管理方式再一次发生较大转变。其突出特征是：联邦政府从对职业技术教育事无巨细的管理方式中抽出身来，将更多的监督管理责任委托给了各州。同时，为了使法案的实施既达到联邦政府所希望的标准，又照顾到不同区域的实际情况，联邦立法仅仅规定了项目评估的核心指标，而对于项目实施中所能够达到的具体标准，则由州和地方根据自身情况与其上级部门协商后决定。这种方式，使各州和地方最大程度地参与了职业技术教育管理决策的过程，这种做法有利于提升州和地方管理的主动性和自觉性，同时也有利于避免联邦政府单方面决策可能造成的损失。

（五）联邦职业技术教育立法的实现

通过以上几小节的研究，从立法概念本身出发，我们已经概括总结了美国联邦职业技术教育立法的主体、立法的程序、立法的实施和立法的监督，但是判断一部法律（或某一类法律）究竟是否为良法，我们还必须考察其立法的实现程度。所谓立法的实现是指立法者一定的要求、愿望或目标是否变成了现实。与立法的实施所强调的贯彻法律的方式、手段和行为不同，立法的实现更加强调的是法的社会事实、法的结果状态。① 也就是人们能够在透彻理解所制定的法的基础上，按照法定的模式运作和行动，并以一定的低成本，高效率和高效益地实现立法者所预期的功能和目标，只有在这种情况下，我们才可以认为通过立法的实施已经达到了立法的实现。

立法实现的程度是衡量立法本身及其实施效果优劣的最重要的环节，传统

---

① 谭振宇 . 2001. 论法的实现及其实现环境 . 学术论坛，144（1）：43.

的法学理论家们往往立足于法律的公平、秩序、自由、安全等价值目标来评判法律规范的优劣，但是，对于法律规范的真正实施效果却往往关注不够，即便是有所涉猎，也通常采用定性的方法，只能用语言，而不是翔实和详尽的统计数据来论证。20 世纪 70 年代，美国法律经济学家波斯纳（Richard·A·Posner）撰写的《法律的经济分析》，将市场交易理论以及相关的经济原理应用于法律制度和法学理论研究，奠定了法律经济学研究的基础。"法律经济学的实证性分析方法能够将具体的法律与经济问题数量化，使法律的经济分析更加精确，比规范分析具有更强的实用价值和操作性。"① 下面，我们将采用定性与定量相结合的分析方法，结合 150 多年各个阶段职业技术教育立法实施中的统计和分析数据，概述美国联邦职业技术教育立法的实现问题。

首先，150 多年的联邦职业技术教育立法在一定程度上实现了自身的立法目标。这一点，我们可以从本书搜集的不同时期立法实施效果的统计数据中得到清晰的印象。比如，1917～1963 年是美国职业技术教育大发展的时期，此时期联邦资助领域不断扩大、资助数额不断增长，开展职业技术教育的学校数量不断增加，各领域注册学习的人数也增长较快，联邦立法充分调动了州和地方对职业技术教育投入的积极性，州与地方已经成为当之无愧的职业技术教育投资的主体。1963 年《职业教育法》及其系列修正案以及生涯教育立法的出台，美国职业技术教育发展的速度加快，不仅开设职业技术教育的学校数量继续增长，同时专业数量、学生数量也有较大幅度的增长，加之立法的导向作用，弱势群体的学生也更多地进入到了职业技术教育的范畴中。另外，经统计分析，职业技术教育对提高学生的就业率、收入水平和社会公平等目标均有积极的影响。20 世纪 80 年代以来，由于中学职业技术教育的普及性，几乎所有美国公立学校的高中生在毕业时都获得了一定数量的职业课程学分，而各种中学后职业技术教育机构通过多种途径为全美 1/3 的大学生提供了时间不等的学分类或非学分类职业课程。同时，由于法律的引导，中学职业类毕业生与其他类毕业生的学术课程学分差距缩小，更多的中学职业类毕业生进入了中学后机构学习，此外，职业技术教育对部分学生的就业机会和收入也有积极的影响。

但是，由于立法目标本身设计中的问题，以及立法实施过程中多种复杂因素的影响，任何立法完全实现自身的目标均是不可能的，而联邦职业技术教育立法也逃不出这个窠臼。比如，由于美国联邦政府采取的诱致性的立法实施机制，联邦立法仅仅提供了很小一部分的资金作为全国职业技术教育发展的种子基金，因此，几乎每一部的立法都存在着联邦政府试图以较少的投入达到较多目标的尴尬。另外，尽管每一部联邦职业技术教育立法都规定了详尽的资金分

① 钱弘道 . 2004. 关于对法律进行经济分析的三个角度 . 法制与社会发展，57（3）：74-75.

配方案，在 1963 年《职业教育法》颁布后，还采取了预留资金等的方式，但是由于职业技术教育立法内部异常复杂的资金分配模式，以及法与法之间资金分配方式的相互干扰，加之州和地方层次的情况又千差万别，不同项目实施者对立法语言和措词理解的差异，递交项目申请时间的不同，项目具体实施者的能力、水平、采用的方式方法不同，项目实施对象对教育培训项目的偏好、自身的接受能力、学术基础的差异……立法设计和实施中任何一环的偏差都可能影响立法的实施效果。下面，我们以美国国家职业教育评估中心对 1976 年《职业教育修正案》的评估为例来说明这个问题。比如，当时的评估报告就指出：立法没有进行很好的规划，拨款语言上模棱两可、内容上相互冲突的现象时有发生；联邦政府总是打算用太少的投入达到太多的目标；法案规定的资助并没有到达目标区域等。以上现象在 1981 年国家教育协会《职业教育研究——终期报告》、1989 年拉那·D. 穆拉斯金等对 1984 年《卡尔·D. 帕金斯职业技术教育法案》的国家评估报告，以及 2004 年玛莎·西尔弗伯格等对 2004 年《向国会递交的国家职业教育终期报告》（*National Assessment of Vocational Education Final Report to Congress*）等报告中均有或强或弱的表现。

综合来看，150 多年来，尽管人们思想行为的延续性、先前立法及各种规范的惯性、当前立法的适应性等多种因素的影响，一个时代立法所致力解决的问题往往还会在下一个时代继续出现，但是，人们通过立法来解决国家的、社会的或个人的问题的决心和努力不会因之而停止，而正是这种前赴后继的努力，美国联邦职业技术教育才成为美国高质量劳动力培养的支撑力量之一。

第三节　对于完善中国职业技术教育立法制度的启示

一、中国职业技术教育立法制度的滞后性

（一）大力发展中国职业技术教育的迫切需求与实践层面的落后状态

当前，作为世界第一人口大国的中国，有着巨大的劳动力就业和培训需求。首先从中国劳动力教育、培训的总量来看，目前中国共有人口 13.61 亿。[①] 其中，15～64 岁的广义劳动力人口总量为 9 亿以上，广义劳动力占总人口的比例将近 70%。[②] 尽管如此丰沛的劳动力从一个角度来看是社会的一种巨大的潜在资源，但是，如何把这些潜在的资源转化成现实的财富，客观上要求包括职业技

---

① 中华人民共和国国家统计局中华人民共和国 2013 年国民经济和社会发展统计公报．http://www.stats.gov.cn/tjsj/zxfb/201402/t20140224_514970.html.［2014-9-2］．

② 张力．2005. 新形势下中国职业教育的宏观政策．教育发展研究，(9)：5.

术教育在内的各级各类教育和培训机构付出更大的努力。其次，当前中国正处于工业化的关键阶段，从提升工业化的水平和层次的角度来看，中国还需要培养更多高技能的人才或者更为关注现阶段劳动力知识技能的提高。数据显示：当前中国的三大产业结构中，第二产业比重虽然高于下中等收入国家的平均水平 1.1 个百分点，但第三产业比重明显低于下中等收入国家平均水平 10.4 个百分点。[①] 同时在第二产业中，靠劳动力成本优势的制造业还占着相当的比重，生产中的技术含量以及技术贡献率一直很低，整体上处于全球制造业生产链的中低端水平。中国工业化层次的整体提高需要更多的专业技术人才的支持，但是我国高层次的专业技术人才的拥有量明显不足，据统计，"我国城镇企业现有技术工人 7000 万人，其中初级工占 60% 左右，中级工占 35%，高级工仅为 3.5%。而发达国家的情况正好相反，高级工的比例为 40%，中级工占 50%，初级工只占 15%；2000 年，中国 15 岁以上人口平均受教育年限仅有 7.85 年，与美国 100 年前的水平相仿……"[②] 因此，从加快初级工业化向中高级工业化迈进的角度来看，中国的职业技术教育必须为其提供更多更高层次的劳动力储备。再次，当前中国正处于城市化的关键时期，如何使大量的农村人口转移到城市各就其位、各尽其能，这对职业技术教育也提出了巨大的要求。数据显示：2013 年，中国城镇人口总量为 7.31 亿，农村人口为 6.30 亿，城镇和农村人口之比为53.73%：46.27%[③]。据测算，"中国的土地最多只需要 1 亿农业劳动力，而目前农村总计有劳动力约 5.5 亿，以最大吸收 1.2 亿计，农村依旧有近 3 亿剩余劳动力。如何解决 3 亿人口的培训和就业问题，将成为中国经济发展的巨大难题"。[④] 当然，除了以上工业化、城市化对职业技术教育的巨大需求之外，由于经济转轨等原因导致的劳动力失业、就业与再就业问题，教育结构失衡引发的大学生失业问题，中国社会迈向学习型社会的客观需求等，都在向以就业为导向、以服务经济建设为主要目标的中国职业技术教育提出了巨大的需求。

当前，我国已经建成高、中、低职业教育的完整体系。资料显示：2012 年我国高职院校共有 1297 所，占高等院校总数的 53.1%；包括普通中专、成人中专、职业高中、技工学校和其他机构在内的中等职业技术学校共计有 12 663

①　国家统计局核算司. 经济普查后中国 GDP 数据解读之二——GDP 三次产业结构及国际比较. http：//www. stats. gov. cn/zgjjpc/cgfb/t20060307 _ 402309438. htm. [2006-03-08].

②　职业院校制造业和现代服务业技能型紧缺人才，培养培训工程的背景、任务和思路. http：//www. moe. gov. cn/edoas/website18/info13601. htm. [2006-03-08].

③　中华人民共和国国家统计局中华人民共和国 2013 年国民经济和社会发展统计公报. http：//www. stats. gov. cn/tjsj/zxfb/201402/t20140224 _ 514970. html. [2014-09-02].

④　什么是三农问题？如何解决. http：//www. jgny. net/nong/2002. asp？id=2645. [2007-3-16].

所，占中等教育机构总数的 47.1%；此外还有职业初中 49 所，成人初中 1578 所。从学生数量来看，目前高等、中等职业院校招生人数约占高等、中等院校招生总数和在校生总数的一半，且每年参加各种形式培训的城乡劳动者达到 1 亿 5 千万人次左右，一个具有中国特色的职业教育培训体系已经形成。

但是，由于长期计划经济体制的影响，中国的职业技术教育长期被置于政府办学的框架内，再加上以升学为导向的教育环境的影响，职业技术教育往往会因为师资、学生起点、教学质量，以及升学人数等方面的不足处于竞争的劣势，使原本更需要资金扶持的职业技术教育更多地成为落后教育的代名词，普遍表现出实训器材设备差、实验和实训条件不足、师资水平相对较差等诸多问题。另外，由于职业技术教育无法与市场建立有效的联结，职业技术教育依靠市场力量办学的机制无法建立起来，从而使中国职业技术教育从人才培养的规格、类型、课程、学制、专业设置到与其配套的师资、教材、考试和实习制度等都远远无法满足市场的需求。同时，由于职业技术教育与市场的长期分离，企业方面还没有形成有效参与职业技术教育与培训的机制。

此外，受近年来院校升格和高校扩招政策的影响，一定程度上复苏了历史以来沿袭的"君子不器""劳心者治人，劳力者治于人"的传统思维和社会心理，强化了人们对高学历、高知识、研究型人才的追求，从而使 20 世纪 90 年代中期以来，职业技术教育发展明显停滞，如 1985～2002 年，高等学校的招生人数增加了四倍以上，但技工学校的招生数只增长了一倍多一点[1]，2000～2001 年的职业中学的招生情况甚至不如 1995 年。[2] 虽然目前职业技术教育招生人数滑落的趋势已经基本上得到了遏制，如 2005～2006 年，中等职业技术教育连续两年招生增幅超过 10%。而普通高中招生增幅明显减缓，出现轻微负增长，高等教育招生也出现增速回落的趋势，但是普通高中招生人数目前依然稍高于中等职业教育招生人数，2012 年普通高中在校生人数为 2467.2 万，各类中等职业学校人数为 2113.7 万。[3] 职业技术教育的发展程度还远远不能满足社会的需求。

（二）中国职业技术教育立法制度还难以起到理想的保驾护航作用

中国职业技术教育的快速发展需要有良好的制度环境。由于国家立法作为

---

① 新华网．中国青年职业教育发展滞后，青年技能人才缺乏．http：//www.newjobs.com.cn/news/newsmo.jsp？num＝13609．［2007-2-28］．

② 赵琳，冯蔚星．2003．中国职业教育兴衰的制度主义分析——"市场化"制度变迁的考察．清华大学教育研究，24（6）：41-46.

③ 高中阶段学生数的构成．http：//www.moe.gov.cn/publicfiles/business/htmlfiles/moe/s7567/201309/156876.html．［2014-09-02］．

一种正式制度安排，是经济发展、社会变迁的内生变量，因此科学完善的立法体系将是促进中国职业技术教育未来发展的制度前提。

改革开放以来，与国家经济秩序走向正轨相伴随的是我国法制环境的进一步恢复和完善，其中就包括与职业技术教育相关的一系列法律法规的出台。比如，1982年《中华人民共和国宪法》明确了国家支持职业教育发展的原则；1985年《中共中央关于教育体制改革的决定》提出了"调整中等教育结构，大力发展职业技术教育，力争在五年左右，使大多数地区的各类高中阶段的职业技术学校招生数相当于普通高中的招生数"的要求；此后，1991年《国务院关于大力发展职业技术教育的决定》、1993《中国教育改革和发展纲要》等法规为职业教育体系和结构的完善确立了基本的框架……伴随着职业技术教育的进一步发展，1996年5月15日第八届全国人民代表大会常务委员会第十九次会议审议通过了我国近百年来第一部独立的《职业教育法》，而该法的颁布不仅是中国职业技术教育百年发展历程的一个重要标志性事件，而且也预示着我国职业技术教育正在走向依法治教的新阶段。但是，综合改革开放30年多来中国职业技术教育立法的情况却可以看出，尽管全国人民代表大会及其常委会、中共中央、国务院、国务院多部委先后以通知、规划、决定、法律等多种形式，从多个角度，出台了一大批专门的和相关的职业技术教育法律法规，但是无论从中国职业技术教育立法的形式、内容，还是从立法程序、立法机制等多方面来看，中国职业技术教育法律法规体系还很不成熟，与依法治教、依法治国的目标还有相当的距离，还远远不能达到为职业技术教育保驾护航的作用。整体来看，其内在的缺陷突出地表现在以下五个方面。

1. 中国职业技术教育立法，在形式上以行政规章为主导

1982年《中华人民共和国宪法》规定了全国人大及其常委会的立法地位，赋予了国务院制定行政法规、国务院各部门制定部门规章的权力；1989年《行政诉讼法》规定人民法院在审理行政案件时可以参照国务院部门规章和地方政府规章，进一步赋予了国务院各部门所制订的行政规章以法的地位。根据以上的规定，目前我国中央一级共有三个层次的立法：权力机关立法、行政机关授权立法和制定行政规章。① 从这三个层次来看中国职业技术教育立法，一个明显的现象就是我国的职业技术教育立法以部门行政规章为主，立法层次明显偏低。下面，我们以原国家教育委员会职业技术教育司组织编写的《全国职业技术教育政策法规》（1989～1992）和《职业教育政策法规》（1992～1996）两本法律法规汇编为例来做具体的分析。八年来，先后有全国人民代表大会、全国人大科教文卫委员会、国务院、国家教委、中宣部、财政部、司法部、农业部、公

---

① 黄崴.2002.教育法学.广州：广东高等教育出版社：258.

安部等多家单位和机构参与了职业技术教育法律法规的制定工作，这些法律法规先后涉及了高等职业技术教育、中等职业技术教育两大层次的经费、管理、考试、招生、就业、教师、教材、德育等方方面面的问题，其中除了《中华人民共和国教育法》《中华人民共和国职业教育法》《中华人民共和国教师法》《中华人民共和国劳动法》4 部专门的和相关的职业技术教育立法，以及 1 部单独由国务院颁布的《教师资格条例》和 1 部中共中央、国务院联合印发的《中国教育改革和发展纲要》，中国职业技术教育法律法规体系更多的是以国务院以及各部委的领导讲话、通知、决定、实施意见或办法、暂行规定、批复"等形式存在的。其中各种各样的"通知"就有 143 个，占八年来法律法规总数的 84％以上。以上事实说明，中国职业技术教育法律法规更多的是以行政机关的授权立法和其所制定的行政规章为主要表现形式的，"法"的层次性明显不高。行政力量成为我国职业技术教育事业发展的主导力量，尽管可以使我国的职业技术教育事业能够根据形势变化及时做出某些应对，但是由于行政规章缺乏足够的约束力，加之一些规章还很不成熟就出台了，因此朝令夕改、相互矛盾之处也在所难免，难以在全社会形成支持职业技术教育的持久氛围。

2. 中国职业技术教育立法，在内容上表现出抽象与具体并存的矛盾

首先，中国职业技术教育法律的内容表现出很强的抽象性特征，通常强调的是一种原则倾向和发展方向，如 1996 年《中华人民共和国职业教育法》作为唯一的一部中国职业技术教育的根本大法，以不足 4000 字的篇幅涵盖了包括"总则""职业教育体系""职业教育的实施""职业教育的保障条件"以及"附则" 5 大部分。其中的许多规定言语简约，仅仅设定了一种原则。比如，在"总则"第 8 条规定："实施职业教育应当根据实际需要，同国家制定的职业分类和职业等级标准相适应，实行学历证书、培训证书和职业资格证书制度。"[①] 由于在证书问题上，法律并没有提供可资遵照的具体标准，因此造成了《职业教育法》颁布 10 多年，"职业资格证书、技术等级证书相当繁杂，缺乏有效联系，主管部门和单位多，目前仅职业学校计算机应用和软件专业领域所采用的证书种类就多达数十种"。[②] 在"职业教育的保障条件"一章中，第 27 条原则性地规定"各级人民政府、国务院有关部门用于举办职业学校和职业培训机构的财政性经费应当逐步增长"，由于中国地域广阔，经济条件又差异极大，因此在执行过程中难免会对"逐步增长"产生多种的理解；在第二章"职业教育体系"第

---

① 中华人民共和国职业教育法 //国家教育委员会职业技术教育司.1997.职业教育政策法规（1992～1996）.北京：北京师范大学出版社：38.

② 职业院校制造业和现代服务业技能型紧缺人才，培养培训工程的背景、任务和思路.中国教育年鉴（2004）.http：//www.moe.gov.cn/edoas/website18/info13601.htm.［2007-3-15］.

13条中，该法原则规定："初等、中等职业学校教育分别由初等、中等职业学校实施；高等职业学校教育根据需要和条件由高等职业学校实施，或者由普通高等学校实施。"具体到究竟哪一些高等职业学校或哪一些普通高等学校应该根据何需要、何条件来实施则非常含糊。由于该法许多条款的过于简单、抽象、模糊，不仅严重影响了法律执行的效率，同时也留下了过多的法律漏洞，法律被架空，有法不依、执法不严的现象非常普遍……其次，中国的职业技术教育法规又表现出了事无巨细、无所不包的特征。我们仍以原国家教育委员会职业技术教育司组织编写的《全国职业技术教育政策法规》（1989～1992）和《职业教育政策法规》（1992～1996）两本书所编选的法律法规为例来具体分析，8年来，包括国务院及其各部委在内的诸多机构对全国职业技术教育的指导可谓无微不至，在其下达的各式各样的通知、决定、纲要、条例、实施意见或办法、暂行规定、批复等章规中，包括了一些重大问题，如"职业教师资格认定""推进农村教育综合改革""普通中等专业学校专业目录""普通中等专业学校招生与就业制度的改革"等，同时更多的法规也涉及教师的住房、工资、奖惩，以及学生的学籍管理、作息时间变更、共青团工作、学雷锋活动等诸方面的细节。中国职业技术教育法律法规体系的这种矛盾性，是其管理体制深层次问题的一种暴露，需要进行全方位的反思。

3. 中国职业技术教育法律法规的立法过程，博弈机制没有充分建立

立法也是一种决策。古典决策模型认为，决策者具有完全的理性，能够全知全能地预测、发现问题，并同时找到解决问题的最佳途径，取得决策效果的最大化。[①] 但是事实上，由于受时间、成本和获得信息能力等条件的限制，决策者通常仅仅具备"有限理性"，只能凭借自身的经验、直觉、他人建议等来做出决策，这样的决策难免会带有一定的偏差。为了克服这一缺陷，在决策之前，创设一种机制，广开渠道，让不同利益、不同观点的群体和个体参与决策过程，在协商、讨论、讨价还价的过程中推动决策结果的出台，这种博弈机制将会有效避免个体单方面决策可能带来的偏差。但是，从近几十年来中国职业技术教育立法过程来看，一方面立法主体还没有真正多元起来，另一方面立法过程中不同的意见和声音还非常少，根本谈不上充分博弈机制的创建。比如，中国的职业技术教育法律法规的出台一般由行政主管部门或其他具体职能部门根据需要起草制定，再由上级行政机关或人民代表大会审议通过。由部门起草法律法规，虽然可以增强法律的针对性与可行性，但是在立法过程中往往容易受制于部门或行业的偏狭和部门利益的诱导，难以全面反映多种层次和不同类型的部

---

① Lunenburg F C, Ornstein A C. 2003. 教育管理学——理论与实践. 孙志平等译. 北京：中国轻工业出版社：41.

门团体或个人的需要。不利于在职业技术教育法律法规之间、职业技术教育法律法规与其他相关教育法律法规之间、教育部门与其他部门行业之间、职业技术教育与社会政治经济文化整体发展之间、职业技术教育培训与劳动力市场需求之间进行全方位、全局性的统筹与规划。同时，由于行政主管部门与中共中央国务院以及全国人大均属于上下级的从属、统一的关系，职业技术教育法律法规的制定更多地体现了立法主体与行政主体的相互统一，制衡监督的机制明显不足，因此在议案的批准过程中难免会出现"过去不存在现在亦极少存在是否通过的问题"。① 另外，虽然 2001 年 11 月 16 日国务院公布了《规章制定程序条例》，条例对涉及国务院两个以上部门职权范围的事项规定"国务院有关部门应当联合制定规章，国务院有关部门单独制定的规章无效"②。即便法规在起草、审议到通过的过程中，不同部门全程参与了立法，但是由于部门之间相互协商、探讨、讨价还价的博弈机制还没有确立或者博弈程度不充分，往往会造成不同部门对法律法规理解上的偏差，而这些问题往往会为日后的执行埋下难以消弭的隐患。

以上问题在 1996 年《职业教育法》制定与执行的过程中就有明显的体现。该法主要由原国家教委政策法规司职教法起草小组负责起草，尽管起草过程中做过许多调研，在近百个市县与主管教育的行政、学校校长、家长、学生进行座谈、访谈，并且从 1983 年 12 月起至 1986 年 1 月止，职教司、法规司和起草小组先后曾搜集了四五十个国家职教立法的有关资料，编印成数十万字的《职教立法参阅资料》呈报领导和起草工作小组参阅，历经 7 年才最终出台。但是从其立法过程中立法主体是否多元的角度来审视该法案，可以看出：由于职业技术教育与社会经济发展的关系最为密切，在其众多的座谈、访谈对象中却明显缺乏企业界及相关的社会其他各界代表，同时，由于其众多的座谈、访谈对象普遍缺乏"与我有关的事情必须经过我同意"的主动维权、主动参与精神，因此这些接受调研的人在座谈中充其量仅仅是反映了自己的观点，而他们对立法起草小组是否会采纳自己的观点少有行动或无能为力。参与立法博弈程度的明显不足也预示了法案执行过程中不可避免地会出现部门掣肘的现象。比如，《职业教育法》颁布之前的 1993 年，有学者曾在《关于北京市、辽宁省、四川省职业技术教育的调查报告》中提出，相当多的企业领导"把职业技术教育看成仅是教育部门的事……有些单位贯彻'先培训，后就业'的制度不力……有的甚至在提供实习场地时收费很高，加剧了职业技

---

① 周旺生.2000.中国立法五十年，1949～1999 年中国立法检视// 周旺生.立法研究，北京：法律出版社：76.

② 周旺生.国务院部门立法.http：//news. xinhuanet. com/ziliao/2003-08/21/content _ 1038075 _ 2. htm. ［2007-3-23］.

术办学的困难""中等职业技术教育主要有中专、技校、职业高中，这三类学校分属不同的管理部门，多头领导的体制，缺少统筹规划，致使有些地区学校布局分散，规模普遍偏小，专业设置重复，设备利用率低，互相争夺生源，人力、物力、财力难以协调，办学效益不高……"① 而《职业教育法》颁布之后，这种情况并未好转，在 2003 年《职业院校制造业和现代服务业技能型紧缺人才培养培训工程的背景、任务和思路》的调查报告中，依然发现职业技术教育部门缺乏"与企业全面合作的机制"。② 而近些年的一些调查也显示：国内大多数企业"对职业教育还处于观望状态，采取投机主义立场，对参与职业教育若即若离，既不积极参与，也不予以排斥，更多的是根据本企业的经营情况以及人才引进情况采取相应的措施。而行业组织对职业教育基本上也是不闻不问，缺乏热情"③。

4. 中国职业技术教育法律法规缺乏明显的监督评估机制

职业技术教育法律法规体系在实质上是人们对职业技术教育实施管理的依据。由于管理的过程本身就是一个控制的过程，只有当管理的各个环节能够形成一个闭合回路的时候，才有可能实现高效的管理。目前，大部分中国职业技术教育立法还仅仅局限在提要求、说希望等的层次，在教育经费主要依靠地方人民政府统筹的情况下，具体到不同的省市和地方，在实施中又会出现哪些情况？其实施结果是否与法律的精神相一致？由于法律文本并没有对省（自治区、直辖市）、地方的信息反馈提出相应的要求，这就导致了法律的监督管理本身就成为一种随意的行为，加之监督评估标准的缺乏，更使人治大于法治的现象时有发生。我们仍然以 1996 年《职业教育法》为例来分析。可以说贯穿该法全部 5 章的原则、要求、希望比比皆是，但是对于这些原则、要求和希望如何实施、何时实施，如何监督，由谁监督，如何奖励，以及如何惩处等却很少或基本没有提及。比如，法案第 3章第 20 条规定："企业应当根据本单位的实际，有计划地对本单位的职工和准备录用的人员实施职业教育。"对企业如何计划和实施这一规定，由谁来评判其实行得好还是不好，如何惩罚和奖励都没有再明确规定……法案第 4 章第 26 条只是确立了："国家鼓励通过多种渠道依法筹集发展职业教育的资金"的原则，根本没有涉及国家如何鼓励这种行为，国家鼓励通过哪些渠道筹集资金，国家在资金筹集数量充裕的情况下或不足的时候如何办，对于那些积极为职业技术教育提供资金

---

① 全国政协教育文化委员会 . 1997. 关于北京市、辽宁省、四川省职业技术教育的调查报告：1993 // 国家教育委员会职业技术教育司组织编写 . 职业教育政策法规（1992～1996）. 北京：北京师范大学出版社：242.

② 职业院校制造业和现代服务业技能型紧缺人才，培养培训工程的背景、任务和思路 . 中国教育年鉴（2004）. http：//www. moe. gov. cn/edoas/website18/info13601. htm. ［2007-3-23］.

③ 刘敏，李文新，杨顿 . 2009. 我国行业、企业参与职业教育的法律思考 . 重庆师范大学学报（哲学社会科学版），（6）：19.

的个人、团体，国家应如何奖励等。这种情况在其他部门颁布的相关职业技术教育法规中也比比皆是。如 1996 年《职业教育法》颁布后，劳动部曾经下发了"劳动部关于贯彻实施《职业教育法》的通知"（劳部发［1996］197 号），在这个通知中，以上问题也是非常普遍的。比如，通知第 2 条要求劳动部门要推动职业教育与劳动就业的紧密结合，其中特别提出："要为农村经济发展提供职业培训与技术服务，大力扶持少数民族地区、贫困地区开展职业培训，积极帮助妇女、残疾人接受职业培训。"① 关于如何为农村经济发展提供职业培训与技术服务，如何大力扶持少数民族地区、贫困地区开展职业培训，如何积极帮助妇女、残疾人接受职业培训等却没有下文。以上诸如此类问题的出现，直接导致以《职业教育法》为核心的许多专门的和相关的职业技术教育法律法规成为一种软法，直接影响了其日后的顺利执行和预期效果的达成。

5. 中国职业技术教育法律法规体系缺乏废除与更新的机制

在当代社会，面对各种事物发展变化速度的加快，法律法规的废除和更新机制不仅是法律法规保持常新面貌的一种手段，同时也是确保法律法规保持持久约束力的最重要保障。这一点在英美法系的国家有着更为清晰的表现。相对于大陆法系国家法典内容的完整、清晰、系统和确定性，英美法系的国家虽然也不乏完备的法典，但是人们往往认为法律仅仅起到一种辅助的作用，重要的是法官能够根据现实生活的生动性与复杂性重新解释法律。同时，英美法系国家的法律往往以社会需求为导向，就事论事，事情解决了，法律效力也随之而中止。美国联邦职业技术教育立法鲜明地体现了英美法系的这一灵活特点。每一部联邦职业技术教育法案均有拨款的时限规定，到了一定的期限，问题如果还没有很好地解决，各方就重新坐下来商议修正法案和继续拨款的问题，因此每一部联邦职业技术教育法案的修正案都是拨款期限已满，重新审议并再次拨款的结果。美国联邦职业技术教育法案的这种时限性，在一定意义上也是一种重要的法律监督方式，因为到了一定时限的法案，其在实施的过程中是否达到了立法的预期目的，哪些方面还存在着明显的缺陷，哪些方面还需要继续充实与完善，所有这些都为继续修正法案或撤销法案提供了现实的依据。但是从中国几十年来包括职业技术教育法律法规在内的众多法律法规来看，一方面众多的法律法规本身几乎没有包含任何废除与更新的条款，如 1996 年《职业教育法》5 章内容中虽然有什么时候开始实施该法案的条款，但是却根本没有什么时候该法案废止的条款。类似的问题也出现在其他各种职业技术教育专门和相关的法律法规中；另一方面，全国人大、国务院以及国务院各部委定期清理过期

---

① 劳动部关于贯彻实施《职业教育法》的通知（劳部发［1996］197 号）．http://rsj.nc.gov.cn/zypxyzyzg/1044.jsp．［2014-9-5］．

法律法规的机制直至最近几年才刚刚创建，且其清理的法律法规仅仅占众多法律法规中的一小部分。清理机制出现的迟滞性以及机制本身的不完善性也导致包括职业技术教育法律法规体系在内的许多法律法规本身或法律法规中间的一些条款在事实上已经过时了，却仍然还在沿用。这些已经过时的法律法规在实际上不仅根本发挥不了任何有效的指引作用，反而还会导致有法不依、执法不严、违法不究等问题的进一步恶化，因此创建和完善包括中国职业技术教育法律法规体系在内的中国教育法律法规体系的废除与更新机制就是非常必要的。这方面我们仍然以 1996 年《职业教育法》为例来说明。该法关于中国职业教育体系设计的核心理念是："职业学校教育分为初等、中等、高等职业学校教育，要根据不同地区的经济发展水平和教育普及程度，实施以初中后为重点的不同阶段的教育分流。"目前来看，伴随着知识经济的来临和工业经济的纵深发展，社会对人们学历层次要求的提高，初等职业学校在国内几乎已经绝迹，我国许多教育统计数据中也已经没有了初等职业学校的分类。[①] 此外，实行初中后为重点的教育分流政策也有过早之嫌，发达国家的做法往往是引导人们向更高的学历层次挺近，高中后分流是一种发展的趋势。因此，适当修订《职业教育法》的这些条款就是非常必要的。

二、中国应该向美国联邦职业技术教育立法制度学习什么

美国在 100 多年前也曾经历了与目前中国类似的工业化、城市化的进程，为了加快工业经济的发展、解决工业化和城市化带来的各种难题，作为法治国家的典范，自 1862 年《莫雷尔法案》开始，美国联邦政府一直采用立法的手段来干预职业技术教育的发展。当然，尽管美国联邦职业技术教育立法制度本身也存在着诸多无法解决的问题，但是该制度仍在一定程度上加快了美国职业技术教育发展的步伐，缓解了美国社会对各类专业技术人才的迫切需求，为美国社会的稳定发展以及美国国家竞争力的提升做出了巨大的贡献。虽然中美两国处于不同的历史发展阶段，且中美两国有着各自不同的政治经济法律制度，但是，中国社会目前所遇到的许多难题也恰是当年美国社会曾经遇到的，中国社会所希望达到的目标也是当年美国社会所极力追求的。寻找中美职业技术教育立法制度历史的契合点，借鉴美国联邦职业技术教育立法制度成功的经验，长善救失，中国职业技术教育立法制度的完善和中国职业技术教育跨越式的发展才可能拥有良好的制度基础。整体来看，笔者认为中国职业技术教育立法制度应该着力从以下 4 个方面向美国同行学习。

---

① 各级各类学校数量、教职工、专任教师情况．http：//www. moe. gov. cn/publicfiles/business/htmlfiles/moe/s7567/201309/156899. html.［2014-09-05］.

（一）法治精神

尽管中华民族有着悠久的历史和灿烂的文明，但是由于特殊的国情，中国社会几千年来形成了根深蒂固的重礼轻法、重德轻刑、"治人"高于"治法"等的传统。新中国建立后不仅没有对这种传统进行彻底的反省，反而由于前30年轻视法律或以言代法的盛行使这种传统心理更为泛滥。改革开放后，逐步健全党内和党外民主，构建社会主义法制体系，真正实现依法治国成为历届政府为之奋斗的目标之一。但是，由于我国法制基础依然非常薄弱，在1996年《职业教育法》出台之前仅有《华侨捐资兴学法》《学位条例》《义务教育法》《未成年人保护法》4部教育法律颁布，职业技术教育的诸多事宜都是依靠国务院、国家教委和劳动人事部门的80多项相关行政法规、规章来推动，之后也是如此。这也就是为什么我国职业技术教育法律法规体系绝大多数会以低层次的部门规章面貌出现的真正原因。因此，要想改变当前中国职业技术教育法律法规体系发展滞后、层次偏低等的问题，必须在思想上更为接纳美国联邦职业技术教育管理方面所体现出来的法治精神，即职业技术教育的发展更多的是依靠经过"众人同意"的"法"来治理，而不是以依靠某个或某些领导人的言论以及依靠某个部门或某些部门的行政力量来治理，只有这样中国的职业技术教育才可能走上法治的轨道。当然，由于法治一般来说包含两重含义，即已经成立的法律获得普遍的服从，而大家所服从的法律又应该是良好的法律，因此，修订1996年《职业教育法》，加快与中国职业技术教育相关的系列法规立法的进程，构建以新的《职业教育法》为核心的职业技术教育立法体系，使科学、合理、各方面责权利相对均衡的良好的职业技术教育法律法规体系成为中国职业技术教育发展的原动力，中国职业技术教育的发展、改革和不断进步才有坚实的基础。此外，加大民主法治宣传的力度，逐步培养普通民众、团体"与我有关的事情必须经过我的同意"的民主、法治和参与精神，形成尊崇法律、遵守法律的思维和习惯，中国职业技术教育的法律法规的施行才能真正落到实处。

（二）立法理念

美国不仅是当今世界法治国家的典范，而且也是当今世界数一数二的科技和经济强国。面对新科技以及知识经济迅猛发展的势头，20世纪80年代之后的美国职业技术教育立法彻底抛弃了盛行大半个世纪的狭隘的社会效率职业教育观，逐步走上了不断提升职业技术教育的学术和技能标准，在力促学术与职业教育，中学、中学后以及终身职业教育，学校职业教育与真实场景职业教育相互融合的基础上，推动个体学术、职业、就业等诸多能力终身、持续发展的轨道。与此同时，受世界范围内政府公共管理思想转型以及美国新联邦主义制度改革的影响，自 1984 年《卡尔·D. 帕金斯职业教育法案》开始，美国联邦职业技术教育立法还体现出鲜明的分权、放权、开放、弹性、责任、竞争、市场等管理特征。另外，沿袭 20 世纪 60 年代职业技术教育立法的倾向，此时期的联邦职业技术教育立法继续关注弱势群体的平等教育需求，继续在资金、技术、政策等方面向弱势群体倾斜。作为发达国家的代表，美国联邦职业技术教育立法的以上理念是适应当代国际竞争形势以及美国国情的一种体现，它在发达国家的职业技术教育立法体系中具有典型的意义。当前，中国社会整体正在朝着全面建设小康社会的方向前进，美国社会在当前所面临的问题，抑或美国联邦职业技术教育立法在当前所要解决的问题，在中国部分已经实现全面富裕或已经达到发达国家水平的省（自治区、直辖市）、地区也同样存在。比如，据中国现代化战略研究课题组、中国科学院中国现代化研究中心报告：北京等 9 个地区可以划归为发达或中等发达地区，华东和华北沿海地区现代化水平已达到或接近世界平均水平。① 面对以上地区越发显露的知识经济时代的特征，普通劳动力如果想在一些高技术或高技能的职业领域内获得就业机会，同样需要一个坚实的普通教育基础，之后才是一个职业化和专门化的问题。因此，中国职业技术教育立法是继续沿着职业教育和普通教育、中等和高等职业教育、学校职业教育与真实场景职业教育相互隔离、联系松散的道路前进还是逐步向美国联邦职业技术教育立法促进融合、提升质量标准、提高实施效率的立法理念学习，答案是不言自明的。此外，面对国内日趋拉大的地区、行业之间的差距，中央层面的职业技术教育立法应该更为关注落后地区的、落后行业弱势群体的职业技术教育，以职业技术教育促进社会公平、平等、正义的实现，这同样也是时代的一种要求。

（三）立法技术

一般来讲，立法技术是指关于法律内部结构和外部结构的形式、法律修改和废止的方法、法律的系统化以及法律条文的修辞、逻辑结构和文字表达的规则等。② 由于立法是一项高度专业性的活动，先进的立法理念或意图能否变成白纸黑字的法律条文并发挥预期的效果，还需要高超的立法技术的保障作用，否则，无论多么深刻的思想、多么良好的愿望，以及多么美好的追求也终将无法成为现实。作为法治国家的典范，150 多年的美国联邦职业技术教育立法尽管还存在许多的瑕疵，其法律文本的表述与法律预期目标的实现之间还有很大的距离，但是不可否认的是，其立法制度在语言的清晰性、逻辑的严整性、体系的

---

① 报告称中国属初等发达国家，处于发展中国家中间水平 . http://www.chinanews.com/gn/2012/05-14/3887495.shtml.［2014-09-06］.
② 郭泽强 . 2011. 从立法技术层面看刑法修正案 . 法学，（4）：19.

完整性、条款的可操作性方面等都比中国的职业技术教育立法体系更胜一筹。比如，从外在表现形式来看，几乎每一部美国联邦职业技术教育立法都不会像中国《职业教育法》那样的简短，其往往会占据几十页甚至上百页的篇幅，法案中会详细界定各个核心词汇的含义，同时对立法宗旨、适用范围、法律关系主体、法律监督、法律责任等方方面面的考虑也比较周到，美国联邦职业技术教育立法的以上特征，最大程度地避免了由于法律措辞的含糊、法律主体责权利的相互重叠、法律体系结构的不完整导致的法律执行中的障碍，为依法治教奠定了良好的基础。相比美国联邦职业技术教育立法体系，我们在上一节所描述的中国职业技术教育法律法规体系在内容方面的抽象与具体并存的矛盾、立法过程的博弈机制没有充分建立、法律法规缺乏明显的监督评估机制、法律法规体系缺乏废除与更新的机制等也在相当大的程度上与立法技术的不足有关。因此，借鉴美国联邦职业技术教育立法技术方面的先进经验，我们需要在中国职业技术教育法律法规目标的明确、概念的清晰、法律主体责权利的明确、法律体系与结构的完整性、法律的时效性等方面多向美国同行学习。

（四）立法机制

如果说立法技术主要关注的是法的外在表现形式，是立法思想、立法意图能否完美实现自身的一种技术操作层面的东西，那么立法机制则主要是一种内在的推动力，或者简单地说是一种在内部推动立法之所以如何产生以及发生怎样变化的机能。150多年的美国联邦职业技术教育立法制度，除了具有较为先进的立法理念、较为高超的立法技术之外，其最值得称道的地方则是在内部推动法律如何订立、如何发展变迁的机制。从完整的立法程序的角度来分析，美国联邦职业技术教育立法制度较为典型的内部机制主要有：立法前的调查机制，多元立法主体参与立法的机制，不同立法主体相互博弈的机制，联邦、州与地方三方合作推动职业技术教育发展的机制，诱致性制度变迁机制，立法的监督与更新机制等。所谓立法前的调查机制主要是指美国国会专门成立或委派其他的专业机构对某些领域是否有立法的必要进行前期的调查。由于现代生活的复杂性，进入联邦立法者视野的议题范围和专业程度在不断地加大和加深，这些问题到底是真问题还是假问题，是否值得国家订立法案进行规制？立法前的调查一方面起到甄别的作用，另一方面对于真正急迫的问题，也能够切实起到推进立法进程的作用；所谓多元立法主体参与立法的机制主要是指任何一部美国联邦职业技术教育立法都不是某一个人或某一个团体拍脑袋想出来的，而是代表不同利益的院内与院外多种力量共同作用的结果，不同利益倾向的立法主体参与立法的过程，不仅是民主社会法律创制的基本要求，而且也是民主社会法治精神的最好体现；而立法的博弈机制则是多元立法主体参与立法的必然结果。

由于美国联邦层次的多元立法主体其利益具有高度分散性和对抗性的特征，加之国会又为多元立法主体展现其观点、影响力创设了机会和舞台，因此，每一部联邦职业技术教育立法都是不同立法主体不同思想、观点之间的冲突、斗争乃至妥协的结果。而正是这些冲突、斗争乃至妥协，才确保了联邦法案在致力于实现美国国家目标的同时最大程度地兼顾了不同区域、机构团体和人员的利益；自 1862 年《莫雷尔法案》开始，诱致性制度变迁机制和三方合作机制已初见雏形。以土地捐赠或拨款来诱导各州和地方主动采取符合联邦法案要求的行动，不仅突破了美国《宪法》对联邦政府无权干涉各州教育的限制，而且汇聚了全国职业技术教育的合力；立法的监督机制是确保美国联邦职业技术教育资助达到预期效果的必要保障，而立法的更新机制则是立法保持常新的重要手段……以上立法的内在机制决定了美国联邦职业技术教育立法的全貌，同时也是深层次推动美国职业技术教育发展进步的力量。

当前，中国职业技术教育立法整体上处于较低水平，这不仅体现在其立法理念、立法技术等方面，更体现在内部运作机制的不完备或不完善方面。在中国职业技术教育向依法治教方向迈进的时候，除了继续完善职业技术教育立法前的调查研究机制之外，还非常有必要向美国同行学习其较为先进的立法机制。

首先，从推动中国多元立法主体参与立法博弈的角度来看。改革开放前的中国社会是高度集权的一元化社会，来自最高权力机关的指令构成了全民行动的纲领，在社会缺乏多元利益和多元主体的背景下，根本谈不上多元立法主体参与立法博弈机制的出现。经过 30 多年改革开放的洗礼，伴随着社会多元利益和多元主体的逐渐形成，近些年来，全国人民代表大会非常重视吸收各民族、各阶层、各党派、各方面的代表，同时在立法程序的设置上也非常注意为社会各界表达意见和建议广设渠道，但是，包括职业技术教育立法在内的全国人大立法的多元主体参与和博弈的机制还很不完善（相对来说，中共中央、国务院、国务院多部委创制法规时的博弈机制更不完善），因此，继续推动中国多元社会的创建和发展，以更为宽容的心态面对不同文化、不同宗教、不同思想、不同职业群体的出现，我国立法博弈机制的出现和完善就有了坚实的基础。同时，借助各种渠道，抓住所有可能的机会，大力宣传民众参与立法对民众权益保障的意义，让民众看到参与立法为自己真正带来的实惠和好处，逐步扩大民众参与立法的范围，提升民众参与立法的程度，培养民众参与立法的习惯，只有这样，良好的立法博弈机制才有可能产生。在职业教育法律法规的创制过程中，可以借鉴美国联邦职业教育立法专门为院外集团发挥作用提供听证机会的办法，进一步完善职业技术教育立法听证制度，为各级各类职业人才培养机构、职业教育研究机构、用人单位或企业、接受职业教育的学生及其家长等积极参与职业教育法律法规的制订开设便捷通道，使职业教育立法真正成为有着广泛民众基础，得到民众拥护和主动执行的法律。

其次，从培育中央、省与地方三方合作推动职业技术教育事业的机制来看。当前我国职业教育法律法规立足的基础是中央集权制的教育管理体制，其在处理中央、省与地方的关系方面表现出单一、浓厚的命令色彩。此外，由于我国长期以来形成的"条块分割、以块为主"的行政管理结构，也就是除了4个行政层级（中央、省、县与乡镇）的管理之外，还形成了错综复杂的行业、部门管理格局，而许多层级、部门管理中的责、权、利的规定非常模糊，还远远没有达到权利和义务之间的平衡。借鉴美国联邦职业技术教育法案三方合作机制的做法，笔者认为可以重点从以下两方面来考虑完善中国职业教育法律法规的管理机制。第一，美国不同层次职业教育管理主体管理责任的明确化，是其职业教育法案三方合作管理机制立足的基础。在这方面，如何汇聚各方面的合力，科学合理地对各方主体的责权利做出科学合理的规定就显得异常重要。第二，美国联邦职业教育法案三方合作管理机制，在本质上体现了平等、自由的契约精神，而契约精神正是中国职业教育法律法规最为缺乏的东西。改变当前国内职业教育法律法规单一的命令色彩，强化职业教育法律法规的实施效果，可以在立法技术上借鉴契约方式，不再单纯地将目前的诸多层级结构看作简单的上下级的关系，而更多地将其理解为推动职业技术教育发展的平等的合作体。在此基础上，通过进一步划分各层级职业技术教育主管部门的责权利，进一步明确法律法规实施的益处与法律法规实施不了或实施效果不佳的惩罚，将单纯的法律规定或行政命令更多地转化为中央与省或中央与县市等层层签订的契约，以契约来调动签约主体推动职业技术教育发展的主动性和积极性，同时约束签约主体不良或投机的行为，共同推动国内职业技术教育的发展。

再次，从借鉴美国联邦职业技术教育立法诱致性制度变迁机制的角度来看。由于特殊的国情，包括专门的和相关的职业技术教育法律法规在内的中国职业技术教育法律体系采用的是强制性制度变迁的运行机制。由于强制性制度变迁是以政府命令等国家强制力来保证实施的，其运行的路线一般是自上而下、从外向内，因此通常会在较短的时间内促成某种制度的实施。但是由于目前中国职业技术教育法律或法规在订立时往往缺乏不同利益主体的充分博弈过程，在制度实施中又往往缺乏应有的弹性，因此有时候会表现出惊人的盲目性和低效率，良好的意愿和努力并非一定能够带来好的结果。由于诱致性制度变迁规则是在制度对象响应获利的机会时主动实施的，也就是说制度创立者无权强迫制度对象实施规则，制度对象有权根据自己的实际情况，权衡利弊后主动做出选择或者放弃某一获利的机会，因此美国联邦职业技术教育立法实施过程中基本不会出现如我国职业技术教育法律法规实施过程中的盲目性和低效率问题。借鉴美国联邦职业技术教育立法诱致性制度变迁机制的经验，我们需要进一步盘活中央有权决定或控制的某些教育资源，使这些资源而不是行政命令成为诱导省（自治区、直辖市）与地方主动做出某些有利于某一领域职业技术教育发展行动的强大力量。同时，进一步完善诱致性制度变迁机制的保障机制，使那些可能获得中央某些资源的省（自治区、直辖市）或地方在得到资源之前就明白获得这些资源必须采取哪些推动职业技术教育的行动并在哪些方面取得哪些成效，否则一定会遭致来自中央的某些惩罚，使责权利达到尽量的统一，推动中国职业技术教育的良性发展。

最后，从完善中国职业技术教育立法的监督与更新机制来看。目前，大部分中国职业技术教育立法仅仅只是提出了发展各级各类职业技术教育的要求，在教育经费主要依靠地方人民政府统筹的国情下，具体到不同的省（自治区、直辖市）和地方，在实施中会出现哪些情况？是否与法律的精神相一致？由于法律文本并没有对中央的监督以及省（自治区、直辖市）、地方的信息反馈提出相应的要求，往往使法律实施的随意性增大，最终导致有法不依、执法不严等现象的产生。因此，创建中国职业技术教育立法的监督管理机制，一方面有必要借鉴美国职业技术教育立法的技术，使法律的监督与更新机制成为法案文本不可或缺的有机组成部分，为法律的高效实施和更新奠定制度的基础。另一方面，借鉴美国联邦职业技术教育立法的经验，中央层次的职业技术教育主管部门要积极转变职能，抓大放小，将更多具体的管理权限让渡给各省和地市，同时加大对全国职业技术教育发展的宏观监督力度，开展职业技术教育的评估工作，推动全国职业技术教育更快更好地发展，使职业技术教育逐步成为中国现代化发展的中坚力量。此外，还需要注意的是由于中国是一个区域发展很不均衡的国家，在这种不均衡的情况下开展职业技术教育，强行采取全国统一的标准也是很不现实的。在这种情况下，为了使全国职业技术教育朝向既定的目标发展，在具体的管理目标方面，中央和各省、各省与各地要层层细化职业技术教育所能够达到的指标体系，在充分发挥各省（自治区、直辖市）、地方主动性的基础上，通过定期的信息反馈和监督，促进不同区域的职业技术教育一步步地朝向法律预期的目标前进。

当然，由于以上立法机制的完善是一个牵一发而动全身的系统工程，它更多的是与国家的民主制度和政治体制的完善密切相关，因此，中国职业技术教育立法制度的完善更需要中国民主制度和政治体制的完善，只有立足于民主制度和政治体制完善的基础上，多元立法主体参与立法的机制，不同立法主体相互博弈的机制，中央、省（自治区、直辖市）与地方三方合作推动职业技术教育事业发展的机制才能最终形成，否则仅仅对局部进行修整不但很不现实而且也注定是难以成功的。

参考文献

Alan Grant.1995.美国政府与政治（第五版）.刘世忠译.台北：五南图书出版有限公司.

阿尔文·托夫勒.1996.第三次浪潮.朱志焱等译.北京：新华出版社.

丹尼尔·J.布尔斯廷.1993.美国人开拓历程.中国对外翻译出版公司译.北京：生活·读书·新知三联书店.

菲特，里斯.1981.美国经济史.司徒淳，方秉铸译.沈阳：辽宁人民出版社.

弗雷德·赫钦格，格雷斯·赫钦格.1984.美国教育的演进.汤新楣译.美国驻华大使馆文化处.

福克讷.1964.美国经济史（上卷）.王锟译.北京：商务印书馆.

福克讷.1989.美国经济史（下卷）.王锟译.北京：商务印书馆.

国家教育委员会职业技术教育司.1993.职业技术教育政策法规（1989～1992）.北京：北京师范大学出版社.

国家教育委员会职业技术教育司.1997.职业教育政策法规（1992～1996）.北京：北京师范大学出版社.

国家劳动总局培训局.1981.五国职业技术教育.北京：劳动出版社.

贺国庆，朱文富.2014.外国职业教育通史（上）.北京：人民教育出版社.

黄崴，胡劲松.1999.教育法学概论.广州：广东高等教育出版社.

加耳布雷思 J K.1965.丰裕社会.徐世平译.上海：上海人民出版社.

劳伦斯·A.克雷明.2002.美国教育史——建国初期的历程（1783～1876）.洪成文等，译.北京：北京师范大学出版社.

劳伦斯·A.克雷明.2003.美国教育史——殖民地时期的历程（1607～1783）.周玉军等译.北京：北京师范大学出版社.

李寿祺.1998.利益集团和美国政治.北京：中国社会科学出版社.

李素敏.2004.美国赠地学院发展研究.保定：河北大学出版社.

刘绪贻，杨生茂.2001.美国通史（第四卷）.北京：人民出版社.

马骥雄.1991.战后美国教育研究.南昌：江西教育出版社.

毛澹然 . 1989. 美国社区学院 . 北京：高等教育出版社 .

梅尔·奥廷格 . 1978. 掌握航向——美国是怎样制定政策的 . 中国对外翻译出版公司译 . 华盛顿：《国会季刊》出版公司 .

孟德斯鸠 . 1982. 论法的精神（上册）. 张雁深译 . 北京：商务印书馆 .

庞德 . 1984. 通过法律的社会控制、法律的任务 . 北京：商务印书馆 .

瞿葆奎 . 1990. 教育学文集——美国教育改革 . 北京：人民教育出版社 .

日本世界教育史研究会 . 1984. 六国技术教育史 . 李永连等译 . 北京：教育科学出版社 .

施密特，谢利，巴迪斯 . 2005. 美国政府与政治 . 梅然译 . 北京：北京大学出版社 .

石伟平 . 2001. 比较职业技术教育 . 上海：华东师范大学出版社 .

史蒂文·凯尔曼 . 1990. 制定公共政策 . 商正译 . 北京：商务印书馆 .

斯塔夫里阿诺斯 . 1992. 全球通史——1500 年以后的世界 . 吴象婴，梁赤民译 . 上海：上海社会科学院出版社 .

孙国华，朱景文 . 1999. 法理学 . 北京：中国人民大学出版社 .

谭融 . 2002. 美国利益集团政治研究 . 北京：中国社会科学出版社 .

天津职业技术师范学院 . 1985. 国外职业技术培训研究 . 天津：天津职业技术师范学院 .

托克维尔 . 2007. 论美国的民主（上卷）. 张晓明译 . 北京：北京出版社 .

万秀兰 . 2003. 美国社区学院的改革与发展 . 北京：人民教育出版社 .

吴雪萍 . 2004. 国际职业技术教育研究 . 杭州：浙江大学出版社 .

细谷俊夫 . 1984. 技术教育概论 . 肇永和，王立精译 . 北京：清华大学出版社 .

谢德风 . 1957. 世界史资料丛刊初集：1765～1917 年的美国 . 北京：生活·读书·新知三联书店 .

杨生茂，陆镜生 . 1990. 美国史新编 . 北京：中国人民大学出版社 .

姚云 . 2005. 美国高等教育法治研究 . 太原：山西教育出版社 .

张斌贤 . 1998. 社会转型与教育变革——美国进步主义教育运动研究 . 长沙湖南教育出版社 .

赵震江 . 1985. 法律与社会 . 北京：时事出版社 .

周蕖 . 1994. 中外职业技术教育比较 . 北京：北京师范大学出版社 .

周旺生 . 1994. 立法论 . 北京：北京大学出版社 .

American Vocational Association. 1976. The Vocational Age Emerges，1876-1926. American Vocational Journal，(5).

Barlon M L. 1967. History of Industrial Education in the United States. Illinois：Chas. A. Bennett Co.，Inc. Publishers.

Bennett C A. 1926. History of Manual and Industrial Education up to 1870. Illinois：Chas. A. Bennett Co.，Inc. Publishers.

Bennett C A. 1937. History of Manual and Industrial Education 1870 to 1917. Illinois：Chas. A. Bennett Co.，Inc. Publishers.

Berube M R. 1991. American Presidents and Education. New York，London：Greenwood Press.

Brint S，Karabel J. 1989. The Diverted Dream，Community Colleges and the Promise of Educational Opportunity in America, 1900-1985. New York: Oxford University Press.

Calhoun C C, Finch A V. 1976. Vocational Education: Concepts and Operations. Belmont: Wadsworth Publishing Company of Califonia.

Campbell J R. Reclaiming a Lost Heritage: A Historical Perspective of the Land Grant University System. http://www.adec.edu/clemson/papers/campbell-chapter1.html. [2013-4-15].

Carey M. 1981. Occupational Employment Growth Through 1990. Monthly Labor Review, (8).

Critical Issue: Improving School-to-Work Transition for All Students. http://www.ncrel.org/sdrs/areas/issues/envrnmnt/stw/sw0.htm. [2007-11-13].

Cross C F. 1999. Justin Smith Morrill: Father of the Land-Grant Colleges. MI: Michigan State University Press.

Damron D R. 1990. The Contributions of Carl D. Perkins on Higher Education legislation, 1948-1984. Middle Tennessee State University.

Dudley R E. 1942. Democracy's College: the Land-Grant Movement in the Formative Stage. Ames, Lowa: The Lowa State College Press.

Fuller J W, Whealon T O. 1979. Career Education: A Lifelong Process. Chicago: Nelson-Hall.

Gordon H R D. 1999. The History and Growth of Vocational Education in America. Boston: Allyn & Bacon.

Hawkins L S, Prosser C A, Wright J C. 1951. Development of Vocational Education. Chicago: American Technical Society.

Henry N B. 1943. The Forty-Second Yearbook of the National Society for the Study of Education—Vocational Education. Pantagraph Printing and Stationery Company, Bloomington.

Johnsen J E. 1941. Federal Aid for Education. New York: The H. W. Wilson Company.

Kantor H A. 1988. Learning to Earn, School, Work, and Vocational Reform in California, 1880-1930. Madison: The University of Wisconsin Press.

Kantor H, Tyack D B. 1982. Work, Youth, and Schooling, Historical Perspectives on Vocationalism in American Education. Stanford : Stanford University Press.

Key S. 1996. Economics or Education: the Establishment of American Land-Grant Universities. Higher Education, 15 (67).

Kliebard H M. 1999. Schooled to Work, Vocationalism and the American Curriculum, 1876-1946. New York and London: Teachers College, Columbia University.

Kliever D E. 1965. Vocational Education Act of 1963, A Case Study in Legislation. Washington DC: American Vocational Association.

Lang D W. 1998. Amos Brown and the American Land Grant College Movement. Association for the Study of Higher Education.

Lazerson M, Grubb N. 1974. American Education and Vocationalism—A Documentary History 1870-1970. New York, London : Teachers College Press of Columbia University.

Li W L. 1981. Vocational Education and Social Inequality in the United States. Washington DC: University Press of America.

Mobley M. D. 1964. A Review of Federal Vocational-Education Legislation, 1862-1963, Theory into Practice, The New Look in Vocational Education, 3 (5) .

National Commission on Secondary Vocational Education. 1984. The Unfinished Agenda. http: // files. eric. ed. gov/fulltext/ED251622. pdf. [2014-5-23] .

National Insitution of Education. 1981. The Vocational Education Study: the Final Report.Washington D C: Vocational Education Study Publication No. 8. 20208.

Panel of Consultants on Vocational Education. 1964. Education for A Changing World of Work. Washington DC: U. S. Government Printing Office.

Reeves A E. 1989. Barden to Powell to Perkins: Leadership and Evolution of the U. S. House of Representatives Committee on Education and Labor, 1951-1984. Rice University.

Rogers W P. 1945. People's College Movement in New York State. New York History, 26 (4).

Sears W P. 1931. The Roots of Vocational Education: A Survey of the Origins of Trade and Industrial Education Found in Industry, Education, Legislation and Social Progress. New York: John Wiley and Sons, London: Chapman and Hall, Limited.

Shu W N. 1996. A Comparison of Factors that Influnce Vocational Education Law-Making in the U. S. and TaiWan, Republic of China. Faculty of the Graduate School of the University of Minnesota.

Silverberg M, Warner E, Goodwin D, et al. 2002. National Assessment of Vocational Education Interim Report to Congress. U. S. Department of Education Office of the Under Secretary Policy and Program Studies Service.

Silverberg M, Warner E, Goodwin D, et al. 2004. National Assessment of Vocational Education Final Report to Congress. U. S. Department of Education Office of the Under Secretary Policy and Program Studies Service.

Snedden D. 1910. The Problem of Vocational Education. Boston: Houghton Mifflin Company.

Stakenas R G. 1984. Educating Hand and Mind, A History of Vocational Education in Florida. Washington DC: University Press of America.

Stimson R W. 1920. Vocational Agricultural Education by Home Projects. New York: The Macmillan.

Strong M E. 1975. Developing the Nation's Work Force , Yearbook 5 of American Vocational Association. Washington DC: American Vocational Association.

Swanson J C. 1951. Development of Federal Legislation for Vocational Education. Chicago: American Technical Society.

United States General Accounting Office. 1974. What is the Role of Federal Assistance to Vocational Education? http: //babel. hathitrust. org/cgi/pt? id = uiug. 30112067574530; view = 1up; seq = 3. [2014-6-9] .

U. S. Department of Education Office of Vocational and Adult Education. 1993. Vocational-

Technical Education: Major Reforms and Debates 1917-Present. http: //eric. ed. gov/? id=ED 369959. ［2007-2-8］.

Wirt J G, Muraskin L D, Goodwin D A, et al. 1989. Summary of Findings and Recommendations. National Assessment of Vocational Education Final Report, Volume I. http: // eric. ed. gov/? id=ED317659: vii. ［2014-06-08］.

后 记

在本书即将付梓之际，抬眼望着窗外的一抹秋色，正是收获的季节，此情此景让我忍不住想谈谈这本书和它背后的故事。

我是一个从小就对生活怀揣着各种梦想的人，但是，命运却使我在18岁的时候跨入了中小学教师的行列。这期间，有过许多的彷徨和无奈，好在法国作家罗曼·罗兰的小说《约翰·克里斯朵夫》里那个骨子里有着一股音乐冲动的主人公表达命运的方式给了我改变自己人生轨迹的信心和勇气。我是在工作了10多年后才一路摸爬滚打着跨入北京师范大学读硕士，而后又迈入河北大学读博士的。

河北大学虽小，但是外国教育史学科和导师贺国庆先生却为我提供了宽广的学术舞台，使我的学识乃至人生境界都得到了极大的提升。忘不了在教育史学术年会上先生鼓励我发言，更忘不了在众多的学生当中先生推举我做《河北大学学报》（哲学社会科学版）的兼职教育编辑……许多的学术历练使我对外国教育史学科有了更为深厚的理解，也在心中将其确定为自己终身奋斗的事业。当然，先生的影响并不止于此。先生外表儒雅，内心却侠肝义胆，同时还是学校中少有的敢说真话的学者。他对身边社科评奖、课题评审、职称晋升等学术事务中的许多荒谬做法及学术不端行为深恶痛绝，也常常因为对一些不合理的规定提出不同意见而得罪人，甚至被人污蔑，但是先生毫不畏惧，他以自己的实际行动诠释了不畏强权、独立思考、坚持正义的知识分子的真正品质！他的精神令所有学生都钦佩不已！当然，先生在治学方面也是非常严厉的，至今让我受益匪浅。记得当年博士论文刚刚完稿的时候，我满心欢喜地拿给先生看时，先生那句"首先删去5万字"的话，让我痛苦不已。但是，静下心来像割肉般不舍地裁剪下多余的内容之后，我才知道学术研究不写一字空的真谛！

这本书就是在我的博士学位论文的基础上修改、补充和完善的。我知道在攻读博士学位期间先生给我的学术历练已经为我未来的学术工作奠定了厚实的基础，而受先生的耳濡目染，我的人生也打上了与先生同样的精神底色！感谢先生！

当然，在博士论文写作和本书修改期间，河北大学的朱文富教授、李文英教授、郭健教授、宫敬才教授、吴洪成教授、屈书杰教授、刘惠军教授等也给予了我悉心的指导和直接的帮助；清华大学的史静寰教授、北京师范大学的张斌贤教授、浙江大学的单中惠教授、华东师范大学的王保星教授、合肥师范学院的朱镜人教授等也从多方面给予了我学术的指点和精神的鼓励……师恩如和煦的阳光，伴我走过了这么多年的风风雨雨，同时也将在未来的学术生涯中指引我前行！

感谢我的师兄师姐们！在一次次的思想碰撞和精神交流中，他们不仅在论文写作方面给了我很多启迪，而且在本书修改期间，还为我提出了许多建设性的意见，师兄师姐无私的帮助将永远是我记忆深处最温暖的所在！

我的心中同样珍藏着对家人的感谢。多年来，正因为他们无私的奉献和爱的守候，使我在前行的道路上总能够轻装上路、信心十足。爱心伴我起航，我也将用爱心回报整个世界！

本书的出版得到了国家社科基金的资助，同时河北大学高等教育与区域发展研究中心也对本书的出版给予了大力的支持。为了使本书能够更为完美地呈现给读者，科学出版社的付艳、朱丽娜和张文静编辑也以极其敬业的精神和极为专业的眼光对本书的完善做了大量的工作，在此一并表示最为衷心的感谢！

当然，由于时间、经历和资料等多方面的限制，本书肯定还会有许多的不足甚至谬误之处，如果有机会得到国内外大方之家的指点，我将不胜感激！